評論・小説を読むための

新 現代文単語

改訂版

河合塾講師
夏苅一裕・三浦武＝著

いいずな書店

はじめに

本書は、高校生の皆さんが、大学入試の評論・小説の問題文を正確に読み取り、漢字や語句の設問にも対応できる力を身につけることをねらいとして編集された現代文単語集です。

「自己」「身体」「社会」など、辞書的な意味なら誰でも知っていますが、それ自体評論のテーマとなり、予備知識としておさえておきたい関連事項が多い語が、大学入試の問題文には見受けられます。評論編では、これらのうち重要な24語を「論点」として設定し、評論読解の視点と語彙力の双方が身につく学習を可能にしています。

後半の小説編では、厳選された8例文を読みながら、小説を深く読むための指針となる「着眼点」を学び、同時に語彙力を身につけていくことができます。また、センター試験（小説）などの入試も視野に入れて、実戦的な問題演習の要素も重視しました。

本書が、評論・小説の学習に十分活用されることを願っています。

目次

評論編 第1部

評論の論点 1［前近代／近代］……6
評論の語彙 1 1～19……8
評論を読む 1［前近代／近代］……12
馬場あき子「山羊小母たちの時間」
評論の論点 2［主体／客体］……14
評論の語彙 2 20～35……16
評論を読む 2［主体／客体］……20
中村真一郎「椿の主題による工芸的文明論」
評論の論点 3［合理／非合理］……22
評論の語彙 3 36～52……24
評論を読む 3［合理／非合理］……28
木村敏「異常の構造」
評論の論点 4［一元／多元］……30
評論の語彙 4 53～69……32
評論を読む 4［一元／多元］……36
内山節「自由論」
コラム 芸術のための芸術?……38

評論編 第2部

評論の論点 5［自己］……40
評論の語彙 5 70～96……42
評論を読む 5［自己］……46
桑子敏雄「感性の哲学」
評論の論点 6［身体］……48
評論の語彙 6 97～119……50
評論を読む 6［身体］……54
桂川潤「装丁と『書物の身体性』」
評論の論点 7［文化］……56
評論の語彙 7 120～144……58
評論を読む 7［文化］……62
岡真理「『文化が違う』とは何を意味するのか？」
評論の論点 8［記号］……64
評論の語彙 8 145～166……66
評論を読む 8［記号］……70
多木浩二「生きられた家」
評論の論点 9［言語］……72
評論の語彙 9 167～192……74
評論を読む 9［言語］……78
田中克彦「ことばとは何か」

評論の論点10［社会］…………80
評論の語彙10 193～218…………82
評論を読む10［社会］…………86
村上陽一郎「文明のなかの科学」
評論の論点11［制度］…………88
評論の語彙11 219～240…………90
評論を読む11［制度］…………94
吉見俊哉「時間という装置」
評論の論点12［倫理］…………96
評論の語彙12 241～266…………98
評論を読む12［倫理］…………102
林達夫「宗教について」
評論の論点13［欲望］…………104
評論の語彙13 267～288…………106
評論を読む13［欲望］…………110
間宮陽介「増補ケインズとハイエク」
評論の論点14［暴力］…………112
評論の語彙14 289～313…………114
評論を読む14［暴力］…………118
小坂井敏晶「民族という虚構」
評論の論点15［差異］…………120
評論の語彙15 314～335…………122
評論を読む15［差異］…………126
柏木博「モダンデザイン批判」
評論の論点16［物語］…………128
評論の語彙16 336～356…………130
評論を読む16［物語］…………134
大岡玲「『物語る』ことの使命」
接続の重要語…………136

評論編 第3部

評論の論点17［日本］…………138
評論の語彙17 357～380…………140
評論を読む17［日本］…………144
木村敏「自分ということ」
評論の論点18［日本語］…………146
評論の語彙18 381～404…………148
評論を読む18［日本語］…………152
石川九楊「二重言語国家・日本」
評論の論点19［芸術］…………154
評論の語彙19 405～428…………156
評論を読む19［芸術］…………160
茂木健一郎「脳のなかの文学」
評論の論点20［情報］…………162
評論の語彙20 429～456…………164
評論を読む20［情報］…………168
橋元良明「聞くことを忘れた現代社会」
評論の論点21［国家］…………170
評論の語彙21 457～474…………172
評論を読む21［国家］…………176
足立信彦「〈悪しき〉文化について」
評論の論点22［国際］…………178
評論の語彙22 475～494…………180
評論を読む22［国際］…………184
最上敏樹「国連システムを超えて」
評論の論点23［科学］…………186
評論の語彙23 495～514…………188
評論を読む23［科学］…………192
河野哲也「意識は実在しない」
評論の論点24［環境］…………194
評論の語彙24 515～534…………196
評論を読む24［環境］…………200
今福龍太「ここではない場所」
時事用語…………202
人名辞典…………210

小説編

小説の着眼点1［時代］……216
三浦哲郎「鳥寄せ」
小説の語彙1 535〜548 状況①……218
小説の語彙2 549〜563 状況②……222
小説の語彙3 564〜576 状況③……226
小説の着眼点2［舞台］……230
木内昇「てのひら」
小説の語彙4 577〜591 状況④……232
小説の語彙5 592〜605 情景……236
小説の語彙6 606〜619 内面①……240
小説の着眼点3［人間］……244
椎名麟三「神の道化師」
小説の語彙7 620〜632 内面②……246
小説の語彙8 633〜645 内面③……250
小説の語彙9 646〜659 行動①……254
小説の着眼点4［他者］……258
梅崎春生「麺麭の話」
小説の語彙10 660〜672 行動②……260
小説の語彙11 673〜686 行動③……264
小説の語彙12 687〜699 発言……268
小説の着眼点5［文体］……272
阿部昭「司令の休暇」
小説の語彙13 700〜712 態度①……274
小説の語彙14 713〜725 態度②……278
小説の語彙15 726〜737 態度③……282
小説の着眼点6［表現］……286
横光利一「夜の靴」
小説の語彙16 738〜751 態度④……288
小説の語彙17 752〜765 身体①……292
小説の語彙18 766〜779 身体②……296
小説の着眼点7［身体］……300
上林暁「銅鑼」
小説の語彙19 780〜793 人物像①……302
小説の語彙20 794〜807 人物像②……306
小説の語彙21 808〜821 人物像③……310
小説の着眼点8［言動］……314
野呂邦暢「白桃」
小説の語彙22 822〜834 人物関係……316
小説の語彙23 835〜849 注意すべき副詞……320
小説の語彙24 850〜862 注意すべき表現……324
索引……328

本書の使い方

評論編

評論の論点（2ページ）
評論の重要語彙（太字の箇所）に注意しながら読む。

⬅

評論の語彙（4ページ）
「論点」の中の語彙とその関連語の意味を学習し、「確認問題」を解く。

⬅

評論を読む（2ページ）
例文と解説を読みながら、「論点」「語彙」で学習した内容を、文脈の中で確認する。

小説編

小説の着眼点（2ページ）
例文と下段の解説を読み、「着眼点の理解」の設問を解く。

⬅

小説の語彙（4ページ）
「着眼点」の例文と関連する語彙、テーマ別に整理された語彙の意味を学習し、「確認問題」を解く。

※詳しい説明は見返し（表・裏）を参照してください。

評論編 第1部

1 前近代／近代

2 主体／客体

3 合理／非合理

4 一元／多元

▶大学入試で出題される評論を読解するには、〈「近代」とは何か〉についての理解が不可欠です。この点について、４つの「論点」に分けて学習します。

▶「普遍／特殊」「絶対／相対」など基本的な対義語、「排除」「媒介」「喪失」など漢字問題の頻出語を中心に、評論読解の基盤となる重要語を学習します。

前近代／近代
―何が変わったのか

序　近代化という「進歩」

明治の文明開化に始まる日本の近代化は、先行する西欧文明を追うかたちで、つまり「西欧化」として推進された。伝統の束縛を脱して新しい時代を拓《ひら》く、そのためにはより進んだ文明をもつ西欧に学ばねばならない。そう信じるがゆえに、日本は自らの従来のあり方を半ば否定して、いわゆる欧化政策に邁進したのである。が、果たして「近代化」を、無条件に「進歩」だと言ってしまってよいのだろうか。

1　神から人へ

皿を割ってしまった男の言い訳――僕が「割った」んじゃない。この皿は今「割れる」運命だったのだ――もちろん諸君は納得しないだろう。私たちは、たとえば、自分の不注意で皿を落として割ってしまったと言うだろう。ところが、その男の言い分が通用する世界もありうるのである。それは、人間を**超越**《はるかに越えること》→P10する神が世界の一切を支配している「**前近代**→P9」的社会だ。そこでは皿は、神の意志によって「割れた」と解釈されるかもしれない。他方そのような神への信仰を**放棄**→P10し、人間が世界の**主宰者**《中心となって全体をとりまとめる者》の地位に就《つ》いた「**近代**→P9」においては、当然のように私＝人間が「割った」と解釈されるのだ。

＊産業革命　十八世紀のイギリスで始まった、農業を基盤とする社会から近代産業社会への変革。

2　共同体から個人へ

地縁・血縁《住んでいる土地や家族、親族のつながり》で結びついた伝統的な**共同体**↓P9社会では、人生に選択の余地などはなかった。人々はあらかじめ定められた**宿命**↓P10に従って生きる他はなかったのだ。ところが**市民革命**↓P82は人々をその宿命から解放して自立した**個人**↓P10としたのである。また*産業革命によって出現した**分業**《複数の人員が役割を分担して財（もの）の生産を行うこと》システムと工場制機械工業に基づく**資本主義**↓P82は、自由で平等な人々に、自ら人生を切り開きつつ生きることを求めたのである。

3　近代の限界

西欧世界の「近代」は、**封建的**↓P9《主従関係に基づくさま》身分制による民衆の**疎外**↓P10《人間らしくない生き方》を解決し、科学的**理性**↓P24と**個人主義**↓P10に基づく世界を築いて、人間の本来あるべき姿を実現した、ゆえにそれは全世界に**敷衍**《ふえん》↓P10《おし広げること》されねばならない……こうして非西欧世界は自らの近代化を西欧化というかたちで推進する。そういう意味で「世界史」は「西欧史」だと考えることもできる。

ところがその「近代」は様々な問題を抱えることになる。機械を主体とする大量生産と集団的労働は、地球環境を破壊しつつある。それだけでなく、多様であるはずの人々のありようを均質化していく。また共同体を離れて生きる個人は自由だが、その自由は、孤独と隣り合わせだともいえる。**客観**↓P17的で**普遍**↓P8的な科学の知を獲得した私たちは、たとえば人間の生も単なる物理現象にすぎないという虚無感に襲われたり、自己の存在理由を見失ったりするという危機に陥ってもいる。はたして、「近代化＝**進歩**↓P10」と言い切れるのだろうか。

Q&A

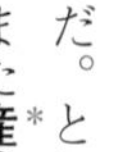

なぜ最初に「**前近代と近代**」について取り上げるのですか？　まるで社会科の授業のようです。

科学技術をはじめ、近代化による恩恵は計り知れないものがある。一方、それにより私たちは次のような問題を抱えることになった。

- **地球環境破壊**
- **人々の均質化**
- **孤独**
- **虚無感**
- **自己の存在理由の喪失**

このような近代化がもたらした問題について論じたものが評論には多いからだよ。

1 普遍《ふへん》 ⇔ 2 特殊《とくしゅ》

1 普遍《ふへん》

あらゆるものに共通であること。いつでもどこでも変わらないこと。

類 **一般《いっぱん》**…多くの場合に共通であること。

2 特殊《とくしゅ》

他と異なること。個々それぞれの事情やあり方。

類 **ローカル・ローカリティ**…地方特有の・地域性。

→P58

参考 「**普遍**／**特殊**」は単純な対立概念ではない。たとえば、宗教は人類にとって「**普遍**」的なものかもしれないが、個々の宗教には各々「**特殊**」な教義がある。「**普遍**／**特殊**」は不可分の関係にあるのだ。

確認問題 **空欄に「普遍」「特殊」のいずれかを入れよ。**

二元性を基底にもつ西洋思想には、もとより長所もあれば短所もある。個個［A］の具体的事物を一般化し、概念化し、抽象化する、これが長所である。これを日常生活の上に利用すると、すなわち工業化すると、大量生産となる。大量生産はすべてを［B］化し、平均にする。生産費が安くなり、そのうえ労力が省ける。

出典 鈴木大拙「東洋文化の根底にあるもの」

3 具体《ぐたい》 ⇔ 4 抽象《ちゅうしょう》

3 具体《ぐたい》

現実に存在すること。それぞれの実体のある明確なあり方。

4 抽象《ちゅうしょう》

物事のある性質や側面をとらえ、他のものとの共通性をとらえること。

注 入試本文では、「具体的」「抽象的」の形で登場することが多い。

関 **具体的《ぐたいてき》**…それぞれの実体があって明確に存在しているさま。

関 **抽象的《ちゅうしょうてき》**…現実から離れて具体性を失い不明確であるさま。

参考 「勉強しなさい！ 受験生なんだから」などと言われて腹が立ったことはないだろうか。なぜ腹が立ったのだろう？ なるほど自分は受験生だ。が、受験生以外の部分もある。つまりこの言葉は、自分の「**具体的**」な存在としての全体性を否定し、ある特定の性質のみを「**抽象**」することで、多くの受験生たちとひとくくりにしてしまう——明確なひとりの自分というものを無視する言葉だったからではないか。

5
近代《きんだい》

近ごろの時代。おおむね封建社会のあとの資本主義社会の段階をいう。

注 入試本文では、「近代化」「近代的」「前近代的」の形で登場することが多い。特に「前近代的」の左記のような意味合いに注意。

関 **近代化**《きんだいか》…産業化・合理化（↓P24）・民主化（↓P34）などを通して、近代的な段階への移行を図ること。

関 **近代的**《きんだいてき》…近代的な特徴が見られるさま。

関 **前近代的**《ぜんきんだいてき》…近代社会の内部に、非合理的な、あるいは非民主的な、未熟な状態が残っているさま。

6
前近代《ぜんきんだい》

近代化以前の段階であること。

7
共同体《きょうどうたい》

地縁や血縁などによって宿命的に結びついた、人々の生存の基盤となる集合。

類 コミュニティ…一定の地域に暮らす人々の共同体。地域社会。

参考 前近代的な共同体社会での生産は、農業や漁業などその場の自然的条件に結びついたものだった。やがて産業社会となって大地の束縛から解放された人々は自律的になり流動的になったため、共同体は解体していった。そこで新たに現れた人々の共同性は、従来の共同体とは異なる人為的な組織だ。そのうち、特定の利益関心に基づいて成立する**恣意的**《しい》（↓P74）で表面的な集合を「**利益社会（ゲゼルシャフト）**」（↓P83）という。

8
封建的《ほうけんてき》

主従関係・上下関係に基づくさま。

参考 前近代的な封建制度とは、領主が家臣に封土を与え、それに対して軍役で応える主従関係を中軸とする政治制度であった。このような世襲的で固定的な身分制度に基づく上下関係は、近代の「**個人主義**」（↓P10）の普及と「**民主化**」（↓P34）の過程で失われるはずだが、人間関係の現実においては、なんらかの身分的な上下関係は持続し、そのもとで服従を迫られることも珍しくはないだろう。そのようなとき、非難をこめて「**封建的**」と評するのである。

解答　A 特殊　B 普遍

9 個人

個人《こじん》

国家や社会集団などの共同体を構成する、個々の人間。

類 **私人《しじん》**…公的な立場を離れた一人の人間。

個人主義《こじんしゅぎ》

個人の集合である社会の利益よりも、個人の意義を優先させる立場。

類 **利己主義《りこしゅぎ》**…自分の利益のみを考え、他人や社会を顧みないあり方。

10 進歩

進歩《しんぽ》

物事が進むこと。発達すること。

類 **邁進《まいしん》**…どんな困難や危険にもひるまず突き進むこと。

進歩主義《しんぽしゅぎ》

社会の古い制度の矛盾や障害を克服しつつ社会を前進させねばならないとする立場。

関 **進歩的《しんぽてき》**…進歩主義の立場にあるさま。

対 **保守的《ほしゅてき》**…伝統的な価値観や旧《ふる》い状態や制度を維持しようとするあり方。

11

超越《ちょうえつ》

はるかに越えること。現実的な経験や認識の及ばない次元。

対 **内在《ないざい》**…内部にとどまること。（↓P190）

類 **超俗的《ちょうぞくてき》**…俗世間の雑事にとらわれないさま。

注 俗（普通の世界や人々）に対して、はるか高みにいる存在は「超越者」（↓P99）。

12

放棄《ほうき》

捨てること。責任をとらないこと。権利を行使しないこと。放擲《ほうてき》。

類 **遺棄《いき》**…置き去りにすること。

13

宿命《しゅくめい》

生まれる前から定まっている運命。宿運。

関 **宿命的《しゅくめいてき》**…宿命のように逃れられないさま。

類 **宿世《すくせ》**…前世からの因縁。しゅくせ。

14

疎外《そがい》

仲間外れにする（なる）こと。人間が自分で作った物や制度に支配され、人間本来のあり方を失うこと。

入試（書き）「阻害」（↓P150）との違いに注意。／市場経済の内部では、誰もが貨幣をもたねばならないという意味で貨幣に支配され（貨幣への疎外）、貨幣をもたない者は貧困に陥り（貨幣からの疎外）、人間らしい生き方を許されなくなることもある（人間疎外）。

15

敷衍《ふえん》（布衍）

おし広げること。ある事柄の意味を、他の事柄に広げて説明すること。

入試 読みがよく問われる語。意味にも注意。

16

喪失《そうしつ》

失うこと。なくすこと。

入試（書き）書き取り最頻出語の一つ。

失う／壊れる

瓦解《がかい》

組織の全体がめちゃめちゃに壊れること。
注 くずれ落ちた一部の瓦が屋根全体に及ぶことから。

凋落《ちょうらく》

今まで盛んだったものが落ちぶれること。
入試 読みがよく問われる語。

17 生命感

無機的《むきてき》 ⟷ 有機的《ゆうきてき》

無機的：生命感がなく、冷たいさま。
関 **無機物《むきぶつ》**…鉱物など、生き物としての生命をもたない物。

有機的：各部分が結びついて全体に統合され機能しているさま。生き生きと活動的であるさま。
関 **有機物《ゆうきぶつ》**…生物に由来する物。

18 時間

通時的《つうじてき》 ⟷ 共時的《きょうじてき》

通時的：時間の流れに沿っているさま。継時的。
関 **通時態《つうじたい》**…通時的にとらえた状態。

共時的：ある一定の時間上で、同時性においてみるさま。
関 **共時態《きょうじたい》**…共時的にとらえた状態。
入試 歴史学は、社会の変化を通時的にみる中で、時間軸上の他者に出合うが、文化人類学は、社会の差異を共時的にみる中で、空間上の他者に出合う。

19

得体《えたい》が(の)知《し》れない

そのものの正体や本性がわからず、不安であったり、扱いかねたりすること。
類 **胡散臭《うさんくさ》い**…どことなく怪しく疑わしい。

確認問題

問1　傍線部の読みを答えよ。

①最近、友人たちが自分を**疎外**しているのを感じる。
②夏目漱石の言葉を**敷衍**して現代日本を論じる。

問2　傍線部のカタカナを漢字に改めよ。

①苦労して手にした権利を**ホウキ**してほしくない。
②仕事上のミスが続いて自信を**ソウシツ**する。
③彼の知識は一般人のレベルを**チョウエツ**している。

問3　空欄にあてはまる最も適切な語を後から選べ。

①残念な結果だがこれも□と思って断念する。
②長男を父親の後継ぎとするのは□的な考えだ。
③彼は社会全体の利益を優先しない□主義者だ。

㋐ 進歩　㋑ 封建　㋒ 宿命　㋓ 個人　㋔ 近代

問4　対義語に注意して空欄に適切な語を入れよ。

①病気になって病院を訪れたとき、医者はさまざまの器械によって検査し診断するが、そこには数字によって表わされる抽象的な量の測定はあっても、病む人の□的な痛みや悩みはどこにもない。
出典 伊東俊太郎「科学と現実」

②政治や文化の領域では、いつも保守主義と□主義が綱引きをする。
出典 加藤尚武「環境倫理学のすすめ」

解答　問1 ①そがい ②ふえん　問2 ①放棄 ②喪失 ③超越　問3 ①ウ ②イ ③エ　問4 ①具体 ②進歩

前近代／近代

▼「前近代」から「近代」への変化を文脈の中で確認しよう。

前提

近代化は人間のあり方に決定的な変化を迫った。そのために本文のような随筆や小説にもその問題意識がしばしば潜んでいる。それを読み取ってこそ「読解」なのである。

解説①

近代社会を支配する時間は、天体運動に基づいて人間の外部に設定され、各人の事情に関係なく均質な時間を刻み続ける、数値化された**抽象的**なものだ。このような「都市」の時間は、過去から未来へと一直線に後戻りせずに進む**無機的**な時間である。

私のような都会育ちのものは、どうかすると人間がもっている時間というものをつい忘れて、えたいのしれない時間に追いまわされて焦っているのだが、*山羊小母《めんこばんば》の意識にある人間の時間はもっと長く、前代、前々代へと溯《さかのぼ》る広がりがあって、そしてその時間を受け継いでいるいまの時間なのだ。

築百八十年の家に住んでいると、しぜんにそうなるのだろうか。村の古い馴染《なじ》みの家の一軒一軒にある時間、それは川の流れのようにあっさりしたものではなく、そこに生きた人間の貌《かお》や、姿や、生きた物語とともに伝えられてきたものである。（中略）命を継ぎ、命を継ぐ、そして列伝のように語り伝えられる長い時間の中に存在するからこそ安らかな人間の時間なのだということを、私は長く忘れていた。

評論の重要語

次の問いに答えよ。

①「**えたいのしれない**」（2行目）の意味を次から選べ。
㋐ 納得がいかない
㋑ 魅力的ではない
㋒ 得られるかどうかわからない
㋓ 正体がわからない

②「**抽象的**」（解説①）の対義語を書け。

③「**無機的**」（解説①）の対義語を書け。

④「時間の流れに沿っているさま」の意味になるのは「**通時的**」「**共時的**」（解説②）のどちらか。

⑤「**前近代的**」（解説③）な社会において支配的で、地縁・血縁などによって結びついた人々の集団を何というか。

＊**山羊小母**…筆者の百一歳の叔母。若い頃山羊《やぎ》を飼っていたので、こう呼ばれている。

長男でもなく二男でもない私の父は、こんな村の時間からこぼれ落ちて、都市の一隅に一人一人がもつ一生という小さな時間を抱いて終った。私も都市に生れ、都市に育って、そういう時間を持っているだけだが、折ふしにこの山羊小母たちが持っている安らかな生の時間のことが思われる。それはもう、昔語りの域に入りそうな伝説的時間になってしまったのであろうか。

出典 馬場あき子「山羊小母たちの時間」

解説❷

共同体社会における共同性には、同じ時を生きる人々の**共時的**な共同性だけでなく、生命を受け伝える、縦の、**通時的**な共同性もある。

解説❸

自分よりまずその共同体があるという**前近代的**な感覚では、ひとりの有限の生命のはかなさよりも、受け継がれていく生命の永遠が感じられるのだ。

解説❹

共同体を離れた都市の人生は、縦の共同性からも切り離された孤独な**個人**の、はかない人生にすぎない。

論理の展開

都会育ちの私	山羊小母
えたいのしれない時間（自分という一人の個人）	人間がもっている時間（前代、前々代への広がり）
一生という小さな時間	安らかな人間の時間
〈近代的時間〉 ⇔	**〈前近代的時間〉**

例文のポイント

「近代社会」は、人に、個人としてひとり生きるという孤独の選択を強いる。

確認問題

問 **本文にある「人間がもっている時間というもの」に該当するものには○、しないものには×を付けよ。**

㋐ 都市で生活する者たちが追いまわされている、えたいのしれない時間。

㋑ 生き生きとした物語とともにある、一人の人間の人生をこえた長い時間。

㋒ 一人一人の人間が個としてもっている、一生という名の小さな時間。

㋓ 都市化が進行する中では、もはや昔語りの域に入りそうな伝説的時間。

解答 評論の重要語 ①エ ②具体的 ③有機的 ④通時的 ⑤共同体 確認問題 ア× イ○ ウ× エ○

主体／客体

―科学の出発点

序 私は宇宙人だ

地球が宇宙の一部である以上、すべての地球人は宇宙人に違いない。でも普通私たちは、「私は宇宙人である」とは言わない。また人間の営みは自然現象だ。メダカが小川を泳ぐのも、木の葉がはらはらと散るのも、人間が生まれて生きて死ぬのも同じ自然現象の一コマであると考えることができる。人間が高層ビルを建てるのもミツバチが美しい六角形の巣を作るのも、同じ自然の営みなのだ。でも普通私たちはそう考えない。なぜだろう?

1 自《じ》他《た》未《み》分《ぶん》から主《しゅ》客《かく》分《ぶん》離《り》へ

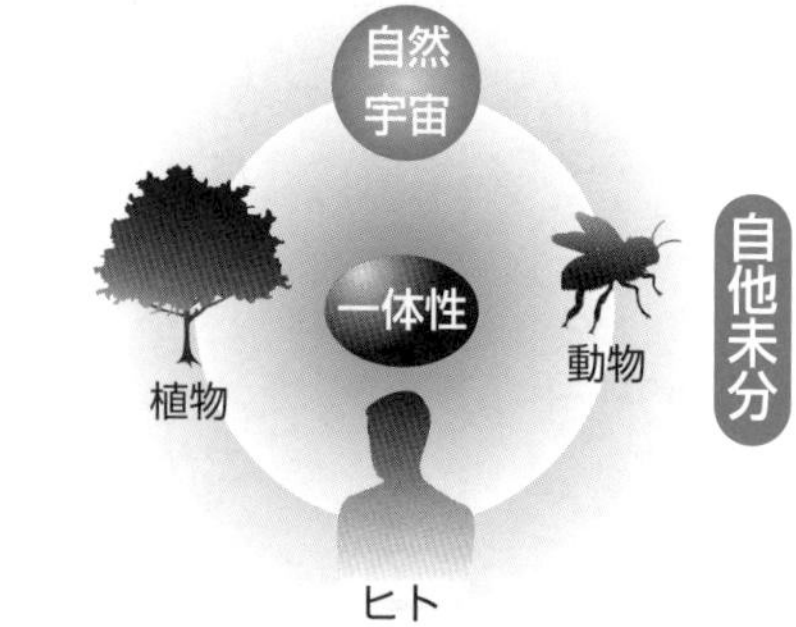

人間も自然の一部だ。風が吹き、花が散り、メダカが泳ぎ、ヒトが生きる。みんな同じ自然の営みなのだ。

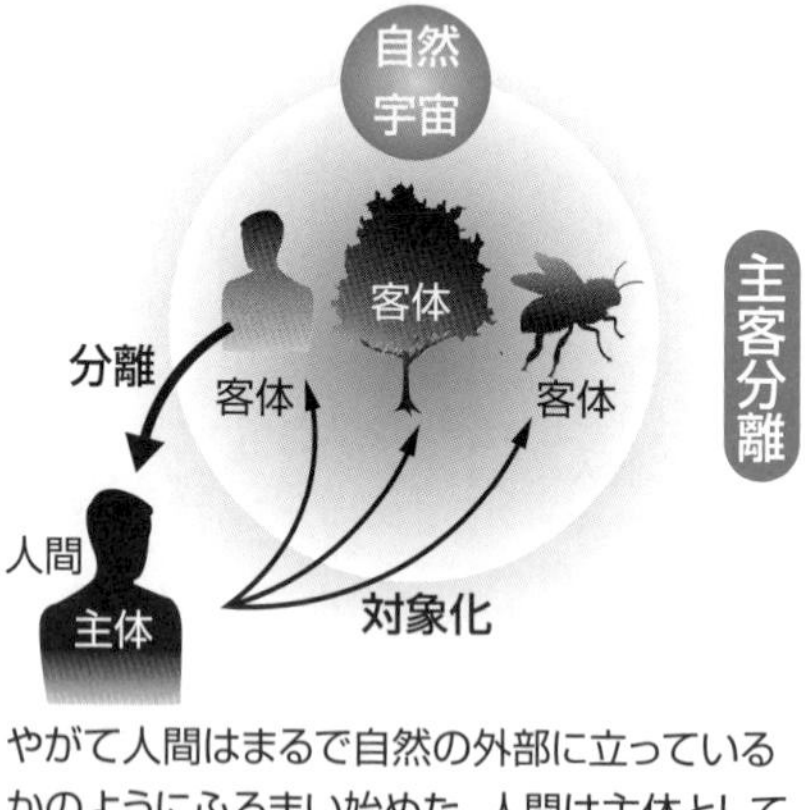

やがて人間はまるで自然の外部に立っているかのようにふるまい始めた。人間は主体として自然を対象化し、それらを客体として観察しつつ支配する、特別な存在だと思っているわけだ。

Q&A

「**自他未分**」「**主客分離**」とはどういう意味ですか?

「**自他未分**」とは、「自分」と「他者」を分けないという意味。一方、「**主客分離**」とは「主体」と「客体」を分けるという意味。「**主客分離**」が大事で、近代の物の考え方の始まり(科学の出発点)とされる。ここを理解することが大切なんだ。

2　われ思う故《ゆえ》にわれ在《あ》り

船の内部にいる人には船の速度がわからない。それを知るのは岸辺に立つ人だ。つまり私たちは普通に生活しているだけでは自分と自分の属する世界について知りえず、それを知るために、世界の一部であり世界との一体性を生きる自分を、あたかもその外部に立つもののように設定するのだ。そうすることで私たちは世界を**対象化**（↓P16　自己から切り離されたものとして設定すること）し観察することができる。このとき、観察する私たちを「**主体**」（↓P16）（**デカルト**（↓P210）の有名な言葉「われ思う故にわれ在り」の「われ」だ）といい、対象化される世界を「**客体**」（↓P16）という。これが**主客二元論**＊という近代の「知」＝物の見方、考え方の基本であり、近代自然科学の出発点なのである。

3　人間は考える葦《あし》である

しかし、この主体—客体の関係はあくまで人為的に作られた制度である。私たちは**本質**（↓P18）的に世界の外部に立つことができない。私たちは世界について「考える」ことができるかもしれないが、実際には雨が降れば雨に濡《ぬ》れ、風が吹けば風になびく「葦」のように、世界のただ中にあって**翻弄**（↓P19　もてあそぶこと）される存在なのである（**パスカル**（フランスの哲学者、数学者）『パンセ』）。そうである以上、人間の「知」は、一見**普遍**（↓P8）的、**客観**（↓P17）的なようでも、実は**絶対**（↓P17）的なものではなく、**相対**（↓P17）的なものだ。そしてそこに近代科学を始めとする人間の「知」の限界があるということになる。

＊**主客二元論**　世界を主体・客体の二面からとらえる見方。↓P51「**物心二元論**」

Q&A

3の「人間の『知』は、…絶対的なものではなく、…相対的なもの」とはどういう意味ですか？

「**絶対的**」の対義語が「**相対的**」であることをまず押さえよう！　簡単に言うと、人間の「知」は完全なものではないという意味だよ。

20 主体《しゅたい》

物事を認識（↓P18）する側の人間。行為する人。全体の中の主要な要素。

21 客体《きゃくたい》

主体が見たり、認識したり、評価したりする相手。対象。

入試 一般に「主体的」「主体性」という言葉にはプラスのイメージがあるが、いわゆる近代批判の文脈では、人間の「主体性」が批判的・懐疑的に考察されることもある。

関 **主体的《しゅたいてき》**…他からの力ではなく、自らの意志や動機によって思考し行為するさま。

関 **主体性《しゅたいせい》**…主体的であろうとする様子。自らの意志によって取り組む姿勢。

22 対象化《たいしょうか》

考察したり観察したりするものを、自己から切り離された客体として設定すること。ある事柄を考えたり観察したりしようとすること。

確認問題 空欄に「主体」「客体」のいずれかを入れよ。また、傍線部のようにすることを漢字三字で何というか。

自然科学の知を得るために、人間は自分を対象から切り離して、［A］を観察し、そこに多くの知識を得た。太陽を観察して、それが灼熱《しゃくねつ》の球体であり、われわれの住んでいる地球は自転しつつ、その周りをまわっていることを知った。このような知識により、われわれは太陽の運行を説明できる。

出典 河合隼雄「イメージの心理学」

23 主観《しゅかん》

主体によってとらえられた客体のあり方。

注 入試本文では、「主観的」「客観的」の形で登場することが多い。

関 **主観的《しゅかんてき》**…他人とは関わりのない、自分だけの感じや考えに偏っているさま。

関 **客観的《きゃっかんてき》**…特定の個人的な主観の影響を受けず、普遍性を備えたさま。

関 **間主観的《かんしゅかんてき》**…自我が持つ主観が、他者との間でつながっているさま。「相互主観的」とも。

24 客観《きゃっかん》

あらゆる主体から独立し、いかなる主観にもとらわれない、事柄の正確な認識。

参考 「**客観的真理**（いかなる主観にも受け入れられるはずの、普遍妥当性をもった真理）」「**客観描写**（主観を交えないで、観察したままを描いたり記したりすること）」といった表現にも注意。

25 絶対《ぜったい》

他に対立したり比較されたりするものがないこと。それ自体として完全であること。

26 相対《そうたい》

他との関係や比較によること。絶対ではないこと。

関 **絶対化《ぜったいか》**…疑う余地のないものとして位置付けること。

関 **相対化《そうたいか》**…対象と向き合うこと。対象を絶対とせず、問い直したり疑ったりすること。

参考 テストの得点がそのまま成績になるのが「**絶対評価**」だ。自分の得点それ自体が成績になるのだから、他の人の点数は影響しない。だからクラスの全員が五段階評価の「5」ということも起こりうる。一方、得点順に上位何パーセントが「5」で次の何パーセントが「4」で……とするのが「**相対評価**」である。他の人の得点いかんで成績も変動する。かりに九十点を取っても、百点の人が多数いれば「4」しかもらえないということもありうるわけだ。

確認問題 **空欄に「絶対」「相対」のいずれかを入れよ。**

時間には［B］的・物理的時間と［C］的・心理的時間がある。おなじ一日二十四時間でも変化や感動があるかないかによって、一日は長くも短くも感じられる。

出典 立川昭二「時間を深く生きる」

解答 A 客体・対象化　B 絶対　C 相対

27 本質《ほんしつ》

あるものを成り立たせている根本的な性質。それが欠けてはそのものが成り立たない本性。

対 **現象《げんしょう》**…本質が外面的に現れたもの。

類 **実質《じっしつ》**…物事の内容や本質。

類 **エッセンス**…物事の本質。（→P116）

知る

28 認識《にんしき》

ある事柄の本質を理解し判断すること。理解されている内容。

入試 評論に頻出する語。単純に「知る」「理解する」ことではない意味合いに注意。

認知《にんち》

感覚的にではなく理知的に物事を知ること。

対 **感覚《かんかく》**…身体の外部または内部からの刺激によって起こる意識現象。

知覚《ちかく》

五感（視覚・聴覚・嗅覚・味覚・触覚）を通して、外界の現象を知ること。

入試 「身体」（→P48）に関わる評論でよく用いられる。

29 覚醒《かくせい》

目が覚めること。迷いから覚めること。

入試 書きがよく問われる語。

30 峻別《しゅんべつ》

少しの曖昧な点も残さずに、はっきりけじめを付けること。

31 遠近法《えんきんほう》

眼で見たような距離感のままに画面を構成する技法。静止した一点の視線から全体を見る見方。一点透視図法。

同 **パースペクティヴ**

入試 「静止した一点」というのは、「個人」（→P10）の視点に対応する。すなわち、この遠近法は西欧近代の世界観である。

カオス／コスモス

32 混沌《こんとん》 ⇔ 秩序《ちつじょ》

混沌：物事の区別がなく入り混じって流動的な状態。渾沌。

同 **カオス**

秩序：物事が区別されたうえで、ある決まりにしたがって整然とまとまっている状態。

同 **コスモス**

関 **コスモロジー**…宇宙に関する哲学的考察。宇宙論。

ウソ

33 虚構《きょこう》

作りごと。人為的にこしらえたもの。

フィクション

［英 fiction］

虚構。作り話。創作されたもの。

対 **ノンフィクション**…虚構を含めずに、事実そのままを記録した作品。

入試 近代以降成立したさまざまな「制度」（→P88）を、「虚構（フィクション）」として「相対化」しようとする文脈は多い。

問4 ①オ ②エ ③Aア Bウ

芸術の手法 34

リアリズム
[英 realism]

現実を客観的にとらえ描写する芸術方法。写実主義。レアリスム。

類 リアリティ…実在。あるいは、実在性が感じられるさま。

ロマンティシズム
[英 romanticism]

社会の現実に反抗して、夢想や空想に価値をおく芸術方法。ロマン（浪漫）主義。

入試 現実の束縛からの解放という側面から肯定的に論じられることもある。

デフォルメ

対象を変形・歪曲して表現すること。

注 特に、大げさな誇張や強調。

もてあそぶ 35

翻弄《ほんろう》

思いのままに相手をもてあそぶこと。

策《さく》を弄《ろう》する

あれこれと策略を繰り出す。

注「弄する」はもてあそぶこと。

関 策《さく》を講《こう》ずる…うまく事を運ぼうとして、いろいろ考える。

確認問題

問1 傍線部の読みを答えよ。

①海が荒れて船舶が風波に**翻弄**される。

②実力差がなく勝敗の行方は**混沌**としている。

問2 傍線部のカタカナを漢字に改めよ。

①犬は人間には聴き取れない音を**チカク**できる。

②文学作品は作者の想像力が作り上げた**キョコウ**だ。

③日本の近代史に関する彼の**ニンシキ**は誤っている。

問3 次の外来語を同じ意味の日本語に言い換えよ。

①フィクション ②パースペクティヴ

③リアリズム ④コスモス

問4 空欄にあてはまる最も適切な語を後から選べ。

①経験と論理の結合こそが、近代科学を爆発的な発展へと導いた原因であった。それは、［　］的な思い込みや、希望的観測からは遠いダイナミクスである。

出典 茂木健一郎「恒常と新奇」

②自然のままに放置すると、禅寺は数年のうちに草木に埋もれて朽ち果てるだろう。そのような、自然と人為のせめぎあい、あるいは混沌と［　］のせめぎあいが清掃である。

出典 原研哉「白」

③近代文明にあっては、ものや自然との間に距離がとられ、視覚が優位に立ってそれらを［A］化する方向を歩んだのである。近代透視画法の幾何学的［B］法や近代物理学の機械論的自然観、それに近代印刷術は、その方向の代表的な産物である。

出典 中村雄二郎「共通感覚論」

㋐対象 ㋑本質 ㋒遠近 ㋓秩序 ㋔主観

解答 問1 ①ほんろう ②こんとん 問2 ①知覚 ②虚構 ③認識 問3 ①虚構 ②遠近法 ③写実主義 ④秩序

主体／客体

▼近代芸術と「主客分離」の関係を文脈の中で確認しよう。

椿を**主題**（→P68）とする漆器や彫金、木彫や陶磁器、染織や絵画、そうしたものの安土、桃山から江戸にかけての様々な作品の写真を繰りかえし眺めているあいだに、私はおのずとそうしたものが作られた文明の雰囲気のなかへ自分が溶け入って行くのを感じていた。（中略）そこにはこちらの**認識**力を鋭くとぎ澄まそうと迫ってくるような作者の個性的な主張、また独自の観察眼によって今まで私たちに気づかれていなかった椿という植物の意想外な形姿、というようなものはない。

現実的な観察とそれにもとづいた個性的な描写という**近代**（→P9）芸術の手法は、私たちを不安にさせる。それは対象と私たちとのあいだに長いあいだに出来あがっていたある型のようなもの——それが心に平和をもたらすのだが——を対象から引き剝《は》いで、それを全く新しいイメー

解説①

いわゆる「**前近代**」（→P9）において、自然と人間は一体性のうちにあった（自他未分）。それゆえ、その時代に作られた工芸品にも、自他を分離しない文明の雰囲気があり、それを見る私たちも、その雰囲気との一体感のうちに安らぐことができるのだ（融和・融合）。

解説②

リアリズム（写実主義）。全体としての「自然」から、その一部であるはずの人間を「**主体**」として独立させ、もとの自然を「**客体**」として外側から**対象化**し観察する（主客分離）。

評論の重要語

次の問いに答えよ。

①「**認識**」（5行目）の意味になるように次の空欄に漢字二字の語を入れよ。
ある事柄の［　　］を理解し判断すること。

②「**作者**」（5行目）の言い換えとして適切な語を次から選べ。
㋐ 対象　㋑ 主体　㋒ 客体

③「**偽のもの**」（14行目）にあたる外来語は何か。

④「**前近代**」（解説①）の芸術の基盤になっているものは何か、本文から十字以内で抜き出せ。

⑤「**リアリズム**」（解説②）の意味になるように次の空欄に漢字二字の語を入れよ。
現実を［　　］的にとらえ描写する芸術方法。

ジとして改めて突きつけてくるからである。私たちは従来知っていた――この場合には椿という花――とは別の何かに眼覚《めざ》めさせられ、私たちが今まで椿だと決めこんでいた映像は偽のものに過ぎなかったのだ、と宣言しているように思われるからである。

出典　中村真一郎「椿の主題による工芸的文明論」

解説③

あるものの姿形のとらえ方、描き方が、長い時間をかけて多くの人々との関わりの上で成熟する。するとそれは誰にでも共有できるもの、誰をも拒まないものとなる。「平和」である。

解説④

「型」にしたがっていれば「平和」だ。しかし「型」は現実の真実の姿ではない。そこで真実を尊ぶ近代では「型」は虚偽・**虚構**として否定され、個々の、その都度の観察によって得られたものを「ありのまま」の真実として主張するのである。

論理の展開

前近代の芸術
長いあいだに出来あがってきた型に従う
→ 文明のなかへ溶け入る感じ
→ 心の平和

近代の芸術
現実的な観察
個性的な描写
→ 伝統的「型」を拒む
→ 不安

心の平和 ←→ 不安

例文のポイント

対象を客体として描写する近代芸術の手法は、伝統的に共有されてきた型を拒むので、見る者を不安にする。

確認問題

問　本文の内容に合致するものには○、合致しないものには×を付けよ。

㋐　近代以前の作品には、見る者を拒まない文明の雰囲気がある。
㋑　近代以前の作品には、見る者を安らかに包み込む個性的な描写がある。
㋒　近代芸術の手法は、対象の新しいイメージによって新鮮な感動を与える。
㋓　近代芸術の手法は、共有されてきた従来の型を偽のものとして拒んでしまう。

解答　評論の重要語 ①本質 ②イ ③フィクション ④ある型のようなもの ⑤客観　確認問題 ア○ イ× ウ× エ○

合理／非合理

―「理性」は万能か

序 ドラえもんの「死」？

ドラえもんが動かなくなった。のび太君は泣くだろう。なぜか？　大事なネコ型ロボットが壊れてしまったという合理的な理由で泣くのだろうか？　そうではなく、無二の友だちが「死んじゃった」と思ったからではないか？　ドラえもんが生命体でないとすれば、「死んじゃった」という解釈は、非科学的で非合理的だ。だから科学はこの解釈を否定するだろう。だが私たちの生活感覚は、おそらくのび太君の錯誤をこそ真実とするのではないか。

Q&A

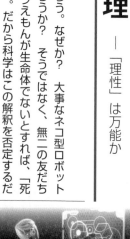

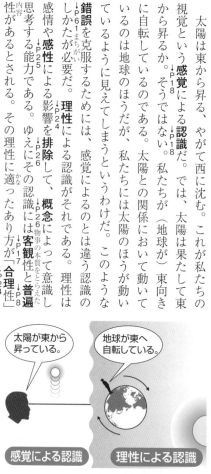

「**理性**」に適っているから「**合理**」と言うのですね。ただ「**理性**」の意味がよくわかりません。

「**理性**」の「**理**」は、「理由」などの「理」と同じで、「物事に備わった筋道」を意味する。「**理性**」は「筋道立てて思考、判断し行動する能力」という意味になる。

1 日はまた昇る、か？

太陽は東から昇る、やがて西に沈む。これが私たちの視覚という**感覚**↓P18による**認識**↓P18だ。では、太陽は果たして東から昇るか。そうではない。私たちが（地球が）東向きに自転しているのである。太陽との関係において動いているのは地球のほうだが、私たちには太陽のほうが動いているように見えてしまうというわけだ。このような**錯誤**《まちがい》↓P61を克服するためには、感覚によるのとは違う認識のしかたが必要だ。**理性**↓P24による認識がそれである。理性は感情や**感性**↓P25による影響を**排除**↓P26して、**概念**《物事の本質をとらえた》↓P26によって意識し思考する能力である。ゆえにその認識には**客観**↓P17性と**普遍**↓P8性《内容》があるとされる。その理性に適《かな》ったあり方が「**合理**性」↓P24

感覚による認識
理性による認識

太陽が東から
昇っている。
地球が東へ

であり、合理性によって組織された知の制度が近代科学なのである。

2 近代化＝合理化

ウェーバー《ドイツの社会学者》によると、「**近代化**」↓P9とは、何よりまず、人間のものの考え方、生活様式、社会に対する態度、人間関係――こういうものを全体として**合理化**↓P24し、**合理的**↓P24に組織するということなのですね。「合理化」することこそが「近代化」の決定的な特徴です。

出典 佐伯啓思「人間は進歩してきたのか」

「合理化」とは「理に適ったあり方」にすることだ。この場合「理」とは「理性」だが、「理性」が感情や感性を**介在**↓P26《二つのものの間にあること》させない知的能力だとすると、「理に適ったあり方」とは、目的を無駄なく実現することを意識し、それに関わらないものを一切介在させないあり方ということになる。企業の経営合理化も、無駄を排してすべての能率を向上させることで、経営状態を改善しようというものだ。

3 非合理の意義

一切を理性によって判断し、徹底して無駄を排除し効率化を図る。そのような**啓蒙**《けいもう》↓P26《無知から脱却させること》的な知性の過剰が何をもたらすか。おそらく人間が人間としてあるためには、合理化されない何か、**非合理**↓P24な何かが不可欠である。人生を合理性だけで考えるなら、人間は単に機械に過ぎないものとなるだろう。それゆえに、人間が人間であることを否定されるとき、人はたとえば詩句の一行を、音楽の一節を求めて、合理的には説明できない思いを、たとえば芸術として表現し、自分を人間につなぎとめようとするのではないか。

Q&A

「**理性**」に適っていないものすべてが除かれてしまう世界は、想像するだけでもぞっとします。

先生も同じ感想をもつよ。とはいうものの私たちには理性的な行動が求められる。**理性**と**感性**のバランスを保って生きることが、現代では大切なことだと思うよ。

36 合理《ごうり》

論理的であること。理に適《かな》っていること。因果関係が調《ととの》っていること。

対 **非合理《ひごうり》**…論理の枠《わく》にはおさまらないこと。因果関係を超えていること。超自然的であること。

対 **不合理《ふごうり》**…論理的でないこと。矛盾していること。理にてらして適当でないこと。

注「因果関係」とは「原因」と「結果」の関係をいう（→P130）。なお、「合理化」は社会・経済的な文脈で頻繁に用いられる。

類 **合理的《ごうりてき》**…論理的であるさま。無駄がないさま。

類 **合理化《ごうりか》**…論理的に説明できるようにすること。無駄を省いて能率的にすること。正当なことであるように説明すること。

参考 近代的な知性は、世界の中に、物事が起こる論理的な「**秩序**」（→P18）を見いだそうとする。そのようにして構築される世界の「**合理**」的なあり方、秩序だったありようを「自然」という。「自然」とは、本来つじつまが合っていること、因果関係が成立していることをいうのだ。ところで、そのように事物の「自然」な側面が見いだされると、その余事象として、論理では説明できない、「**合理**」の枠を「**逸脱**」（→P132）する「**非合理**」的な側面も出現することになる。それが「超自然」である。「**合理**」的に思考することは重要だが、それが「**合理主義**」となると、「**合理性**」のみを肯定して、自らが生み出す「**非合理**」の存在を認めないという矛盾に陥っているともいえる。

37 合理主義《ごうりしゅぎ》

すべてにおいて合理的でなければならないとする考え。

38 理性《りせい》

感情や主観の影響を排して、筋道立てて客観的に思考・判断し行動する能力。

類 **ロゴス**…言語。理性に基づく思想（論理）。思想。

注「理性」とよく似た意味の哲学用語に「悟性《ごせい》」がある。

類 **悟性《ごせい》**…思考する能力。感性や感情によって得られた客観性のない認識を、理性的な概念へと高める能力。

参考 人間の心的要素を「知（知性）」「情（感情）」「意（意志）」の三つに分ける考え方がある。このうち「情」は各々に勝手な感じ方であるから、知性や**理性**すなわち「知」によって制御されねばならないとされるのが、近代である。近代的「**市民**」（↓P82）は、**理性**と知性に基づく「意」によって行動するのだ。

確認問題 **空欄にあてはまる語を後から選べ。**

自分たちが囚《とら》われてきた慣習や伝統から自らを解放し、自らの［A］的能力によって主体的に選択・判断を下していくこと、これこそ、［B］的個人の範型であると考えられてきた。

出典 黒宮一太「ネイションとの再会」

ア 近代　イ 前近代　ウ 理性　エ 感性

39 感性《かんせい》

外界からの刺激を五感（視覚、聴覚、嗅覚、味覚、触覚）で受けとめ味わう、その能力や内容。

類 パトス…感情。特に、何かを生み出すような激しい感情。

40 偶然《ぐうぜん》

因果関係ではとらえられず、ゆえに予期できないこと。たまたまであること。

41 必然《ひつぜん》

必ずそうなること。論理的過程や因果関係に基づいていること。自然。

42 法則《ほうそく》

一定の条件があれば、いつでもどこでも成り立つ関係。

参考 「**法則**」という考え方は、同じ現象が繰り返されうること（再現可能性）を含んでいる。しかし、この世の現実はすべて一回きりの出来事でしかありえない。少なくともここに「**偶然**」といえる事態が生じうる根拠があろう。なお、「**法則**」には「**決まり・おきて**」の意味もあり、特に古い文章で見かけることがある。

確認問題 **空欄に「偶然」「必然」「法則」のいずれかを入れよ。**

自然の現象はすべて物理的な因果関係に支配されているというのが、近代自然科学の考え方であった。すべての事象は因果関係という「法則」で結ばれている。つまり、どんな物事もそれが起こるのは「［C］」である。にもかかわらず「［D］」と感じられるとすれば、それは人間がそこに潜む「［E］」性を理解していないからに過ぎないというわけだ。そのことを物理学者のアインシュタインは「神はサイコロをふらない」と表現した。

解答 A ウ　B ア　C 必然　D 偶然　E 法則

抽象的思考

43 概念《がいねん》

物事の意味や本質を言葉でとらえた内容。

注 個々の具体的な事物から抽出した「概念」を表現するのが「言葉」だ。映像では「概念」を直接表現することはできない。

観念《かんねん》

物事に対する考え。どのようにとらえられているか、その内容。

類 理念《りねん》…感覚ではとらえられない、物事の根本にある本質的なもの。イデア。

ロジック [英 logic]

論法。論理。

関 ロジカル…考えが論理的であるさま。

44 排除《はいじょ》

取り除くこと。

類 排斥《はいせき》…しりぞけること。

入試 ある集団の同質性を維持するために、異質な思想や人物を「排除・排斥」することを批判する文脈は多い。

仲立ち

45 介在《かいざい》

二つのものの間にあって双方に関わること。

媒介《ばいかい》

仲立ちをすること。何かが実現される過程にあって働くこと。

入試 「介在」「媒介」は書き取りの最頻出語。

媒体《ばいたい》

仲立ちをするもの。媒介のためにはたらくもの。一方から他方への伝達の手段。メディア。(→P164)

知識の有無

46 無知《むち》

知識や知恵のないこと。知らないこと。

注 「無知の知」は、真の知にいたるために、まず、自分の無知を自覚することをいう。古代ギリシャの哲学者ソクラテスの言葉。

蒙昧《もうまい》

知識がなく道理をわきまえないこと。

注 「無知蒙昧」の形で用いられることが多い。

啓蒙《けいもう》

無知な状態や遅れた状態から脱却させるために教え導くこと。

注 十八世紀のヨーロッパで、合理主義的な批判精神に基づき、前近代的な「因襲」(→P90)の打破を目指した思想を「啓蒙思想」という。

類 啓発《けいはつ》…何かをきっかけに知識や理解を深めること。

支配

47 君臨《くんりん》

君主として支配すること。ある分野で圧倒的な権威をもつこと。

統治《とうち》

支配者が国と民とを支配すること。統《す》べ治めること。

48 アプリオリ [羅 a priori]

最初から与えられている、前提としてあるもの。先天的。生得的。(→P60)

対 アポステリオリ…あらかじめにではなく、経験によって得られるもの。後天的。

終わり

49

破綻《はたん》

物事に破れやほころびが生じ、その成り立ちが維持されなくなること。

入試 読みがよく問われる語。

類 **挫折《ざせつ》**…途中でだめになること。くじけること。頓挫《とんざ》すること。

破局《はきょく》

物事の悲劇的な終わり。

注「破局を迎える」の形でよく用いられる。

50

世界観《せかいかん》

世界に対する見方や考え方。

注「科学的世界観」といえば、科学的に世界をとらえることである。

見方・考え方

オプティミズム ↔ ペシミズム

オプティミズム　英 optimism

物事のあり方や推移をよい方向で、楽観的に考えようとする傾向や立場。

同 **楽天主義《らくてんしゅぎ》**

ペシミズム　英 pessimism

物事を悪い方に、悲観的に考えようとする傾向や立場。

同 **厭世主義《えんせいしゅぎ》**

51

功利主義《こうりしゅぎ》

行為や制度の価値を、その結果として生じる効用によって決定しようとする考え方。

52

トレードオフ

英 trade-off

一方を追求すれば、他方を犠牲にせざるを得ない状態。

確認問題

問1　傍線部の読みを答えよ。

①彼女の主張はおそらく論理的に破綻している。

②無知蒙昧な人物が責任ある地位に就くのは問題だ。

問2　傍線部のカタカナを漢字に改めよ。

①この二国間には複数の難問がカイザイしている。

②長年世界チャンピオンとしてクンリンする。

③仕事の合間をぬって自己ケイハツに努める。

問3　次の語の対義語を答えよ。

①偶然　②ロゴス　③感性

問4　空欄にあてはまる最も適切な語を後から選べ。

①倫理学は、ながらく「善悪・正邪」という普遍的な（したがって、それだけを取り出すと抽象的な）［　　］に照準を合わせてきた。　出典 大庭健「善と悪」

②予見された危険は回避できるという［A］主義的な［B］もある。もしも石油の燃やしすぎが温暖化の原因であるならば、その原因を除去すれば結果は予防できるという［A］的信念は、原因を除去すれば結果は予防できるという因果関係をモデルとしている。　出典 加藤尚武「現代人の倫理学」

㋐合理　㋑非合理　㋒概念　㋓法則　㋔オプティミズム　㋕ペシミズム

解答　問1 ①はたん ②もうまい　問2 ①介在 ②君臨 ③啓発　問3 ①必然 ②パトス ③理性　問4 ①ウ ②Aア Bオ

合理／非合理

▼「非合理」と「不安」の関係を文脈の中で確認しよう。

異常で例外的な事態が不安をひきおこすのは、安らかに正常性の地位に**君臨**しているはずの規則性と合理性とが、この例外的事態を十分に自己の支配下におさめえないような場合が生じたときである。つまりその例外が、合理性とは原理的に相容《い》れない、**合理化**への道が**アプリオリ**に閉ざされた**非合理**の姿で現れる場合である。このような原理的・**本質**↓P18的な、アプリオリな非合理が――つまり、合理化の未完成ではなくて合理化が**絶対**↓P17的に不可能であるような非合理が――いやしくも存在するということは、その合理性が完全な意味での合理性ではなく、それ自体合理性に反するような欠陥を含んでいるということを意味する。この致命的な欠陥が私たちを不安にするのである。

解説①
すべては規則＝**法則**に則《のっと》っている。それが「正常」だ。それに背く事態が「例外」であり「異常」である。

解説②
世界や自然は「理に適《かな》った」あり方をしているはずだ。「理に適っている」とは出来事に規則があり法則があるということである。また、法則があるとは出来事が**必然**的に生起するということだ。それが「近代」の**世界観**・自然観である。

解説③
「**合理化**」が「未完成」だとは、その「完成」への途上だということ。そのとき「**合理性**＝世界の**合理的**（＝法則的・必然的）なありよう」は疑われていない。

評論の重要語

次の問いに答えよ。

① 「**君臨**」（2行目）の意味に最も近いものを次から選べ。
㋐ 変化　㋑ 支配　㋒ 適合　㋓ 昇格

② 「**アプリオリ**」（4行目）の意味に最も近いものを次から選べ。
㋐ 先天的　㋑ 観念的　㋒ 後天的　㋓ 現実的

③ 「**本質**」（6行目）の対義語を次から選べ。
㋐ 実質　㋑ 概念　㋒ 現象　㋓ 法則

④ 「**絶対的**」（7行目）の対義語を書け。

⑤ 「**必然**」（解説②）の対義語を書け。

⑥ 「**世界観**」（解説②）のうち、物事を悲観的に考える立場を何というか。カタカナ五字で答えよ。

そこで、現代という時代が科学の名のもとに絶対的な信仰を捧《ささ》げている合理性が、はたしてそのような合理性でありうるのかということが、あらためて問いなおされなくてはならないことになろう。

出典　木村敏「異常の構造」

解説❹

原理的に、**アプリオリ**に、つまり、そもそものはじめから「合理化」ということがありえない事態。もしそういう事態があるなら、「合理性＝世界の合理的なありよう」が否定されることになる。世界に見いだされる規則性はみかけだけのことで、本当は世界に規則性などないのだ、というように。

解説❺

「**非合理**」を認めると世界の「合理性」自体が虚偽だということになる。「近代」以降、人間は世界の「合理性」を前提に、科学的知性をもって文明を築いてきたのだが、その論理が**破綻**してしまうのだ。

論理の展開

異常で例外的な事態 → **非合理** → 現代人の「**不安**」

非合理 ↔ **正常**性　**規則**性　**合理**性 ＝〈科学〉

（絶対的信仰）→〈科学〉

例文のポイント

「科学」を信仰する現代人は、「合理性」に反する事態に直面すると不安を覚える。

確認問題

問　**本文の内容に合致するものには○を、合致しないものには×を付けよ。**

㋐ 異常な事態を例外として扱えないと、人々は不安になる。

㋑ 非合理とは、合理化への可能性が断たれた事態である。

㋒ 合理化が未完成ならば、合理化への可能性が残されている。

㋓ 異常な事態は、合理性を否定する致命的な欠陥でありうる。

解答　評論の重要語　①イ ②ア ③ウ ④相対的 ⑤偶然　⑥ペシミズム　確認問題 ア× イ○ ウ○ エ○

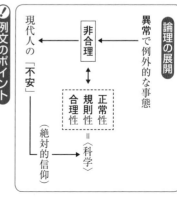

評論の論点 4

一元／多元

——多様性の価値

序 「歴史」は一つか?

古代・中世・近代……歴史はこのように区分される。人間が自然との一体性を生きた古代、超越的な存在としての神を中心とする中世、人間が世界の主宰者となった近代。しかし、そもそも古代人に「古代」という自覚があったはずはないから、こういった歴史観は近代から顧みて作り出されたフィクションだ。しかもこの区分は、西欧のみならず、たとえば日本にも適用されている。では人類はみな同じ歴史を一元的に歩んできたのだろうか。

1 「サルとヒト」から「サルからヒト」へ

見た目の異なる二つの生き物がいるとき、それが差異として、つまり互いに異なる生き物として見られるなら、そこには二種類の生き物がいるといえる。**多様性**→P34の**認識**→P18である。ところが、それらの関係を変化として、つまり一方から他方へ変わったととらえるなら、その二つの生き物は、**進化**→P34の程度や段階が異なるだけで一種類だといえる。そこには多様性の認識とは違う、**序列**《ある基準で並べた順序》や優劣の認識——複数のものを一つの物差しの上にのせて順序を与える**一元化**→P32という**合理化**→P24があるのである。

Q&A

「**一元**」と「**多元**」の何が問題なのでしょうか?

「**一元化**」に問題があるとされる。近代化は、西欧化という名の一元化とも言える。もともとは多様である文化を一元化(**西欧化**)することで、さまざまな摩擦や対立を生んでいるんだよ。

2 貨幣＝価値の一元化

一台の自動車と一切れのパン。価値のあるのはどっちだ？　自動車！と即答する人は、やはり無自覚のうちに何らかの基準に基づいて判断している。基準がなければ比較などできないからだ。ものの価値はその時々、人と場合によって変わる。たとえば飢餓の最中に苦しみつつあるときには、パンにこそ生命をつなぐかけがえのない価値が見いだされるだろう。ところがそのような個別的な事情や問題を**捨象**（→P33 切り捨てること）して、「貨幣」という物差しの上にそれぞれを置くならば、価値の上下は**一目瞭然**（→P34 はっきりとわかること）になる。「貨幣への一元化」は価値を**客観**（→P17）化し、多様なものを序列化するのである。

3 グローバル化＝文化の一元化

宗教改革＊から**市民革命**（→P7）・**産業革命**（→P7）を経て、**民主主義**（→P34）社会へ。この西欧近代史が、すべての人と地域が歩むべき**規範**（→P92 行動の型）となると多様な世界は一元化に向かうだろう。他方、歴史や文化が一元化されることを否定し、歴史や文化の**多元**（→P32）性をこそ**本質**（→P18）だとする主張もある。

ところが、世界を一つの文化で覆ってしまう**グローバル**（→P59 国境を越えて広がるさま）化に抗《あらが》い、文化の独自性を主張するとき、人はしばしば自分たちの文化圏を「一つの純粋な文化を共有する世界」として、もうひとつの一元化に陥ってしまう。グローバル化への抵抗は、ある地域に本来あるはずの純粋な文化という**幻想**（→P34）を伴いがちだ。世界の**画一化**（→P34）を否定する運動が、地域の画一化によって支えられるという**アポリア**（→P35 難問）がそこにある。

ここがポイント！

○近代以降の二大一元化

1 **貨幣＝価値の一元化**
- 価値の客観化
- 多様なものが序列化される

2 **グローバル化＝文化の一元化**
- 世界一元化に抗う→自文化の独自性を主張→その地域が画一化される

＊**宗教改革**　十六世紀の西欧で展開されたキリスト教改革運動。

53
一元《いちげん》

さまざまな事柄に共通するただ一つの根元《こんげん》。

類 一元論《いちげんろん》…ある一つの原理だけですべての事柄を理解しようとすること。

類 一元的《いちげんてき》…さまざまな形で現れている事柄ではあるが、根本においては一つの原理に支配されることで成り立っているさま。

類 一元化《いちげんか》…個々ばらばらにある組織を、一つの体系にまとめること。多様な事柄を一つの原理に貫かれたものとしてまとめ直すこと。

↔

54
多元《たげん》

原理が一つではなく多様であること。

類 多元論《たげんろん》…世界が一つの原理によって貫かれているのではなく、それぞれに多様な原理によって独立に存在しているととらえること。

類 二元論《にげんろん》…世界や事物の根本的な原理として、相反する二つの要素を求める考え方。

類 多元的《たげんてき》…同じグループの事柄が、それぞれ多様な原理によって成り立っているさま。

参考 言語や宗教、その他さまざまな文化を一つのものに統一しようとする「一元」化の過程は、自己と他者の差異をなくし世界を均質化するという意味で、一種の「合理化」（→P24）だが、それによって失われる個別具体的なあり方にこそ、文化の本質を見いだすならば、生活の合理性（利便性）を犠牲にしても、文化は本来の「多元」性を認められねばならないということになる。

55
一義《いちぎ》

①一つの意義や価値。②複数の意義の中で最も重要なもの。

対 二義的《にぎてき》…主要な問題ではないさま。優先されない問題であるさま。第一の事柄に付随して現れるさま。

類 一義的《いちぎてき》…複数の事柄を、一つの意義や視点でまとめてとらえようとするさま。最も重要なものとして扱うさま。

類 多義的《たぎてき》…一つの形で現れている事柄や言葉が、さまざまな意味を持っているさま。

参考 数学に用いられる記号はそれぞれ「一義」的だ。そこに複数の意味があると、式の意味するところも「多義」的になり、解釈が多様化し、誤解される余地が生まれてしまう。他方、生活に用いる言語には、無限の世界に対応するために、「多義」性とその

56 多義《たぎ》

一つの事柄や言葉に含まれる複数の意味。

い意味の広がりが求められる。点としてある言葉の、その点を複数にし、かつ点を面にすることで、無限の世界のすきまを埋めようというわけだ。

57 矛盾《むじゅん》

論理が通じず、つじつまが合わないこと。話の前後が食い違うこと。

類 自家撞着《じかどうちゃく》…同じ人間の言行が矛盾していること。→P44

注「逆説」と「逆接」の違いに注意すること。「逆接」は「逆態接続」、「しかし」や「だが」等が作り出す前後関係である。

確認問題 **空欄に「逆説」「逆接」のいずれかを入れよ。**

日本語が、いわゆる論理的でないと言われる、まさにその点に、日本語の創造的性格が存するということは、われわれを勇気づけるに足る［A］である。

出典 外山滋比古「日本語と創造性」

ベトナムで、アマゾンで、東京で、開高は繰り返し問うことになる。〈私ハ（ホントウニ）見タノカ？ コレガ（ホントウニ）事実ナノカ？〉しかし、その自問は、断念にも似た思いとともに「シカシ」「ソレデモ」と［B］する。

出典 重松清「開高健が教えてくれたこと」

58 逆説《ぎゃくせつ》

真理に反するように見えるが、よく考えると真理であるといえる命題や事柄。

同 パラドックス

59 捨象《しゃしょう》

物事のある側面や性質のみを取り出す抽象の過程で、それ以外の側面や性質を切り捨てること。

入試 漢字問題の頻出語。書き取り・読み取りの両方で問われる。

参考 「**抽象**」（→P8）は必ず「**捨象**」を伴う。具体的な事物のその具体性が失われるのである。その意味で「**捨象**」は「**疎外**」（→P10）にも連なる。

解答 A 逆説 B 逆接

60 一元

画一《かくいつ》
一つのあり方にそろっていること。
類 画一化《かくいつか》…個別性をなくし、一様にそろえること。

杓子定規《しゃくしじょうぎ》
一定の基準を立て、それですべてを強引に判断すること。

千篇一律《せんぺんいちりつ》
みな同じように作られていて、変化に乏しく面白みがないさま。

紋切型《もんきりがた》
型どおりで新味のないこと。
入試 状況の違いや変化に適応せずに、あらかじめ決めた形式を貫く様子に、多く用いられる。「常套《じょうとう》」(→P159)も似た意味の語。

ステレオタイプ
[英 stereotype]
型にはまった画一的なイメージ。ステロタイプ。紋切型。

61 多元

多様性《たようせい》
さまざまに異なる現れ方をしている様子。
類 多様化《たようか》…もともと一つであったものが、さまざまに変様し異なっていく変化。
類 ダイバーシティ…多様性。特に雇用や行政サービスについての多様性。
入試 共同体社会の中では人々の価値観もおおむね同様であったが、共同性から解放された都市の人々の価値観は、さまざまな方向性へと「多様化」してきた。

千差万別《せんさばんべつ》
種々さまざまな差異・種別があること。

62 進歩・発展

進化《しんか》
進歩し発展すること。
対 退化《たいか》…進歩以前の段階に戻ること。衰退すること。

進化論《しんかろん》
今日存在する多様な生物の種は、もとは単一の原始生物であり、それが環境への適応や自然淘汰《とうた》(→P109)を繰り返して発展的に変化しつつある過程だとする見方。

63

幻想《げんそう》
現実から離れて想像したり思考したりすること。またそのようにして描かれた世界。
入試 近代的な思考や制度を「幻想」として批判するという文脈で頻出する。

64 人民主権

民主主義《みんしゅしゅぎ》
権力は人民にあり、人民がそれを行使すべきだとする思想。デモクラシー。
入試 近代のシステムの主要な柱。自由で平等な個人を基礎とし、議会制度による合意形成によって社会が運営される。

民主化《みんしゅか》
人民主権への移行を図ること。
入試 王侯貴族による権力の独占や軍部の独裁から解放される「近代化」の一面。

65

一目瞭然《いちもくりょうぜん》
一目見ただけではっきりとわかること。

はっきり

歴然《れきぜん》

ありありと明白であるさま。

注 一つずつ並ぶ様子にも用いる。

類 **明晰**《めいせき》…あいまいなところがなく明瞭であること。

66 人に合わせる

迎合《げいごう》

相手の考えや意向に合わせた態度や物言いをすること。

入試 （書き）書き取り最頻出語の一つ。

類 **追従**《ついしょう》…（相手に付き従うことから）相手にこびること。阿《おもね》ること。阿諛《あゆ》。（↓P250）

付和雷同《ふわらいどう》

自分の考えをもたず、権威や周囲に合わせること。よく考えずに同意すること。

67

風土《ふうど》

（人間の生活・文化に密着し影響する）その土地固有の環境や自然条件。

68

アポリア

〔英 aporia〕

解決不能の難問。

類 **袋小路**《ふくろこうじ》…通り抜けのできない小路。（比喩的に）物事が行き詰まった状態。

69

指標《しひょう》

物事を判断、評価するための目じるし。

入試 書きがよく問われる。

確認問題

問1 傍線部の読みを答えよ。

①新製品の開発が難航し**袋小路**に陥る。

②教授の講演はいつ聴いても論理が**明晰**だ。

問2 傍線部のカタカナを漢字に改めよ。

①純粋な日本文化が存在すると思うのはゲンソウだ。

②実用的な側面はシャショウして基本設計を考える。

問3 次の四字熟語の意味に近い語を後から選べ。

①**自家撞着**　②**付和雷同**　③**一目瞭然**　④**杓子定規**

㋐歴然　㋑矛盾　㋒画一　㋓迎合

問4 空欄にあてはまる最も適切な語を後から選べ。

①二つ以上の意味に解釈できることば、すなわち□的な表現は、できるだけ減らしておきたい。

出典 中村明「文章の技」

②この宇宙に、私たちのような近代文明を持った宇宙人は存在するのか。そこまで□していなくても、他の惑星に生命は生まれているのか。

出典 池内了「宇宙は卵から生まれた」

㋐一義　㋑多義　㋒進化　㋓風土　㋔民主化

問5 傍線部の外来語の意味を漢字二字で答えよ。

要するに、現実の言語では、あるクレタ島人が「すべてのクレタ島人は嘘つきである」と言ったとして、実際にここにいわれているようなA**アポリア**やB**パラドクス**を受けとって困るような人は一人もいないのだ。

出典 竹田青嗣「哲学ってなんだ」

解答 問1 ①ふくろこうじ ②めいせき　問2 ①幻想 ②捨象　問3 ①イ ②エ ③ア ④ウ　問4 ①イ ②ウ

一元／多元

▼「多元的」世界が「一元化」する意味を文脈の中で確認しよう。

かつての世界は、今日よりもずっと**多元**的であった。人々が暮らす地域ごとに、それぞれの暮らし方があり、固有の文化があった。ものの考え方や精神も、その文化とともに多元的であった。

ところが**侵略**→P124と**植民地**→P182経営の時代をへて、欧米流のものの考え方が、世界を制圧しはじめる。アメリカインディアンたちは、その極限の状態に置かれていた。抵抗すればほろぼされ、欧米的なものに**迎合**すれば自らの文化と精神をほろぼす。そして同じようなことが、世界各地でくりひろげられていた。

その結果、多くの人々が、欧米に生まれた**近代的**→P9なものの考え方や、近代的**理性**→P24と呼ばれるものを身につけていくことを、人間の**進歩**→P10と考える精神の習慣を手にしていったのである。だがそれは、非欧米社会

解説①

その土地の**風土**とそれに応じた生産様式が、その土地に生きる人々の身体のありようや言語を、さらには文化を、それぞれのかたちに形成してきた。

解説②

多元的に存在するものを、ある一つの「物差し」の上にのせると、それは変化の諸段階に見えるようになる。そこに序列＝優劣が「**幻想**」され、進んだ者が遅れた者を指導するという「善意」が出現する。欧米諸国による**植民地**経営には、遅れた者、劣った者を育むという「善意」と「使命」もうかがわれるのである。

評論の重要語

次の問いに答えよ。

①かつて「**多元的**」（1行目）であったのは何か、同じ段落から二字で二つ抜き出せ。

②「**迎合**」（6行目）の意味に最も近いものを次から選べ。
㋐賛成　㋑転向　㋒追従　㋓融合

③「**理性**」（10行目）の対義語を書け。

④「**世界観**」という言葉の意味になる箇所を本文から九字で抜き出せ。

⑤「**風土**」（解説①）の意味になるように空欄に本文中の言葉を入れよ。
人間の生活・［A］に密着し影響する、その土地［B］の環境や自然条件。

⑥次の傍線部と同じ漢字を含む熟語を、解説①～③から抜き出せ。
新聞・雑誌は重要な宣伝バイ体だ。

のなかにあった、ものの見方や考え方を失っていくことでもあった。欧米的な理性をとおして考える思考方法を身につけることは、非欧米的な精神をとおしてしかえられない精神の活動を、失わさせたのである。

出典 内山節「自由論」

解説③

精神性という文化はその土地に根差している。たとえば言葉とは、土地と生活を媒介するものだ。ゆえにいわゆる「**標準語**」（→P 74）の普及は、本来の土地と風土に適合して生きる文化を弱体化し、風土性の乏しい都市での、土地を選ばぬ産業社会にしか適応できない人間を作り出すのである。

論理の展開

かつての世界（前近代）
・暮らし方
・文化
・精神
↓
多元的

⟸

侵略と植民地経営（近代）
近代的理性による思考方法が普及
↓
一元的

⟸

《非欧米的な精神・文化の喪失》

例文のポイント

欧米的な価値観による世界の一元化は、非欧米社会における文化と精神を喪失させる。

確認問題

問 「多元的」なあり方の例として適切なものには○を、適切でないものには×を付けよ。

㋐ さまざまな地域に暮らす人々が、固有の文化や生活様式を保って生きていること。

㋑ 非西欧世界に西欧的な要素が入ることで、近代的な理性による考え方を手に入れること。

㋒ 西欧世界が非西欧世界に進出し、欧米的な理性と文化を各地に広げていくこと。

㋓ 欧米的なものに迎合することで、自らの文化と精神をほろぼしてしまうこと。

解答 評論の重要語 ①文化・精神 ②ウ ③感性 ④ものの見方や考え方 ⑤A文化 B固有 ⑥媒介

コ ラ ム

芸術のための芸術？

手紙を出すのに切手に困り、兄の集めていた中から一枚ちょうだいして殴られたことがある。理不尽な奴だと思った。もっともよほど大事にしていた切手だったらしいが、切手は切手だ、何を言われても、理不尽という思いはなくならなかった。

そもそも切手とは郵便という「目的」を実現する「手段」に違いない。そして切手はその本来の性格に従って使用された。本望である。にもかかわらず兄はそれを許さないと言う。ヘンな話だが、要するに兄は「目的」なんか見ないで「手段」だけを見つめていたのだろう。むしろん「目的」のない「手段」などというのは矛盾だが、実はその矛盾こそが、実は「**近代**」と呼ばれる時代の重要な一面なのである。

たとえば、かつて人々は祈りのために歌った。祈りが「目的」で音楽が「手段」だ。が、今日、カラオケボックスで祈っている人はあんまりいない。人々は、「目的」を欠いて、なお歌い続けている。こうして「手段」それ自体が「目的」となっている不思議なあり方を「**手段の自己目的化**」などという。絵もそうだ。かつては壁画など建築の一部として建築に奉仕していた絵画も、今はその「主人」を失って、額縁という小さな「建築」におさまり、存在理由がないから置かれるべき場所がなく、美術館という近代特有の建造物の壁に掛けられたりしている。

「手段の自己目的化」……それはたとえば「芸術のための芸術」として現れる。近代はそのようにして音楽や美術を守ってきたようにも見える。よく考えてみると、そのような役に立たない無意味なものこそが、人間を単なる物理現象ではない、人間と呼ぶに値する存在にしているのだ。ゆえに「芸術」についての考察は「近代」と「人間」の理解に深くかかわる。入試現代文に「芸術論」が頻出するのもうなずける話なのだ。

さて、「近代」という時代は、「手段の自己目的化」以外にもさまざまな「**矛盾**」を生み出した。その「矛盾」についての考察が「評論」の中心にあるといってもよい。第1部で学習した「近代」についての理解をふまえて、第2部以降では、その「矛盾」のありようを「20」の角度から見ていくことにしよう。

評論編 第2部

5 自己
6 身体
7 文化
8 記号
9 言語
10 社会
11 制度
12 倫理
13 欲望
14 暴力
15 差異
16 物語

▶第 1 部で学習した〈「近代」とは何か〉についての理解をふまえて、大学入試の評論に頻出する 12 の「論点」を学習します。

▶「自己」「身体」「文化」など、それぞれの「論点」を理解するために欠かせない語彙に加えて、そのジャンルを超えて評論を読むうえでおさえておきたい重要な語彙を学習します。

自己 ―「私」は誰なのか

序 見えない「私」

春は自己紹介の機会が多い。わかりやすく印象的に自分を説明したいと思うが、うまくできない。私とは誰なのか。そのとき自分自身が見えなくなる。他者とどう違うのか、いや他者と同じでありたいのか、「私」の知らない自分もありそうだ。「自己」の理解は簡単ではない。

1 個人か集団か

「評論の論点1」（↓P6）で見たように、伝統的な**共同体**(↓P9)社会において、人々は自分の人生を選択することができなかった。**出自**(↓P45生まれ)とともに身分も職業も**所与**(↓P45初めから与えられたもの)のものとして自動的に決定されていた。しかし、近代になって、私たちには等しく自由が与えられた。特に西洋近代社会は、社会的な義務を果たす人間を「**個人**(↓P10)」として認め、基本的に平等な権利を与えつつ、その「個人」が集まって社会を構成すると考えた。つまり、社会に先んじて「個人」がある。そして、「個人」には自由が与えられる以上、かえって自分の**営為**(↓P44努力して行う行為)の結果に対しては、**自己責任**(↓P44)が問われる。

ここがポイント！

○近代以降（西洋）

個人
・自由と平等
・社会的義務
・自己責任

⇐

社会 を構成

2 「私」の存在証明

自由は与えられた者にとって重荷にもなる。自分の人生を自分で選ぶ必要があるからだ。そこで、私たちは自分はどのような人間か、どう生きようとしているのかということに対する確信を得ようと求める。これが「**アイデンティティ**(↓P43自己の独自性への自覚)」だ。その確信を得るためには、自分自身の存在を実感し納得できるとともに、社会の中で自分は他者と異なり、そうした自分が社会の中で認められているという意識も必要だ。

3 社会と「私」

ところが、社会はそう簡単に「私」を認めてくれない。特に企業のような**利益社会**↓P83目的達成のために組織された社会では、成員が役割を果たすなら特定の個人でなくてもよく、「私」は、機械の部品のように**交換可能**↓P44であるのが**常態**↓P45いつものありさまだと思える。そこに現代人のアイデンティティの**ジレンマ**↓P44二つのものの板挟みが生じ、自己に対する**認識**↓P18である「**自我**」↓P42自己中心の意識が危機に瀕する。そのように人が自己の固有の存在を見失っている状態を「**疎外**」↓P10というが、それから**脱却**↓P44するために、個性や本当の自分を求めたりもする。しかし、本当に必要なのは「自分」や「個性」を求めねばならないという**強迫観念**↓P43払いのけられない不快な考えを捨てることなのかもしれない。

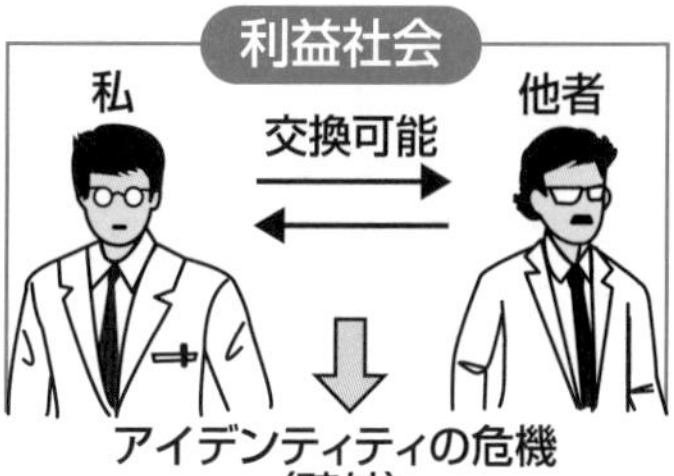

4 自分の知らない自分

自分の顔は自分では見えない。「私」は「私」自身のことを意外に知らない。特に自分の心や行動に「**無意識**」↓P43意識されない状態が存在することを、精神分析学者の**フロイト**↓P213が発見した。その自分を**他者**↓P42はどう見ているのか。そのように他者と区別された自分、そして他者に見られる自分像を「**自意識**」↓P42自分についての意識という。「自意識過剰」とは、他者から見た自分を意識しすぎる状態をいう。

ここがポイント！

自由＝重荷？
⇧自分の人生を自分で選ぶ
アイデンティティ　必要

利益社会では私と他者は**交換可能**であり、それが自己の「**疎外**」をもたらすことを押さえよう！

70 顕在《けんざい》 ⇔ 71 潜在《せんざい》

70 顕在
目に見える形に現れて存在すること。

71 潜在
形に現れず潜んで存在すること。

確認問題 空欄に「顕在」「潜在」のいずれかを入れよ。
今日ある程度までデモクラシーの定着した国々では、権力が A 的に知覚される機会は少ない。権力は、確かに存在するが、むしろ行使されることがないような B 的な力である。
出典 宇野邦一「詩と権力のあいだ」

72 自我《じが》
自己を中心とする意識。世界や社会の中の存在として認めた自分自身。
類 エゴ…自分。自我。

参考 哲学では、認識・意志・行為の主体として、精神のさまざまな作用を統一するものとしての自己、心理学では自己に対する各人の意識を「**自我**」という。「**自我**」も「**エゴ**」も、自己本位の悪い意味に用いがちだが、個性や個人を尊重する意味では重要なものである。

73 他者《たしゃ》
何らかの意味で自分と対立する存在として考えられる自分以外の人。

入試 入試評論に登場する「**他者**」は、単なる「赤の他人」ではない。世界や社会の中での自己（つまり「**自我**」）とはあり方が異なり、時には自己のあり方を脅かす存在として見える存在である。よって、これとどう向き合うかが課題となり論じられる。

74 自意識《じいしき》
自分に関する意識。自我についての意識。

参考 「**自意識**」は、自分を外から客観的に見る意識。自我や自意識に目覚めるのが青年期の特徴であり、それは他者の存在を意識することと並行する。「**無意識**」は精神分析学者のフロイト（↓P213）が発見し、心理学で問題にされるのは、特に②の意味。普段は隠されている「深層心理」とも関連する。

確認問題 空欄に「**自意識**」「**無意識**」のいずれかを入れよ。
日常的な判断・行為はたいてい C に生ずる。知らず知らずの

75 無《む》意《い》識《しき》

①はっきりした意識や自覚がなく何かをする状態。②心の中の意識されない領域。

うちに意見を変えたり、新たに選んだ意見なのにあたかも初めからそうだったかのように思い込む場合もある。
出典 小坂井敏晶「責任という虚構」

76 アイデンティティ

［英 identity］

自分という存在の独自性についての自覚。

参考 心理学者エリクソンが提唱した。自分は独自である（独自性）という意識とともに、そういう自分が継続している（継続性）、そういう自分を自分で納得できる（統合性）が、**アイデンティティ**の確立のためには必要とされる。

77 強《きょう》迫《はく》観《かん》念《ねん》

打ち消しても浮かんでくる不快な考え。
類 コンプレックス…劣等感。

参考 「**強迫**」は、強く迫って、人を脅して恐れさせ、自由な意志の決定を妨げること。「**脅迫**」との違いに注意。「**コンプレックス**」は、本来、複合したものの意。

78 原《げん》体《たい》験《けん》

思想が固まる前の経験で、以後の思想形成に大きな影響を与えたもの。

確認問題 **空欄に「原体験」「原風景」のいずれかを入れよ。**
「トトロの森」が現代人の［D］となるのは、かつてそうしたものが存在したことの記憶と、それが現に失われつつあるか、すでに失われたという事実とが、結びつくことによってである。
出典 木岡伸夫「風景の中の時／時の中の風景」

フロイトなら、これを幼児が理由もわからずに母親から拒絶される［E］に遡行《そこう》して考えるかもしれない。
出典 柄谷行人「反文学論」

（注）遡行…流れをさかのぼって行くこと。

79 原《げん》風《ふう》景《けい》

人の心の奥にある原初の風景。個人のものの考え方や感じ方に大きな影響を及ぼすことがある。

参考 「追体験」は、作品などを通して、他人の体験を自分の体験としてとらえること。

解答 A 顕在 B 潜在 C 無意識 D 原風景 E 原体験

80 ジレンマ
英 dilemma
相反するものの間で板挟みになり、どちらにも決められずにいること。

81 自己矛盾《じこむじゅん》
自分の考えや行為や発言が、食い違っていること。
類 自家撞着《じかどうちゃく》…自分の言うことが前後でうまくかみ合わないこと。

82 ナルシシズム
英 narcissism
自己陶酔。うぬぼれ。
注「ナルシズム」ともいう。「ナルシスト」は自己陶酔する癖のある人。

83 カタルシス
ギ katharsis
直面していた苦悩などを表すことで、悩みを解消すること。悲劇などを見てストレスを解消すること。

84 モラトリアム
英 moratorium
社会的な責任や義務を一時猶予《ゆうよ》された状態にある青年期。
注 本来は「支払い猶予」の意。

85 自分探《じぶんさが》し
どこかにあると信じる本当の自分を探し求めること。
入試 その無意味さについて語る文章が多い。

86 自己責任《じこせきにん》
自由意志により行った自分の行為の責任を自分に帰すること。
入試 自由主義経済の基本的な考え方。

87 交換可能《こうかんかのう》
かけがえのない無二のものとは思わず、その役割を果たせば他に代わりはあること。
入試 近代社会は人間を「交換可能」と考えがちであるという文脈で用いられる。

88 営為《えいい》
努力して行う行為。
入試（書き）「鋭意（高尚な目的のため一心に努力する）」との違いに注意。

89 脱却《だっきゃく》
好ましくない状態から抜け出ること。
類 払拭《ふっしょく》…好ましくないものをすっかり取り去ること。

懐かしい気持ち

90 想起《そうき》
前にあったことを思い起こすこと。
入試 歴史や時間に関わる文脈に頻出する。

回顧《かいこ》
いろいろと昔を思い返すこと。
入試（書き）「懐古（昔を懐かしく理想的なものとして考える）」との違いに注意。
類 追憶《ついおく》…過去の日々や亡くなった人との思い出を懐かしく思い出すこと。
類 追想《ついそう》…過去を懐かしく思い起こしてしのぶこと。

郷愁《きょうしゅう》
故郷に帰りたいと思う心。望郷。
類 ノスタルジー…郷愁。ホームシック。「ノスタルジア」とも。

91 相貌《そうぼう》

（普通ではない）顔つき。

類 容貌《ようぼう》…顔かたち。

92 所与《しょよ》

初めから与えられたもの。

類 与件《よけん》…初めから与えられた条件。

93 出自《しゅつじ》

生まれ。どんな家に生まれたかということ。

類 系譜《けいふ》…先祖から続く血縁。次から次へと影響を受けてきたつながり。

94 萌芽《ほうが》

芽が出ようとしている状態。物事が起こるもと。

類 胚胎《はいたい》…物事が始まる原因が生ずること。

きざし

兆候《ちょうこう》（徴候）

何かが起こる前触れ。兆《きざ》し。

育て方 95

涵養《かんよう》

水が自然に染み込むように、無理をしないでゆっくり養い育てること。

馴致《じゅんち》

なれさせること。なじませること。

注 野生動物を家畜として飼い慣らすように、人間の心をなじませるときに用いる。

96 常態《じょうたい》

いつものありさま。

入試（書き）「状態」との違いに注意。

確認問題

問1 傍線部の読みを答えよ。

①政府は国民の不信感を払拭する必要がある。

②自家撞着に陥っている。

問2 傍線部のカタカナを漢字に改めよ。

①ショヨの条件をもとに計画を練る。

②作者の生没年やシュツジは明らかでない。

問3 空欄にあてはまる最も適切な語を後から選べ。

進路に悩み［ A ］に陥っていたが、友達にすべてを話したら［ B ］を感じた。友達は、私の過去の姿を［ C ］し、怠惰が［ D ］となっていることを指摘し、それから［ E ］するべきだとアドバイスをしてくれた。

㋐常態　㋑カタルシス　㋒ジレンマ

㋓脱却　㋔想起　㋕ノスタルジー

問4 空欄にあてはまる最も適切な語を後から選べ。

①ナルシズムの自我に替えて「［　］」について考える自我が蘇《よみがえ》らなければならない。

出典 藤田省三「ナルシズムからの脱却」

②あれこれ迷うことはあれ、いつか〝本当の〟「自分」にたどり着くことができるという希望を人に持たせる。実際、「［　］」の表面的隆盛はまだしばらく続きそうである。

出典 景井充「アイデンティティの行方」

㋐交換可能　㋑自分探し　㋒他者　㋓郷愁

解答　問1 ①ふっしょく ②どうちゃく　問2 ①所与 ②出自　問3 Aウ Bイ Cオ Dア Eエ　問4 ①ウ ②イ

自己

▼「自己」と「原体験」「原風景」の関係を文脈の中で確認しよう。

空間と**自己**の発見こそ、あるいは、空間と自己のかかわりの発見こそ、自己の履歴の発見である。積み重ねられた履歴をたどって、履歴に組み込まれた体験を思い起こすとき、ひとは自分の存在を知る。自己を知る最初の体験とは、それまでの自分とは違う自己の発見である。その意識は、風景のなかに埋もれている自分を掘り出すことである。風景を見、風景に触れる自分を意識することである。この風景と自己の関係の把握という新しい事態こそ自己変容の起点であろう。わたしは、自己変容の起点こそが**原体験**であり、そのときの風景を**原風景**と捉えたい。自己が身体的存在であるかぎり、自己の変容はそのときの風景とともにある。わたしがわたしであり始めた体験からけっして切り離すことのできない風景、それこそが原風景である。原体験とは、

解説①

「空間」とは、本文では「風景」と同意である。自分と空間（風景）とのかかわりを発見することは、「**自己**の履歴」（これまで自分がどう生きてきたか）の発見の**萌芽**となる。さらに続いて、その履歴の中の体験を思い起こせば、「自分の存在」が**顕在**化される。

評論の重要語

次の問いに答えよ。

① 「それまでの自分とは違う**自己**の発見」（4行目）により何が生まれるのか、答えに当たる四字の部分を抜き出せ。

② 「この」（6行目）はどの語にかかるか。
　㋐ 風景　㋑ 関係　㋒ 事態　㋓ 起点

③ 「**相貌**」（14行目）の読みを書け。

④ 「**萌芽**」（解説①）の読みを書け。

⑤ 「**萌芽**」（解説①）に最も近い意味の語を次から選べ。
　㋐ 与件　㋑ 兆候　㋒ 払拭　㋓ 営為

⑥ 「**顕在**」（解説①）の対義語を書け。

身体空間での自己変容の**プロセス**→P175を**想起**するとき、時間的な起点となる体験である。また、原風景とは、自己変容の自覚とともに想起される身体空間の**相貌**である。

出典　桑子敏雄「感性の哲学」

解説②

風景とともにある自己の姿を初めて発見する、そのときの風景を「**原風景**」、そのときの体験を「**原体験**」と呼ぶ。たとえば、海辺で育った人なら、広がる大海や潮の香りがそれに当たるかもしれない。そうした風景を見、風景に触れる自己の姿は、それまで意識化されなかった新しい自己像だから、「自己変容」のきっかけとなる。

解説③

人間は身体とともにある。というより身体そのものである。身体の五感を駆使して風景を感じている。だから、新しい自己像は、風景とともに発見される。

論理の展開

自己 ←かかわり→ 空間（風景）

そのかかわりの発見が、
→ 自己の履歴の発見

履歴をたどり体験を思い起こし、
→ それまでとは違う自己の発見

それが自己変容の起点となるので
→ 自己変容の起点が**原体験**
そのときの風景が**原風景**

例文のポイント

現在の自分につながる「原風景」「原体験」を通してこそ、自己の存在がつかめる。

確認問題

問　**本文での「原体験」の意味として最も適切なものを選べ。**

㋐ 自分の世界にこもり独自である自分の存在を知って、自己変容を自覚した体験。
㋑ 空間との身体的なかかわりの中で、人が自己の存在を知るきっかけとなる体験。
㋒ 空間や風景にしだいに埋没した履歴を否定し、自分を変容させようとする体験。
㋓ 風景との関係を把握しながら、風景を思いのままに変貌させようとする体験。

解答　①自己変容　②ウ　③そうぼう　④ほうが　⑤イ　⑥潜在　確認問題　イ

身体
—体は「私」か

序 「身体」と「私」

自分を示すときジェスチャーでは顔を指さし、手話では胸に指を向ける。それは、「私」とは「脳」「心」「精神」だという考えの反映だ。逆にいえば、これらと対になる「身体」を「私」は軽視する。しかし、「身体」と「私」は一体だ。「私」は「身体」として存在し、「身体」の不調は精神活動にも影響を与える。「身体」の重要性を忘れてはならない。

1 近代の身体軽視

「われ思う故《ゆえ》にわれ在《あ》り」という言葉を残した**デカルト**↓P210は「評論の論点2」（↓P14）で見たように、人間を自然から切り離すとともに、「もの思う」精神（心）こそが人間の人間たる**所以**《ゆえん》↓P52そうなる理由であると考え、その一方、身体を機械のようなモノとして扱った。これが「**心身二元論**」↓P50である。これを機に、感覚や個々の**経験**＊を超えて**理性**↓P24的に世界を**認識**↓P18しようとする**形而上**《けいじじょう》↓P50的思考、さらに科学技術も発展した。そして、その一環としての医学は、いわば壊れた機械を修理するのと同じような意識で治療をしている。

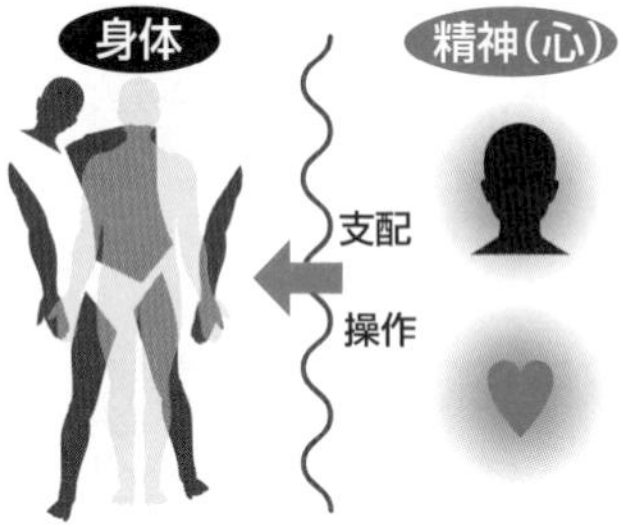

＊**経験**　生物体が感覚や内省を通じて得るもの、およびその獲得の過程。体験とほぼ同義だが、体験よりも間接的、公共的、理知的な含みをもつ。

2 人間はいつ死ぬのか

従来、死とは鼓動や呼吸が停止し、身体が冷たくなることであり、つまり身体の死が人間の死として受け止められていた。しかし、脳の死を人間の死ととらえる「**脳死**↓P51」は、脳こそが人間の**本質**↓P18だという人間観による。脳死になれば生前の意思により、**臓器移植**↓P51が可能となる。これも意思が身体を支配するという**コンセプト**↓P52基盤となるイメージによる。以上のように、**生命倫理**↓P51に関わる問題は、人々の身体観と大きく関わっている。

3　身体の復権

では、身体とは人間にとってどのようなものか。フランスの哲学者メルロ＝ポンティは、身体は**両義性**↓P50二つの意味が含まれていることをもつと考えた。自分の身体は**客観的**↓P16に認識できる対象であり、自分の所有物のように感じ取れる一方、身体は自分そのものであり、自分はこの身体以外に取り替え不可能である。手や足は思いのままに動かせるが、心臓などの内臓の筋肉は不随意筋であり、意思の力で自由に動かすことはできない。右の**1**にあるように心身二元論をもとに発展した医学でも、現在では心の**ケア**↓P52が**臨床**↓P52において重要視されている。また、個々の経験を通して**体感**↓P52することの**肝要**↓P52最も重要なことさも言われる。

4　情報化と身体

未曽有《みぞう》↓P52今までにないの情報化により、さまざまの**メディア**↓P164内の情報に触れる機会が多くなり「身体**疎外**↓P10」が一層進んだともされる。たとえば、交通機関が足の機能を補助しているように、インターネットは私たちの脳を拡張し、**ユートピア**↓P53を**招来**↓P53引き起こすことする道具だと考えられるが、インターネットに没入することで、私たちは身体を置き去りにして、世界各地のサイトに参入できてしまう。

ここがポイント！

○近代
心身二元論
医学発展
⇩
○現在
身体の復権
心のケア重要視

利益社会における「**自己疎外**」、**情報化社会**における「**身体疎外**」を押さえておこう！

97 形《けい》而《じ》上《じょう》

⇔

98 形《けい》而《じ》下《か》

はっきりした形がなく、感覚によっては存在を知られない精神的なもの。

形に現れており、感覚によってその存在を知ることができる物質的なもの。

参考 「**形而上学**」は、ほぼ「哲学」と同意。「**形而上的**」は、現実から遊離して**抽象的**（→P8）になっている議論を非難・揶揄《やゆ》（→P290）する言葉として用いられることが多い。

確認問題 **空欄に「形而上」「形而下」のいずれかを入れよ。**

［A］的な事態に対して［B］学的な概念はより高次の説明概念であるが、その説明する言葉は説明される側から派生した言葉によって構成されざるを得ないのだ。

出典 井崎正敏「〈考える〉とはどういうことか？」

99 両《りょう》義《ぎ》性《せい》

一つの概念や言葉に相反する二つの意味や解釈が含まれていること。

類 アンビバレント…両義的。両価的。

100 二《に》律《りつ》背《はい》反《はん》

たがいに矛盾する命題が、同じように有効な基礎づけをもち主張されること。

参考 一つのことに多くの意味や解釈を含んでいれば「**多義的**」（→P32）。「**二律背反**」はドイツ語の哲学用語「アンチノミー」の訳。

入試 「両義性」「両義的」を含む箇所に傍線を引き、相反する二つの内容の違いを説明させる設問はしばしば見られる。

確認問題 **空欄に「両義」「二律背反」のいずれかを入れよ。**

その学名に半獣神の名を受け継いだ現在のチンパンジーたちは、人間そっくりともてはやされる一方で、でもどこかでケダモノだと思われている。類人猿というのは、ずっとそんな［C］的な存在として描き続けられているのだ。

出典 中村美知夫「チンパンジー」

101 心《しん》身《しん》二《に》元《げん》論《ろん》

人間存在について、心や精神と身体を区分し、心を重視する立場。

参考 近代に至るまで、人間は、自身の存在について自然などの物と区別しておらず、「**物心二元論**」的な思考もほとんどなかった。たとえば、古代ギリシャの**プラトン**（→P210）は「イデア」を重視し、対象の真実をつかむには、ものそのものより、そのものた

類 **物心二元論《ぶっしんにげんろん》**…世界の存在物について、心や精神をもつ存在と、それをもたない物質を区分し、前者を重視する立場。

らしめる根拠になる真の実在をつかむべきだとした。「人間とは何か」をつかむためには、個々の人間ではなく、人間を人間たらしめるその本質をつかもうとしたのである。こうした目に見えないものを重視する立場が「**唯心論**」につながる。現在の「イデア」には「理想」の意もあるが、やはり、眼前には見えないものだ。それが、近代とともに**デカルト**（↓P210）が登場する。心ある存在と心のない物質、人間においては精神と身体を明確に区分する。物は**客観的**（↓P16）な対象として見られるようになり「**唯物論**」的な思考につながっていく。

102 唯《ゆい》物《ぶつ》論《ろん》

世界の本質を物質で規定する理論。

対 **唯心論《ゆいしんろん》**…心が唯一の根本的実在だとする理論。

103 生《せい》命《めい》倫《りん》理《り》

生と死に医療がどう関わるべきかについての考え。

類 バイオエシックス…生命倫理学。

参考 科学の発達とともに高度化した医療、**遺伝子工学**（↓P189）につきまとう問題。左の**脳死**や**臓器移植**の他にも、人工妊娠中絶、安楽死・尊厳死、インフォームド・コンセント、クローン研究などが問題になっている。

104 脳《のう》死《し》

脳のすべての機能が回復不可能な段階まで低下した状態。

参考 この脳死を人間の死と見なすことによって、左の**臓器移植**（生体での移植は別）が可能になる。はたして、**脳死**を人間の死とするか、意見の分かれるところである。

105 臓《ぞう》器《き》移《い》植《しょく》

他の人から臓器を移植することにより機能を取り戻そうという医療。

入試 評論では、**身体**を機械と同様のメカニズムで考え、まるで部品交換をするように**臓器移植**が行われる、という論旨で用いられがち（↓P114「嫌悪・忌避」）。

解答 A 形而下 B 形而上 C 両義

106 ケア
[英 care]

放《ほう》っておけないものに対する手当て。特に、老人や病人などに対する介護や看護。

類 **介護**《かいご》…病人や老人などに付ききりで、生活全般の面倒を見ること。

107 臨床《りんしょう》

実際に個々の病人について、観察や治療をすること。

入試 比喩的に、現実性、現場性のある考えを指す。「臨床の知」など。

体で感じる

108 体感《たいかん》

体で感じること。

入試 身体感覚を伴い、机上で身につけた知よりも重視されがち。

体験《たいけん》

直接自分自身が経験すること。

入試 より体感性が強い点で「経験」と区別されることがある。

109 所産《しょさん》

ある営為によって生み出されたもの。

入試 （書き）簡単な字だが誤答しやすい。

初めて

110 未曽有《みぞう》

類する事件が今までに一度もなかったこと。

注 訓読すれば「いまだかつてあらず。」。

空前絶後《くうぜんぜつご》

過去にもなかったし、将来にもありそうにないこと。

四字 **前代未聞**《ぜんだいみもん》…今までに聞いたこともないようなあきれたこと、異常なこと。

111 コンセプト
[英 concept]

概念。物事の大まかな意味。活動の基盤となる基本的なイメージ。

文と文脈

112 テクスト
[英 text]

何らかの意味を読まれる対象となるもの。

類 **テキスト**…教科書。書物の本文。

コンテクスト
[英 context]

文脈。前後関係。

根拠

113 所以《ゆえん》

そうするための方法、そうなる理由。

類 **由縁**《ゆえん》…由来。

典拠《てんきょ》

書物などによる信用できる根拠。

類 **論拠**《ろんきょ》…議論や意見のよりどころ。

114 肝要《かんよう》

最も心得ておかねばならない重要なこと。

類 **肝心**《かんじん》**（肝腎）**…最も大切なこと。

参加・協力

115 協働《きょうどう》

一つの目的のために、メンバーが協力し合うこと。

入試 （書き）「共同」「協同」との微妙な違いに注意。

参与《さんよ》

あることにあずかり関わること。事業や組織の動かし方に関係し相談を受けること。

パートナーシップ
[英 partnership]

協力関係。

類 **提携**《ていけい》…協同事業を行うこと。タイアップ。

理想 116

ユートピア ［ギ Utopia］

桃源郷《とうげんきょう》

どこにもないような理想的な土地。

類 理想郷《りそうきょう》…想像上に描かれた理想的な世界。

誰もがその存在を願いたくなる理想郷。

注 陶淵明《とうえんめい》の「桃花源記」による。

招く 117

招来《しょうらい》

その状態を引き起こすこと。

注「将来」も、「その状態を引き起こす」の意で用いられることがある。

招致《しょうち》

自分の所で何かをするように働きかけること。

類 誘致《ゆうち》…積極的な受け入れ態勢を整え、そこに来るように勧めること。

118

エピソード ［英 episode］

話題になっている人や物事に関するちょっとした話。

類 逸話《いつわ》…その人の人間味を知るに補足となるちょっとした話。

悩み・苦しみ 119

懊悩《おうのう》

悩みもだえること。

類 煩悶《はんもん》…P248

呵責《かしゃく》

厳しくとがめて叱ること。責め苛《さいな》むこと。

注「良心の呵責」で慣用句的な表現。

怨嗟《えんさ》

うらみ嘆くこと。

確認問題

問1 傍線部の読みを答えよ。

①形而上の思考をめぐらす。

②人間が人間である所以は何か。

問2 傍線部のカタカナを漢字に改めよ。

①二律ハイハンの状態に悩む。

②何事にも努力するのがカンヨウだ。

③地方に企業の本社をユウチする。

④自動車は近代科学のショサンだ。

問3 空欄に適切な漢字1字を入れよ。

①未曽□　②空□絶□　③前□未□　④□源郷

問4 空欄にあてはまる最も適切な語を後から選べ。

①こういうひとだから、あるいはこういう目的や必要があって、といった条件つきで世話をしてもらうのではなくて、条件なしに、あなたがいるからという、ただそれだけの理由で享《う》ける世話、それが□なのではないだろうか。　出典 鷲田清一『「聴く」ことの力』

②ピート・モンドリアンが、晩年にアメリカに移って描いた《ブロードウェイ・ブギウギ》では、題名がイメージと□して音楽的効果を生み出している。　出典 高橋裕子「形象とテクスト」

㋐招来　㋑協働　㋒典拠　㋓ケア　㋔臨床

解答　問1 ①けいじじょう ②ゆえん　問2 ①背反 ②肝要 ③誘致 ④所産　問3 ①有 ②前・後 ③代・聞 ④桃

身体

▼人間が「身体的存在」であることの意味を文脈の中で確認しよう。

意味記憶の集合体である「**テクスト**」に対し、**エピソード**記憶の集合体である「**コンテクスト**」は、五感を通して形成される。電子ブックも、今後は、音楽やアートワークと**協働**した*マルチメディア型が増えてくるだろう。しかし、グーグルブックスやamazon Kindleでは、当面、「テクストのみ」の電子ブックが主流となる。対して「物である本」は、テクストのみならず、豊かなコンテクストを伴う点が特徴だ。*装丁という仕事は、要はテクストに、「**身体**性（物質性）」というコンテクストを与える仕事と言っていい。装丁のみならず、編集や書籍販売といった本に関わる仕事も、突き詰めれば、テクストにコンテクストを付与する作業と言えるのではなかろうか。

悲観するばかりではない。「物である本」は、案外しぶとく生きの

解説❶

「**テクスト**」は書かれた文章そのもの。「**コンテクスト**」はその文脈や背景で、ここでは読んでいるときの周囲の状況などを含む。「テクスト」を読むだけなら、**身体**性を排した精神活動であるが、実際には、身体的な五感を通した「コンテクスト」が、読む行為には存在し、それでこそ記憶が確実になる。

解説❷

五感を活《い》かす音楽やアートワークと**協働**するメディアも考えられるが、当面の電子ブックの形態は「テクストのみ」であり、それは「物」でさえない「情報」である。

評論の重要語

次の問いに答えよ。

①「**エピソード**」（1行目）の意味を次から選べ。
㋐談話　㋑会話　㋒講話　㋓逸話

②「**コンテクスト**」（2行目）のここでの意味に最も近いものを次から選べ。
㋐書物　㋑背景　㋒理解　㋓映像

③「**身体**」（7行目）と対になる語を解説①〜④から抜き出せ。

④「**悲観**」（11行目）とは、ここでは具体的にどういう考えか。

⑤次の傍線部を漢字に改めよ。
二人の間に第三者がカイザイしている。

＊**マルチメディア**…音声・文字・映像など多様な表現を同時に用いる情報媒体。

＊**装丁**…本を綴《と》じて表紙をつけること。

びるかも知れない。少なくとも、人間が身体的存在である限り、テクストにコンテクストを付与する作業がなくなることはないのだから。

出典　桂川潤「装丁と『書物の身体性』」

解説③

装丁が「コンテクスト」の例としてあげられるが、本文の前では、読んでいるときの天候や室内の様子、また、書き込みをしたりページの端を折ったりすることも、その例として示している。

解説④

電子ブックの登場により、従来の形式の書籍の存続が危ぶまれているが、人間は身体的存在であるから、装丁などにより「テクスト」に身体性を与える行為が介在し、従来の書籍は生き残るだろう。

論理の展開

電子ブック	（普通の）本
テクストのみ	**コンテクスト**を伴う ＝ **身体**性・物質性

←（装丁は、テクストに**身体**性を与える）

← 人間は**身体**的存在

← 物である本は生きのびる

例文のポイント

読書という行為には、身体も介在した「コンテクスト」の存在が必須である。

確認問題

問　本が「生きのびる」と考えるのはなぜか、最も適切なものを選べ。

㋐ テクストだけに思える電子ブックにも、コンテクストが付与されるから。
㋑ 装丁という仕事は、本に関わる点で、編集や書籍販売と似ているから。
㋒ 人間は身体的存在であり、テクストだけでなくコンテクストも望むから。
㋓ 人間は、自分の身体をテクストとして読む存在として生きているから。

解答　①エ　②イ　③精神　④本が生きのびないと考えること　⑤介在　確認問題　ウ

文化
―人間の生き方の軌跡

序 「文化」の対語

「文化祭」「文化部」など、学校でも「文化」という語はよく使われるが、いざ「文化」とは何かと問われても答えにくい。また、「文化」はすぐれたもので私たちに恩恵を与えるようにも感じられるだろうが、私たちを縛る側面ももつ。まず「文化」の対語を通して、「文化」とは何かをはっきりさせてみよう。その対語は「自然」と「文明」である。

1 文化と自然

「人間は自然に対していつも受け身で適応しているのではなく、手の延長として発達した道具を用いて、それを改変し、改造して、その生活の場を作り出している」。これは、文化人類学者の米山俊直《よねやまとしなお》の言葉だ。つまり、他の動物は自然の**摂理**（→P60）や**本能**（→P60）のままの生を**余儀なく**（→P60やむを得ない）されている。それも立派な適応だが、人間は自然に対する**能動的**（→P58）な働きかけによって**可塑性**（→P60柔軟に形を変える性質）をもって適応する点で**特異**（→P60）である。そして、この働きかけが「文化」である。逆にいえば、人間は、ある特定の「文化」をもつ社会の中に生まれてこそ生きのびることができるのだが、一方では、「文化」の**フィルター**＊をはずして対応することは至難である。つまり、「文化」は、私たちの行動や思考を規定するものでもある。

2 文化と文明

「文化」に関わる領域として、通常は学問・芸術・**宗教**（→P98）・言語などの精神活動が想

＊**フィルター** 濾過《ろか》して特定のものを取り去るための装置。転じて、あるがままを感得させない特定の見方。

定されよう。これに対し、「文化」とよく比較される「文明」は、技術や機械など物質的な意味合いが強い。また、「○○市の文化」や「若者文化」とは言えても、同様のことを「文明」に対しては言いにくい。「文化」は「文明」に比べ、狭い範囲において成り立つ**ローカル**（↓P58）なものだ。ところが、**グローバル**（↓P59）化の今日、各地の文化の**画一化**（↓P34）が**危惧**（↓P60 心配して恐れること）される。その中で、今こそ「**伝統**」（ある集団で受け継がれてきた思想・風俗・習慣）（すなわち「文化」）を見直すべきだという主張もなされがちだが、「伝統」に**固執**（↓P60）するだけでは、新たな「文化」の創造にはつながりにくい。むしろさまざまな文化の**混淆**《こんこう》（異なるものが入り交じること）によって生まれた**クレオール**（↓P59 異なる文化が入り交じる）文化こそが、文化のあるべき姿だともされる。

3 異文化にどう向き合う

「文化」がローカルである以上、各地に無数の文化がある。それぞれは、**周縁**（↓P60）とされる土地の文化でも、その土地に適応したものであり、**客観的**（↓P16）に優劣がつけられない。そもそも、固有の特性を持つ文化を、他の文化に属する者が真に理解することは困難だという**認識**（↓P18）から、すべての文化を対等と見なす「**文化相対主義**」（↓P59）が生まれた。国際化の現在、**異文化**（↓P58）に触れることも多いが、そうした立場で、**他者**（↓P42）の文化に向き合うことが、**確執**（↓P60 不和）を回避する道となろう。事実、政策として「**多文化主義**」（↓P59 様々な文化を対等に扱う考え）が提唱されている。

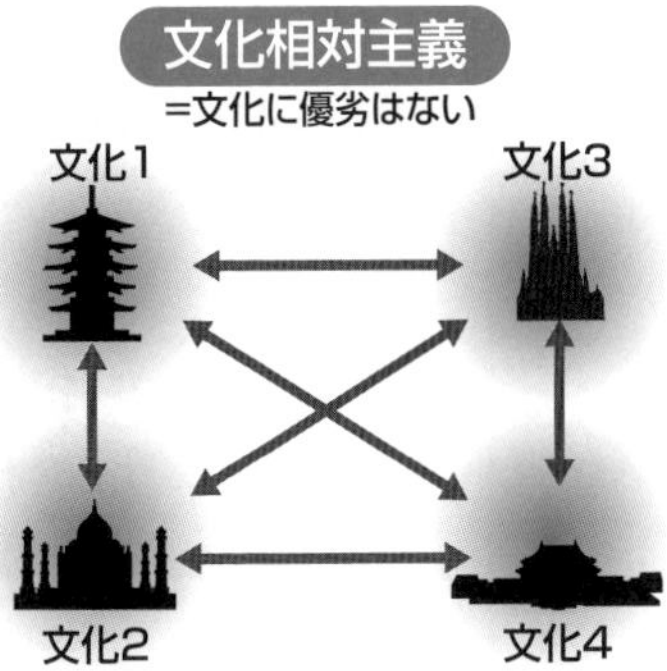

ここがポイント！

○**文化**
精神的・ローカル
⇔
○**文明**
物質的・グローバル
⇐新たな文化創造
○**クレオール**
文化の混淆

「**文化相対主義**」「**多文化主義**」の立場で異文化を捉えることが、**国際化**では大切であることを押さえよう！

120 能動的《のうどうてき》

積極的に自ら進んで他に働きかけること。

121 受動的《じゅどうてき》

他から動作を受け入れる立場にあること。

確認問題 空欄に「能動的」「受動的」のいずれかを入れよ。

われわれ人間は、身体をそなえた主体として存在するとき、単に A ではありえない。むしろ、身体をもつために受動性を帯びざるをえず、パトス的・受苦的な存在にもなるからである。すなわち、 B であると同時に他者からの働きかけを受ける C な存在であることになる。

出典 中村雄二郎「臨床の知とは何か」

（注）パトス…感情（→P25）。

122 異文化《いぶんか》

ある人が所属する文化と異なる文化。

参考 「異文化」は宗教・習慣や風俗の違いとして認識されることが多い。

注「異化」とは逆に、「取り入れた知識などを自分のものにすること」を「同化」（→P122）という。

123 異化《いか》

慣れ親しんだ日常的な事物を見直し、奇異で非日常的なものと扱うこと。

確認問題 空欄に「異文化」「異化」「同化」のいずれかを入れよ。

「異化」の対義語は「同化」だが、文化について用いた場合、「 D 」は当たり前に感じている「自文化」を見直すことで、「 E 」は「 F 」を「自文化」に吸収してしまうことをいう。

124 ローカル

[英 local]

一定の地方や地域、またそこに限定されている状態。

参考 「グローバル」は地球を意味する「グローブ」から。なお、「グローカル」とは、「グローバル」と「ローカル」の混成語で、地域の特色や特性を持ちながら、世界的であること。

確認問題 空欄に「ローカル」「グローバル」のいずれかを入れよ。

125 グローバル

[英 global]

国家、地域などの境界を越え、地球を単位とする変動の情勢や過程。

前近代社会では、直接的な相互関係に支配されていたが、近代では、そのような［G］な文脈から社会関係を時間的、空間的に切り離して（脱埋め込み）、時空間の無限の広がりのなかで社会関係の再構築（再埋め込み）が目指される。

出典 丸田一『「場所」論』

126 文化相対主義《ぶんかそうたいしゅぎ》

文化間に優劣はなく、対等であるとする立場。

参考 ある文化に属する者は他の文化を価値判断ができないとする。また、自文化を相対化し異文化を理解する姿勢を求める。

127 多文化主義《たぶんかしゅぎ》

一つの社会の中で、様々な文化集団が対等に扱われるべきだという考え。

参考 **国民国家**（↓P172）は、特定の民族が主流となりがちで、**マイノリティ**（↓P122）を生み出す。彼らが不利益を被らないよう、政治や教育、生活全般にわたり、さまざまな文化を容認する。

128 オリエンタリズム

[英 orientalism]

西洋人が自分の都合のいいように見る非西洋観。

類 エスノセントリズム…自文化を基準とし、他文化を否定的に見ること。

参考 西洋で東方を意味する「オリエント」から、パレスチナ系アメリカ人の文学研究者・文学批評家、エドワード・サイードが、初めて指摘した。西洋人は、東方に対し関心を持たず、そのくせ劣ったもの、奇妙なものと一方的に見なしている、とする。

129 クレオール

[英 creole]

異なる文化が混淆《こんこう》してできた新しい文化。

類 ピジン…異なる言語が混淆して生まれた間に合わせの合成語。

参考 文化だけでなく、「**クレオール語**」、「**クレオール人**」とも用いられる。植民地（↓P182）や奴隷制などがきっかけで、カリブ海や西アフリカなどに多い。「**ピジン**」は主に言語について用いられ、「ピジン」の混淆が進み、独立した文化、言語としては**母語**（↓P75）になると「**クレオール**」とされる。

解答 A 能動的 B 能動的 C 受動的 D 異化 E 同化 F 異文化 G ローカル

130 摂理《せつり》

自然界を支配する原理。ルール、法則。

注 もとは、キリスト教で「神の意志」。

131 生まれつき

本能《ほんのう》

動物が生まれつき持っている性質や能力。

類 **先天的**《せんてんてき》…生まれつきであるさま。

生得的《せいとくてき》

生まれつき持っていること。アプリオリ。

対 **後天的**《こうてんてき》…生まれつきでなく、あとから身についたさま。アポステリオリ。

天賦《てんぷ》

生まれつき備わっている才能。

類 **天成**《てんせい》…生まれつき。

類 **天稟**《てんぴん》…生まれつきの優れた才能。

132 余儀《よぎ》ない

他に方法がなく、やむを得ない。

類 **よんどころない**…そうするより他に方法がない。

133 固《こ》執《しつ》《しゅう》

他の意見や批判にもかかわらず、自分の考えを頑固に押し通そうとすること。

類 **拘泥**《こうでい》…こだわること。

134 特異《とくい》

同類の中で違いが際立っていること。

類 **奇異**《きい》…不思議で変わっていること。

135 可塑性《かそせい》

柔軟にさまざまな形を変え得る性質。

注 粘土は可塑性物質の代表例。

136 周辺部

周縁《しゅうえん》

中央から離れた、まわりやふち。

入試 （書き）「終焉」（→P158）との違いに注意。／新たな動向は、固定化された中央ではなく、周縁にこそ生まれがち。

対 **中心**《ちゅうしん》…真ん中。最も大事な部分。

辺境《へんきょう》

中央の文化から遠く離れた地方。

入試 （書き）「偏狭」（→P85）との違いに注意。

137 危惧《きぐ》

心配して恐れること。

類 **懸念**《けねん》…気にかかって不安に思うこと。

138 不和

確執《かくしつ》

互いに自説を譲らないことから起こる不和。

軋轢《あつれき》

内部の者同士が争い合うこと。

入試 読みが問われる語。

139 はかどらない

膠着《こうちゃく》

しっかりくっついて離れないこと。ある状態が固定し、ほとんど動きがなくなること。

難渋《なんじゅう》

物事が滞りはかどらないこと。

入試 読み書きともによく問われる。

頓挫《とんざ》

勢いが急に弱まること。計画や事業などが途中で遂行できなくなること。

140 **契機**《けいき》

きっかけ。物事成立の直接の根拠や要因。

類 **呼び水**《よびみず》…何かのきっかけを作るもの。

類 **導火線**《どうかせん》…事件が起こるきっかけ。

141 **再帰**《さいき》

ある行為の影響が、自分に返ってくること。

入試 「（書き）」「再起」「才気（すぐれた頭のはたらき）」などとの違いに注意。

142 **誤謬**《ごびゅう》

まちがい。

類 **錯誤**《さくご》…まちがい。その人の認識と客観的事実とが一致しないこと。

143 **僭称**《せんしょう》

身分を越えた称号を勝手に名乗ること。

類 **僭越**《せんえつ》…身分を越えて、出過ぎたことをすること。

144 決める・定める

裁断《さいだん》

物事の理非・善悪を判断し定めること。

類 **決裁**《けっさい》…権限をもった者が事柄の可否を決めること。

類 **裁定**《さいてい》…物事の是非などを考えて決定すること。

英断《えいだん》

優れた判断で、思い切りよく物事を決めること。

類 **明断**《めいだん》…明快に決断すること。

独断《どくだん》

他人に相談せず、自分ひとりの考えで決めること。

四字 **独断専行**《どくだんせんこう》…物事を独断で勝手に推し進めること。

確認問題

問1　傍線部の読みを答えよ。

①誤謬に満ちた書物が世間で読まれている。

②言語は他国との軋轢や接触を通して変容する。

問2　傍線部のカタカナを漢字に改めよ。

①破壊が新しい文化を創造するケイキになる。

②両者の間のカクシツは根深いものがある。

問3　空欄にあてはまる最も適切な語を後から選べ。

①それは見方を変えると、常に待機することを［　］なくされる人々が爆発的に増大しているということではないかと思うのである。

出典 港千尋「書物の変　グーグルベルグの時代」

②個人は、そのつど、自らの知識と反省によって、自分自身で自己を再構成しながら人生を歩んでいく。ギデンスはこれを［　］的な自己と呼ぶ。

出典 阪本俊生「ポスト・プライバシー」

㋐ 再帰　㋑ 本能　㋒ 裁断　㋓ 余儀　㋔ 後天

解答　問1 ①ごびゅう ②あつれき　問2 ①契機 ②確執　問3 ①エ ②ア

文化

▼「文化相対主義」とはどういうものか、文脈の中で確認しよう。

他文化を自分たちとは異質だ、**特殊**↓P8だと決めつける視線、それは、自分たちもまた、形こそ違え、実は彼らと同じようなことをしている、同じように生きている、という、批判的な自己**認識**↓P18を欠いたものである。そして、この、自文化に対する批判的な自己認識を欠落させた視線が、かつて自らの「**普遍性**」↓P8を**僭称**し、他文化を「野蛮」と貶《おとし》めたのではなかっただろうか。**文化相対主義**とはまずもって、そうした**自文化中心主義**的な態度に対する批判としてあることを私たちは確認しておこう。自文化中心的に他文化を**裁断**することを戒めるため、自文化をつねに**相対化**して考えることの大切さ。したがって、そのような文化相対主義は↓P17、自文化に対する批判的な認識を欠いて、他文化を

前提

引用箇所の直前では、スカーフを被《かぶ》るイスラム女性へ異質性を感じがちであることが指摘されている。

解説①

しかしたとえば、私たちは葬式に黒を着るが、その必然性はない。私たちも同じように永年の生活習慣に従っているだけである。

解説②

他文化（**異文化**）に触れることは、自分たちも同様であることに気づく**契機**である。それを、後半では自文化の「**相対化**」（→ P17）としている。自己の「**異化**」とも言える**再帰**的な行為である。

評論の重要語

次の問いに答えよ。

① 「**特殊**」（1行目）の対義語を本文から抜き出せ。

② 「**僭称**」（5行目）の読みを書け。

③ 「**僭称し**」（5行目）のここでの意味に最も近いものを次から選べ。

㋐ いつわって説明し
㋑ 自分勝手に宣言し
㋒ いつまでも賞讃し
㋓ いち早く実体化し

④ 「**相対化**」（9行目）の対義語を書け。

⑤ 「自文化をつねに**相対化**して考えること」（8行目）と対応する表現をこれより前の本文中から十字以内で抜き出せ。

⑥ 「**エスノセントリズム**」の訳語にあたる語句を本文から抜き出せ。

確認問題 ア×　イ○　ウ○　エ×

自文化とは決定的に異なった特殊なものとして見出《みいだ》す「文化相対主義」とは、ぜんぜん別物である。

出典 岡真理「『文化が違う』とは何を意味するのか?」

解説③
「自文化に対する批判的な自己認識」を失うと、いわゆる自文化のみが正しいという**誤謬**に陥る。「自文化中心主義」とあるが、「**エスノセントリズム**」や「**オリエンタリズム**」とも呼ばれる姿である。

解説④
59ページで「**文化相対主義**」を扱ったが、筆者は、他文化を自文化と異なっていると見なし、それでもその価値を認めるのではなく、自文化を相対化することで、他文化も理解することが可能になると考えている。不徹底な「文化相対主義」への**アンチテーゼ**(→P183)といえよう。

論理の展開

文化相対主義 ⟷ 自文化中心主義

他文化を異質、**特殊**と決めつける視線
← **普遍**を僭称、他文化は野蛮と貶める
自分たちも、彼らと同じようなことをしているという批判的な自己認識
← 自文化を**相対化**して考える

例文のポイント

自文化を相対化することが、異文化理解の始まりである。

確認問題

問 「**文化相対主義**」の例として適切なものには○を、適切でないものには×を付けよ。

㋐ 自文化の特性をふまえつつ、劣って見える異文化を改善する手だてとする。
㋑ 自文化とは大きく異なる異文化を知っても、軽々にその善悪を判断しない。
㋒ 異文化を知ることを通し、自文化も特殊なあり方をしていることを理解する。
㋓ あるがままに見た異文化と比較し、自文化が優れていることを再確認する。

解答 評論の重要語 ①普遍 ②せんしょう ③イ ④絶対化 ⑤批判的な自己認識 ⑥自文化中心主義

記号
――「読む」という行為

序 意味を持つもの

「次から正しいものを選び、記号で答えよ」といった設問が試験によくある。そのときの「記号」は、一定の意味を持つ語や文章の代わりのものだ。何らかの意味を示す媒体が「記号」であり、文字や信号、あるいは特定のマークがその代表だが、通常「記号」として意識されないものを、「記号」として「読む」場合もある。

(^_^) (~_~)

(^0^) (^_^)

(T_T) (>_<)

(*_*) (+_+)

1 記号としての言語

地図上の「〒」は「郵便局」を、文章中の「?」は「疑問の感情」を**象徴**（↓P67）する。同様に「ヨウコソ」という発声は「歓迎の思い」を表現する。それ自体は、書かれたインクや音に過ぎないが、発信者が何らかの意味を込め、受信者が意味を理解することで、「**記号**（↓P67）」の機能を果たす。特に言語は、その**体系**（↓P68）性と精密度において、典型的な「記号」であることは誰もが**肯**《うべな》**う**（↓P69 同意する）だろう。

2 言語は記号ではない

しかし、この立場に対する**反駁**《はんばく》（↓P68 反抗すること）もある。霊長類学者の正高信男《まさたかのぶお》は、その例として「君は、よく勉強するね」という発話をあげる。それは、そのままの褒《ほ》め言葉の場合もあろうが、「勉強しない」ことへの**皮肉**（↓P68）かもしれない。結局は、相手の顔色や性格などを**斟酌**《しんしゃく》（↓P69 考慮すること）するしかない。すなわち、相手の心を読むことが必要なのだ。この「読む」という**主体的**（↓P16）行為が、「記号」の**カテゴリー**（↓P66 範囲）を広げる。また、「状況」という広い意味で

Q&A

「言語は記号ではない」とはどういうことですか?

2にあるように「君は、よく勉強するね」という発話は、状況の違いで二通り意味が考えられる。

①**君は、よく勉強する**

②**君は、まったく勉強しない**

②では**皮肉の意味が込められていて**発話と逆の意味に

のコンテクスト↓P52 前後関係も看過↓P68できない。こうした柔軟性こそ、人間の言葉の特徴でもある。

3　記号の広がり

狭義↓P66の「記号」は、意味と一対一の対応をするマークだが、顔色のように相手が意図的に発信していなくても、またその解釈内容に自由度が高くても、広義↓P66の「記号」として解釈できる。蓋《けだ》し↓P69 思うに、受信者の能動的↓P58な「読み」により、さまざまの文化的現象が「記号」になる。身振りのような「ノンバーバルコミュニケーション↓P67 言語に寄らないコミュニケーション」は言《げん》を俟《ま》たず↓P288 言うまでもなく、たとえば、衣服も「記号」として読める。身なりによって、その場に臨むその人の思いや心情などが忖度《そんたく》できる↓P69 気持ちを推し量ることと、「記号論」では考える。

富裕層を表す「記号」

4　「読む」ことの重視

右のような「読み」の主体性↓P16を重視する立場として、絵画の中にシンボル↓P67性を読み取る「図像学↓P68」がある。また、本来、ストーリー性などの作品内容で評価される映画を、あくまで映像そのものとして読む立場があり、さらに、テーマ↓P68やプロット↓P68など作者の意図が読み取れる小説を、読者の受け取り方から研究する立場もある。特に「カルチュラルスタディーズ↓P67」は、文化的な情報の享受↓P66のされ方を重視する。

なる。記号のように一対一に対応しないので「言語は記号ではない」とも言える。

ここがポイント！

○**狭義の「記号」**
意味と一対一
⇔
○**広義の「記号」**
能動的な「読み」
例 顔色・身振り・衣服…

145 狭義《きょうぎ》

ある言葉の意味のうち、示す範囲の狭い方。

[関] **転義《てんぎ》**…言葉の変化した意味。

参考 「その社会で用いられるしるし」のうち、文字を除外したもの、いわゆる「マーク」だけが、「**狭義**」の「記号」であり、文字を含んだものが、「**広義**」の「記号」である。また、「**転義**」「**本義・原義**」も対義語の関係であり、「**導火線**」（↓P 61）で言えば、「爆発物などに口火を付けるための線」が「**本義・原義**」であり、「事件が起きるきっかけ」は、そこから生まれた「**転義**」である。

⇔

146 広義《こうぎ》

ある言葉の意味のうち、示す範囲の広い方。

[関] **本義《ほんぎ》・原義《げんぎ》**…言葉の本来の意味や用法。

[関] **第一義《だいいちぎ》**…それを欠くと本質を失う大事な事柄。

確認問題 **空欄に「狭義」「広義」のいずれかを入れよ。**

話を戻せば、近代国家が近代国家の聖性を創出し、放出させていく施設が［A］の「ミュージアム」である。そのなかには、史蹟、モニュメント（記念碑や文化英雄顕彰の殿堂）も含まれる。

[出典] 松宮秀治「芸術崇拝の思想」

147 カテゴリー

[英 category]

部門。範囲。

[類] **範疇《はんちゅう》**…事物の基本的な区分。種類。

参考 「彼らは相互に全然別の原則に従って実在の世界の事物を分類し、それを全く異った**カテゴリー**に類別しているのである」（井筒俊彦「意味の構造」）のように用いられる。

148 享受《きょうじゅ》

そのものの良さを受け入れ味わい、精神を豊かにすること。

[類] **受容《じゅよう》**…受け入れて取り込むこと。

入試 （書き）「教授」との違い、「需要」（↓P 107）との違いに注意。

確認問題 **空欄に「享受」「受容」のいずれかを入れよ。**

「自由を［B］する」のように、「［B］」するのは、望ましいもの、（芸術など）高尚なものに限られる。一方、「［C］」は、望ましくないものでも、渋々「［C］」せざるを得ない場合がある。

149 象徴《しょうちょう》

言葉では説明しにくいものを、具体的なものによって表すこと。

参考 表すものと表されるものの関係は、信号機の赤が「止まれ」のシグナルであるように、「シグナル」が最も固定的で一対一の対応をしている。一方、日の丸が日本の「象徴」「シンボル」と言うように、「象徴」「シンボル」も固定的な関係である場合もあるが、自筆の図柄にある意味を「象徴」させるような場合もあり、特に「象徴」は表すものと表されるものとの関係の自由度が高い。

入試 「象徴」を含む傍線部の内容を説明させる設問は多い。

150 シンボル

[英 symbol]

象徴。符号。

類 シグナル…しるし。合図。

151 記号《きごう》

その社会で意思伝達のために使われるしるし。

参考 「記号論」は、言語をはじめとして、何らかの事象を別の事象の代替（すなわち「記号」）として理解する考え方。65ページのように、衣服などさまざまのものが「記号」として読まれる。

152 ノンバーバルコミュニケーション

[英 nonverbal communication]

言語そのものに寄らないコミュニケーション。

類 ボディランゲージ…肉体の動作を利用した非言語コミュニケーション。

参考 身振り、姿勢、表情、視線、さらに、服装、髪型など。そして、言語そのものに伴う、声のトーンや声質なども含まれる。これらの多くは無意識（↓P43）のものだが、聞き手には、言語そのものよりも雄弁に話し手の思いを表現していると受け取られる。

153 カルチュラルスタディーズ

[英 cultural studies]

広範囲の分野の知見を横断的に応用しながら、文化に関わる状況を分析しようとする立場。

参考 特に、従来の文化研究が着目しなかったサブカルチャー（↓P141）や、作品についてはその作者よりも、その受け手に着目する点が特徴である。

解答　A 広義　B 享受　C 受容

154
図像学《ずぞうがく》
絵画等の美術表現で描かれた図像の意味やその由来などについての研究。
関 **イコン**…礼拝の対象となる聖なる画像。

主題 155
テーマ
[独 Thema]
作品の主題。論文などの中心的な話題。

主題《しゅだい》
作品、論文、議論、研究などの中心となる思想の内容。

156
プロット
[英 plot]
小説、戯曲、映画、漫画などの創作物における、枠組みや構成。

157
体系《たいけい》
バラバラだったものを統一した組織。一定の考えで組織された理論や思考の全体。
関 **体系的**《たいけいてき》…体系が整っているさま。
類 **組織的**《そしきてき》…一定の秩序で全体が組み立てられるさま。

158
回帰《かいき》
一回りしてもとへ戻ること。
入試 （書き）「怪奇」などとの違いに注意。

159
反駁《はんばく》
受けた言葉を受け入れず、反抗すること。
類 **論駁**《ろんばく》…議論し相手の誤りを責めること。

提唱《ていしょう》
他に先立ち、新しい意見を発表して、その良さや必要性を説明すること。
類 **提言**《ていげん》…考えや意見を会議などで述べて、賛成を求めること。

主張と反論
鼓吹《こすい》
何かの意義を一人一人に宣伝し、そうしようという気持ちにさせること。
類 **鼓舞**《こぶ》…そうする意義を改めて強調し、意気を奮い立たせること。

無視／注目 160
看過《かんか》
好ましくない事態を知っていながら放《ほう》っておくこと。
類 **傍観**《ぼうかん》…何も手を出さずに見ていること。

痛痒《つうよう》を感《かん》じない
なんの影響も利害も感じず、全く平気だ。
注 つまり、痛くも痒《かゆ》くもない。

反故《ほご》（反古）にする
むだに捨てる。約束などをないものとする。
注「反故（反古）」は書き損ない不要になった紙。

着目《ちゃくもく》
発展性や重大さに目を付けること。
類 **着眼**《ちゃくがん》…大事な点に注目すること。
類 **注視**《ちゅうし》…関心を持ちじっと見つめること。

遠回しの批判 161
皮肉《ひにく》
事実と反対のことを述べるなど、意地悪く遠回しに、相手の弱点などをつくこと。
類 **アイロニー**…反語。あえて事実に反する言い方。「イロニー」とも。
類 **シニカル**…皮肉であるさま。冷笑的。

風刺《ふうし》（諷刺）
社会に関わる問題などを、露骨に非難せず、やんわりと批評すること。

事情をふまえる

162 斟酌《しんしゃく》

相手の事情を考慮に入れること。事情を考え合わせて、適当に処置すること。

類 酌量《しゃくりょう》…事情をくみ取ること。

四字 情状酌量《じょうじょうしゃくりょう》…判決に際して事情を考慮して刑罰を軽くすること。

顧慮《こりょ》

周囲の事情をよく考えに入れること。

類 考慮《こうりょ》…判断を誤らないよう考えること。

類 慮《おもんぱか》る…すべてのケースや可能性を考え合わせること。

163 忖度《そんたく》

他人の気持ちを推し量ること。

類 憶測《おくそく》…想像に基づく、いい加減な推測。

四字 揣摩憶測《しまおくそく》…当て推量。

ウラを読む

洞察《どうさつ》

普通なら見抜けない点を、直感や観察力で見抜くこと。

邪推《じゃすい》

他人の行為を、悪意で疑ってかかること。

164 蓋《けだ》し

思うに。次に述べる判断は間違いないだろうという見込みを示す。

165 就中《なかんずく》

その中でも特に。直前に述べたことについて特に顕著なものを例示することを示す。

166 肯《うべな》う（諾う）

同意する。承諾する。

類 肯《がえ》んずる…承知して引き受ける。

類 首肯《しゅこう》…もっともだと認めて賛成する。

確認問題

問1　傍線部の読みを答えよ。

①被害者の思いを忖度する。

②試合前に選手の士気を鼓吹する。

問2　傍線部のカタカナを漢字に改めよ。

①君の考えは正しいのでシュコウするよ。

②グローバル化の恩恵をキョウジュする。

③ボウカン者の立場で何もしなかった。

問3　空欄にあてはまる最も適切な語を後から選べ。

①鳩は平和の［　　］だと思う。

②絵画は芸術の［　　］の一つだ。

③映画の［　　］を決めて、脚本を作る。

㋐カテゴリー　㋑プロット　㋒シンボル

問4　空欄にあてはまる最も適切な語を後から選べ。

宣長《のりなが》が、記・紀、［　　］古事記を材料として、日本的世界、その自然と人間とを明らかにしようとしたとき、…。

出典 守本順一郎「日本思想史の課題と方法」

（注）宣長…本居宣長。江戸時代の国学者。↓P214

㋐蓋し　㋑就中

解答　問1 ①そんたく ②こすい　問2 ①首肯 ②享受 ③傍観　問3 ①ウ ②ア ③イ　問4 イ

記号

▼「記号論」的な考え方とはどういうものか、文脈の中で確認しよう。

解説①

そこで住んだり働いたりするなど何らかの行為の場所となることが建築の**第一義**的な機能だが、そこにある建物の姿から、私たちはその都市や環境の特徴を読みとってもいる。たとえば、初めて降りた駅では、駅前の建築からその街の姿を感じとるだろう。その点で建築も「**記号**」である。

私たちは都市のなかで、眼にするすべての建築を実際に使用することはないが、それから何らかの情報をえている。私たちは建築を適切に情報として理解することから、はじめて訪れた都市でも、**無意識**のうちにその環境に見当をつけているわけである。自分がいまどんなところにいるか見当がつかないとき、私たちはこれからなすべき行為について確信が持てず不安になる。その不安から考えると、（中略）環境を読みとることは、自分自身についての**認識**をえることに**回帰**する問題でもある。このような場合、建築は、私たちのとるべき行為についての情報を伝達する「**記号**」としてあらわれている。私たちはそれらの建物を自分に可能な行為のタイプと結びつけて理解しているからである。これはいわば日常生活を構成している記号のひとつであると

↓P43 ↓P18

評論の重要語

次の問いに答えよ。

①「それ」（2行目）の指示内容は何か。

②なぜ「回帰」（7行目）と言うのか。次の空欄に適語を四字で抜き出せ。
環境を読むと、□についての認識をえるから。

③「物事の本質を理解し判断する」意味の語を本文から抜き出せ。

④「知らず知らずに」と同意の表現を本文から抜き出せ。

⑤「第一義的」（解説①）の意味に最も近いものを次から選べ。
㋐本来の　㋑新規の
㋒架空の　㋓最高の

⑥「第一義」（解説①）の対義語を次から選べ
㋐狭義　㋑意義
㋒広義　㋓転義

いってもよい。日常生活とは、世界を記号として解読することに支えられてなりたっている。

出典 多木浩二「生きられた家」

解説❷

建築や環境を読み情報をえることで、次にあるように、私たちはとるべき行為を決める。環境を読みとることが、自己の行為に「**回帰**」しているのである。オフィス街か歓楽街かで、私たちの行為は変化する。

解説❸

建築の中にいたり建築を見たりしながら、私たちは日常生活を送っているが、建築だけではない。眼にするものすべてに何からの「意味」を読みとり、自己の行為を決めるのだから、世界を記号として解読することで、日常生活がなりたっている。

論理の展開

建築から情報をえている
＝
その環境に見当をつける
とるべき行為についての認識をえる
＝
建築は「**記号**」
←
日常生活は、
世界を**記号**として解読することで
なりたつ

例文のポイント

建築をはじめ、さまざまなものを記号として読んで、私たちは日常生活を営んでいる。

確認問題

問 **建築が「記号」であるのはなぜか、最も適切なものを選べ。**

㋐ 取るべき行為を私たちに教えるために作られたものだから。
㋑ それがないと、私たちが日常的に暮らす場がなくなるから。
㋒ 自分の取るべき行為についての情報として読みとれるから。
㋓ 私たちの確信をゆるがせ、不安を与えかねない存在だから。

解答 評論の重要語 ①眼にするすべての建築 ②自分自身 ③認識 ④無意識のうちに ⑤ア ⑥エ 確認問題 ウ

言語
——認識の枠組み

序 言語で何をするのか

言語の働きとして、気持ちや考えの伝達がまず浮かぶだろう。しかし、たとえば「お腹が減った。何か食べたい。昨日はカレーを食べたが、今日は何にしよう」などと、私たちは口には出さずとも言葉を使って考えている。空腹などの感覚や感情は言語を介さず感じ取れるが、論理的な思考は自己の中で言葉を用いて行う。言語は思考の仲立ちでもある。

＊**文字**　言語の伝達手段の一つとして使われる符号。点・線などを組み合わせたもの。

＊**音声**　人間が発声器官を通じて、話し言葉として発する音。

1 文字と音声

「書く」（**文字**＊）と「話す」（**音声**＊）という二種類の言語発信のうち、「話す」が言語の起源である。無文字言語はあっても、音声のない言語はない。文字は長く残り、複雑な情報も伝えるが、**韻文**（→P76）と違い**散文**（→P76）では感情を込めにくいと言われる。一方、声は、瞬時に消えるものの、大小・高低・遅速・音色・間・**抑揚**（→P76）などにより感情を**喚起**（→P76 呼び起こすこと）する。書かれた文字である**エクリチュール**（→P76 書き言葉）が重視されがちだが、**オーラリティ**（→P75 口伝え）や**ナラティブ**（→P75 朗読による物語文学）の価値が改めて注目されている。

2 差異の体系

世界に存在する無限の事象の一つ一つに対応する単語はない。すべてに**固有名詞**（→P76）を付けるわけにはいかない。そこで、無限の事象の中で「差異」があると認められるものをグループ化し、単語という名を付ける。こうした言語の機能により初めて、無限の事象が**渾然一体**（→P76 異質なものが調和する様子）となって存在する世界を整理して**認識**（→P18）できる。また、音声において

Q&A

2の「無限の事象の中で『差異』があると認められるものをグループ化し、単語という名を付ける」とはどういうことですか？

も「差異」は重要だ。「ア」という音の響きは多様だ。それでも通じるのは、それが「イ・ウ・エ…」などと区別できるからだ。こうして区別された音の集合が単語となり、単語が集合して文となり、私たちは有限の音を用いながら無限の事柄を表現できる。動物には不可能な、人間の言語の**創造**性だ。↓P156

3 世界の分節化

言語は一つの出来事を「主語＋述語」として**分節**化する。↓P76 一続きのものを分けること たとえば「夜明け」は「**黎明**《れいめい》」↓P77 という単語でも示せる一つの出来事だ。しかしそれを「夜が＋明ける」「日が＋昇る」と分節化して表現する。アメリカの言語学者チョムスキーは、こうした分節化の能力を人間が**生得的**↓P60（**アプリオリ**↓P26）に備える「**生成文法**」↓P75として考えた。特に、分節化は言語の働きを考えるときの重要な観点で、特定の事象を示す文は単語に分節化され、単語は音に分節化されると言える。

4 認識の縛り

2で見たように言語が世界の認識方法であるなら、言語は私たちの認識の枠を決める。また、各言語を比較すると、世界の分節の仕方はそれぞれに**恣意的**↓P74だ。つまり、私たちの**母語**↓P75による恣意的世界認識の方法が私たちのものの見方においての**桎梏**《しっこく》↓P76 束縛するものになるとも言える。

フランス語は蝶と蛾を分節しない

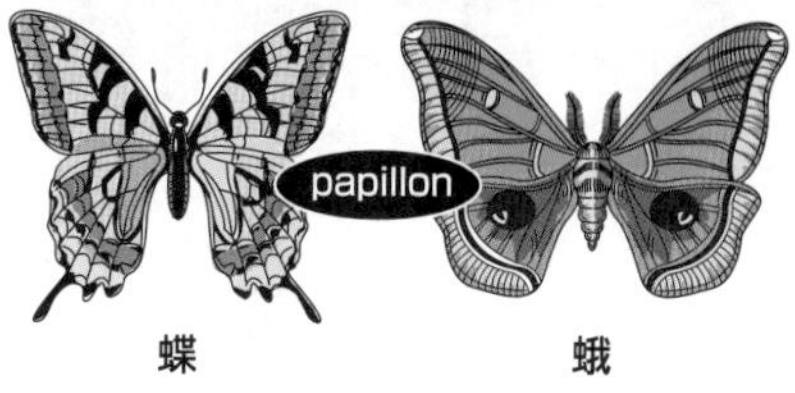

私たちは名付けることで世界を認識することができる。名付けるには「**差異**」を認める必要があるよね。そのことを指している。

Q&A

4の「世界の分節の仕方はそれぞれに恣意的だ」とはどういうことですか？

私たち日本人は蝶と蛾を区別する。しかし、フランス人はそれらを区別せずにpapillonと言う。このように認識↓P75（世界の分節の仕方）が言語ごとに異なることを言う。

167 恣《し》意《い》的《てき》

そのときの気分任せであるさま。
類 ランダム…無作為。

参考 「恣」は「ほしいまま」と訓読し、「勝手である」「自由で気ままである」の意。言語論での左のような「恣意性」の意味合いにも注意。

168 作《さく》為《い》的《てき》

意図して無理に行うさま。
類 意図的《いとてき》…目的のため特にそうしようとするさま。

確認問題 空欄に「偶然」「必然」のいずれかを入れよ。

そして、この指されるモノと、それを指し示すオトとの間には、[A]の関係はなく、言語ごとに随意にきまっているということを、ソシュールは「言語の恣意性」と呼んだのである。

出典 田中克彦「言語学とは何か」

169 国《こく》語《ご》

国家を支える国民の使用する言語。
関 国字《こくじ》…我が国で作った漢字。「峠」「畑」など。

参考 「**国語**」は上記の意味であるとともに、特に国民が自分たちの言葉であると意識しているときの言い方。このような言語は**国民国家**（→P172）必須のものであり、事実上、国家がその成立に関与する場合が多い。

170 共《きょう》通《つう》語《ご》

ある地域や集団間で共通に用いられる言語。
類 公用語《こうようご》…ある集団内の公の場で用いることが定められている言語。

171 標《ひょう》準《じゅん》語《ご》

ある地域内で用いるべきものとして、人為的に整備された規範的な言葉。

参考 国連の公用語（英語・フランス語・ロシア語・中国語・スペイン語・アラビア語）のように、法律などで用いることが定められた言語が「**公用語**」であるのに対し、「**共通語**」は法律などの後ろ盾はないが、自然に用いられるようになった言語である。例えば古代から中世ヨーロッパでの「**共通語**」はギリシャ語、ラテン語であり、現代では、英語がその役割を果たす場合が多い。

入試 「**標準語**」としての日本語は、明治期に東京の山の手の言葉をもとにして作られたとされ、こう話すべき、こう書くべきという**規範**（→P92）として、「**方言**」と対立する。その「**方言**」は、人々の思いを十二分に表現できる機能があり、また言語の古い形をよく残しているとして、肯定的に論じられることが多い。

172

方《ほう》言《げん》

ある一定の地域内だけで使われる言語。

類 符丁《ふちょう》・符牒《ふちょう》…特定の業界や仲間内だけで使われる隠語。

確認問題 **空欄に「共通語」「方言」のいずれかを入れよ。**

今、方言は共通語と共存すると述べた。それではどう共存するのだろうか。ひとことで言えば、お互い異なる場面で活躍するという棲《す》み分けである。つまり、 B は公的であらたまった場面を、 C は私的でくだけた場面を受け持つのである。

出典 小林隆「現代方言の正体」

173

母《ぼ》語《ご》

幼児期に最初に習得し、最も自由に使える言語。

入試 似た語に「**母国語**」があるが、「母国」で一般に用いられている言語と、その人が最初に習得した言語が異なる場合も多いので、近年の言語論ではあまり用いられない。

174

オーラリティ

［英 orality］

口から口へと伝えること。

類 **口承《こうしょう》**…文字でなく口づてに伝えること。

175

ナラティブ

［英 narrative］

朗読による物語文学。話術。語り口。

参考 いずれも文字による伝達と対になる語。声を用いた語りの豊かさが着目されている。日本には琵琶《びわ》法師の「**語り**」で伝承された「平家物語」があり、そもそも「物語」は、「語る」ことが、その本質であったはずである。また、臨床心理学では、対話を通して語ったクライアント（心理療法を受けに来た人）の体験などを「物語」として読み解くことを「**ナラティブ論**」という。

176

生《せい》成《せい》文《ぶん》法《ほう》

人間は、言語の初期状態である普遍文法を生得的に備えているとする理論。

参考 アメリカの哲学者・言語学者、ノーム・チョムスキーの理論。上記のような普遍文法は人類に共通であり、それを備えていればこそ、個別の言語が習得できると考える。

解答 A 必然 B 共通語 C 方言

177 散文《さんぶん》 ⟷ 178 韻文《いんぶん》

177 散文：音数や韻に制限がなく自由に記した文章。

入試「散文的」は、気分の高揚がなく、平板に終始する様子を示すことがある。

178 韻文：音声の長短・強弱・高低の組み合わせや、音節数など、音楽的な調子を持った文。詩や短歌、俳句など。

179 固有名詞《こゆうめいし》

それのみに与えられた名称を示す語。

注 他の品詞が人間の都合で世界をグループ分けするのに対し、固有名詞は個々のものに名付ける。また、名付けるとは所有の一形式でもある。

180 擬音語《ぎおんご》 擬声語《ぎせいご》 擬態語《ぎたいご》

物が発する音（擬音語・擬声語）や物事の様子（擬態語）を字句で模倣したもの。

同 **オノマトペ**…擬声語。

注 意味と語形のつながりが恣意的な他の語とは異なり、意味される内容と語形との間に必然的なつながりがある。

181 口語《こうご》

日常的な生活の中での会話で用いられる言葉遣い。話し言葉。

対 **文語《ぶんご》**…文章で使われる言葉遣い。書き言葉。

注「文語」を「古語」、「口語」を「現代語」の意で用いる場合がある。

音声の調子

182 抑揚《よくよう》

意味に応じて行う声の上げ下げ。

類 **イントネーション**…発話全体につけられた音の高低のパターン。

アクセント 英 accent

一語のうちの高く（強く）発音する部分。強調する部分。

類 **トーン**…音の高低や声の調子。

183 エクリチュール 仏 écriture

書かれたもの、書く行為。書き言葉。

注 話し言葉である「パロール」（→P166）と対になる。

184 喚起《かんき》

意識されていなかったものを、何かのきっかけで呼び起こすこと。

入試（書き）「歓喜」などとの違いに注意。

185 渾然一体《こんぜんいったい》（混然一体）

異質なものが溶け合って、大きな意味での調和が保たれているさま。

四字 **支離滅裂《しりめつれつ》**…全体としてまとまりがなく、筋道が立たないさま。

186 桎梏《しっこく》

手かせ足かせ。束縛するもの。

類 **束縛《そくばく》**…行動の自由を制限すること。

187 分節《ぶんせつ》

一続きのものをいくつかの区切りに分けること。

類 **分化《ぶんか》**…進歩・発達により、単純なものが複雑なものに分かれること。

188 **黎明《れいめい》**

夜明け。大切なことが始まる直前。

類 **払暁《ふつぎょう》**…もう少しで夜が明けきる頃。

はっきり **189** **標榜《ひょうぼう》**

目標や行動の理由付けとして、主義や主張を公然と示すこと。

顕示《けんじ》

人目に付くよう、はっきりと示すこと。

類 **啓示《けいじ》**…神が人に、人間の知り得ないことを指し示すこと。

190 **忽然《こつぜん》**

突然、現れたり消えたりするさま。

類 **卒然《そつぜん》(率然)**…出し抜けであるさま。

突然 **唐突《とうとつ》**

まさかと思われるような言動に接し、違和感を感じるさま。

191 **蔑視《べっし》**

相手をばかにして扱うこと。

類 **唾棄《だき》**…非常に軽蔑して嫌うこと。

類 **白眼視《はくがんし》**…冷たい目つきで見ること。冷たく扱うこと。

奥 **192** **深奥《しんおう》**

計り知れないほどの奥深さ。

類 **内奥《ないおう》**…内部の奥深いところ。

奥義《おうぎ》

学問・技芸などの奥深く大切な極意。

入試 いずれの語も読みがよく問われる。

確認問題

問1　傍線部の読みを答えよ。

①中世の桎梏を脱する。

②近代の黎明を迎える。

問2　傍線部のカタカナを漢字に改めよ。

①人々の注意をカンキする必要がある。

②自然な結果と言うが、私はサクイを感じた。

③彼はトウトツに妙なことを言いだした。

問3　空欄にあてはまる最も適切な語を後から選べ。

①［　］的な結論付けに誰も納得しなかった。

②単語を［　］化して、音声に分ける。

③［　］によって伝えられてきた説話。

④［　］に乏しい朗読を聞いても感動しない。

㋐恣意　㋑口承　㋒抑揚　㋓分節

問4　空欄にあてはまる最も適切な語を後から選べ。

①近代詩は明治三十年代まで、だいたい［A］で書かれ、その明治三十年代のごく終わりになって［B］定型詩から［B］自由詩へと移行した。

出典 藤井貞和「文語に会うとき」

②私たちの日々の［　］的な、繰り返しの多い生活に厚みと奥行きを与えるのは、今生きている生活そのもののリアリティではない。

出典 内田樹「街場の現代思想」

㋐散文　㋑韻文　㋒口語　㋓文語

解答　問1 ①しっこく ②れいめい　問2 ①喚起 ②作為 ③唐突　問3 ①ア ②エ ③イ ④ウ　問4 ①Aエ Bウ ②ア

言語

▼国家の成立と「言語」の関係を文脈の中で確認しよう。

十九世紀ヨーロッパでは、さまざまな**民族**↓P172が、他の国家の支配から離れて、独立の国家となる流れが湧き起こった。それに応じて、それぞれの国家は、かねてから、民族運動の中で育てられ、準備されていた、かれらの**母語**にもとづく**国語**を創出した。その典型例は、ノルウェー語、フィンランド語、セルビア語、クロアチア語、フリースランド語、ベラルーシ語などである。

これらの**言語**はもちろん、十九世紀になって**忽然**と現われたのではなく、それにさかのぼる数世紀を通じて育てられていたものが、それぞれの民族・政治状況によって、一挙に躍り出たのである。つまり母語としてはすでに存在していたものが、国家という言語**共同体**↓P9の言語になったのである。別のことばでいえば、自然のことばが政治のこと

解説①

国民国家（→P172）は同質性をもつ国民を想定する以上、**言語**も同一で独自であることを**標榜**する。共通の文化や言語をもつ人々を国民として認め、国家としての一体感を保ちたいのだ。そのため、既存の言語をもとにしながらも、新たに言語を確定し、それを「**国語**」「**標準語**」とする。

解説②

もともと人々の**母語**として、あるいは大きな言語の中の方言として「自然に」存在していた言語があった。しかし、その言語を用いる民族が独立するという政治状況を受け、国家の言語として認定された。それが「政治のことば」である。

評論の重要語

次の問いに答えよ。

①「**忽然**」(7行目)の類義語を次から選べ。
㋐ 憤然 ㋑ 呆然 ㋒ 突然 ㋓ 当然

②「政治のことば」(11行目)になったのは、ことばが何と関連したからか、答えを本文から2字で抜き出せ。

③「幼児期に周囲の大人たちが話すのを聞いて最初に自然に身につけた言語」にあたるものを本文から抜き出せ。

④「**標榜**」(解説①)の読みを書け。

⑤「**虚構**」(解説④)を意味するカタカナ語を書け。

⑥「**蔑視**」(解説④)の読みを書け。

ばになったのである。(中略)

この、「言語の増大」は、もっと正確に言えば、かくれていた方言や民族語が、堂々と世界に知られ、尊重される「国語」あるいはそれに準ずる「準国語」として姿を現わしたということにほかならない。

出典 田中克彦「ことばとは何か」

解説③

同じ言語を話すと思われる各人の間でも、それぞれの語彙や意味理解や発音などに微妙な違いがある。だから、「標準語」を話すと自覚している人でも、実はそれぞれ異なる「**方言**」の話者だとも考えられる。

解説④

前述のように、国家は「標準語」を求めるので、「方言」を**唾棄**しがちだが、全くの「標準語」を話す人などおらず、「標準語」は**虚構**(→ P18)の言語だとも言える。そして、別の民族の支配のもとで「方言」として**蔑視**されていた言語も、その民族が政治的に独立すれば、「国語」に昇格する。

論理の展開

民族が独立の国家になる ← 民族の**母語**に基づく**国語**を創出

つまり

存在していた**母語**が、国家の言語になった = 「言語の増大」

別のことばでいえば

自然のことばが政治のことばになった

もっと正確に言えば

かくれていた**方言**や民族語が、尊重される**国語**、準国語になった

例文のポイント

国民国家は、「国語」という創られた言語を、その成立の基盤とする。

確認問題

問 「国語」についての説明として適切なものには○、適切でないものには×を付けよ。

㋐ 独立するようになった国家によって創られたといえる。

㋑ 他の国家の支配を嫌うさまざまな民族が共通して用いていた。

㋒ もとは独立を目指す民族の母語であり、方言でもあった。

㋓ 何もないところから国家の力でいきなり創られた。

解答 評論の重要語 ①ウ ②国家 ③母語 ④ひょうぼう ⑤フィクション ⑥べっし 確認問題 ア○ イ× ウ○ エ×

社会

——集団の作り方、作られ方

序 人はみな社会の人

学生に対して、実社会で働いている人を「社会人」というが、働いていない学生も「社会」に属している。「共同生活を営む人々の集団」が「社会」だから、学生は当然のこと、人は誕生の瞬間から「社会」に帰属している。ヒトという動物は、群れという集団で生きるのだ。

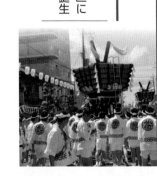

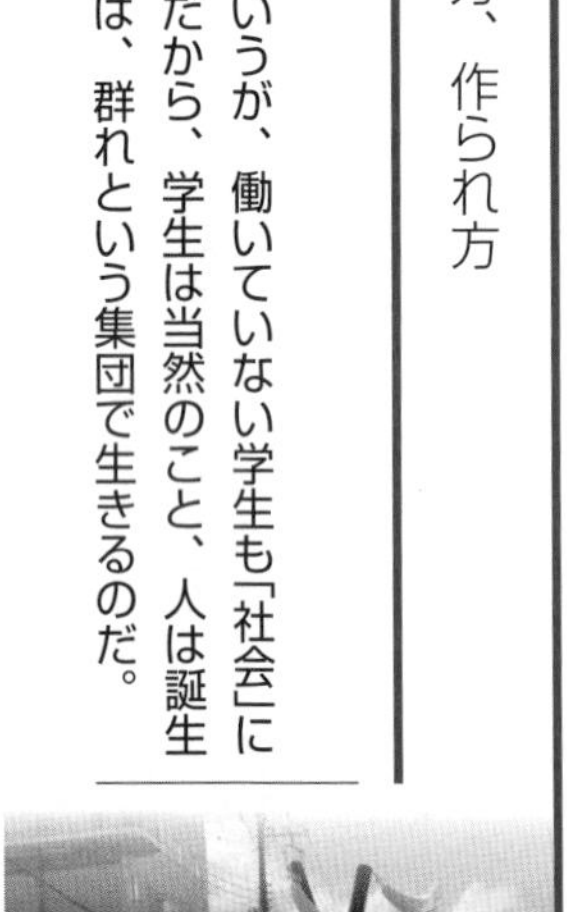

1 さまざまな集団

友人同士のグループや地域社会から国際社会まで、「社会」には多様な**範疇**↓P66 部門・範囲があるが、その成り立ちにより二種類に分類される。血縁や友情をもとに自然発生的に生まれた「**共同社会**」↓P83と、ある目的を達成するため人為的に作られた「**利益社会**」↓P83で、それぞれ形態や**規範**↓P92 行動の型が異なる。そして、私たちはさまざまな「社会」に属してこそ生きてゆける。特に、分業化された近代社会では、人は社会の恩恵に**与**《あずか》**って**↓P130 こうむる生きるしかない。

なお、大きな集団として「国民」と「**民族**」↓P172があり、それぞれ、国家が国籍を与えた人、言語をはじめとする文化を同じくする人の集団であり、一見**自明**↓P174であろう。しかし例えば、日本人の両親から生まれたものの長く海外に住んで日本語が話せない人、逆に日本に在住して日本語が**流暢**↓P84 なめらかに話すことだが両親は外国籍の人を、それぞれ日本の国民、日本民族と見なすだろうか。そうした点で、国民も民族も**アプリオリ**↓P26 最初から与えられているものに存在しているのではなく、「**想像の共同体**」↓P172であるとも言われる。

ここがポイント！

○社会
1 共同社会
↓自然発生的
2 利益社会
↓人為的

○国民
国家が国籍を与えた人
○民族
文化が同じ人の集団

⇐アプリオリに存在しない
◎**想像の共同体**

2　近代社会と市民

近代以前の社会は、封建制＊、身分制の社会である。社会の中枢は貴族など少数の特権階級↓P84に握られていた。これに対し、西欧近代社会は、自由で平等な権利をもち社会に積極的に参加する個人である「市民」↓P82によって作られる。そして、その自由を重んじたのが資本↓P82（自由）主義であり、専ら平等を重視したのが社会↓P83（共産）主義であった。一方、日本において、「社会」という語は明治期の翻訳語↓P84であり、それ以前の日本語には「世間」↓P84や「浮き世」↓P84などの語しかなかった。そのため、現在でも、市民社会の形成が不十分であるという警鐘が鳴らされ↓P85たり、その成熟が焦眉の急↓P85一刻の猶予もないさまともされる。また、「社会」に参加する「公」↓P84の側面と、プライベートな「私」↓P84の側面との均衡をとることも日本人は苦手である。ひと頃いわれた「マイホーム主義」は、「私」のみを重視して、「公」の社会参加を蔑《ないがし》ろ↓P85軽んじることにする姿勢である。

3　階層と格差

成員が多くなると、社会を構成する人々の間で、必然的に地位の序列化が起こり階層↓P84が生じる。その階層が固定化されたのが身分制社会だ。しかし、搾取↓P84利益を独り占めすることを否定し、自由と平等を標榜《ひょうぼう》↓P77主張を公然と示すことする現代の日本社会においても、自由な経済活動が奨励される一方で、「勝ち組」「負け組」などと呼ばれる人が生まれ、収入などに大きな差がある「格差社会」↓P84が問題視されている。

近代的「市民」の理想像

＊封建制　P9「封建的」を参照。

ここがポイント！

○近代以前
封建制・身分制
貴族 ⇔

○近代以降
自由・平等
市民 ⟶ 資本主義 社会主義

193 市民《しみん》

公民。義務を果たし、権利を行使し、政治的権力を握る中産階級の人々。

類 **市民社会《しみんしゃかい》**…政治・経済的に市民が支配し、主権在民を建前とする社会。

参考 「**市民**」は単なる都市の住民ではない。「citizen」の訳語として、ある時は貴族や僧侶などの「**特権階級**」（→P84）と対、ある時は「軍」と対になる語。**市民革命**（→P7）などにより、近代になって「市民」は政治や経済、すなわち社会の中心となった。

入試 「**市民権**」は、こうした市民としての権利を指すが、「**市民権を得る**」は「世間で一般化したものとして受け取られる」の意。

194 資本主義《しほんしゅぎ》

個人や企業の預貯金などである資本を、社会の基本原理とする体制。

195 自由主義《じゆうしゅぎ》

国家などの制度に保障された個人の自発性を基本原理とする社会体制。

参考 封建制社会を打破したフランス革命のモットーは、「自由・平等・友愛」であった。このうち「自由」を最前面に展開したのが「**自由主義**」であり、その経済面での立場が「**資本主義**」であり、個人の自由な活動を保障しながら、自由競争で経済を発展させた。しかし、資本家と労働者の間に格差が生じたことから、「平等」を前面においた「**社会主義**」や「**共産主義**」が生まれた。これらは国家の統制のもとに経済活動が行われる一方、競争を回避し、また政治的な弾圧も繰り返されたことで、現在ではこれらを基本体制とする国は減った。

196 リベラリズム

[英 liberalism]

自由主義。

類 **リベラル**…自由を尊重しながらも、政治的に穏健な革新をめざすさま。

確認問題 **空欄にあてはまる漢字二字の語を答えよ。**

リベラリズムとは、個人の A をもっとも重要な価値とみなす理念です。個人の A とは、人それぞれの欲望や理想や信条をさまざまな制約から解放して実現しようというものです。

出典 佐伯啓思「学問の力」

197 **社会主義《しゃかいしゅぎ》**

私有財産制の廃止、生産手段・財産の共有、計画的生産と平等な分配によって平等な社会を実現しようとする体制。

参考 似た語に「**共産主義**」があるが、これは「資本の私的所有を廃し社会的共有とすることで、万人に平等な協同社会を目指す体制」。基本的には、「共産主義」は政府の存在を認めておらず、「**社会主義**」が成功した場合に生まれる、最も理想的な無政府社会が「共産社会」である。

198 **ブルジョワジー**　[仏 bourgeoisie]

⇔

199 **プロレタリアート**　[独 Proletariat]

198：市民革命における革命の推進主体となった都市における有産の市民階級。

199：資本主義社会における賃金労働者階級。無産階級。

参考 「**ブルジョワジー**」は、「貴族」や「農民」との区別で用いられる「資本家」（資本を出し、労働者を使役して企業を経営する人）のこと。「**プチブルジョワ**（小市民）」は、趣味や生活意識だけブルジョア的になった中産階級を示す蔑称である。なお、旧ソ連などの社会主義体制下では、「**プロレタリアート**」こそが、政治の主権者と考えられた。

200 **共同社会《きょうどうしゃかい》**

⇔

201 **利益社会《りえきしゃかい》**

200：血縁や地縁など、人間の本質によって自然に結合した統一体としての社会。
同 ゲマインシャフト

201：目的達成のため人為的に形成した組織体としての社会。
同 ゲゼルシャフト

参考 ドイツの社会学者テンニースが指摘した二つの社会類型。家族・地域社会などの「**共同社会**」では、一人一人の成員はかけがえのない存在として扱われる。一方、会社組織などの「**利益社会**」では、成員は役割を果たすことがすべてであり、個人は「**交換可能**」（→P44）である。近代以降は、「利益社会」が優越する。

確認問題 **空欄に「血縁」「利益」のいずれかを入れよ。**
経済を優先するという意味で、日本のイエは［B］的紐帯《ちゅうたい》のゲマインシャフトよりも［C］を中心に編成されたゲゼルシャフトである、といった見解もある。
出典 中牧弘允「会社のカミ・ホトケ」

解答　A 自由　B 血縁　C 利益

202 特権階級《とっけんかいきゅう》

特別の権利や地位を享受（↓P66）する階級。中世の貴族や僧侶、近代の資本家など。

関 階層《かいそう》…社会を構成する人々を、縦の基準でグループ分けした層。

関 ヒエラルキー…階層。

203 搾取《さくしゅ》

資本家が労働者を安く働かせ、利益の大部分を独り占めすること。

204 格差社会《かくさしゃかい》

階層間格差が大きく、階層間の移動が困難である状態の社会。

205 世間《せけん》

自分と共に世界を作る一般の人の集まり。

入試 自立した個人が形成する「社会」との対で用いられることが多い。

類 浮《う》き世《よ》…つらくはかない世の中。

206 構造主義《こうぞうしゅぎ》

あらゆる現象に潜在する構造を抽出し、その構造によって現象を理解し、場合によっては制御しようとする考え方。

関 脱構築《だつこうちく》…人間の見方や行為を規定する枠組み（構造）を脱し、真実をつかもうとすること。

207 メタファー

［英 metaphor］

比喩の一種でありながら、比喩であることを明示しない表現。隠喩。暗喩。

同 隠喩《いんゆ》

対 直喩《ちょくゆ》…比喩であることを明示する表現。

表現に関わる外来語

アレゴリー

［英 allegory］

ある事物を、直接的に表現するのではなく、他の事物によって暗示的に示す表現。

同 寓意《ぐうい》

アナロジー

［英 analogy］

類推。

類 類推《るいすい》…特定の事物に基づく情報を、類似に基づき他の事物へ適用すること。

208 公《こう》《おおやけ》

個人でなく、官庁などの組織体であること、またその構成員として関わること。

対 私《し》《わたくし》…一個人として関わること。

209 翻訳語《ほんやくご》

外国語を翻訳する際に新たに作られた語。特に明治の開国期に多く作られ、現代日本語の基礎的語彙になっている語が多い。

210 帰属《きぞく》

ある機関の一員になること。あるものが終極的に人や機関の所属となること。

入試 （書き）書き取り最頻出語の一つ。

類 帰依《きえ》…教えを信じ、自分を任せること。

属する

従属《じゅうぞく》

自分より強いものに従い依存すること。

類 隷属《れいぞく》…経済的に従属したり、下級の存在として命令に服したりすること。

211 流暢《りゅうちょう》

言葉がなめらかに出てよどみないこと。

入試 読みが問われる語。

話す／黙る

饒舌《じょうぜつ》 ⟷ **寡黙《かもく》**

言葉を多く用いること。おしゃべり。

類 **多弁《たべん》**…口数が多いこと。

類 **能弁《のうべん》**…話し方が上手なこと。

言葉数が少ないこと。

類 **訥弁《とつべん》**…しゃべり方が下手で、言葉がつかえるようであること。

212 警鐘《けいしょう》を鳴《な》らす

強い調子で人々の注意を喚起する。

入試 （書き）「継承」などとの違いに注意。

類 **警句《けいく》**…短い形で真理を鋭くついた言葉。

類 **アフォリズム**…格言。警句。

213 狭隘《きょうあい》

場所や心が狭く、他を容《い》れる余裕がないさま。

類 **偏狭《へんきょう》**…考えが偏《かたよ》っていて狭いさま。

214 指弾《しだん》

厳しい叱責《しっせき》や非難。つまはじき。

類 **糾弾《きゅうだん》**…罪や責任を追及して非難攻撃すること。

215 蔑《ないがし》ろ

軽んじてはならないものを軽んじること。

類 **貶《おとし》める**…意図的に低い評価を与える。

類 **蔑《さげす》む**…劣ったものとしてばかにする。

216 焦眉《しょうび》の急《きゅう》

危機が迫り、一刻の猶予もならないさま。

類 **喫緊《きっきん》**…急を要する大事なこと。

類 **火急《かきゅう》**…急いでしなければならないさま。

217 語弊《ごへい》

言葉の使い方が適切ではないために招く誤解や弊害。

218 短絡的《たんらくてき》

物事の本質や筋道を深く考えず、原因と結果などを性急に結びつけてしまうさま。

確認問題

問1 傍線部の読みを答えよ。

① 人々の権利を**蔑ろ**にしてはならない。

② **流暢**に外国語を話す人に会って驚いた。

③ 私は**訥弁**なので、発言するのをためらってしまう。

問2 傍線部のカタカナを漢字に改めよ。

① 若者の将来を懸念して**ケイショウ**を鳴らした。

② 仏道に**キエ**して修行をする。

③ 自己中心的で**ヘンキョウ**な性格を直したい。

問3 空欄にあてはまる最も適切な語を後から選べ。

① □は、平等を第一に考えた。

② □では、経済活動に国があまり規制をしない。

③ □は、人間の認識は枠組みに囚《とら》われると考える。

㋐ 自由主義　㋑ 構造主義　㋒ 社会主義

問4 空欄にあてはまる漢字二字の語を答えよ。

世間は□ではなく、自分が加わっている比較的小さな人間関係の環なのである。出典 阿部謹也『「世間」とは何か』

解答 問1 ①ないがしろ ②りゅうちょう ③とつべん　問2 ①警鐘 ②帰依 ③偏狭　問3 ①ウ ②ア ③イ

社会

▼「社会」への適応と「言語」の関係を文脈の中で確認しよう。

「早産して」世に生まれ出た人間は、産んだ母親が帰属する**共同体**↓P9という「**社会**的子宮」のなかで、なおかなり長い時間をかけて保護されながら育てられなければならない。したがって、人間は、もちろん何かの事情で、その後別の共同体に帰属することになる場合もないわけではないにしても、成人して後は、自分を育ててくれた「子宮」の一員になることを**宿命**↓P10付けられていると言ってよい。その間、人間の脳は、社会的子宮としての共同体のもろもろのセッティングのなかで、言語を習得し、習得された言語が成立する意味の空間の「歪《ゆが》み」のなかで、それに添って行動するための能力を発揮するようになる。

この手続きを踏まないまま、「人間」となった例はない。（中略）したがって、すべての人間の**認識**↓P18活動は、社会的な子宮の役割を果たした意味空間との関連のなかで、成立するものとなろう。

解説①
社会への参加について、出産に関わる**メタファー**を用いて説明している。生まれたままでは社会に適応できないので「早産」、その子を社会の一員として育てる場を「子宮」と表現している。

解説②
人が社会（**共同体**）に適応するには、言語の習得が重要だが、言語や文化はそれぞれ**恣意**性をもつ（→P74）。つまり、ある社会の成員になることは、その社会の「歪み」を身につけることでもある。

評論の重要語

次の問いに答えよ。

①本文で「子宮」（2行目）と同じ意味で用いられている語を三字で抜き出せ。

②「**ローカル**」（16行目）の対義語を次から選べ。
㋐グローバル　㋑コンセプト
㋒クレオール　㋓アナロジー

③「**普遍**」（16行目）の対義語を書け。

④「**メタファー**」（解説①）を、漢字二字で言い換えよ。

⑤「**恣意**」（解説②）の読みを書け。

⑥「**指弾**」（解説④）の意味に最も近いものを次から選べ。
㋐除外　㋑非難
㋒誤解　㋓克服

⑦次の傍線部を漢字に改めよ。
人はだれでも社会にキゾクする。

比較的素朴な言い方で満足するとすれば、人間の認識は、あるいはしたがって人間の知識は、そのような場と空間のなかの**個人**↓P10が、外界との相互作用のなかで組み上げる構成物である、と言ってよいことになる。（中略）人間は常に**ローカル**↓P58であって、そのローカリティを「**普遍**」↓P8と思い誤ってはいけないことになる。

出典　村上陽一郎「文明のなかの科学」

解説❸

言語が恣意的なものなら、言語を通して得る認識も知識も恣意的である。つまり、自然のものではなく、国家や民族が作り上げた「構成物」である。この見方は、**構造主義**に則《のっと》っている。

解説❹

この結論は、「評論を読む7」と似ている。言語も認識も知識もそれぞれさまざまのフィルターを通したものだから、人間そのものが「**ローカル**」であり、自分だけが「**普遍**」で絶対的に正しいなどという**狭隘**な思考は**指弾**されよう。

論理の展開

母親が帰属する**共同体**のなかで育つ
←
共同体の歪んだセッティングのなかで「人間」になる
人間の認識活動は、**共同体**の意味空間との関連のなかで成立する
人間の認識・知識は、**共同体**による構成物である
⇩
人間は常に**ローカル**である
「**普遍**」と思い誤ってはいけない

例文のポイント

社会に適応して大人になるが、それはローカルな社会的知識を身につけることである。

確認問題

問　**本文の主旨に合致するものを選べ。**

㋐人間の脳が共同体を構成し、共同体が社会を構成するので、社会は脳の仕組みに則る。
㋑どの社会もローカルであるのに対し、その社会で用いられる言語は普遍性を有する。
㋒早く生まれすぎた子どもを保護することが、社会の一員としての母親の役割である。
㋓人間は共同体のなかで育つので、その認識や知識は共同体の歪みによって構成される。

解答　評論の重要語 ①共同体 ②ア ③特殊 ④隠喩（暗喩） ⑤しい ⑥イ ⑦帰属　確認問題 エ

評論の論点 11

制度

―社会の中での了解事項

序 見えない制度

学校には「校則」という明確な制度がある。登下校時間から進級や卒業の条件等々が明記され、生徒の生活を規定する。しかし、それ以外にも、規範として生徒の行動に影響を与える制度的なものはないか。なぜか皆が従う習慣、たとえば部活内での暗黙の了解、これらは「見えない制度」だ。社会の中にも、「見える制度」と「見えない制度」がある。

1 見える制度としての「法」

国家には憲法を中心に刑法や民法などさまざまな法律があり、自治体は条例を定めている。現代は**法治主義**〔↓P90 政治を法に則って行うべきだとする考え方〕の社会だ。これらの「法」は違反者に罰則を科す**属性**〔↓P92 備わっている性質〕があるが、本来は滞りなく社会生活が営めるよう、成員が定めた「制度」だ。だから、法の規定は社会によって異なり、たとえば同じ行為をしても死刑になる社会と死刑制度がなく死刑にならない社会がある。私たちは「制度」に拘束されるが、法を**金科玉条**〔↓P92 よりどころ〕として絶対視するのでなく、社会が変化すれば、改正を試みることも必要だ。

2 道徳・習慣・しきたり

私たちは「法」のみに行動を規定されているのではない。**成文化**〔↓P91 決まりごとを文章として書くこと〕されてはいないが、皆が従う**不文律**《ふぶんりつ》〔↓P91 文書で示されない決まり事〕、「見えない制度」としての「**道徳***」「習慣」「**しきたり**〔↓P90 これまでの慣例〕」がある。これらは「法」以上に**蓋然性**〔↓P92 確実性の度合い〕が乏しく根拠も曖昧だが（なぜサラリーマンはネクタイをするのか）、反した場合にはいわゆる「村八分」のような制裁を伴うことが多い。し

*道徳　人々が、善悪をわきまえて正しい行為をなすために、守り従わねばならない規範の総体。

かし、**形骸化**↓P92した**因襲**↓P90 弊害のある古くからの習慣と判断するなら打破する努力も必要だろう。

3 貨幣と言語

「貨幣」や「言語」も「制度」の一種だ。ある紙切れや金属片に価値を認めること、ある音声にある意味を認めることは、社会の約束事に過ぎない。社会学者の橋爪大三郎《はしづめだいさぶろう》は言う。「貨幣（や商品）は、それが流通する**市場**↓P107 商品が売買される場（コミュニケーションの回路）を前提にしている。また言語は、それを理解する人びとのおりなす言語**共同体**↓P9（コミュニケーションの回路）を前提にしている」。「コミュニケーションの回路」とは、人びとの関係性ととればよかろう。この中で、「貨幣」も「言語」も価値を認められ、意味あるものとして流通する。なお、電子マネーが普及した現在、モノですらない電子情報が貨幣に匹敵する価値を帯びるようになった。

4 人生・生活と制度

私たちの周囲には、他にも多くの「制度」がある。時間などの設定、**イニシエーション**↓P91 新しい段階へ移行するときの儀礼的な人生上の行事もその一つだ。夜明けや日没の時刻は東と西で異なるのに全国が同じ時刻で動き、日曜日とされる日には休む。一日前と変わっていないのに、ある日、突然に飲酒が許される。これらの「制度」を一度は**客観**↓P17視したい。

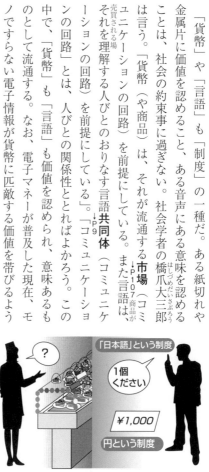

Q&A

「**制度**」ということで「憲法」や「法律」について学ぶのかと思いました。「見えない制度」というのがよくわかりません。

上の**2**にあるのが「**見えない制度**」の例。「**道徳**」「**習慣**」「**しきたり**」がある。評論では、**3**で取り上げた「**貨幣**」「**言語**」に要注意！

「**制度**」も近代化の産物であるから、**1**、**2**、**4**の最後に述べられているように、評論ではこれを批判的に捉えることが多い。

219 法《ほう》

基本的には、社会規範のうち、国家などの政治機関や一定の手続きを経て定めたもの。
関 法治主義《ほうちしゅぎ》…国民の社会生活を法律によって保護し、政治を法に則《のっと》って行うべきだとする考え方。

確認問題 「法」と「道徳」の関係を説明した次の文の空欄にあてはまる語を後から選べ。
「法」は「道徳」と対置されがちであり、一定の行為を命令したり、禁止したり、[A]として認めたりする点に特徴があり、違反したときには強制的な[B]が科せられる。また、[C]の基本的なよりどころとなる。人々の考える社会的「正義」（→P99）と一致していることが「法」の理想であり、また明示されていないが人々の内面にある「[D]」を、外面化したものが「[E]」であるとも考えられる。
㋐法 ㋑道徳 ㋒裁判 ㋓権利 ㋔制裁

220 コード

[英 code]

法典。規則。慣例。符号。

221 しきたり

これまでの慣例。ならわし。

参考 「コード」は何かを運用する際の決まりごと。特に言語においては、文法のような規則を示す。「しきたり」は「仕来たり」が語源。ただこれまでに「してきた」ことであり、明確な合理性は乏しいと感じられる。

222 因襲《いんしゅう》（因習）

古くからの習慣のうち、今は弊害を与えるもの。
類 悪弊《あくへい》…良くないと思っていながらもやめられない習慣。

確認問題 空欄にあてはまる語を後から選べ。
その見立ての基本的な構図は単純である。古い[F]にとらわれた馬車の車体型ボディーに対して、来るべき「[G]の車」は「流線形」だというのだ。
出典 原克「流線形シンドローム」
進歩や普遍が必ずしもよき[G]を約束しないこの時代にあって

223 エートス

[ギ ēthos]

行為の反復によって獲得する性格や習性。ある社会集団や民族を支配する倫理的な態度。

重要なことは、むしろわれわれのエートスの内部にあるものに視線を向け、打ち捨ててきた（と考えている）ものを H してみることではないだろうか。 出典 佐伯啓思「倫理としてのナショナリズム」

㋐因襲 ㋑過去 ㋒未来 ㋓想起 ㋔禁忌

224 タブー

[英 taboo]

宗教的な立場から禁止されていること。

同 禁忌《きんき》

入試 「タブー」は上記の宗教的な意味合いだけでなく、転じて、「ある社会や場で、暗黙のうちに、言及することが望ましくないと思われていること」の意でも用いられる。

225 イニシエーション

[英 initiation]

人間が成長する過程で新しい段階に移行する時の儀礼。

同 **通過儀礼《つうかぎれい》**

参考 「イニシエーション」の儀礼が行われる人生の節目として重要なのは、「出生」「成人」「結婚」「死」の四つである。特に重要なのは若者が「成人」する際の儀礼。儀礼の中で試練を乗り越えることで**共同体**の成員として認められるという例が多い。

226 成文化《せいぶんか》

法律など、話し合いでの決まりごとを文章として書くこと。

参考 ほとんどの国では憲法や法律は**成文化**されており、これを「**成文法**」という。しかし、イギリスのように成文化された憲法がなく、「**慣習法**」によって国家が成り立っている例もある。

227 暗黙《あんもく》の了解《りょうかい》

口には出さないが、皆が認め合っている事柄。

228 不文律《ふぶんりつ》

文書で示されない法律。

参考 「**不文律**」は法律に限らず、「黙っていても守られているおきて」の意で用いられる。「ある時期以降演奏中の沈黙と静寂はコンサートの重要な**不文律**となり、偶発的な音（例えば椅子の軋《きし》み、咳払《せきばら》い、譜めくりの音など）は、作曲家・演奏家の意図した音ではないとして排除された。」（細川周平「レコードの美学」）

解答 Aエ Bオ Cウ Dイ Eア Fア Gウ Hエ

229 **フェティシズム**

英 fetishism

呪力や価値があると思い込んでいるものを崇拝《すうはい》すること。物神崇拝。

入試 商品や貨幣をそれ自身として価値を持っているかのように考えると、フェティシズムの対象になるが、それらの価値は何かと交換するための価値でしかない。

230 **アナクロニズム**

英 anachronism

現代の傾向と食い違っていたり時代遅れであったりすること。時代錯誤。

231 **属性《ぞくせい》**

そのものに本質として備わっている性質。

考え方

232 **イデオロギー**

独 Ideologie

人間の行動を決定する、根本的なものの考え方。政治思想。社会思想。

ドグマ

英 dogma

宗教・宗派における教義。教条。

注 転じて、独断と偏見に満ちた意見や説。

類 **教条的《きょうじょうてき》**…権威を振り回し、自己の意見に固執し、反対意見に耳を貸さないさま。

233 **弁証法《べんしょうほう》**

正しいとされる意見と反対意見を戦わせ、より高次の考えに達しようとする思考法。

類 **止揚《しよう》**…矛盾した二つの概念を一層高次の概念で統一すること。アウフヘーベン。

234 **金《きん》科《か》玉《ぎょく》条《じょう》**

それを守ることによって、自分の立場を正当化できる強力なよりどころ。

よりどころ

規範《きはん》

それに従うことが求められる行動の型。

類 **規矩《きく》**…人の行為の基準となるもの。

類 **戒律《かいりつ》**…宗教上、守るべき規律。

綱紀《こうき》

組織を保つために欠かせない決まり。

入試 （書き）「高貴」などとの違いに注意。

四字 **綱紀《こうき》粛正《しゅくせい》**…規律や風紀を正すこと。

注 両者とも、特に国家を支える政治家や公務員に対していう。

235 **軌《き》を一《いつ》にする**

（車の通った跡を同じくするように、）立場や方向、やり方や考え方が同じである。

類 **轍《わだち(てつ)》を踏《ふ》む**…先人がしたこと（特に失敗）をくり返す。

確実

236 **蓋然性《がいぜんせい》**

いろいろの点から見て、そうなることが十分に予測できること。

信憑性《しんぴょうせい》

確かで、信頼できること。もっともらしく、うそではないと思えること。

中身なし

237 **形骸化《けいがいか》**

形はあっても、見かけだけのものにしてしまうこと。

空洞化《くうどうか》

中身をうつろにしてしまうこと。

注 「産業の空洞化」は、企業が海外に移るなどして、産業の実体が（国内に）なくなること。

問3 ①玉条 ②了解 ③単刀 ④綱紀　問4 ①通過儀礼 ②時代錯誤

はっきり／ぼんやり 238

端的《たんてき》

手っ取り早く、明白であるさま。

入試 入試評論における最頻出語の一つ。

四字 **単刀直入《たんとうちょくにゅう》**…前置きや遠回しな表現を避け、直接本題に入るさま。

直截《ちょくせつ》

ためらわずに決裁するさま。ずばりと言い切るさま。

入試 （書き）「直接」との違いに注意。

類 **率直《そっちょく》**…正しいと思うことをそのまま言い切り、飾り気がないさま。

婉曲《えんきょく》

表現が露骨でなく、遠回しなさま。

行き渡る 239

浸透《しんとう》

考えや感じ方が次第に広く行き渡ること。

入試 （書き）出題頻度が高い。本来は「液体がしみ通ること」で、「滲透」と書く。

流布《るふ》

物事が世間に広く行き渡ること。

類 **普及《ふきゅう》**…それについての知識が広まったり、使用が一般的になったりすること。

入試 （書き）「普及」は「不朽（いつまでも価値があること）」などとの違いに注意。

240

食傷《しょくしょう》

同じ食べ物が続いて飽きる。同じことが続いて、飽き飽きして嫌になる。

確認問題

問1 傍線部の読みを答えよ。

①蓋然性に乏しい仮説だ。

②噂《うわさ》をもとにした報道なので信憑性に乏しい。

問2 傍線部のカタカナを漢字に改めよ。

①古いインシュウにとらわれて進歩がない。

②村のキンキを犯して罰を受ける。

③祭りへの参加はフブンリツで決まっている。

問3 空欄にあてはまる最も適切な語を入れよ。

①古い習慣を金科□として守っている。

②暗黙の□があるので、話さなくてもわかる。

③遠回しな話はやめて□直入に話してほしい。

④□粛正して、乱れた風紀を立て直した。

問4 傍線部の外来語を漢字四字に改めよ。

①アボリジニの人びとは、神々の原初の旅の跡をたどりながら、イニシエーションとしての試練の旅をおこなっている。

出典 赤坂憲雄「地域遺産とは何か」

②「日本的精神」なるものは、戦後社会でほとんど顧みられることなく、このグローバルな時代においては、大変なアナクロニズムにさえ見えます。

出典 佐伯啓思「自由と民主主義をもうやめる」

解答 問1 ①がいぜんせい ②しんぴょうせい 問2 ①因習（因襲） ②禁忌 ③不文律

制度

▼「テレビ放送」が「制度」であることの意味を文脈の中で確認しよう。

今日におけるテレビの最大の作用は、**ナショナル**↓P172な広がりをもった均質な時間を、私たちの家庭の内部にくまなく**浸透**させてしまったことにある。テレビはこれまで、いわばリビングルームの時間割装置として、特定の**イデオロギー**や価値観を教え込むよりはるかに大きな効果を人々のハビトゥスのレベルでもたらしてきた。放送事業に従事してきたある**論者**は、「放送は膨大な数の番組を日々流し続けるために、一定の考え方にたって番組を配列し、それによって『時間』の経過に区切りをつけて、いわば『時間』を**分節**↓P76化してきた。さらに番組の内容と放送の時刻との関係についても慎重な考慮を払って、日常の『時間』の意味づけを行うことも怠らなかった。……放送は、『時報』と

解説①

江戸時代まで一般的に時刻は「不定時法」により区切られていた。夜明けと日暮れを基準にしたもので、季節と地域によって時刻は異なっていた。しかし、定時法を用いる現在では季節に関係なく西でも東でも日本中が同じ時刻で動く。テレビはそうした「均質な時間」を、人々のハビトゥス（社会的な影響により獲得した性向）に**浸透**させた。

解説②

「ある論者」は、**端的**には、テレビ番組の配列により人々の時間を区切り区分けした、と述べている。定時のニュースや帯番組を見ながら、私たちは家庭での行動を決めているだろう。朝のテレビのあるコーナーが始まったら家を出ることにしている人も多いのではないか。

評論の重要語

次の問いに答えよ。

①「浸透」（2行目）の類義語を次から選べ。
㋐ 反映　㋑ 適応
㋒ 普及　㋓ 衰退

②本文から「歴史的・社会的立場を反映した思想」の意を持つ語を抜き出せ。

③あるものに「区切りをつけ」（8行目）ることを意味する語を本文から三字で抜き出せ。

④次の傍線部を漢字に改めよ。
くどい表現をタンテキに言い換える。

⑤右の「タンテキ」と対照的な意味の語を次から選べ。
㋐ 婉曲　㋑ 率直
㋒ 湾曲　㋓ 愚直

＊マクルーハン…カナダ出身の英文学者、文明批評家（一九一一～一九八〇）。

いう直接的な方法だけでなく、多数の番組を流す過程で、結果として『時間』を表現してきた」と語り、放送がそもそも時間的な**制度**であることを強調する。テレビ放送は、それが何を伝えるかという以前に、まさしく*マクルーハン的な意味での**メディア**として、つまりそれが家庭のなかにあり、決められた時間にそこにいる人々に語りかけるという事実そのものによって、家族全員の時間のありようを変えてきたのである。

↓P164

出典　吉見俊哉「時間という装置」

解説③
人々の生活や行動を規定したという意味で、放送は「**制度**」である。

解説④
メディア論で著名なマクルーハンは、「**メディア**はメッセージである」と述べている。テレビは、番組そのものの内容以前に、視聴者の時間の使い方についてのメッセージを伝えてきたのである。

確認問題

問　**テレビ放送により私たちは何をしているのか、最も適切なものを選べ。**

㋐毎日が、同じように過ぎる均質な時間であることを確認している。
㋑時間の区切りと意味を確認し、他の国民と同じ時間を共有している。
㋒メディアが人々に語りかける特定の価値観を読み取っている。
㋓同じ時間に同じ行為をすることで、家族のきずなを深め合っている。

論理の展開

テレビ
イデオロギーや**価値観**を教え込む
＋
私たちの時間を**分節化**する
日常の時間の意味づけを行った
＝
放送は時間的**制度**である

例文のポイント

テレビは、人々の時間を規定する「制度」である。

解答　評論の重要語 ①ウ ②イデオロギー ③分節化 ④端的 ⑤ア　確認問題 イ

評論の論点 12

倫理

―生きる指針を求めながら

序　何が「善」なのか

若い君たちにとって、これからの人生は長い。誰でも善い人生を送りたいと思うだろうし、実際、古来さまざまな思想家が「善く生きるとはどういうことか」「善とは何か」について、倫理的思索を重ねてきた。特に価値観が多様化している現在、生きる指針がつかみにくくなっている。どこにそれを求めるのだろうか。

1「あるべき自分」に目覚めること

自己の内部に**沈潜**↓P100思索を深めることし、そこから生きる指針を導くのが理想かもしれないが、人との出会いを**端緒**↓P100とすることが、その近道かもしれない。その点で、哲学者、上田閑照《うえだしずてる》の言葉には勇気づけられよう。「自覚」に達する筋道を次のように述べる。「ほとんどの場合、人間に出会って人間に目覚めます。これが本当の人間だと感じられ思われる人間に出会って、その人に接して、その人から人間であることを学びつつ、人間として養われてゆきます。昔から『或《あ》る人に**親炙**《しんしゃ》↓P100尊敬する人に感化されることする』という言葉がある**所以**《ゆえん》↓P52です」。内部に「**閉じた**」↓P100自己意識や自己認識だけでは**往々にして**↓P322しばしば自己**閉塞**↓P100に陥るが、**他者**↓P42に「**開いた**」↓P100自覚によって、自己は培われるのだろう。

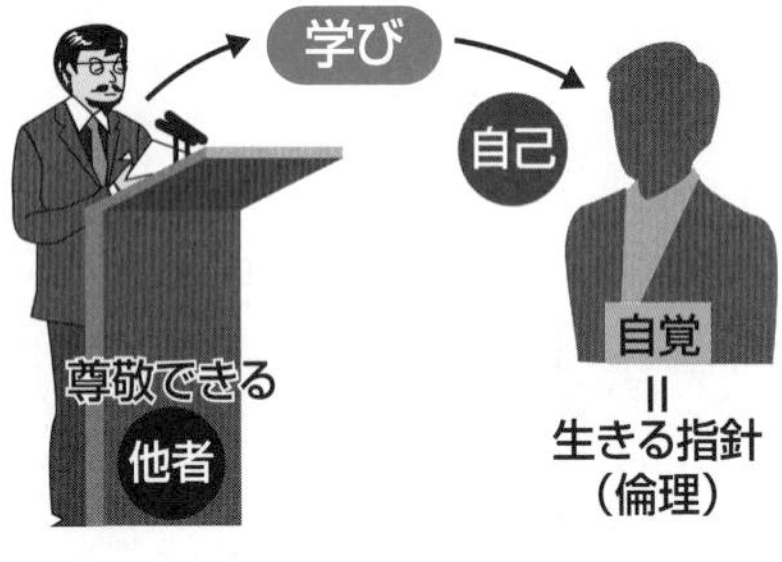

Q&A

1の「他者に『開いた』自覚によって、自己は培われる」とはどういうことですか？

一人で生きる指針を決めるのは難しい。**尊敬できる他者**を見つけ、その言動を学んだりまねたりすることで、**自己を成長させられる**ということだよ。

2　死と宗教

人は死を免れず、人生は短い。その生をどう全うするかという**葛藤**↓P101が、**宗教**↓P98の根源にあるだろう。**聖典**↓P98などに記された「神」という**超越者**↓P99により、生きる道を示すことが宗教の本質だ。信仰する神のあり方により**一神教**↓P98と**多神教**↓P99があるが、いずれにせよ宗教は、その土地の自然に**依拠**↓P101よりどころとすることするとも言われるし、自然そのものに霊魂を感じ取る**アニミズム**↓P98が起源ともされる。日本人は宗教意識が弱いとされるが、元旦やお盆などの伝統行事には、**神道**《しんとう》↓P99や仏教に由来するものが多い。なお、現在、聖典の記述をそのままに実行しようとする**原理主義**↓P100や、反社会的な**カルト**↓P100宗教が、**超克**↓P101乗り越えることするべき問題になっている。

3　相対化された倫理

近代以降、人間は中世的な宗教の**桎梏**《しっこく》↓P76束縛するものを脱したとされる。そして、近代社会を通じて最も有力な倫理は、人間の理性に**真善美**↓P100の根拠を見いだそうとする「**ヒューマニズム**↓P100」であった。さらに、**ポストモダン**↓P100と呼ばれる現代、すべての**イデオロギー**↓P92が**相対化**↓P17し、人々の価値観も多様化した。そのため、人々は自由を獲得しながらも、かえって生の指針を失うという**逆説**↓P33的状況にある。その中で、「**正義**↓P99」についての**言説**↓P116が着目されている。ただし、人間としての正義は**普遍**↓P8的で国家や民族を超えるという考えと、各共同体ごとに正義は異なるとする考えの間で論争がある。また、**市民**↓P82の活動を「**公共**↓P100公的領域」として重視し、公共への貢献に生きるべき道を求めようとする立場もある。

Q&A

3の「すべてのイデオロギーが相対化（する）」とはどういうことですか？

「特定のイデオロギーが絶対化されることはない」ということ。だから「**価値観も多様化**」することになる。

241 宗教《しゅうきょう》

絶対者を求め信仰する精神的営み。

類 **聖典《せいてん》**…その宗教の教えのもととなる書物。

参考 「**宗教**」は「言語」と並んで「文化」の重要な構成要素を成す、人間の本質的な営みである。また、「民族」を分かつ要素でもある。なお、世界の三大宗教といわれるのは、左の「**キリスト教**」「**イスラム教**」に加えて「**仏教**」である。

242 アニミズム

[英 animism]

ある現象や事物に霊魂(アニマ)を認める考え方。

類 **シャーマニズム**…祈禱《きとう》師の能力で成立する宗教。

類 **呪術《じゅじゅつ》**…神仏に祈ったり、何かを唱えたりして、超自然的現象を起こす術。

確認問題 **空欄にあてはまる語を後から選べ。**

縄文人の宗教はアニミズムにもとづく自然信仰です。自然界のあらゆるものに[A]や精霊がやどっていると感じるアニミズムの世界観は、もちろん太古から世界中にひろまっていたもので、当然のように森は、豊饒《ほうじょう》とその反面の災禍《さいか》をもたらす[B]なる領域とされたわけです。

出典 巖谷國士「森から森へ」

㋐ 聖　㋑ 俗　㋒ 神　㋓ 人

243 一《いっ》神《しん》教《きょう》

唯一の神のみを信仰する宗教。

244 キリスト教《きょう》

イエスをキリスト（救い主）として信じる宗教。

類 **カトリック**…ローマ教皇を最高指導者と仰ぐキリスト教の宗派。旧教。

類 **プロテスタント**…宗教

参考 「**キリスト教**」と「**イスラム教**」は、「**一神教**」という共通点があるだけでなく、起源にも近いものがある。大まかに、歴史的には、「**ユダヤ教**」が最初にあり、その中で「旧約聖書」が作られ、それにイエスの新たな信仰を加えて、「新約聖書」とした。さらに、「**アッラー**」の預言者たるムハンマドのことばを加えて成立したのが「**コーラン**」である。

入試 西洋の文明はキリスト教と大きく関わるとされる。一般には、中世の宗教的な束縛を逃れたことで、近代文明が生まれたとされる。しかし、キリスト教自体にそのように文明を発達させる要因があったと見られる。すなわち、唯一の絶対者（**超越者**）で

改革によりカトリックから分離したキリスト教の宗派。新教。

ある神が支配する世界が中世の人々の世界観であるが、神がその座を奪われ、その代わりに世界を支配するのが人間だと考えたのが近代である。従って、人間は世界の成り立ちを解明し、世界をコントロールしようとする。これが近代の西欧の世界観である。

245 イスラム教《きょう》

唯一絶対の神「アッラー」を信仰し、その預言である「コーラン」を聖典とする宗教。

246 超《ちょう》越《えつ》者《しゃ》

常識や理解の垣根を越えた人、特に世界を創造した神。

確認問題 空欄にあてはまる語を答えよ。

現代人はまるで手先の器用なマジシャンのようだ。「文化」というハンカチが彼らの手にかかると、たちまち千変万化《せんぺんばんか》する。じっさい、評論家たちは「多神教文化」の優越性について語るとき、「キリスト教文化」と「イスラム教文化」をひとまとめにした上、「[C]文化」という言葉で無神経にくくろうとする。

出典 張競「文化のオフサイド／ノーサイド」

247 多《た》神《しん》教《きょう》

複数の神々を同時に崇拝《すうはい》する宗教。

248 神《しん》道《とう》

自然や自然現象を畏《おそ》れ敬う、日本古来の宗教。

参考 古代ギリシャ神話の神々、日本の**神道**、インドのヒンドゥー教などが「**多神教**」の例。「**一神教**」が砂漠の宗教とされるのに対し、「多神教」は森林の宗教とされる。ギリシャ神話やヒンドゥー教の神々が人間のような肉体を持っているのに対し、日本の**八百万《やおよろず》の神**は自然物に宿る目に見えない神々である。

249 正《せい》義《ぎ》

道義に適《かな》っていて正しいとされること。

類 **道義《どうぎ》**：人の踏み行うべき正しい道。

参考 本来、「**義**」は、孔子を開祖とする「**儒教**」（↓P142）の主要な思想で、人間の欲望を追求する「**利**」の対立概念である。正しい行いを守ること、悪を恥じることをいう。

解答 A ウ B ア C 一神教

250 ヒューマニズム
英 humanism

人類の平和と幸福の増進を最重要と考える主義。人間の個性の発達、人間の尊厳を重んじる主義。人道主義。
入試 従来、誰もが納得する考えだったが、人間性への不信、環境や動物への対応などから、その絶対性への疑問も生じた。

倫理 **251** モラルハザード
英 moral hazard

規律や倫理観の欠如。

真善美《しんぜんび》

正しく認識し、善き行いをし、美を求めるという、人間の理想としての価値。

252 ストイック
英 stoic

禁欲的で、感情に動かされず、苦楽を超越するさま。

聖と俗 **253** 原理主義《げんりしゅぎ》

聖典などの理念的な原理を重視し、世俗的な信仰を邪教とみなす信念や傾向。

世俗的《せぞくてき》

世間一般に見られるさま。俗っぽいさま。
類 通俗《つうぞく》…わかりやすく、世間一般の人に受け入れられやすいこと。
類 卑近《ひきん》…身近で、わかりやすいこと。

カルト
英 cult

反社会的な宗教団体。
注 本来は「崇拝」「礼拝」の意。

254 公共《こうきょう》

人間生活の一部として、私的領域に対立する公的領域。パブリック。

255 ポストモダン
英 postmodern

近代のその後。
入試 理性や合理性など、近代の絶対的な価値が相対化された時代をいう。

接頭語・接尾語 **256** プレ〜 ⇔ ポスト〜
英 pre 〜　英 post 〜

〜の前。「プレモダン」など。
〜の後。「ポストモダン」など。

〜フリー
英 〜 free

〜を免れている。〜を取り除いた。「バリアフリー」など。

257 沈潜《ちんせん》

思索を深め、精神世界に集中すること。
四字 沈思黙考《ちんしもっこう》…何も言わず考え込むこと。

258 端緒《たんしょ》

そこから物事が始まるきっかけ。
入試 （書き）「短所」との違いに注意。
類 発端《ほったん》…事件などの始まり。

259 親炙《しんしゃ》

尊敬する人と接して、感化を受けること。
類 感化《かんか》…性質などに、良い、または悪い影響を他に与えること。

関係の有無 **260** 閉塞《へいそく》

閉じられていて、他との連絡がつかない状態にあること。

「開《ひら》く」「閉《と》じる」

他との関係を持っている状態と、関係を持たない状態のたとえ。

261 **葛藤**《かっとう》
人と人が互いに譲らず対立しいがみ合うこと。心の中に相反する動機・欲求・感情などが存在し、せめぎ合っていること。

262 **依拠**《いきょ》
書物や規則の作成において、根本的な主張のよりどころとすること。
類 **準拠**《じゅんきょ》…決められたことに従うこと。

263 **超克**《ちょうこく》
困難や先駆者の業績に負けまいと、乗り越えること。
入試 「近代の超克」として用いられがち。

確認問題

問1 **傍線部の読みを答えよ。**
①大家に親炙して教訓を得た。
②心の中で善と悪が葛藤している。
③運河を閉塞する。

問2 **傍線部のカタカナを漢字に改めよ。**
①近代のチョウコクを目指して思索する。
②古典にイキョして論理を展開する。
③事件のホッタンとなる出来事。
④思索にチンセンする。

問3 **空欄にあてはまる最も適切な語を後から選べ。**
①聖地といいながら□的な雰囲気で呆《あき》れた。
②罪は問われなくても□的な責任は免れない。

264 **思惟**《しい》
宗教や哲学などの根本問題について、深く考えること。
類 **思索**《しさく》…論理的に突き詰めて考えること。
類 **思弁**《しべん》…頭の中で論理的に考えること。

265 **跋扈**《ばっこ》
悪いものが思うままに勢力をふるうこと。
四字 **跳梁跋扈**《ちょうりょうばっこ》…悪いものが思うままにふるまい、走り回ること。

266 **所作**《しょさ》
その場に応じたたちいふるまい。
四字 **行住坐臥**《ぎょうじゅうざが》…普段のたちいふるまい。

③学校も地域に開かれた□的な施設だ。
④深く考える彼の発言は常に□的だ。
㋐思弁　㋑通俗　㋒道義　㋓公共

問4 **空欄にあてはまる最も適切な語を後から選べ。**
①とくに□主義を克服しようとする**ポスト－モダン**（脱□）の議論では、合理主義をどう乗り越えるかという課題が論じられる。
出典 桑子敏雄「理想と決断」
②**ヒューマニズム**というのは、□性を尊重し、□的なものを拡大する近代思想の有力なひとつであります。
出典 西川富雄「環境哲学への招待」
㋐近代　㋑前近代　㋒人間　㋓閉塞

解答　問1 ①しんしゃ ②かっとう ③へいそく　問2 ①超克 ②依拠 ③発端 ④沈潜　問3 ①イ ②ウ ③エ ④ア

倫理

▼近代の合理的思考が「宗教」を産み出すという逆説を文脈の中で確認しよう。

原始人はいたるところに超自然的なものを見ると思われているが、事実はむしろ逆で、彼らはどこにもそれを見ていないのである。自然的**秩序**↓P18の**観念**↓P26が彼らにはまるで欠けているからだ。原始人は発声や**所作**で山や河や風に命令したり、雨を呼んだりするけれども、彼らはだからといって少しも自己の「無力」を感じたり、「奇蹟《きせき》」的手段に頼っていると感じたりしているのではない。知性の未発達な彼らは想像で世界を**思惟**しているから、何の苦もなくいっさいの現象を彼らなりに説明したつもりになってすましているのである。もちろん人間の知能には事実において*厳乎《げんこ》たる限界があるだろう。けれどもそのことを彼らはいっこうに知らずにいるのであって、それを人に教えるものがほかならぬ**近代的**↓P9知性であるのだ。（中略）**合理主義**↓P24は「神秘」と「不可知」とを絶えず産み出しながら、それに直面している。合理主義は

解説❶

原始人こそ「超自然」や自己の「無知」や「奇蹟」や「神秘」「不可知」を感じただろうと考えるのが通常だが、そうした常識に反することが述べられている。その根拠に注目したい。

解説❷

原始人は、知性によって自然のなかに**秩序**を求めることをしない。そうした合理性ではなく、想像で世界を理解しているから、何がおきても自分なりに納得して、「超自然」だとは感じず、自己の「限界」さえ知らない。

評論の重要語

次の問いに答えよ。

① 「それ」（2行目）の指示内容を抜き出せ。

② 「**所作**」（3行目）の読みを書け。

③ 「**思惟**」（7行目）の読みを書け。

④ 「すべての物事を理性的に処理する考え」の意味をもつ語を本文から抜き出せ。

⑤ 「**跋扈**」（解説③）と組み合わされて四字熟語となるものを次から選べ。

㋐ 跳梁　㋑ 行住
㋒ 滅裂　㋓ 暗鬼

⑥ 「**アイロニー**」（解説④）の意味を漢字二字で書け。

＊**厳乎**…おごそかでいかめしいさま。儼乎。

宗教への近代的水路の一つとなっている。そしてその事実に自ら当面するどころか、それに気づきさえしたことのない「合理主義者」が、驚いたことには、世の中には少なくないのだ。

出典 林達夫「宗教について」

解説③

現在の私たちは一様に、科学的で合理的な説明を求める。しかし、それで説明しきれない事象を眼前にしてこそ「神秘」や「不可知」を感じ、それが「**宗教**」を求める動機となる。科学万能の現代に、**原理主義**や**カルト**宗教が**跋扈**するのは、そうしたことが原因なのだろうか。

解説④

合理主義者は宗教を否定するが、それは近代にこそ存在する「神秘」と「不可知」、そしてそれが「宗教」を呼ぶ過程に気づかないからだ。似非《えせ》「合理主義者」への強烈な**アイロニー**（→ P68）である。

論理の展開

原始人 ⟶ 近代—合理主義

通念 超自然的なものを見る
人間の知能の限界を知らない
↔
事実 どこにもそれを見ない
人間の知能の限界を教える
←「神秘」と「不可知」を産む
← **宗教**への近代的水路の一つ

例文のポイント

近代の合理主義はかえって人間の限界を知らしめ、「神秘」や「不可知」、そして宗教を産み出す。

確認問題

問 **本文の内容に合致するものには○、合致しないものには×を付けよ。**

㋐ 原始人はいっさいの現象について納得して、神秘を感じなかった。
㋑ 原始人は秩序の乱れに気づいたとき、自らの知能の限界を感じた。
㋒ 近代人は科学の成果によって、さまざまの不可知を克服している。
㋓ 近代人は非合理な物事に、神秘や不可知を感じて宗教に導かれる。

解答 評論の重要語 ①超自然的なもの ②しょさ ③しい ④合理主義 ⑤ア ⑥皮肉 確認問題 ア○ イ× ウ× エ○

評論の論点 13

欲望
―ほしいものは何か

序 作られる消費

一九八〇年代、「ほしいものが、ほしいわ。」というキャッチコピーがあった。これはどういう意味だろう。貧しかった時代には、人々が共通して欲するモノがあったが、高度成長期を経て物質的に満たされた当時、もはやほしいものがないと人々が感じるようになった。だから、企業としては、人々の消費意欲をことさらかき立てることが必要になったのだ。

1 本能としての欲望

「欲」の**カテゴリー**《部門・範囲》↓P66のうち、最も**本能**↓P60的で**生理的**↓P108なものは、食欲や性欲であり、これらは「**欲求**」↓P106とされる。また、名誉欲のように社会的な関係と結びついた欲もあり、これらが「**欲望**」↓P106だ。仏教では、物欲なども含めたこうした欲を規制し、無欲を善*として**称揚**↓P106した。

2 欲望を肯定する経済

一方、**資本主義**↓P82下の市場経済は欲望を肯定する。生産者と消費者が、自己利益を追求することを奨励する。イギリスの経済学者、アダム・スミスは、個人が欲望のままに利益を追求しても、安くて良いものが売れるという**市場**↓P107の働きにより**需要**↓P107と**供給**↓P107が調整され*（**所謂**《いわゆる》↓P109「**見えざる手**」↓P107の作用で）、社会全体の利益がもたらされると考えた。事実、**大量生産**によって、人々が欲するものが安く作られた結果、多くの人々の物質的幸福が実現され、企業もそれによって利益を得た。

＊**善** 道理に適《かな》ったよいこと・行い。

＊**大量生産** 規格化・標準化された製品を大量に生産すること。

3　欲望は飽和したのか

その結果、今や、未《いま》だ貧しく日々の食糧にも事欠く地域はあるものの、全体として人類は物質的に満たされた時代を迎えている。ならば、欲望はすべて満たされたのかといえば、必ずしもそうではない。別の形の欲望が**顕在**↓P42化したのだ。すなわち、人は「自分以外の**他者**↓P42が欲しがるモノ」を欲望する。「ほしいものが、ほしい」、そのほしいものは「皆がほしがるもの」だ。なぜなら、他者の欲望がモノに価値を発生させるからだ。多くの人々が欲することで値が上がる株式相場がその典型だろう。その心理は「**嫉妬**↓P108」や「**虚栄心**《みえ》↓P108」に似ている。こうして現在の**大衆消費社会**↓P108↓P107が生まれた。

4　ブランドをまとう大衆

企業は人々の欲望を喚起しようとして宣伝を行う。所謂「**モード**↓P108」や「**ブランド**↓P108」は身分制社会における支配**階層**↓P84のものだったが、平等な社会になり庶民にも手が届くものになった。企業や**メディア**↓P164がそれを煽《あお》り、市場は大衆化していく。大衆は自己にとって真に必要なものを求めるのではなく、周囲に**扇動**↓P108ある行動を起こすよう仕向けること　されて消費を行う欲望のマシーンとなる。

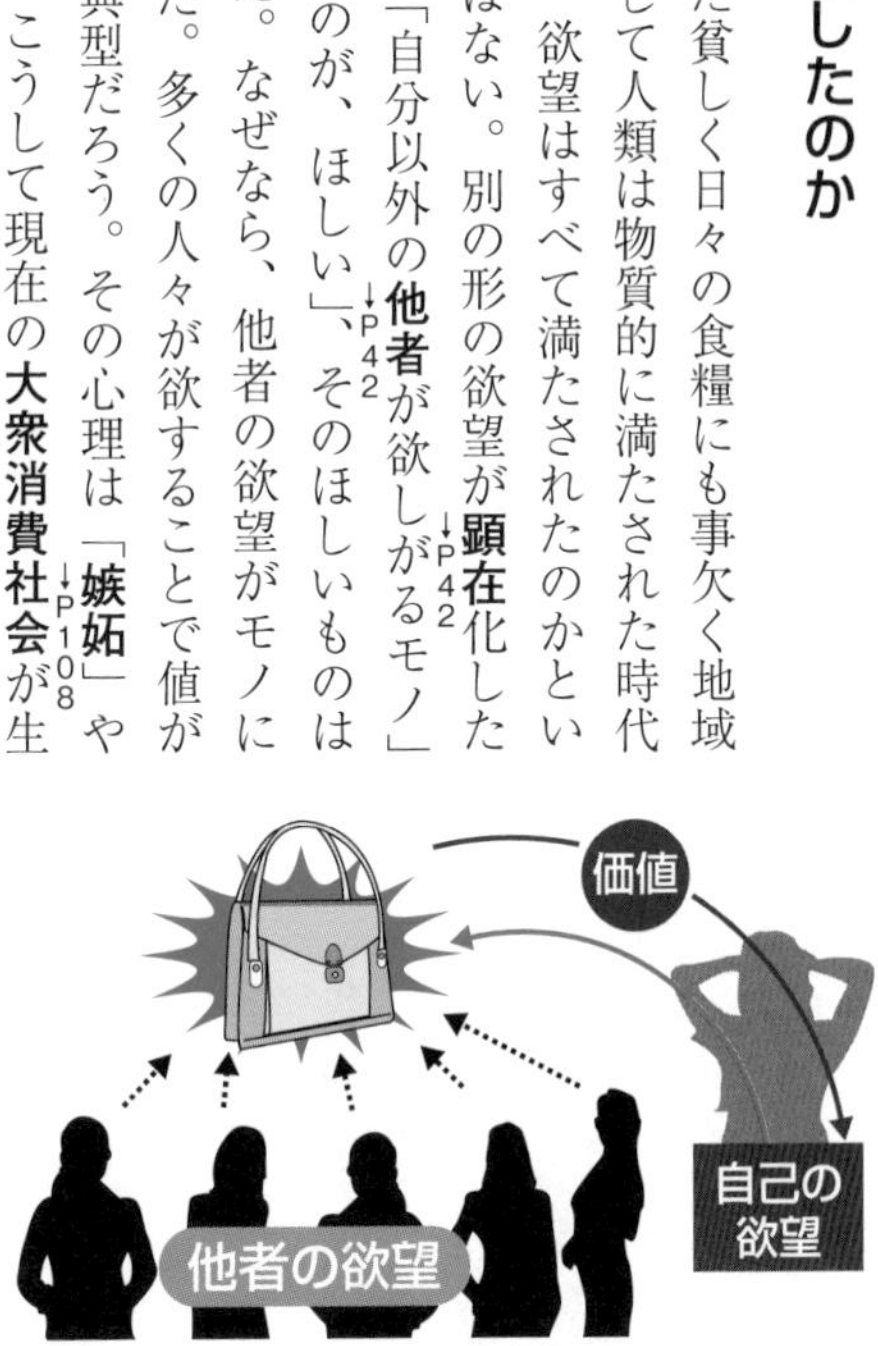

ここがポイント！

○現代における欲望

他者の欲望
・別の欲望が顕在化
⇐
大衆消費社会誕生
⇐
企業・メディア
・欲望の喚起や煽動
⇐
市場の大衆化
・大衆
⇐
欲望のマシーン

267 **賞揚《しょうよう》**（称揚）

そのものの価値を認めてほめること。

類 **称賛《しょうさん》**・**賞讃《しょうさん》**…感嘆してほめること。

入試（書き・読み）「**賞揚・称揚**」は、「**従容**」（普段と同じように落ち着いているさま↓P284）、「**逍遥**」（決まった目的もなく山野などを歩くこと）などの同音異義語との違いに注意。

確認問題 **空欄に「称揚」「従容」「逍遥」のいずれかを入れよ。**

しかし、彫刻のように硬くこわばった死を、 A として受け入れるほど、枯れてはいなかった。
出典 中尾實信「花釉」

ベートーヴェンはウィーン郊外のハイリゲンシュタットを流れる小川を B しつつ、「田園交響楽」の楽想を得た。
出典 森本哲郎「文明の主役」

人類は、今、世界の多様性を C し、それを資産として生かし、育むほうへと文明をシフトさせようとしている。
出典 茂木健一郎「疾走する精神」

268 **礼讃《らいさん》**（礼賛）

神などを素晴らしいと感じてほめたたえること。

類 **賛美《さんび》**・**讃美《さんび》**…絶対的なものとして、優れた点を言い立てること。

四字 **毀誉褒貶《きよほうへん》**…ほめたりけなしたりすること。

269 **欲求《よっきゅう》**

あるものをほしい、何かがしたいと思う心。

参考「**欲求**」は**生理的**（↓P108）で、生物が持つ自然現象である。一方、「**欲望**」は人間が**本能**（↓P60）として持つ人間的な心である。これらと「**意志**」を並べて比較する場合も多く、「意志」は人間の**理性**（↓P24）的な判断に基づくとされる。逆にいえば、何かをしたいという思いが、本人の判断に基づけば「**意志**」、**生理的**な要求ならば「**欲求**」、その中間が「**欲望**」だということになる。

270 **欲望《よくぼう》**

物質的・肉体的によりよい状態を求める心。

類 **煩悩《ぼんのう》**…悟りの邪魔になる欲望や執着《しゅうちゃく》や妬《ねた》みなど。

271 市場《しじょう》

株式や商品が常に売買される場。商品の交換や売買を総合的に捉えた概念。

類 **市場経済**《しじょうけいざい》…市場を通じて需給調節と価格調節が行われる経済。

参考 「いちば」ではない。**資本主義・自由主義**（→P82）の経済では、**市場**における自由競争を促進し、市場の判断に企業の優劣や商品の価値の判断を委ねる。したがって、国家は市場や経済そのものに大きく介入することはない。これに対して、**社会主義**（→P83）は、「**市場経済**」の対語としての「**統制経済**」を政策とし、国家が経済活動に強く介入する。

272 需要《じゅよう》 ⇔ 273 供給《きょうきゅう》

需要：商品を買い入れようとする欲望。

類 ニーズ…必要。要求。

供給：商品を市場に出すこと、また、出された商品の量。

入試 （書き）「需要」は「受容」（→P66）などとの違いに注意。

参考 「**見えざる手**」は、本来キリスト教に由来し、世界の終末に信徒を救済し天国に行かせる神の力を意味した。これを、イギリスの経済学者アダム・スミスが上記の意味で用いた。

274 見《み》えざる手《て》

市場において、各個人の利己的な行動が社会全体の利益をもたらす機能。

確認問題 **空欄に「市場」「公共」「個人」のいずれかを入れよ。**

経済学の父アダム・スミスはこう述べています。「通常、［D］は自分の安全と利得だけを意図している。だが、彼は見えざる手に導かれて、自分の意図しなかった〈［E］の〉目的を促進することになる」。ここでスミスが「見えざる手」と呼んだのは、資本主義を律する［F］機構のことです。

出典 岩井克人「未来世代への責任」

275 消費社会《しょうひしゃかい》

資本主義が発達し、人々の多くが、企業が供給する商品を享受できる社会。

参考 多くの人に商品を行き渡らせるために企業は「**大量生産**」をする。これは**供給**量を増やすだけでなく、機械力での少品種の量産を意味する。同時に人々は「大量消費」をすることになる。

解答 A 従容 B 逍遥 C 称揚 D 個人 E 公共 F 市場

大衆 276

大衆《たいしゅう》

社会集団のうち、指導者やエリートを除いた残りの多数の人々。

入試 メディア（→P164）などの操作を受けやすいと考えられがち。

類 公衆《こうしゅう》…国家や社会を形づくる人々。

ポピュリズム

英 populism

大衆の利益や権利、願望を代弁し、大衆の支持を得ようとする政治姿勢。

注 信念による政治姿勢ではない。

277

モード

英 mode

形式や様式や形態や方法。特に、流行の形式や形態。

類 ブランド…製品や企業に関する印象や体験の蓄積。特に、それらが良好なもの。

278

生理的《せいりてき》

体の機能に関係があるさま。

注「理屈なしに否応なく」の意にも用いる。

279

プリミティブ

英 primitive

原始的。素朴。文明化されていない。

うらやむ 280

嫉妬《しっと》

優越感や愛情などが否定されたときの妬《ねた》みの気持ち。

同 ジェラシー

羨望《せんぼう》

自分の現状をはるかに超える対象を知ったときのうらやみの気持ち。

注 自分もそうなりたいと願う気持ちのこと

281

虚栄《きょえい》

見せかけだけ人によく見られようとすること。みえ。

類 虚飾《きょしょく》…表面だけいいように見せること。

類 粉飾《ふんしょく》…うわべを飾り、とりつくろって立派に見せかけること。

類 歪曲《わいきょく》…事実をゆがめて伝えること。

煽る 282

扇動《せんどう》（煽動）

大衆の心理をつかみ、ある行動を起こすよう仕向けること。アジテーション。

類 教唆《きょうさ》…暗示を与えて、悪事などを犯すよう仕向けること。

扇情的《せんじょうてき》

人々の感情や関心をあおり立てること。

同 センセーショナル

視点 283

俯瞰《ふかん》

高い所から広く見渡すこと。

注 実際に高い所に昇らなくても、広い視野から振り返ることなどにも用いる。

類 鳥瞰《ちょうかん》…空中や高い所から見下ろすこと。

睥睨《へいげい》

にらむこと。相手を威圧したり、監視したりすること。

マクロ ⇔ ミクロ

マクロ 英 macro

見方が大きく全体的であること。

同 巨視的《きょしてき》

ミクロ 英 micro

見方が狭い範囲で細かいこと。

同 微視的《びしてき》

見る

284 凝視《ぎょうし》

じっと見つめること。

類 刮目《かつもく》…目をこすってよく見ること。

四字 衆人環視《しゅうじんかんし》…みんなが見ていること。

一瞥《いちべつ》

ちょっと見ること。

類 瞥見《べっけん》…ちらりと見ること。

285 再生産《さいせいさん》

生産が常に繰り返されている過程。

入試 モノに限らず、（望ましくない）考え方などが繰り返し生み出される場合が多い。

286 所謂《いわゆる》

世間で普通に言っている。俗に言う。

287 淘汰《とうた》

競争の末、良いものを取り、不要なものを捨てること。

類 自然淘汰《しぜんとうた》…環境に適した種が生き残り、適さない種が絶滅すること。

288 辛辣《しんらつ》

言い方が手厳しく強い刺激を与えるさま。

類 歯《は》に衣着《きぬき》せぬ…相手に遠慮せずに、自分の本心をそのまま言う。→P268

確認問題

問1 傍線部の読みを答えよ。

①成功した友人を羨望する。

②所謂「高齢社会」について論じる。

問2 傍線部のカタカナを漢字に改めよ。

①人々のジュヨウを調査して新製品を作る。

②センジョウ的なアナウンサーの声。

問3 空欄にあてはまる最も適切な語を後から選べ。

彼のデザインは素朴で［A］な味わいがあり、ファッションを好む人の［B］に合い、時代の［C］として好まれているので、同業者としては［D］を感じる。

㋐ニーズ　㋑モード　㋒プリミティブ　㋓ジェラシー

問4 空欄にあてはまる最も適切な語を後から選べ。

①科学技術あるいは工業技術の分野でも、技術改良という［A］なできごとも、歴史の進歩や文明の発達という［B］な流れの演繹《えんえき》的な帰結として捉えられていたとしても、なんの不思議もない。

出典 原克「流線形シンドローム」

②他人には痛みを想像し心配はできても痛みを直接感ずることはできない。医者にわかるのは、どういう異常症状が［　］次元で発生しているかだけだ。

出典 小坂井敏晶「責任という虚構」

㋐生理的　㋑理性的　㋒マクロ　㋓ミクロ

解答　問1 ①せんぼう ②いわゆる　問2 ①需要 ②扇情　問3 Aウ Bア Cイ Dエ　問4 ①Aエ Bウ ②ア

欲望

▼「大衆社会化」とはどのような現象か、文脈の中で確認しよう。

大衆社会化は人々の消費生活や文学やジャーナリズムなどの社会の表面に人目につく形で現われた。大量消費に大衆文学に**マスメディア**→P164の隆盛。大量の工業製品、文学作品、そして情報が、大量の人々の間に行き渡る現象、それが表面に現われた限りでの大衆社会化現象である。だがこのような大量現象としての大衆社会化は、時代の底流を流れる大衆社会化現象のほんの外面にすぎない。時代の潮流は目に見えないもっと深いところを流れていたのである。

スペインの哲学者、オルテガ・イ・ガセットは、大衆社会化を量ではなく質の次元で捉えた。彼によれば、大衆とは「心理的事実」であって、労働者大衆のような一つの社会階級ではない。大衆とは「ただ**欲求**のみをもっており、自分には権利だけがあると考え、義務をもっているなどとは考えもしない」人間のことである。彼らは自分の**自我**→P42

解説①

消費や工業製品や情報などが大量で、それらが大量の人々に行き渡る。これは「**大衆**社会化現象」の「表面」「外面」に過ぎない。「底流」「深いところ」で発生する事態にも**俯瞰**的に着目するべきである。

解説②

「表面」「外面」は「量」の側面を見ていた。しかし、重要なのは大衆の「質」であり、さらに大衆を階級として大まかに捉えるのではなく、その心理を**凝視**することである。

評論の重要語

次の問いに答えよ。

① 「**大衆**」（1行目）と対比される人々を解説①〜④から四字で抜き出せ。

② 「深いところ」（7行目）と対で用いられている語を本文から二つ抜き出せ。

③ 「**階級**」（10行目）と同意の語を次から選べ。
㋐ 昇級　㋑ 特級
㋒ 階層　㋓ 階段

④ 「**俯瞰**」（解説①）の読みを書け。

⑤ 「**辛辣**」（解説③）の読みを書け。

⑥ 「**一瞥**」（解説③）の意味を答えよ。

⑦ 次の傍線部を漢字に改めよ。
社会の変化をギョウシする。
カンカしてはならない大問題。

確認問題 ア× イ○ ウ○ エ×

や個性を世界と等価と見なし、文明の中に、多大の努力と細心の注意によって初めて維持されうる驚嘆すべき構築物を見ようとはしない。このような大衆が社会の前面に躍り出す事態、それがオルテガにとっての大衆社会化であり、また「大衆の反逆」という事態であった。

出典 間宮陽介「増補ケインズとハイエク」

解説❸

「大衆」の心理的本質は**欲求**の突出、権利の主張、義務の軽視だと、**辛辣**に指摘する。彼らは、自分の**自我**と個性とが何より大切で、文明を成立させる努力に、**一瞥**もくれない。

解説❹

それまで一部のエリート層が社会の中核となっていたのに対し、下層にいた大衆が社会の前面に躍り出るのが「大衆の反逆」。権利のみを主張する人々、「**ポピュリズム**」と呼ばれる大衆に迎合する政治、**マスメディア**の**扇動**、そうした看過できない事態が現代社会にはある。

確認問題

問 **「大衆」の説明として適切なものには○、適切でないものには×を付けよ。**

㋐ 文学や情報について、表面的には強い関心と興味を覚える。
㋑ 大衆社会になるまでは、社会の中心にはなることがなかった。
㋒ 社会に貢献することについて関心がなく、義務をも意識しない。
㋓ 現代の大量生産や大量消費の傾向に対して、反逆しようとする。

論理の展開

大衆社会化とは

表面・外面（量）
大量消費、大衆文学、
大量の工業製品・情報など

↔

深いところ（質）
大衆―**欲求**のみを持つ
権利だけがある
義務を考えない人間―が、
社会の前面に躍り出す

＝ **大衆**の反逆

例文のポイント

大衆社会化とは、欲求と権利意識のみを携えた大衆が中心の社会になることである。

解答 評論の重要語 ①エリート ②表面・外面 ③ウ ④ふかん ⑤しんらつ ⑥ちょっと見る ⑦凝視・看過

評論の論点 14

暴力
―抑圧の諸相

序 世界にあふれる暴力

いじめについての報道に接する機会は多い。肉体的な危害だけではなく、言動で精神的なダメージを与えることもいじめだ。「暴力」も同様で、殴る蹴るのみならず、「他者の意思に反し、力で他者を抑圧すること」も指す。この世界、「暴力」はどこにでも存在する。

1 制度の中の暴力

88～89ページで「制度」について論じ、**法**→P90をはじめ、道徳や**しきたり**→P90なども「制度」だと指摘したが、それらに従わない者に科せられる制裁は一種の「暴力」だ。そして、特に法に反した者への刑罰は合法的な「暴力」である。たとえば、殺人はどの国でも**嫌悪**→P114されるべき行為だが、国家が行う死刑は許される国も多い。暴力が起こるとその報復がされ、さらにその報復が報復を呼ぶことがある。復讐《ふくしゅう》の循環だ。社会学者の井上俊《いのうえしゅん》は、この復讐の循環を避けるための「公的復讐」が刑罰だと言う。「法による懲罰は一種の『公的復讐』にほかならない。それは法の権威によって正当化された報復であり、それ以外の一切の報復を『私的な復讐』として非正当化する」。そもそも国家などの**権力**→P116は、どれほど民主的であろうと、人々に何らかの行為を強いるので、権力は「暴力」をその**エッセンス**→P116本質として**内包**→P116するという**言説**→P116もある。

ここがポイント！

○**権力**
他者に強いる
・「**暴力**」を本質的に含む
例 刑罰

2 暴力の歴史

人間は現実の世界に何らかの働きかけを行いつつ生きる。その働きかけに強制が伴うと「暴力」になる。つまり、人間の**属性**（↓P92）にすでに「暴力」の**萌芽**《ほうが》（↓P45 物事が起こるもと）があるのだ。そのためか、人間の歴史には暴力が満ちている。環境破壊は自然に対する「暴力」と言えるし、国家が行う「暴力」の典型が**戦争**（↓P181）だ。そこでは敵国を支配するため、その兵士を殺すことが奨励される。また、奴隷制や**植民地**（↓P182）支配も歴史的に行われていた「暴力」だ。一方、こうした国家や社会による暴力的行為がない状態が「平和」だ。また、政治体制に**理不尽**（↓P116 道理に合わないこと）さを感じる場合、暴力的な**革命**（↓P174）を起こすのでなく、非暴力の姿勢を貫き言論によって**弾劾**（↓P116）することが、民主的な姿勢だと言えよう。

ここがポイント！

○人間
他者に働きかける
⇐強制が伴う
・「**暴力**」を生み出す
例 環境破壊・戦争
植民地支配・虐待
ハラスメント・DV

3 日常に潜む暴力

「暴力は許さない」と考え、「自分は暴力をふるわない」と思っていても、右のように、「暴力」は人間存在の本質に関わる。複数の人間が存在すれば必ず権力関係が存在するし、さらに私たちには誰かを**排除**（↓P26）することで集団の一体感を得ようとする傾向さえある。特に、上に立つ者が下の者に行う**ハラスメント**（↓P116 嫌がらせ）、家庭内のDV*や虐待も話題になっている。**畢竟**《ひっきょう》（↓P117 結局は）、他者の権利を**擁護**（↓P115）すること、差別意識を持たないことを**肝に銘じ**（↓P117 心に深く刻むこと）たい。

*DV (domestic violence) ドメスティック・バイオレンス
同居関係にある配偶者や内縁関係の間で起こる家庭内暴力のこと。近年では同居の有無を問わず、近親者間に起こる暴力全般を指す場合もある。

289 隠蔽《いんぺい》

見られたり知られたりしたら困ることを、意図的に隠すこと。

参考 「**隠蔽**」で隠すのは、本来隠すべきではない物事。「**秘匿**」で隠すのは、隠す権利がある物事の場合もある。

290 隠匿《いんとく》

隠しておいてはいけない物事を、隠し持つこと。

類 **秘匿**《ひとく》…隠して見せない（知らせない）こと。

確認問題 **空欄にあてはまる語を後から選べ。**

禁止された物資を A する。

マスコミには取材源を B する権利がある。

政治家が不祥事を C しようとする。

㋐ 隠蔽　㋑ 隠匿　㋒ 秘匿

291 嫌悪《けんお》

無くしてしまいたいほどひどく嫌うこと。

類 **厭世観**《えんせいかん》…人生には価値も喜びもないとする考え。

292 忌避《きひ》

いやがって避けること。

類 **逃避**《とうひ》…するべきことをせず現実から逃れること。

確認問題 **空欄にあてはまる語を後から選べ。**

例えば、臓器移植について、その反対の理由としてしばしば「自然に反する」が挙げられる。「自然に任せるべきところにまで人為が介入する」ことへの、ほとんど本能的 D とも受け取れるが、では、そうした場合の「自然さ」というのは E 的な概念だろうか。

出典 村上陽一郎「自然・人為・時間」

㋐ 絶対　㋑ 相対　㋒ 忌避　㋓ 隠蔽

※「臓器移植」については、P51参照。

293 示唆《しさ》

ほのめかすこと。

類 **暗々裏**《あんあんり》…人に知らせないでことを運ぶさま。

参考 「『橋と扉』と題する、とても短い、だが大変、**示唆に富む**論考の中で、ゲオルク・ジンメルは次のように述べている」（市野川容孝「思考のフロンティア　身体／生命」）といったように、「**示唆に富む**」は、受け取り方によっては、与えられる知識や教訓が深いことを指す。「**暗々裏**」は「**暗々裡**」とも書く。「裏（裡）」は「～のうちに」の意。同様の用法として、「計画は**成功裏（裡）**に終わった」、「事件を**隠密裏（裡）**に処理する」などがある。

294 暗示《あんじ》

それとなく示すこと。

対 **明示《めいじ》**…はっきりわかるように示すこと。

295 擁護《ようご》

そのものが存立できるよう積極的に努力すること。

類 **庇護《ひご》**…かばうようにして守ること。

入試 （書き）「擁護」は「養護」などとの違いに注意。

参考 「**擁護**」する対象は、重要・必要なものでありながら、危害を加えられたり破壊されたりする危機にあるもの。「**庇護**」する対象は弱いものである。なお、「庇」の訓読みは「かばう」。

296 後見《こうけん》

未成熟、または経験不足の者を、指導や監督をしながら助けること。

確認問題 **空欄に「擁護」「庇護」「後見」のいずれかを入れよ。**

「理想社会」「ユートピア」「公正な社会」などに代わり、現代の社会理論の重点は、個人の差異の [F] や、個人の選択の重視へと移っている。

出典 宇野重規「デモクラシーのモラルと秩序」

297 抑圧《よくあつ》

行動・欲望・意識などを抑えつけること。

類 **弾圧《だんあつ》**…権力や武力で反対勢力を抑えつけること。

参考 「**抑圧**」は、自己の感情を「抑圧」することもある。「**弾圧**」は、少数派（→P122）などの活動やその存在そのものを抑えつける権力者などの行為。四字熟語「**綱紀粛正《こうきしゅくせい》**」はP92を参照。

298 粛正《しゅくせい》

厳しく取り締まり、不正を除去すること。

類 **粛清《しゅくせい》**…反主流派を徹底的に無くすこと。

確認問題 **空欄に「抑圧」「弾圧」のいずれかを入れよ。**

ある心的過程を意識することが苦痛なので、それについて考えないようにすること、単純に言えば、それが [G] です。

出典 内田樹「寝ながら学べる構造主義」

戦前日本の思想 [H] を知る世代の人間は、自発的で自由な思考がいかに大切かを学んだはずである。

出典 猪木武徳「自由と秩序」

解答 A イ B ウ C ア D ウ E ア F 擁護 G 抑圧 H 弾圧

299 **ジェノサイド** [英 genocide]
一つの人種・民族・国家・宗教などの構成員を抹消する行為。

力で動かす

300 **権力**《けんりょく》
地位や威力などにより、組織に属する人すべてを、自分の意志どおりに動かせる力。

権限《けんげん》
その人や組織の判断で、実行できる範囲。
類 **覇権**《はけん》…武力で天下を取った者の権力。

301 **エッセンス** [英 essence]
物事の本質。神髄。
類 **精髄**《せいずい》…それを欠くとその物の意義がなくなる、最も重要な部分。

302 **言説**《げんせつ》
特定の社会的・文化的な集団や諸関係を背景にして述べられる言語表現。
同 **ディスクール**
注 フランスの哲学者、M・フーコー（↓P213）が広めた語である。

303 **弾劾**《だんがい》
公的に責任ある人が犯した不正などを追及すること。

304 **ハラスメント** [英 harassment]
嫌がらせ。
注「パワーハラスメント」「セクシャルハラスメント」など。

305 **正統**《せいとう》
一番正しい系統。教祖や始祖の教えを忠実に受け伝えていること。

主流／反主流

オーソドックス [英 orthodox] ⟷ **異端**《いたん》

オーソドックス
正統派。正統的な。
類 **オーセンティック**…本物である、正統的であるさま。
類 **オーソリティ**…その方面の権威者。

異端《いたん》
その社会や時代で正統と思われているものと反対の学説や信仰。
類 **邪道**《じゃどう》…本来あるべきものからはずれているやり方。

概念

306 **内包**《ないほう》 ⟷ **外延**《がいえん》

内包《ないほう》
ある概念の属性（↓P92）として含まれている性質。内部にもつこと。

外延《がいえん》
ある概念が適応される事物の範囲。
注「鳥」の外延はハト・スズメなど。

307 **表象**《ひょうしょう》
感覚の複合体として心に思い浮かべられる外的対象の像。イメージ。
注「象徴」（↓P67）の意でも用いられる。
類 **心象**《しんしょう》…見聞がもとになって、心の中に現れてくるもの。

308 **理不尽**《りふじん》
道理に合わないこと。
類 **不条理**《ふじょうり》…筋道が立たないこと。
類 **背理**《はいり》…道理や論理に合わないこと。
注「背離」（↓P150）は、そむき離れること。

問5 A 正統 B 異端

芸術への態度

309 **高踏《こうとう》**

一般ではついていけないような高い理想を追求すること。

低回《ていかい》（低徊）

ゆっくりと行き来すること。傍観者として、ゆったりと人生や芸術を味わうこと。

310 **徹頭徹尾《てっとうてつび》**

始めから終わりまで、一つの考えや行動を持ち続けること。

四字 **終始一貫《しゅうしいっかん》**…最初の決意を、最後まで貫くこと。

311 **証左《しょうさ》**

証拠。

類 **傍証《ぼうしょう》**…直接の証拠ではないが、証明の強化に役立つ資料。

類 **例証《れいしょう》**…例を挙げて証明すること。

312 **肝《きも》に銘《めい》ずる**

心に深く刻みつけること。

入試 （書き）「命ずる」ではない。

類 **銘記《めいき》**…心に刻みつけて忘れないこと。

入試 （書き）「明記」との違いに注意。

313 **畢竟《ひっきょう》**

結局は。結論としては。

入試 意味が問われることがあるので注意。

類 **所詮《しょせん》**…どんな手段を講じたとしても、最後に落ち着くところ。

確認問題

問1 傍線部の読みを答えよ。

①政治家の罪を弾劾する。

②畢竟、この考えは間違っている。

問2 傍線部のカタカナを漢字に改めよ。

①先生の忠告は十分肝にメイじた。

②リフジンな結果に納得できない思いだ。

問3 空欄にあてはまる最も適切な語を後から選べ。

①平社員には会社の方針に口を出す［　］がない。

②徴兵を［　］した若者が裁かれた。

③目撃者の証言が何よりの［　］だ。

④答えを見てから問題を解くのは［　］だ。

㋐忌避　㋑証左　㋒邪道　㋓権限

問4 傍線部の外来語を日本語に言い換えよ。

それがまた日本文化のエッセンスとみなされていることは、江戸時代の文化状況と相似している。

出典 河原宏「『江戸』の精神史」

問5 空欄に「正統」「異端」のいずれかを入れよ。

何事によらず、支配的な体制・傾向・潮流を［A］とし、これに反抗する立場・行為を［B］とするのが一般であるように思われる。

出典 堀米庸三「正統と異端」

解答 問1 ①だんがい ②ひっきょう　問2 ①銘 ②理不尽　問3 ①エ ②ア ③イ ④ウ　問4 本質（神髄）

暴力

▼「暴力」として感知されない「支配」のあり方を文脈の中で確認しよう。

疎外↓P10は、人間が作り出した生産物・制度に逆に支配される好ましくない状態として普通は理解されている。しかし人間が被支配関係におかれていることを意識するそのような状況は、実は支配がすでにその理想的な状態で機能しないから生じる心理状態であり、社会**秩序**↓P18がもともと**恣意的**↓P74なものにすぎないという事実が人間に**隠蔽**されなくなり始めているからこそ発生する症状であることを見落としてはならない。支配関係が正常に働いていれば社会秩序は自然の**摂理**↓P60のように**表象**され、疎外状態を感じることさえあり得ない。

社会は**徹頭徹尾**、人間が作っている。人間が営む複雑な相互作用がなければ、いかなる社会秩序も生まれないし、また変化することもない。我々の生きる世界の行方を定めているのは人間自身であり、**具体**↓P8

解説①

「普通は理解されている」という表現で、「生産物・制度に支配される」状態が「好ましくない」わけではないと**示唆**する。事実、直後で、「支配」を否定せず、「支配」の「理想的な状態」があると述べている。

解説②

人間を支配する制度などの「社会**秩序**」には、絶対的な根拠はなく「**恣意的**」である。しかし、人間（権力者？）が**作為的**に作ったものでありながら、それが**隠蔽**され、後半のように、個人が口を出せない**超越**的な形で人々の前に現れる。

評論の重要語

次の問いに答えよ。

①「隠蔽」（5行目）の読みを書け。

②「摂理」（7行目）の意味を次から選べ。
㋐ 現象　㋑ 恩恵
㋒ 法則　㋓ 判断

③次の空欄に適語を入れ、「徹頭徹尾」（9行目）と同様の意の四字熟語とせよ。
終□一□

④「示唆」（解説①）の読みを書け。

⑤「作為的」（解説②）に最も近い意味の語を次から選べ。
㋐ 意図的　㋑ 絶対的
㋒ 合理的　㋓ 集団的

⑥次の傍線部を漢字に改めよ。
社会を自然なものとしてヒョウショウする。

的に生を営む人間を**超越**↓P10した「歴史の意志」とか「**民族**↓P172の運命」などという集合的**実体**↓P175は存在しない。しかし、社会秩序は必ずその生産者である人間自身を超越した相において我々の前に現れる。そして人間の恣意を免れた根拠あるものとして社会秩序が我々の目に映らなければ、外部からもたらされる様々な制約が単なる**暴力**や不当な強制力として感知されてしまう。

出典 小坂井敏晶「民族という虚構」

解説③

そのように「社会秩序」が超越的な形で「自然の**摂理**」のように見えるのは、「社会秩序」による支配がうまく機能している場合である。ならば、人々は支配に不平を覚えない。それどころか、支配されているとさえ意識しない。

解説④

社会秩序の恣意性が露呈した場合、人々は、「暴力や不当な強制力」との軋轢《あつれき》を感じ、**疎外**感を抱く。それは、権力による統治が破綻している**証左**である。

論理の展開

支配関係が	
正常に働いている	理想的には機能していない
↓	↓
疎外を感じない	**疎外**を感じる

⇦ 社会は、徹頭徹尾人間が作っている
社会秩序は人間を超越した相で現れる

例文のポイント

支配が理想的に機能していれば、人は支配されていることにさえ気づかない。

確認問題

問 本文の内容に合致するものを選べ。

㋐ 社会秩序は自然から生まれたものだから、本質的に個々の人間を超越している。
㋑ 人間が作っている社会において、暴力や不当な強制力は、排除しなければならない。
㋒ 秩序の恣意性は隠蔽されがちだが、歴史や民族という観点から見られると、それが暴かれる。
㋓ 支配・被支配の関係は人為的秩序だが、理想的に機能していれば疎外を感じさせない。

解答 評論の重要語 ①いんぺい ②ウ ③始・貫 ④しさ ⑤ア ⑥表象 確認問題 エ

評論の論点 15

差異
―違いを許すこと

序 他者との関係性のなかで

自分が自分であり、眼前の人と違うという実感は誰にとっても絶対的な感覚だろう。しかし、その相手にとっても自分は自分で、あなたとは違う人だと確信しているだろう。自分との「差異」をもつ他者とどう付き合うべきなのか。「差異」は、人間関係や、広く文化のあり方にも関わる重要な概念だ。

1 差異を認める重要性

人間はもちろん、物も出来事も、全く同じ物事は存在せず、すべては個別であり**特殊**↓P8だ。すなわち、それぞれが「差異」をもつ。ところが、「言語」の項で見たように、私たちはそれらをそのままに**認識**↓P18できない。グループ分けし、**一般化**＊しレッテルを貼る。しかし、それでは真の姿を認識できない。道端の石ころを見れば「ああ、石ころ」と認識するだけだが、石ころでさえ、一つ一つ別の存在だ。哲学者の岩田靖夫《いわたやすお》は、こうした人間の認識方法を次のように説明する。「認識するとは、あるものを一定の**普遍**↓P8**概念**↓P26によって把握することであり、平たく言えば、それを型に嵌《は》めるということである。**理性**↓P24としての私が認識という態度で世界と関わるとき、私はあらゆる

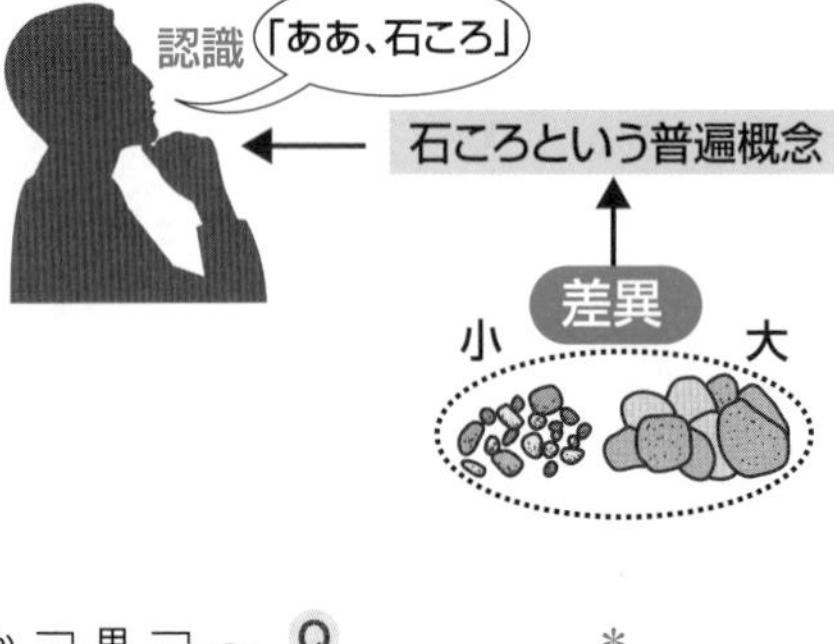

＊**一般化** 広く行き渡ること。また、全体に通用させること。

Q&A

「**差異**」が重要な概念なんて思いもよらなかったです。「**差異**」の何が重要なのですか。

ものを普遍概念によって整理統合し、私の張りめぐらせた有意味性（意味があること）の網の目の中へ秩序（→P18）づける。それによって、私はすべての存在者を自我のうちに取り込むのである」。

私たちが生まれたとき、目に映る世界のすべては混沌《こんとん》（→P18）としているが驚きに満ちていたはずだ。しかし、成長するにつれ、整理の方法を覚えるとともに、世界の差異を直視するナイーブ（→P124 素朴に見るさま）な目を失う。世界が見なれたものになってしまうのだ。

2　「差異」をもつ他者と向き合う

私たちは**往々にして**（→P322）「差異」をもつ**他者**（→P42）を正しく認識できない。特に他者性が大きく感じられる相手を**蹂躙**《じゅうりん》（→P124 踏みにじること）しがちでもある。これは誰もが陥りかねない**陥穽**《かんせい》（→P124 落とし穴）だ。人種・**民族**（→P172）、あるいは年齢・性別（**ジェンダー**（→P123））など、さらに障害者などの社会的弱者の立場などにより、**所謂**《いわゆる》（→P109）**マイノリティ**（→P122 少数派）とされる人々がいる。誰もがもつ「差異」に対し、いたずらに**同化**（→P122）を強制することなく、それぞれの**実存**（→P122 独自な存在としてあること）を認めるべきだろう。その意味で障害者と健常者が特別に区別されることなく社会生活を共にする**ノーマライゼーション**（→P123）が提唱されている。

3　価値としての差異

72ページで見たように、「言語」において、「差異」は価値を意味する。また、商品においても「差異」は価値である。そもそも人は自分が所有していない物を買いたがり、さらに大量生産を**こととする**（→P125）**資本主義**（→P82）が**席巻**（→P124 ものすごい勢いで広がること）する現在、同様の商品と異なる特性（それはしばしば本質的な機能とは無関係だ）を付加して**差別化**（→P122）が**企図**（→P124 計画すること）される。

「差異」を考えることは**「多様性」**を考えることにつながる。近代化は西欧化という名の画一化であったが、評論ではこれによる矛盾を指摘することが多い。

「多様性」を考えることが、**「他者」**を考えることにもつながるんですね。

「差異」をもつ他者を正しく認識することが大切なんだ。

314 同化《どうか》

①他者に影響を与えて、自分と同じようにすること。②違った風土などになじんでとけ込むこと。③取り入れた知識などを自分のものにすること。

参考 上記に三つの語意を挙げた。そのうち、①は、外国人を日本の習慣になじませることなどを指し、これを強制するのなら、望ましい姿勢とは言えない。②は、外部の人が自らすすんでなじむこと。③の語意は、もともと生物学の用語で「生物が外界の物質を自分の体の成分として取り入れること」の意から。この語意での対義語は「**異化**」（↓P58）である。

315 無化《むか》

存在をなくすこと。存在しないものとすること。

入試 あるものが実際には存在し、その存在に注目するべきなのに、存在しないと見なしてしまう意で用いられがち。

316 差別《さべつ》

偏見（↓P132）に基づき、弱者などに不当に低い待遇を強いること。

類 差別化《さべつか》…取り立てて違うように扱うこと。

参考 「差別」の元来の語意は「区別」「違い」。

入試 「**差別化**」は、商品などについて用いられると、「小さな違いでも、とにかくわざわざ違いを作ること」、「大きな違いはないのに、取り立てて違いがあるように扱うこと」の意である場合が多い。

317 実存《じつぞん》

現実に存在すること。独自な存在者として自己に関心をもちつつ存在する人間の主体的なあり方。

参考 もともとは、「現実存在」を短縮した言い方。「**実存主義**」は、「無」に直面する人間を直視し、自己にとって唯一確実な存在を肉体であるとし、そこから自己の世界を定着しようとする思想態度。特に人間の**主体的**（↓P16）なあり方に価値を置く。

318 マイノリティ

[英 minority]

社会の中で数が少ない方に属する意見や人々。

同 少数派《しょうすうは》

参考 「**マジョリティ**」は、数が多いだけでなく、強い立場をも意味し、世論を形成しやすい。一方、「**マイノリティ**」は、差別や構造により社会的に弱い立場におかれている場合が多い。

319 マジョリティ
英 majority

社会の中で多数を占める方に属する意見や人々。
同 多数派《たすうは》

確認問題 空欄にあてはまる漢字二字の語を答えよ。
実際、マイノリティに属する市民、例えば、女性、[A]民族、同性愛者、障害者、[A]派の宗教を信仰する人たちのアイデンティティやニーズは、周辺化されて、軽視されてきた。
出典 河野哲也「意識は実在しない」

320 フェミニズム
英 feminism

性差別を廃止し、抑えられていた女性の権利を拡張しようとする思想。

参考 「フェミニズム」は、女性に対する固定的な見方の枠組みを意識化し、それから脱しようとする意味で、「構造主義」（↓P84）の一環とも言える。「ジェンダー」の例としては、「女は化粧をし、男はしない」「男は青、女は赤」など。

321 ジェンダー
英 gender

社会的、文化的な位置づけとしての性。
対 セックス…生物学的性。

確認問題 空欄にあてはまるカタカナ語を答えよ。
最近、若い男性の間では「男は仕事・女は家庭」という[B]観を支持するものは少なくなっています。
出典 柏木惠子「子どもが育つ条件」

322 ノーマライゼーション
英 normalization

社会的弱者が、他の人々と同様に生活できるようにしようとする考え方。

参考 「〜フリー」で、望ましくない特徴から逃れていること。「ジェンダーフリー」は、ジェンダー的固定観念から逃れていること。

323 バリアフリー
英 barrier-free

社会生活弱者の社会参加に支障となる物理的、精神的障害を取り除く施策。

確認問題 空欄に「健常者」「障害者」のいずれかを入れよ。
「日常の生活でどうして[C]だけが努力をしなければいけないのか」。この問いかけはノーマライゼーションの進まぬ現実に対する苛立《いらだ》ちのようにも、また、われわれ[D]に対する痛烈な批判のようにも受け取れた。
出典 大田仁史「ADLとQOL」

解答 A 少数 B ジェンダー C 障害者 D 健常者

324 懸隔《けんかく》

二つの物事がかけ離れていること。

類 径庭《けいてい》…二つの物事の間の隔たり。

注 本来は「逕庭」で、狭い道と広場。

325 労働《ろうどう》

収入のため体や頭脳を使い行動すること。

入試 日本では「勤勉」を奨励する傾向が強いが、西洋には元来「労働」を苦役とする考えがあった。マルクス（→P212）は、経済を構成する基本単位を「労働」とした。

類 徒労《とろう》…無駄な骨折り。

326 やりとり

交換《こうかん》

取り替えること。やりとりすること。

入試 （書き）「交歓」などとの違いに注意。

注 贈与や売買と並び、経済活動の重要な要素。

交易《こうえき》

物品を交換してする商売。

類 互換《ごかん》…同じ価値のものと交換すること。

327 発言

援用《えんよう》

自説の根拠として、他の文献や事実を引用すること。

言及《げんきゅう》

話を進める中でその事を話題にすること。

類 述懐《じゅっかい》…記憶や感想をしみじみ語ること。

328 蹂躙《じゅうりん》

踏みにじること。暴力や金力で他人の権利を侵害すること。

類 略奪《りゃくだつ》…財貨をほしいままに奪うこと。

類 剥奪《はくだつ》…権力や力ずくで取り上げること。

他者から奪う

侵略《しんりゃく》

他国に攻め入って、領土を奪い取ること。

類 侵犯《しんぱん》…他国の領土や他者の権利などをおかすこと。

入試 （書き）「審判」などとの違いに注意。

駆逐《くちく》

敵などを追い払うこと。

類 殲滅《せんめつ》…皆殺しにして滅ぼすこと。

類 放逐《ほうちく》…追い出すこと。追い払うこと。

329 広がる

席巻《せっけん》（席捲）

ものすごい勢いで、至るところを勢力範囲にすること。

蔓延《まんえん》

良くないものがとめどなく広がること。

類 横行《おうこう》…悪事が平然と行われること。

330 ナイーブ ［英 naive］

よこしまな心を抱かず素朴に感じたり見たりするさま。

四字 純真無垢《じゅんしんむく》…うそを言ったり、人を疑ったりする気持ちが全くないさま。

331 陥穽《かんせい》

人を陥れるはかりごと。落とし穴。

入試 （書き）「閑静」などとの違いに注意。

332 はかりごと

企図《きと》

計画すること。企《くわだ》て。

類 投企《とうき》…死の自覚から自分の生の意味を捉えなおし、再構成する試み。企投。

類 善後策《ぜんごさく》…後始末の方法。

入試 （書き）「前後策」ではない。

策謀《さくぼう》
大それたはかりごと。
四字 **権謀術数《けんぼうじゅっすう》**…人を欺くはかりごと。

ごまかし 333

欺瞞《ぎまん》
あざむくこと。だますこと。
入試 読みがよく問われる語。

糊塗《こと》
一時しのぎでごまかし、その場を何とか取り繕うこと。

甘言《かんげん》
人が気に入るような口先だけのうまい言葉。

ぼんやり 334

曖昧模糊《あいまいもこ》
はっきりしておらず、明確さを欠くさま。
四字 **不得要領《ふとくようりょう》**…真意がつかめないさま。

茫然《ぼうぜん》（呆然）
どうしていいか分からず、ぼんやりしているさま。

335

こととする
意識的にそのことばかりを行うこと。
類 **傾注《けいちゅう》**…力や精神を一つに打ち込むこと。
類 **傾倒《けいとう》**…その良さに心を奪われ、それ以外に価値はないと思う状態になること。

確認問題

問1 傍線部の読みを答えよ。
①弱者を蹂躙してはならない。
②誰もがおちいりがちな陥穽だ。
③戦争に勝ち、敵を殲滅した。

問2 傍線部のカタカナを漢字に改めよ。
①科学の世界をセッケンしている新しい思想。
②犯罪がオウコウする街を巡視する。
③当初にキトしたとおりには進まなかった。

問3 空欄にあてはまる最も適切な語を後から選べ。
①あっという間に新しい土地に□してしまった。
②□としてこの国に住んでいる先住民。
③反対者の存在を□して強引に事を進める。
④単純だが□な魅力がある絵画。
㋐ナイーブ　㋑マイノリティ　㋒同化　㋓無化

問4 空欄にあてはまる最も適切な語を後から選べ。
リスクをめぐる科学的な知の蓄積は、見解の間の分散や□を拡張していく傾向がある。
出典 大澤真幸「不可能性の時代」
㋐差別　㋑懸隔　㋒実存　㋓交換

問5 傍線部の意味を十字以内で答えよ。
日本的思考は、しばしば、模倣をこととする雑居性を特徴とするといわれる。
出典 今村仁司「近代の思想構造」

解答　問1 ①じゅうりん ②かんせい ③せんめつ　問2 ①席巻（席捲） ②横行 ③企図　問3 ①ウ ②イ ③エ ④ア

差異

▼「差異関係」が「価値」を生み出すことを文脈の中で確認しよう。

解説①

「複数のシステム」が二度挙げられるが、意味が異なる。最初の「複数の**労働**のシステム」は、労働力と労働が生み出す価値という二つのシステム。すなわち、商品の価値は、生産に費やされた労働量と関わりつつも、それが社会の中で**交換**の対象となることで発生する。交換価値を生み出す行為として労働を考えた点が「**抽象**化」である。

解説②

二つ目の「複数のシステム」は、生産するシステムとそれを欲するシステム。商品の価値は、労働して商品を生産する側と、金銭を支払って購入する側との関係性の中で発生する。購入する側からすれば、自らのシステムの中では作り出せないものだから、他のシステムから購入するのである。

*マルクスは、**労働**の社会性という**概念**↓P26を持ち込むとともに、**抽象**↓P8化された労働の概念によって価値を説明したわけだが、そこでは複数の労働のシステムが前提になっている。そこには、価値は複数のシステムの関係性によっているという解釈が**内包**↓P116される。この関係性ということを、経済学ではなく、言語の問題として考えたのはソシュール*である。言語の意味の生成は、言語の**差異**によっているとソシュールは解釈した。この考え方は経済学をモデルにしていたと思われるが、今日では、ソシュールの言語学的モデルを経済的な価値を説明するモデルへと**援用**している。価値のありようは、商品間の差異的関係であるとする考え方である。この価値の説明は、価値の心理的な説明とは異

評論の重要語

次の問いに答えよ。

①「**抽象**」(1行目)の対義語を書け。
②「**内包**」(4行目)の対義語を書け。
③「**関係性**」(4行目)と対比されている語を本文から二字で抜き出せ。
④「自説の根拠として、他の文献や事実を引用する」の意を持つ語を本文から抜き出せ。
⑤「**曖昧模糊**」(解説④)と反対の意を持つ語を選べ。
㋐茫然 ㋑卒然 ㋒偶然 ㋓歴然

*マルクス…↓P212
*ソシュール…スイスの言語学者(一八五七〜一九一三)。

論理の展開

経済学 (マルクス)

なって、さまざまなシステムのあり方を理解させるものとなっている。つまり、価値は**実体**（→P175）としてではなく関係性が生むシステムによっているということである。してみれば、わたしたちは、何か実体としての社会というよりは、関係性のシステムの中に生きているということになる。

出典 柏木博「モダンデザイン批判」

解説③
言語においては、はじめから意味を持つものが単語となったのではなく、世界の全体から**差異**を認められるものを抽出し、それを単語として意味づけられた、とソシュールは考えた（→P 72）。

解説④
マルクス経済学を**援用**したソシュールだが、それが逆に経済学に援用され、差異こそが商品の価値であると考えられるようになった。それは、商品がどれほど有用かという**曖昧模糊**とした使用価値とは異なる。

解説⑤
そう考えると、わたしたちの社会は、差異のある複数のシステムの関係性だとわかる。

価値は複数のシステムの**関係性**から

← 言語学（ソシュール）
意味は言語の**差異**によって生成する

← 経済学
価値は商品間の**差異**的関係である
価値は**関係性**が生むシステムによる

← わたしたち
関係性のシステムの中に生きている

例文のポイント

差異こそが価値だが、その差異は実体というより関係性の中でこそ生まれる。

確認問題

問 本文の論述の仕方についての説明として最も適切なものを選べ。

㋐ 経済学と言語学相互の援用関係を通し、人間の関係性のシステムを説明している。
㋑ 言語学は経済学に依存していることを通し、言語を用いる人間の経済観を説明している。
㋒ 経済学も言語を用いることを通し、経済の関係性のシステムの矛盾を説明している。
㋓ 言語学と経済学の対比を通し、言語学の価値とそのシステムの独自性を説明している。

解答 評論の重要語 ①具体 ②外延 ③実体 ④援用 ⑤エ 確認問題 ア

評論の論点 16

物語

―事実は語れない

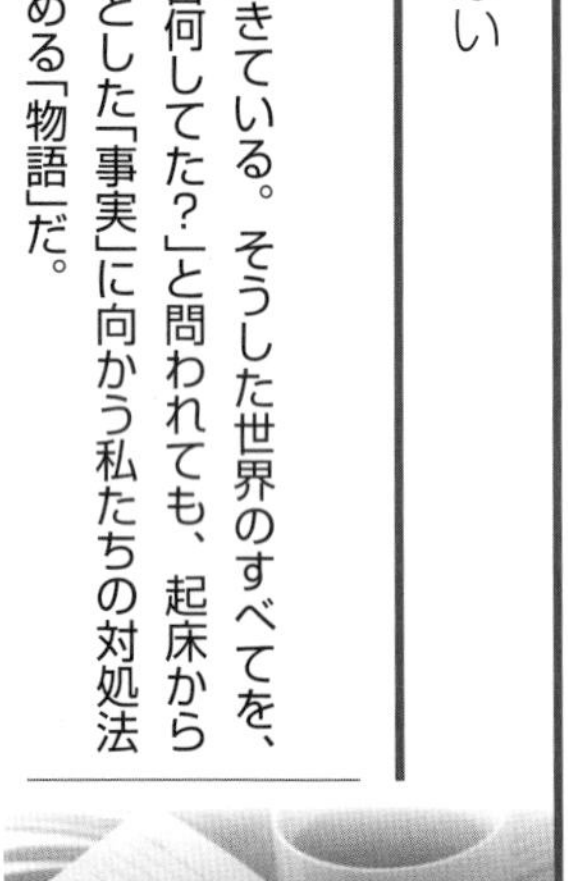

序 世界は錯綜《さくそう》している

世界には無限のモノがあり、さまざまの出来事が起きている。そうした世界のすべてを、私たちは認識することも語ることもできない。「昨日何してた？」と問われても、起床から寝るまでの行動のすべては語れない。こうした混沌とした「事実」に向かう私たちの対処法の一つが、因果関係を含めて出来事を筋立ててまとめる「物語」だ。

1 「歴史」という物語

まず、歴史は物語的な要素を有するとされる。哲学者の野家啓一《のえけいいち》は、個人の思い出が物語となり歴史となる過程を次のように説明する。「思い出は断片的であり、**間欠的**[*]であり、そこには統一的な筋もなければ**有機的連関**（↓P111↓P132）を組織する**脈絡**（↓P130 必然的なつながり）も欠けている。それらの断片を織り合わせ、因果の糸を張りめぐらし、起承転結の**結構**（↓P132）を**しつらえる**（↓P266 整える）ことによって一枚の布に**あえか**（↓P284 美しくか弱げなさま）な文様を浮かび上がらせることこそ、物語行為の役目にほかならない」。「思い出」は、**輻輳**《ふくそう》（↓P133 一か所に集中して混み合うこと）した事実を整理するために脈絡をつけて**構造化**（↓P133）し語ることで、社会の成員が共有して「歴史」になる。だから、語る者の視点（「**史観**」（↓P131））により、歴史は異なる。右に

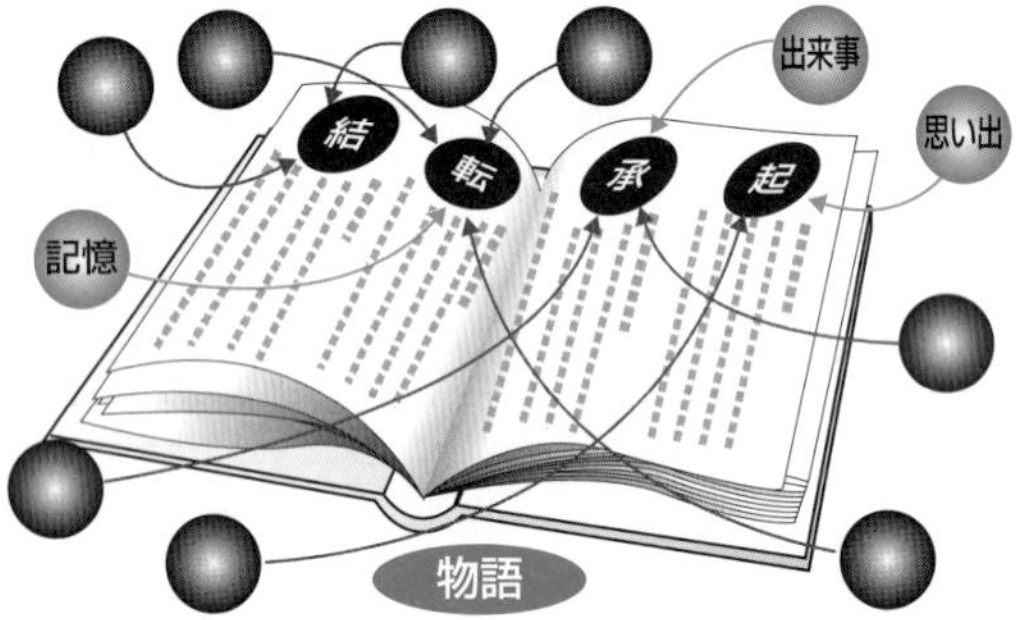

＊**間欠的** 一定の時間を置いて起こったり、やんだりするさま。

Q&A

1の内容がとても難しく感じられました。ポイントは何ですか？

続いて、歴史的事実は「客観的事実→P16」というより、「解釈学的事実」であると述べられている。歴史は「事実」そのままではないが、人々に共有されて「真実」になるとも言えるだろう。同じ時代を扱った「歴史物語」のうち、「栄花物語」と「大鏡」では藤原道長《ふじわらのみちなが》などの描き方が異なり、また戦争の勝者によって、歴史が書き換えられる場合もある。

2 「メディア（報道）」は世界の日記

メディア→P164の報道も物語の一つだ。無限の出来事（「今日何があった？」）の中から、報道に値すると判断したものを記事にしている。そのときの基準は恣意的→P74でありさえする。嘘《うそ》は伝えなくても、局の方針などのバイアス→P132考え方のかたよりがかかるのだ。だから、同じ日のニュースでも、海外の経済を取り上げる局もあれば、国内の政治をあげつらう→P270論じる局もある。出来事を伝えるとしても、それは加工された「事実」であることを前提にメディアに触れることが、メディアリテラシー→P132情報を活用する能力の第一歩であろう。

3 「科学」という神話

科学にも物語的な要素がある。不思議な現象を前にしたとき、人はさまざまな説明を考えた。たとえば、この世界の始まりや森羅万象→P133を神による天地創造によって説明づける神話→P131は物語の嚆矢《こうし》→P133始まりだ。ビッグバン*などからそれを説明づける科学も、一種の物語である。空想などの人間的な要素を排除→P26し、さまざまな現象に潜む普遍→P8的な原理を導くという帰納→P130的姿勢で、一直線の因果関係→P130によって線形→P133的に現象を説明する。すなわち物語を作る。科学も物語の眷属《けんぞく》→P133同類なのだ。

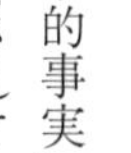

ここで言いたいことは次の点。押さえておこう！

①歴史は物語的な要素を有する。だから、語る者の視点により歴史は異なる。
②歴史は「事実」そのままではない。しかし、人々に共有されることで「真実」になる。

*ビッグバン　宇宙の始めの大爆発。現在の宇宙は、高温・高密の状態の大爆発（ビッグ・バン）に始まり、空間が膨張を続けているとする。

336 帰納《きのう》

個々の特殊な事柄から、一般的な原理や法則を導き出すこと。

337 演繹《えんえき》

一般的な原理から、個々の事実や判断を導き出すこと。

確認問題 空欄に「帰納」「演繹」のいずれかを入れよ。

「帰納」も「演繹」も学問的な論理展開の基本。私たちの経験や周りの出来事は、すべて多様で特殊で一回限りだが、その中から普遍的で一般的な原理や法則を抽出するのが「 A 」。そのようにして原理や法則が導き出されれば、これを個々の現実に応用して考えるのが「 B 」。たとえば、自然科学は基本的に「 C 」的な営みで、「技術」はそれを応用する「 D 」的な営みである。

338 因果関係《いんがかんけい》

原因と結果の関係。

四字 **因果応報《いんがおうほう》**…過去や前世《ぜんせ》の行いの善悪に応じて、報いが生ずること。

339 相関関係《そうかんかんけい》

一方が変化すると他方もそれにつれ変化する関係。

類 **相殺《そうさい》**…相反《あいはん》するものを差し引きしてゼロにすること。

参考 「相関関係」としか言えない二つの事象に「因果関係」があると誤解しやすいので要注意。「因果応報」は仏教の用語。

確認問題 空欄に「因果」「相関」のいずれかを入れよ。

ある長寿の村ではヨーグルトの消費量が大きいとか、戦後の脂肪の摂取量の増加に合わせてがんの発症率も上がっているとか、ある数値が増加しているときに、別の数値も増加する E 関係は、この世の中にものすごくたくさんある。人間は思考の水路付けというか脳の癖として、相関性があるものに F 関係があると思いがちです。でもその二つは違う。「風が吹けば桶屋《おけ》がもうかる」みたいな話はいくらでもあるのです。

出典 福岡伸一「生命、環境…そして自由」

340 脈絡《みゃくらく》

必然的なつながり。

類 **与《あずか》る**…関与する。こうむる。

参考 「与」の字は、「与える」「与《あずか》る」の他に「**与《くみ》する**」（賛成して仲間に加わる）の読みもある。

341 現象学《げんしょうがく》

学問・認識の根拠を個人の主観における確信におき、真善美の価値や精神や文化の本質を実証しようとする哲学的方法。

参考 「**真善美**」（↓P100）とは何か、精神や文化の本質とは何か、などという問いに対して、科学は答えることができない。そのため、科学に代わり、これらの問いに対して、「**実証**」（↓P190）的に答えようと試みた哲学的な立場。ヘーゲル（↓P211）やフッサールなど、ドイツやオーストリアの哲学者がその中心。

342 史観《しかん》

歴史をとらえるための考え方。

参考 具体的には、人間社会にも客観的法則が存在しており、無階級社会から階級社会へ、さらに無階級社会へ移行していくとする「**唯物史観**《ゆいぶつしかん》」、日本民族の中心を皇室に求める「**皇国史観**《こうこくしかん》」など。

343 神話《しんわ》

天地の創造を擬人的に説明し、霊の存在や民族の始まりを述べる物語。

入試 評論では、比喩的に「**長い間絶対に正しいとして信じられている事柄**」の意で用いられることが多い。皆が信じているが、実際には俗信にすぎない、あるいは正しさについての検証が成されていない事柄である。

344 大きな物語《おおきなものがたり》

特定の信仰や思想などで、皆がそれに巻き込まれており、それに身を委ねれば幸福が得られると思える筋書き。

参考 たとえば、戦後、「**高度成長期**」（↓P104）の日本では、終身雇用制のもと勤勉に働き続ければ幸福が得られるというのが「**大きな物語**」の一つであった。しかし、企業の終身雇用制が崩れ、また仕事についての考え方も多様になったことから、この「物語」は消滅した。このように、価値観が多様化した「**ポストモダン**」（↓P100）社会では、「**大きな物語の終焉**《しゅうえん》」が言われる。

解答 A 帰納 B 演繹 C 帰納 D 演繹 E 相関 F 因果

345

メディアリテラシー [英 media literacy]

情報メディアから主体的に必要な情報を引き出し、真偽を見抜いて活用する能力。

類 **リテラシー**…読み書きができること。

346 つながり

連関《れんかん》

切り離すことのできない密接な関係があること。

フィードバック [英 feedback]

物事への反応や結果をみて、改良・調整を加えること。結果を原因側に戻すことで原因側を調節すること。

注 もとは制御工学や通信工学の用語。

紐帯《ちゅうたい》

つながりを密にする上で大切なもの。

注 もとは、「ひもと帯」の意。

入試 読みが問われる語。

347

結構《けっこう》

全体の組み立てについての計画。

注 もとは建物などに用いて「構成」の意。

四字 **起承転結**《きしょうてんけつ》…言い始め、展開、話題転換、まとめの順で説明する構成法。

348 知性

英知《えいち》

物事の本質を見通す、深く優れた知性。

注 もとの字は「叡智」。

衆知《しゅうち》

多くの人の知恵。

入試 「周知の通り」「周知の事実」の「周知」との違いに注目。

349 かたより

バイアス [英 bias]

統計や考え方のかたより。

注 偏見や先入観にとらわれていることを「バイアスがかかる」という。

偏向《へんこう》

一方にかたよった傾向。

類 **逸脱**《いつだつ》…本筋や決まった範囲からそれること。

偏見《へんけん》

公正を欠く見解。

類 **一家言**《いっかげん》…その道で成功した人の、独特の意見。

独善《どくぜん》

ひとりよがり。

類 **専横**《せんおう》…支配的地位にあることをいいことにして、わがままを押し通すさま。

不偏《ふへん》

かたよらず公正な立場にあること。

注 (書き)「普遍」「不変」との違いに注意。

350 思い込み

先入観《せんにゅうかん》 ↔ **虚心**《きょしん》

先入観

正しい判断を妨げる当初からの思い込み。

注 「先入主」とも。

類 **固定観念**《こていかんねん》…いつも頭から離れないで、その人の思考を拘束するような考え。

虚心

先入観などにとらわれず、あるがまま素直に受け入れようとする態度。

四字 **虚心坦懐**《きょしんたんかい》…わだかまりがなくさっぱりした心。

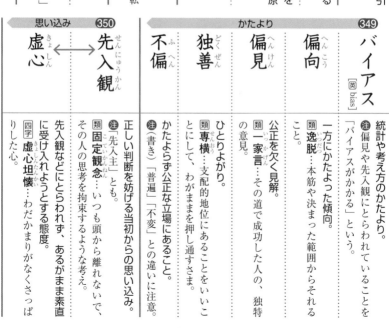

351　構造化《こうぞうか》

形を成していなかったものを、構成して形づくること。

まじる　352　輻輳《ふくそう》

物事が一か所に集中して混み合うこと。

類 **混迷《こんめい》**…入り乱れて訳がわからないこと。

353　錯綜《さくそう》

複雑に入り交じること。

類 **交錯《こうさく》**…入り交じること。

類 **紛糾《ふんきゅう》**…事態がすんなり展開しないこと。

353　眷属《けんぞく》（眷族）

血筋のつながった一族。

入試 比喩的に「同類の物事」の意。

類 **係累《けいるい》**…面倒を見なければならない家族。

類 **末裔《まつえい》**…子孫。

始まり　354　嚆矢《こうし》

物事の始まり、初め。

注 もとは、「戦いのはじめに射た矢」。

先鞭《せんべん》をつける

他に先んじて着手すること。

注 もとは、「他の人より先に馬にむち打つこと」。

355　線形《せんけい》

入力と出力、原因と結果の関係が一直線であること。

356　森羅万象《しんらばんしょう》

宇宙に存在するすべてのもの。

類 **造化《ぞうか》**…天地万物を創造する神。自然。

確認問題

問1　傍線部の読みを答えよ。

①投書により、政府批判の先鞭をつけた。

②さまざまな要求が輻輳し、混乱している。

問2　傍線部のカタカナを漢字に改めよ。

①二つの出来事の間にはインガ関係がある。

②事態はフンキュウし解決のめどが立たない。

③知識が少ないと思想はヘンコウしがちだ。

問3　空欄にあてはまる最も適切な語を後から選べ。

①創始者の努力は、□のように語り継がれている。

②新しい出会いに□で臨む。

③家来や□を引き連れて都に上る。

④接続詞から、文章の□をつかむ。

⑤彼の行動は□的で、周囲を無視している。

㋐眷属　㋑独善　㋒神話　㋓虚心　㋔結構

問4　傍線部の外来語を二字の日本語に置き換えよ。

特定の思い入れとか、いわんや特定のイデオロギー的なバイアスを排除して、史料そのものを語らしめようとすればするほど、「聞くこと」はますます必要になってくる。

出典 大橋良介「聞くこととしての歴史」

解答　問1 ①せんべん ②ふくそう　問2 ①因果 ②紛糾 ③偏向　問3 ①ウ ②エ ③ア ④オ ⑤イ

物語

▼「物語」と「文化」「文明」の関係を文脈の中で確認しよう。

〝知恵〟を様々な**物語**の中に読んできた私たちの歴史は長い。いや、歴史や**近代科学**↓P188でさえも一種の「物語」かもしれない、という言い方も現時点ではそれほど奇妙には響かない。**現象学**↓P67や**記号論**↓P84あるいは**構造主義**といった方法論がそういう世界像を提示するようになって久しいのだ。人間は自分自身が生み出した**フィクション**↓P18を、文化や文明という**実在**↓P190の形に仕上げていく。つまり、結局は想像力という昔なじみの力が、私たちの世界を支える基盤になっているということになるのである。恐ろしいことに、それ以外の基盤は存在しないのだ。もし、その想像力が力を失ったり、怠惰になったとしたら、私たちはあっさり居場所をなくすわけである。**所詮**↓P117、私たちの文明は私たちが自分自

解説①

第1文は過去を振り返ってのものだが、ここでは人類の**英知**として現在の私たちが信じている「歴史」も「**近代科学**」も「**物語**」だとしている。その意味はP129で確認したとおり。

解説②

「**現象学**」は**先入観**や**独断**（→P61）にとらわれないことを求め、「**記号論**」は常識の粗雑さを指摘し、「**構造主義**」は関係性を重視し、私たちがとらわれる認識の枠組みを暴いた。いずれの立場からも、歴史や近代科学は「物語」である。

解説③

物語だから「**フィクション**」である。「歴史」も「近代科学」も、私たちの「文化」や「文明」の「基盤」である。

評論の重要語

次の問いに答えよ。

① 「知恵」（1行目）の中でも「物事の本質を見通す、深く優れた知性」にあたるものを次から選べ。
㋐ 既知　㋑ 英知　㋒ 周知　㋓ 機知

② 「フィクション」（5行目）を漢字二字で言い換えよ。

③ 「それ」（8行目）は何を指すか。

④ 「所詮」（10行目）の読みを書け。

⑤ 「先入観」（解説②）と対照的な意味の語を次から選べ。
㋐ 邪心　㋑ 感心　㋒ 無心　㋓ 虚心

⑥ 「独断」（解説②）を含む四字熟語を書け。

身に便利なように作っただけの、そんな乗り物でしかないのかもしれない。だが、走っている以上、そしてブレーキで止めることができない以上、私たちは走り続けるしかない。その運命をどうにかやりくりして心地良くする使命が、物語的想像力には課されてきたのだ。

出典 大岡玲「『物語る』ことの使命」

解説④

世界の成り立ちを神をもとに説明する**神話**も想像力によるが、「歴史」や「近代科学」も、フィクションであり、想像力の賜《たまもの》であった。これがなければ、「文化」や「文明」が失われるどころか、私たちは世界を認識さえできない。

解説⑤

文明と共に生きるしかない運命を心地良く感じさせるのが「物語的想像力」である。皆が価値観として共有している**イデオロギー**（→P92）などの筋書きを「**大きな物語**」という。これに乗ることが人生の目的となった時代があった。

論理の展開

歴史も・近代科学も ＝ 一種の「**物語**」 ＝ 想像力が基盤

↓

文明も・文化も ← 人間自身が生み出した**フィクション**によって実在の形に仕上げられる

↓

想像力が力を失ったら私たちは居場所をなくす

その運命を心地良くするのが**物語的想像力**に課せられた使命

例文のポイント

人間の想像力が生み出したフィクション（物語）によって、文化も文明も成り立っている。

確認問題

問 「**物語的想像力**」についての説明として適切なものには○、適切でないものには×を付けよ。

㋐ 文化や科学の基盤であり、文化や科学にそれ以外の基盤は存在しない。
㋑ 私たち人間が怠惰になりがちであることを、それは戒めている。
㋒ 歴史や近代科学も、それを用いることによって、生み出された。
㋓ それによって作られた文明から、私たちは逃れられない。

解答 評論の重要語 ①イ ②虚構 ③想像力 ④しょせん ⑤エ ⑥独断専行 確認問題 ア○ イ× ウ○ エ○

接続の重要語

主に文頭にあり、前の文とその文の関係を示すのが接続語だ。穴埋め問題にされがちだが、文章の展開や構成も示す。品詞としては接続詞だけでなく副詞も含まれる。

順接	原因や根拠の後に結果や結論を述べる。 だから・それで・ゆえに・そこで・すると・したがって・よって・しこうして・さればこそ　など
断言	前の事柄をふまえ、結論的な事柄を言い切る。 結局・結句・畢竟《ひっきょう》・さしずめ・蓋《けだ》し　など
根拠	前の結論的な事柄に対する根拠を述べる。 なぜなら・なんとなれば・というのは　など 注 文末は「……だからだ。」になることが多い。
逆接	前後で相反する事柄を後に述べる。 しかし・だが・ところが・けれども・でも・が・とはいえ・さりながら・されど・しかるに・にもかかわらず・それでいて　など
対比	前後の対照的な事柄を比べる。 一方・他方・反面・それに対して　など 注「逆接」は後の部分に論理の力点が置かれがちだが、「対比」は前後を比べているだけ。
並列	前の事柄に、後の事柄を並べる。 および・ならびに・また・そのうえ・そして・しかも・それに・さらに・それから・かつまた　など
累加	前の事柄に程度の激しいものを加える。 おまけに・かてて加えて　など
付加	前の事柄に補足的な事柄を加える。 なお・ちなみに　など 注「並列」では前後は同等の重要さだが、「付加」では前の方が重要。
補充	前の事柄に例外や条件を加える。 ただし・もっとも　など
換言	前の事柄を詳しく説明する。言い換えてまとめる。 つまり・すなわち・要するに　など 注 言い換えてまで説明する以上、重要なことが述べられがち。
選択	前後の中からどちらかを選ぶ。 または・もしくは・それとも・あるいは・ないしは・さもなければ　など
転換	前の事柄とは別のことを言う。話題を変える。 そもそも・ところで・さて・では・ときに　など
例示	前の事柄の具体的な例を示す。 たとえば・いわば　など
留保	前の事柄を一応認めつつも、いずれ否定する。 たしかに・なるほど　など 注「たしかに……である。しかし……。」というように、逆接の接続語と呼応する。
区別	普通一般と区別して程度の激しい事柄を取り上げる。 特に・とりわけ・就中《なかんずく》・なかでも・ことに　など
抑揚	普通の程度から、極端な場合は言うまでもないとする。 まして・いわんや・さらでだに　など 注「まして……は、なおさらだ。」「いわんや……をや。」というように、文末と呼応する。

評論編 第3部

17 日本

18 日本語

19 芸術

20 情報

21 国家

22 国際

23 科学

24 環境

▶第１部・第２部をふまえて、大学入試の評論でやや難度の高い問題文のテーマとなりやすい、8つの「論点」について学習します。

▶「日本」「日本語」「芸術」など、それぞれの「論点」と関連して背景をおさえておきたい重要語を中心に学習します。

▶「評論を読む」では、評論編のまとめとして、第１部〜第２部で学習した評論の重要語を多く含む例文を取り上げています。

日本

―国際社会の中で

序 対西洋という視点

日本人は中央に赤く塗られた「日本」がある世界地図を作るが、他国は他国中心の地図を作る。当たり前の存在のように思える「日本」も多様な形態を経て、明治以降、現在のような「日本」という国家観が生まれた。それは西洋近代を模範として国を開いたことが契機だ。だから、「近代日本」を語る議論は、西洋との二項対立の形式になりがちだ。

1 「排外」と「拝外」の歴史

「日本」という**国号**＊の起源は、八世紀はじめの大宝律令の前後で、高句麗《こうくり》や百済《くだら》の使者に示した詔《みことのり》などで用いられはじめた。つまり、「日本」という名自体が、国外との関係において成立した。以後、日本は国外との複雑な関係の中にある。特に、江戸期や第二次世界大戦前のような「**排外**↓P140」期と、遣唐使の時代や「**和魂洋才**↓P142」「**脱亜入欧**↓P142」を公然と示した開国期、さらに敗戦直後のような「**拝外**↓P140」期を繰り返した。それにより、**和語**↓P149や**神道**↓P99など古来の基層を残しつつも、漢字や仏教・**儒教**↓P142などの大陸由来の文化が入り、さらに激しい西欧化を経て「**雑種文化**↓P140」が形成された。すなわち、我が国においては、常に「新しいもの」の多くは外から入ってきた。それを吸

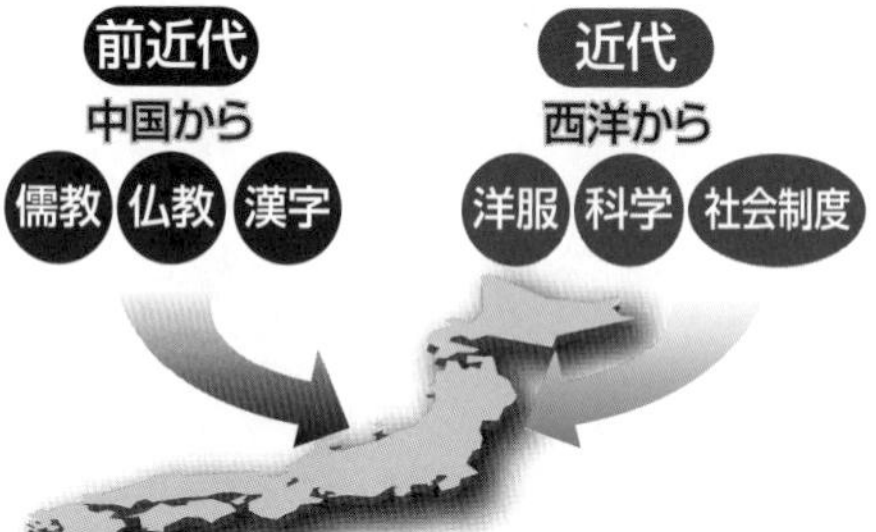

＊国号　国の呼び名。

Q&A

「**排外**」と「**拝外**」。漢字一字違うだけなのに正反対の意味になるようです。1でのポイントは何ですか？

よく気づいたね。ここで大事なのは、日本は「**雑種文化**」であるということ。「排外」「拝外」を繰り返して、今の「雑種文化」が形成されたんだよ。

収し、加工して今の日本があるとも言える。このように「革新」が**外発的**↓P140であるという問題点は、**夏目漱石**↓P214をはじめ、識者の憂える点だが、そもそも世界中の文化が紛れもなく「雑種」だという議論もある。他文化とまったく交流のなかった文化はありえず、そうした他文化の影響にさらされてこそ、文化は発展するとも言える。

2 さまざまな日本人論

日本人（文化）論は数えきれないほど多いが、その源流は**本居宣長**《もとおりのりなが》らの「**国学**」↓P142にあるのかもしれない。日本論の多くは、温暖で四季に富んだ気候や島国であることと関連づけつつ、特定のキーワードを軸にしている。「**恥の文化**」↓P141「**タテ社会**」↓P140「**間**《ま》」↓P141などが典型だが、**晴れと褻**《け》↓P143（非日常と日常）の風俗習慣を扱う「**民俗学**」↓P142も、日本の基層文化を扱う。また、歴史的に日本人には「個」の発想が弱く、「**世間**」↓P84や「**イエ**」*への**帰属**↓P84を尊重したことから**集団主義**↓P143的傾向が強いとも言われる。なお、島国であることは閉鎖性をもたらすのではなく、むしろ海は交易や**越境**（境界線を越えること）の場であったとする説もある。

3 世界の中へ

日本発の文化は、世界の文化に一定の影響を与えている。十九世紀後半、西欧で潮流となった**ジャポニスム**↓P141がその**端緒**↓P100であり、さらに現在は、寿司やカラオケ、またアニメーション、ゲームなど日本発の**サブカルチャー**↓P141が欧米を中心に受容されている。たとえば「カワイイ」という日本語は、既に**外行語**↓P141（日本語から外国語に借用された語）として通用している。一方、国内向きに独自の発展を遂げたため、日本のシステムや製品が海外では通用しない場合が多くなり、「**ガラパゴス化**」↓P143（国際標準からかけ離れていること）として、産業界などで問題になっている。

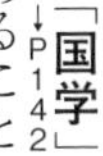

日本人論として次のキーワードを押さえておこう！

- **恥の文化**
- **タテ社会**
- **間**《ま》
- **晴れと褻**《け》
- **世間／イエ**

＊**イエ**　血縁関係に基づいて形成される共同体。

357 外発的《がいはつてき》

そのもの自身が持つ欲求に基づかず、他からの影響を受けてそうなるさま。

確認問題 空欄に「内発」「外発」のいずれかを入れよ。

昔も今も日本の変化は［A］的で、新しいものにすぐ飛びつく。ヨーロッパと比べれば伝統（必然性）へのこだわりは弱い。

出典 野内良三「偶然を生きる思想」

358 内発的《ないはつてき》

内部から自然にそうなるさま。

類 **自発的《じはつてき》**…自分から進んですること。

自分の感情や行為が妥当なものであるか否かは、かつては社会的な基準に照らし合わせて決まるものでしたが、いまや自分の生理的な感覚や［B］的な衝動に照らし合わせて決まるものとなっている……

出典 土井隆義「『個性』を煽られる子どもたち」

359 排外《はいがい》

外国の思想や事物などを嫌って排斥《はいせき》すること。

対 **拝外《はいがい》**…外国の思想や事物などを、いいものとしてそれに従うこと。

確認問題 空欄に「排外」「拝外」のいずれかを入れよ。

西洋近代と日本との出会いはいまから百二十年ほど前の嘉永《かえい》六年に始まったのだが、その際の日本側の直接的な反応は、尊皇攘夷《そんのうじょうい》の［C］主義として表面化した。

（注）尊皇攘夷…天皇を尊び、外敵を追い払うこと。

出典 平川祐弘「西欧の衝撃と日本」

360 雑種文化《ざっしゅぶんか》

日本の文化は、中国や欧米などの影響が混入した「雑種」だとする考え方。

類 ハイブリッド…異質のものの組み合わせ。

参考 評論家の加藤周一《かとうしゅういち》が日本文化の特徴として示したキーワード。彼は好ましくない姿として日本文化の「**雑種**」性を嘆いたが、その後、どの文化も「雑種」であり、「雑種」であればこそ発展があると考えられるようになっている。これに対抗して、日本文化の「**純粋**」性を強調する立場もある。

361 タテ社会《しゃかい》

役職や階級など上下の序列が重視される社会。

参考 社会人類学者の中根千枝《なかねちえ》が示したキーワード。日本社会では、上下関係のみが重視され、ヨコのつながりに欠けると指摘した。

362 恥《はじ》の文化《ぶんか》

世間に対して恥をかかないことを第一に、人々の言動が決められる文化。

参考 アメリカの人類学者ルース・ベネディクトが示した文化類型。西欧では、人間には原罪があるとするキリスト教に基づき、「**罪**」を犯さないことが個人の行動規範となるとする。

363 罪《つみ》の文化《ぶんか》

個人の罪を犯さないことを第一に、人々の言動が決められる文化。

確認問題 **空欄に「恥」「罪」のいずれかを入れよ。**

ルース・ベネディクトは、「人の目」から非難される「[D]」を強く意識する日本文化を「[D]の文化」と呼んだ。

出典 上田紀行『生きる意味』

364 間《ま》

人と人とのあいだ。つながりや関係性。

類 **人間**《じんかん》…世間。世の中。

参考 「**間が悪い**」「**間がいい**」「**間が持てない**」など、日本人は「**間**」を重視し、それは人との関係性であるとして、「間」を日本文化のキーワードとする見方がある。

365 ジャポニスム

［仏 japonisme］

ヨーロッパで見られた日本趣味。

参考 十九世紀の中頃、フランスを中心に、浮世絵や工芸品などの日本文化が注目され、美術界に大きな影響を与えた。

366 サブカルチャー

［英 subculture］

社会の少数派に支持されている娯楽や趣味文化。

対 **メインカルチャー**…社会の支配的文化。ある文化の代表とされる文化。

参考 社会の一部のみで栄えている文化という意味では、若者文化や都市文化などが、「**サブカルチャー**」の例。特に、日本では、特撮、アニメ、アイドルといった、いわゆるオタク的趣味を指す場合が多い。「**メインカルチャー**」と似た語に「**ハイカルチャー**」があり、「高級とされる文化」の意。

解答 A 外発 B 内発 C 排外 D 恥

367 和魂洋才《わこんようさい》

日本固有の精神を残しつつ、西洋の学問・知識を摂取、活用すべきだということ。

類 **和洋折衷**《わようせっちゅう》…日本風と西洋風の様式を、ほどよく取り混ぜること。

368 脱亜入欧《だつあにゅうおう》

アジアを離れ、ヨーロッパ諸国の仲間入りを目指すこと。

注「富国強兵」とともに明治政府の政策。

369 儒教《じゅきょう》

孔子を祖とする、中国の伝統的な政治・道徳の教え。

注 江戸期に、その一派である「朱子学《しゅしがく》」が幕府により採用され、封建的（→P9）な上下関係の維持に用いられた。

370 国学《こくがく》

江戸中期におこった、『古事記』『日本書紀』『万葉集』などの古典研究の学問。

注 儒教や仏教渡来以前の日本固有の文化を究明する。「漢学」に対していう。

371 花鳥風月《かちょうふうげつ》

風流の対象として眺められる自然の景観。

類 **山川草木**《さんせんそうもく》…自然環境としての諸物。

入試「雪月花《せつげつか》」も同様に「自然」を示す語だが、それぞれ自然の諸物を列挙する具体性を日本人の自然観とする論もある。

372 もののあはれ

目に触れ、耳に聞くものごとに触発されて生ずる、しみじみとした情趣や哀愁。

注 本居宣長が提唱。『源氏物語』を、その頂点とした。

日本的な美意識

わび

質素で落ち着いた趣。

類 **さび**…古びた物に感じる落ち着いた趣。

注 茶の湯や俳諧が理想とした境地。

幽玄《ゆうげん》

言葉に表されない深い趣。余情。

注 藤原俊成《ふじわらのとしなり》が和歌に対して用いて以来、中世日本文学の美の理念となった。

373 無常《むじょう》

生あるものは必ず滅び、不変・常住のものはないということ。

入試（書き）「無情」などとの違いに注意。

四字 **諸行無常**《しょぎょうむじょう》…万物は流転し、永久に変わらないものは一つもないということ。

374 自然《じねん》

あるがままであること。偶然。たまたま。

入試「自然《しぜん》」は、明治期に「nature」などを訳した言葉で、両者は比較されがち。

375 民俗学《みんぞくがく》

民間伝承を調べ、民衆の生活文化の発生と変遷を明らかにしようとする学問。

注 柳田国男《やなぎたくにお》や折口信夫《おりくちしのぶ》らにより近代科学として完成された。「フォークロア」とも。

関 **民族学**《みんぞくがく》…民族の宗教や制度などを調査し、文化の発生と広がりを研究する学問。

民俗学

ハレ（晴れ）
儀礼や祭、年中行事などの非日常。
注「ケ」とともに、柳田国男により見いだされた日本人の時間観・世界観。

ケ（褻）
ふだんの生活である日常。

376 **二項対立**《にこうたいりつ》
二つの概念が矛盾・対立の関係にあること。概念をそのように二分すること。
入試 善と悪、西洋と非西洋などが典型で、図式化しやすくわかりやすい思考方法だが、安易な図式化では本質がつかみにくい。

377 **集団主義**《しゅうだんしゅぎ》
個人よりも集団に価値を置く思想。個人よりも集団で行動することが多いさま。
注「個人主義」（↓P10）の対。日本人は家や企業や国を個人より優先するとされる。

378 **ガラパゴス化**《か》
独自の方向で発展した製品やサービス、海外進出に消極的な企業、その独特の習慣など、国際標準からかけ離れている日本の産業の現状を批判的に表した新語。
注絶海の孤島で、生物が独自の進化を遂げたガラパゴス島が由来。

379 **クールジャパン**
[英 Cool Japan]
外国人がクールと（かっこいい）と捉える日本の魅力。
注世界の経済成長を取り込もうとする日本側の考え方。

380 **惹起**《じゃっき》
事件や問題などを引き起こすこと。
類 **継起**《けいき》…同種の物事が続いて起こること。

確認問題

問1 傍線部のカタカナを漢字に改めよ。
①地方の人々のミンゾクや習慣を調べる。
②戦争中はハイガイ的な思想が力を持った。

問2 空欄にあてはまる語を答えよ。
日本文化は、中国や欧米からの影響を強く受けた［A］文化だとされるが、歴史的に見ると、そうした海外からの［B］的要因により、変貌を遂げてきたことがわかる。

㋐自発　㋑純粋　㋒内発　㋓雑種　㋔外発

問3 空欄にあてはまる語を答えよ。
ここで注目したいのは、「理想的なコミュニケーション」の想定には、「権力」対「コミュニケーション」という［　］図式が前提されていることです。
出典 岡本裕一朗「12歳からの現代思想」

解答　問1 ①民俗 ②排外　問2 Aエ Bオ　問3 二項対立

日本

▼「日本人」の「自然」観はどのようなものか、文脈の中で確認しよう。

古代の日本人にとっては、「自然一般」という対象世界は存在しなかった。存在しないものに名前をつけられるはずがない。山や川や草木のそれぞれは、具体的個物として知覚↓P18や認識↓P18の対象となりえたし、労働↓P124、芸術、宗教↓P98などの実践的行為の対象ともなりえただろう。しかしそれらはあくまで山として、川として、草木として人間の意識にのぼりえたのであって、それらを下位概念↓P26として包摂する上位概念としての「自然」、それらを組み込み、配列する枠組としての「自然」が、普遍↓P8的対象概念として形成されるには至らなかった。日本人は、「自然というもの」を客体↓P16的総称名詞として立てて、花鳥山水をその中に一括するかわりに、自然のひとこまひとこまを、いわば自己の主観↓P16的*情態性の面に反映させて「自然さ」という情感において、みずからの心でそれを感じとってきたのである。

解説❶

現在のような人の手が触れない環境を意味する「自然」という語は、「ネイチャー」等の翻訳として、明治期に当てられたものだ。それ以前の日本語には、山や川など、「具体的個物」を並べ立てる語しかなかった。

解説❷

個々の山や川などを包括する「自然＝ネイチャー」、あるいは山や川などを作る大きな存在としての「自然＝ネイチャー」が**コスモロジー**（→P18）として存在すれば、それを対象として働きかけが行えるが、そうした存在は意識されなかった。

評論の重要語

次の問いに答えよ。

①次の空欄に適する漢字を入れて「花鳥山水」（9行目）と同種の四字熟語を二つ完成せよ。

花鳥□□　□川□木

②『源氏物語』を貫く概念として「ものの『あはれ』」（18行目）を提唱したのは誰か。

③「無常」（19行目）を含む四字熟語を書け。

④「コスモロジー」（解説②）の意味を次から選べ。

㋐人間観　㋑世界観
㋒幸福観　㋓未来観

⑤「惹起」（解説④）の読みを書け。

＊情態性…ハイデガー（→P213）の用いた哲学用語。気分・雰囲気の意。

論理の展開

日本語の「**自然**」は、「おのずから」という情態性を表している。それは主語として立てられうる名詞的**実体**ま→P175ではなくて、どこまでも述語的に、自己の内面的な心の動きを捲き込んだあり方を示している。私たちは、人為的なはからいの及ばない、「おのずからそうであり」、「ひとりでにそうなる」事態に出会った場合に、そこに一種不安にも似た情感を抱く。この情感において、私たちの祖先は自然を「**あはれ**」と感じ、そこに**無常**を見て取っていた。

出典 木村敏「自分ということ」

解説③

ただし、「じねん」と読む「**自然**」という語は存在していたが、それは山や川などを総称した名詞ではなく、「自然さ」、「おのずから」という述語的な意味だった。「自然さ」や「おのずから」と感じるのは人間の心であるから、それは「情態性」を有している。

解説④

「おのずから」という事態は、人為が及ばない状態であるから、不安に近い情感を**惹起**する。そして、その情感が「**あはれ**」や「**無常**」につながる。

確認問題

問 「あはれ」や「無常」という感情はなぜ生まれたのか、最も適切なものを選べ。

㋐ 古代の日本人は「自然」という概念を持たず、人為が上位にあると感じていたから。
㋑ 日本人にとって「自然」は人為が及ばない事態であり、それに不安を感じたから。
㋒ 日本人の「自然」は花鳥山水のような個物であり、情感を示すものではなかったから。
㋓ 日本人は「自然」を述語的に取り、人間の行為の対象として感じていたから。

自然一般	↔	日本人の自然
上位概念としての自然 **普遍的**対象概念としての自然 **客体的**総称名詞としての自然		**具体的**個物としての自然 **主観的**情態性を反映させる 自然のひとこまひとこま 名詞的実体ではなく**述語的** ← 人為的なはからいが及ばない事態に、 ＝不安に似た情感 自然に「**あはれ**」、**無常**を感じ取る

例文のポイント

日本語の「自然《じねん》」は情感とともにある言葉で、客体的な対象としての「自然《しぜん》」を、日本人は意識しなかった。

 解答 評論の重要語 ①風月／山・草 ②本居宣長 ③諸行無常 ④イ ⑤じゃっき 確認問題 イ

評論の論点 18

日本語

——変わりゆく言葉

序 漢字とともに

高校生になっても漢字で苦労する。日本語の文字習得に時間がかかるのは、漢字が一つ一つの事物に対応する表意文字だからだ。そのうえ漢字には音と訓があり、読み方が一つではない。さらに日本語には、漢字由来だが、表音文字のひらがなとカタカナもあり、こうした数種類の文字を使い分けることが、日本語の最大の特徴かもしれない。

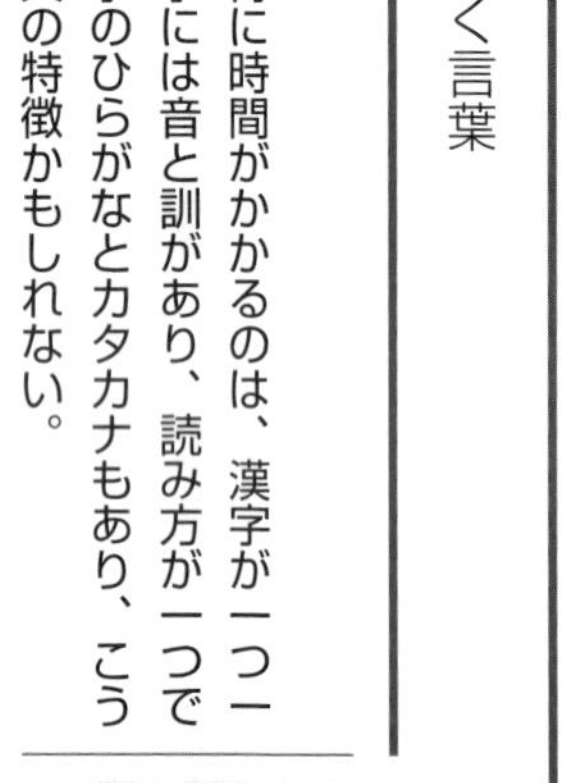

1 変貌の軌跡

本来、日本人は**和語**（↓P149）のみを話し、文字を持たなかったとされ、漢字の**伝播**《でんぱ》（↓P150 広まり伝わること）が日本語の大きな転機となった。**万葉仮名**（↓P149）を経て、現在のような仮名に**収斂**《しゅうれん》（↓P148）し、さらに、和文体と漢文訓読体とが融合した**和漢混淆文**《こんこうぶん》（↓P149）を書くようになった。次の変革は幕末から明治期で、西洋の学問を輸入するための**翻訳語**（↓P84）が数多く作られるとともに、**言文一致**（↓P149 話し言葉に近い形で書くこと）運動も起こり、近代語への転換が図られた。**国民国家**（↓P172）の言語として「**国語**」（↓P74）が作られたのもこの時期である。国際化が進行する現在も大きな転換期であり、多くのカタカナ言葉が用いられていることを**懸念**（↓P60）する向きもある。

ここがポイント！

◯日本語変貌の軌跡
①**和語（文字なし）**
⇐漢字の伝播
②**万葉仮名**
⇐仮名に収斂
③**和漢混淆文**
⇐翻訳語
⇐言文一致運動
④**国語（国民国家の言語）**

2　系統不明の言語

ヨーロッパの言語の多くがインド・ヨーロッパ語族とされるように、多くの言語はその系統が**つまびらか**（↓P151 詳しく扱うさま）にされているが、日本語の系統については定説を見ない。日本語は、言語形態上の種別としては「**膠着語**《こうちゃくご》」（↓P149）に分類され、その他の特徴としては、**敬語**（↓P149）などの**待遇表現**（↓P149）の多さが挙げられる。これは敬意の表現であるとされるが、遠ざけたい相手への関係性を示すという説も提示されている。さらに、主語が存在しないという見方や、対話の相手の理解や状況に依存した省略表現が多いという、**首肯**（↓P150 賛成すること）できる指摘もなされる。

3　日本語は論理的か

右の特徴を踏まえて、西洋諸語に比べて日本語は論理的ではなく曖昧だという**瑕瑾**《かきん》（↓P150 欠点や短所）も指摘されがちだ。たとえば「象は鼻が長い」という一文は、主語が「象」か「鼻」か曖昧だとされる。しかし、哲学者の加賀野井秀一《かがのいしゅういち》は、この表現について、まず「『象は』と言って、語るべき**主題**（↓P68）を提示し、さらにこの主題のなかで「鼻」を限定することによって、順次、その内実を語っていく」ものだとし、ここに現れた日本語の発想を「すぐれて『探索的』かつ『発見的』」と断定する。それは、「大きな**カテゴリー**（↓P66 範囲）から次第に小さなものへと絞りこんでいく」日本の宛名書きと同じスタイルであり、「私たちの内部で初めは漠然としていたものが、次第に明らかになっていく**プロセス**（↓P175）を正確にたどっている」ものだとする。日本語の論理性は、西洋諸語にも**比肩**（↓P151 肩を並べること）するという**卓見**（↓P150 すぐれた意見）が述べられているのである。

ここがポイント！

○日本語の特徴
・膠着語に分類される
・待遇表現が多い（敬語など）
・省略表現が多い（対話相手の理解や状況に依存）

381 収斂《しゅうれん》

縮むこと。ばらばらだったものが一つにまとまること。

類 収束《しゅうそく》…まとまらなかったものが一本化すること。

382 凝縮《ぎょうしゅく》

広がって存在していたものが密着して小さくまとまること。

類 凝集《ぎょうしゅう》…一か所に集まってかたまりになること。

入試 （書き）「収束」は「終息」との違いに注意。

確認問題 空欄に「収斂」「凝縮」のいずれかを入れよ。

遠藤文学の個性が、私の目には、西欧文明を受容していく近代日本の歴史の流れを［A］した形であらわしているようにもみえる……

出典 山折哲雄「近代日本人の美意識」

（注）遠藤…遠藤周作（一九二三〜一九九六）。小説家。

われわれには二つの相反する能力がそなわっている。ひとつは、与えられた情報などを改変しよう、それから脱出しようという拡散的作用であり、もうひとつは、バラバラになっているものを関係づけ、まとまりに整理しようとする［B］的作用である。

出典 外山滋比古「思考の整理学」

383 表意文字《ひょういもじ》 ⇔ 384 表音文字《ひょうおんもじ》

383 表意文字：一つ一つの文字が意味を表している文字体系。

類 象形文字《しょうけいもじ》…ものの形をかたどって描かれた文字からなる文字体系。

384 表音文字：一つの文字で音素または音節を表す文字体系。

参考 アラビア数字（算用数字）も「表意文字」である。「表意文字」は意味を持つ一つ一つの事物に対応するので、文字の種類が多くなる。

確認問題 空欄に「表意」「表音」のいずれかを入れよ。

仮名を用いるかぎり、日本語はたやすく「音」を「文字」に移すことができる。仮名はじつによくできた［C］文字なのだ。ところがどなたもごぞんじのように、日本語は世界で一番むずかしいことばでもある。漢字という［D］文字があるからである。

出典 井上ひさし「私のことば史抄」

385 万葉仮名《まんようがな》

意味とは無関係に漢字の音や訓を借りて、国語の音を表記した漢字。

参考 後のひらがなの誕生につながるが、「仮名」ではなく、むしろ「漢字」である。文字を持たない日本人が、漢字を「**表音文字**」的に借りて日本語を表記したもの。『万葉集』の表記に多く用いられた。

386 和語《わご》

日本固有の日本語。

同 **大和言葉**《やまとことば》

参考 漢字が用いられていても、訓読みをする語と考えればよい。日本語の語彙には、「**和語**」「**漢語**」「**外来語**」の三つがある。

387 和漢混淆文《わかんこんこうぶん》

和語を用いる和文体と、漢文訓読体が混じって一体となった文体。

参考 軍記物語の『平家物語』や『太平記』の文体がその典型。なお、「**和文体**」は、平安時代、主に女性がひらがなを用いて書いた物語・日記などの文体で、『枕草子』がその典型。

388 言文一致《げんぶんいっち》

文章を書くとき、話し言葉に近い形で書くこと。

参考 江戸期まで文章は「**文語**」（↓P76）で書かれ、話し言葉との差が大きかった。明治期に話し言葉に近い文体が模索された。

389 膠着語《こうちゃくご》

単語の始めや終わりにある要素を付着させることで、その単語の働きを示す特徴を持つ言語。

注「膠着」は「粘り着いて離れない」の意。「膠」は「にかわ」。

参考 言語の類型論的分類の一つ。他に、単語が文中での機能により形を変化させる「**屈折語**」（多くのヨーロッパ語など）、単語は常に一定の語形で姿を変えない「**孤立語**」（中国語など）がある。

390 待遇表現《たいぐうひょうげん》

人物との相対的な関係で変わる表現法。

類 **敬語**《けいご》…話し手の敬意を示す表現法。

参考 「**待遇表現**」は話題の人物との関係が、敬意のみではなく、親愛や軽蔑などを含む点が「**敬語**」と異なる。たとえば「しやがる」「あいつめ」は、軽蔑を示す「待遇表現」である。

 解答 A 凝縮 B 収斂 C 表音 D 表意

391 伝播《でんぱ》

広まり伝わること。

392 首肯《しゅこう》

もっともだと認めて賛成すること。

類 得心《とくしん》…十分に納得すること。

短所 393 瑕瑾《かきん》

惜しむべき欠点や短所。玉に瑕《きず》。

類 瑕疵《かし》…きずや欠点。

遜色《そんしょく》

劣っていること。

類 弊《へい》…慣行の結果生じた欠陥。

知識と意見 394 卓見《たっけん》

すぐれた意見。

類 見識《けんしき》…物事の成り行きや本質を見抜く、すぐれた判断力。

類 知見《ちけん》…獲得・蓄積された専門的知識や、見聞により得た総合的知識。

造詣《ぞうけい》

ある分野について、人並み以上に深くすぐれた知識や理解。

類 通暁《つうぎょう》…非常に詳しい知識があること。

類 知悉《ちしつ》…細かい点まで十分に知り尽くしていること。

類 碩学《せきがく》…修めた学問が広く深い人。

395 災禍《さいか》

災害。思いがけない災難。

類 災厄《さいやく》…災難。

類 惨禍《さんか》…天災や戦争などによる見るに耐えないほどの災難。

災難 艱難《かんなん》

目的を達成するまでに経験する、言葉に言い尽くせない苦労。

四字 艱難辛苦《かんなんしんく》…非常な困難にあって苦しみ悩むこと。

396 呪縛《じゅばく》

心理的な強制により、自由を束縛すること。

入試 書きがよく問われる語。

397 重畳《ちょうじょう》

幾つにも重なるように存在すること。

類 堆積《たいせき》…物が幾重にも積み重なること。

398 磁場《じば》

磁力の働く領域。

入試 比喩的に、「ある現象が広まり影響する場」の意で用いられることが多い。

399 阻害《そがい》

物事の進行を邪魔すること。

入試 （書き）「疎外」との違いに注意。

400 抵触《ていしょく》（牴触／觝触）

物事が相互に矛盾すること。法律や規則に反すること。

401 乖離《かいり》

結びつきが全くなくなること。

類 背離《はいり》…考えややり方が合わず、次第に隔たりができること。

対立 相克《そうこく》（相剋）

対立矛盾するものが、たがいに勝とうと争うこと。

類 悖る《もと》…正しいやり方に反する。

差の有無

402 比肩《ひけん》

肩を並べること。

類 **匹敵《ひってき》**…対等の相手になること。

類 **伯仲《はくちゅう》**…優劣の差がつけにくいこと。

雲泥《うんでい》の差《さ》

雲と泥ほども違う大幅な隔たり。

類 ギャップ…隔たり。

403 両刃《もろは》の剣《つるぎ》（諸刃）

一方では非常に役に立つが、他方では大きな害を与える危険もあるもののたとえ。

詳しさの有無

404 つまびらか

細かい所まで省かずに、詳しく扱うさま。

類 **些事《さじ》（瑣事）**…細かすぎつまらないこと。

子細《しさい》（仔細）

物事の詳しい事情。

類 **精緻《せいち》**…細かに行き届いていること。

雑駁《ざっぱく》

知識や思想が雑然とし統一がないこと。

類 **杜撰《ずさん》**…誤りや手抜きが多くいい加減なこと。

確認問題

問1 傍線部の読みを答えよ。

①海外から新しい文化が伝播した。

②惜しむらくは、この論文には小さな瑕疵がある。

③話し合ううちに、みんなの意見が収斂していった。

問2 傍線部のカタカナを漢字に改めよ。

①この案なら、誰もがシュコウしてくれるだろう。

②話題が一点にギョウシュクしていく。

③ゲンブン一致を目指して新しい文体を作った。

問3 空欄にあてはまる最も適切な語を後から選べ。

①日本人なら日本語の特徴に□しているはずだ。

②日本人と□なく日本語が話せる外国人もいる。

③□ながらも、日本の歴史について説明した。

④文学については、国語の先生が□が深い。

㋐ 造詣　㋑ 遜色　㋒ 雑駁　㋓ 知悉

問4 空欄にあてはまる最も適切な語を後から選べ。

①物質文明に関しては、機械設備と応用科学の知識が貧弱なことを除けば、日本はヨーロッパ諸国に□すると評価しつつ、……

出典 渡辺京二「逝きし世の面影」

②一個のテーブルは、それじたいではフィクションではありえない。それは映画のセットのなかや舞台の上に置かれてはじめてフィクションの一部となる。言い換えれば、それはある特殊な意味的□のなかに置かれなければならない。

出典 大浦康介「フィクション」

㋐ 磁場　㋑ 子細　㋒ 卓見　㋓ 比肩　㋔ 背離

解答 問1 ①でんぱ ②かし ③しゅうれん 問2 ①首肯 ②凝縮 ③言文 問3 ①エ ②イ ③ウ ④ア 問4 ①エ ②ア

日本語

▼「日本語」における漢字の功罪を文脈の中で確認しよう。

とりわけ**抽象**↓P8語において、文字が現実の前に立ちはだかっている例は多い。「国家」や「**観念**↓P26」や「**概念**↓P26」という言葉になると、その言葉の確たる成立もないままに、それぞれの文字の**磁場**周辺に意味を感じとり、抽象語の発達を**阻害**することにもなる。日本人が抽象的思考に極端に弱いのも、また中国人が、巨大な文字宇宙をつくり上げたがゆえに、文字に苦しむのもそれゆえであろう。本人達が意識しているかどうかは別にして、ローマ字論者や仮名書き論者の真意は、この意味での文字＝漢字の**災厄**からの脱出という構想にあろう。中国の詩や文を解する時に避けられない歴史的**重畳**の解読――その文字を誰がどこで使ったかという歴史的重畳――は大切なことであるが、実はそのことが、言葉＝比喩の飛躍と展開を拒み、文字と言葉との**乖離**という

解説❶
漢字の功罪を論じた文章。**抽象**的な意味をもつ漢熟語、たとえば「国家」と書かれれば、「国」「家」という文字（とその意味）が先立ち、独立した意味をもつはずの「国家」という単語が浮揚しない。

解説❷
そうした漢字の**災禍**を避けるため、日本語をローマ字書きや仮名書きにせよという主張があるのかもしれない。

解説❸
ある漢字や熟語が過去にどう用いられたかという**重畳**に気をとられると、文字に着目するばかりで、その組み合わせである言葉に意識が向かない。

評論の重要語

次の問いに答えよ。

①「**災厄**」（8行目）の類義語を次から選べ。
㋐惨禍 ㋑相克 ㋒瑕疵 ㋓精緻

②「**重畳**」（9行目）の類義語を次から選べ。
㋐相克 ㋑伝播 ㋒堆積 ㋓首肯

③「**乖離**」（11行目）の読みを書け。

④次の傍線部を漢字に改めよ。
産業の発達をソガイする要因。

⑤「一方では非常に役に立つが、他方では大きな害を与える危険もあるもの」をたとえた語句を本文から抜き出せ。

⑥次の中から「**表意文字**」を選べ。
㋐「A」 ㋑「1」 ㋒「あ」 ㋓「ア」

現象も引き起こすことがある。おそらく中国史はそこに悩みぬいてきた歴史でもあると言えよう。

そして、文字は**具体的**、→P8現実的な生産物であるから、漢字文化圏においては、文字自体が事物化するという傾向をもつ。（中略）その意味で、一語に一文字が対応する漢字は、文字という枠組みで受け止めることによってきわめて強力な造語力をもつが、同時に悪しき災厄をもった**両刃の剣**ともなる。

出典 石川九楊「二重言語国家・日本」

解説④

つづいて文字について述べる。**表意文字**であり**象形文字**も多い漢字であるから、一つ一つの文字が事物に対応し、独立性をもつ。

解説⑤

その点で漢字を組み合わせて、新たな漢熟語を作れる。コンピュータを中国で「電脳」としたのは著名な例。こうした長所もあるが、漢字は**災厄**でもあり、**両刃の剣**である。

論理の展開

漢字の災厄
- 文字が現実の前に立ちはだかる（抽象語の発達を阻害）
- 文字と言葉との乖離を引き起こす
- 文字自体が事物化する

↔ 漢字は両刃の剣 ↔

漢字の長所
- 一語一文字で対応し造語力をもつ

例文のポイント

表意文字である個々の漢字にとらわれると、漢熟語としての意味が見えにくくなる。

確認問題

問 「漢字」についての説明として、適切なものには○、適切でないものには×を付けよ。

㋐ その使用の歴史を利用することで、漢熟語に深い意味が込められる。
㋑ それを組み合わせることによって、新しい漢熟語を作れる。
㋒ それぞれの文字の意味が際立ちすぎて、漢熟語としての意味を取りにくい。
㋓ 漢熟語ばかりに目がいき、それを構成する文字に着目できない。

解答 評論の重要語 ①ア ②ウ ③かいり ④阻害 ⑤両刃の剣 ⑥イ 確認問題 ア× イ○ ウ○ エ×

芸術
――人間を描くもの

序 芸術は美しいか

「芸術」は「美」を表現するが、その「美」と美しさは異なる。芥川龍之介の『羅《ら》生門《しょうもん》』や夏目漱石の『こころ』のように邪悪な感情を語るものもあれば、ピカソの「ゲルニカ」のように戦争という悪を描く傑作もある。人間の本質を特定の技巧とモチーフに託し創造的に示すことが「芸術」の価値なのだ。

1 さまざまな芸術

美術、文芸、音楽、演劇、映画、デザイン、建築。それぞれ人間や人間が関与する世界を表現する。たとえばデザインは人間と関わるモノを**意匠**↓P157化し、建築は暮らしを**形象化**↓P158形として表すことする。そして、芸術技法と人間のあり方は変化するから、芸術に**終焉**《しゅうえん》↓P158はない。

2 芸術の価値と権威

近代以前の西洋に芸術と技術との明確な区別はなく、芸術家という存在もなかった。芸術が自立したのは、個の**概念**↓P26が確立される近代以降であり、個である芸術家のたった一つの作品であることが、芸術の価値となった。それとともに、それまで宮廷に独占されていた芸術は、美術館や博物館として**市民**↓P82に開放されたが、同時にこれらの施設に**植民地**↓P182の物産などを展示し

ここがポイント!

○近代以前（西洋）
・**芸術と技術に区別なし**

⇔

○近代以降（西洋）
⇐個の概念確立
・**芸術の自立**
・**芸術の価値**
⇐市民に開放
・**植民地支配の正当化**

て、その支配を正当化した。**複製**↓P156 コピー 技術が発達した現在こそ、**オリジナル**↓P156 の価値が言われるが、一方、既成の便器にサインをして作品としたM・デュシャン、既成の図版を版画にしたA・ウォホール、無音の沈黙も音楽としたJ・ケージなど、芸術の権威に＊**反旗を翻し**た**前衛**↓P157 やり方が非常に新しいこと 的芸術家もいる。

3 文学の立場

言語表現による芸術作品が＊**文学**だ。中でも小説は、人間の真実を一回限りの**具体的**↓P8 な経験として描くのが特徴だ。「＊**梶井基次郎**《かじいもとじろう》の『レモン』の経験は、その色、その肌触り、その手に感じられる重みのすべてにかかり、それを同じ質量の石によって換えることもできないし、それを同じ値段の他のレモンで換えることもできない。彼が必要としたのは、レモン一般ではなくて、いわんや固体一般でも、商品一般でもなくて、そのレモンである」。以上は評論家加藤周一《かとうしゅういち》の言葉だが、個別の事象から一般的・**普遍**↓P8 的原理を導く科学に対し、具体性にこそ文学の価値が存在する。

4 日本の芸術

文化と同様に、日本の芸術には大陸の影響が強いが、短歌・俳句などの＊**短詩型文学**、能、茶道、生け花など独特の分野も多い。これらのうち、茶道は千利休《せんのりきゅう》、能は世阿弥《ぜあみ》により**大成**↓P158 一つの仕事を仕上げること され、短歌・俳句は**正岡子規**《まさおかしき》↓P214 により革新された。なお、日本の近代文学はいくつかの**思潮**↓P158 その時代の一般の思想 に分かれ、それは人間観と技巧への姿勢による。たとえば、**自然主義**↓P158 は人間を醜いと考えつつ技巧は排し、**白樺派**《しらかばは》↓P158 は人間を善とし、**新感覚派**↓P158 は**レトリック**↓P158 言葉を効果的に用いる技術 を重視した。

＊**反旗を翻す**　体制を打倒する決意を示すこと。

＊**文学**　言語表現による芸術作品のこと。

＊**梶井基次郎**　（一九〇一―一九三二）小説家。『レモン』は作品『檸檬』の中のレモンのこと。

＊**短詩型文学**　短歌や俳句などの定形式の短い詩型の文学。

405 オリジナル

〔英 original〕

何かに加工されたものの元となるもの。

入試 ベンヤミン（↓P157・161）の論文「複製技術時代の芸術作品」（一九三六年）を援用した芸術論の中で登場することが多い。

確認問題 **空欄に「オリジナル」「コピー」のいずれかを入れよ。**

録音された音楽は、たしかに［A］と言うことができます。そのもとには［B］と見るべき生演奏があったはずだからです。少し意味合いは違いますが、映画のビデオや写真（の［C］・プリント）の印刷されたものも、録音と似た［D］です。 出典 佐々木健一「美学への招待」

406 コピー

〔英 copy〕

複製。複写。

類 **レプリカ**…オリジナル作品と同一の内容・形式をもつ複数の作品。

407 創造《そうぞう》

新しいものを自分の考えで作り出すこと。

類 **独創《どくそう》**…人まねでなく、独自の考えで物事を作り出すこと。

参考 「独創的」は、「独自」であるばかりでなく、「人とは全く違う」点が強調されがち。

入試 （書き）「創造」は「想像」との違いに注意。

入試 芸術分野においては、何より新しさ、「**創造**」が重視される。たとえば流行は繰り返すことがあっても、芸術において繰り返しはあり得ない。ただし、どのような芸術家も歴史の中におり、既存の作品の影響をなにがしか被っており、完全な「**独創**」は不可能であるという観点から論じる芸術論もある。

408 模倣《もほう》

今までのものを踏襲し、創意工夫を示さないこと。

類 **剽窃《ひょうせつ》**…他人の作品を自分の作品に無断で引用すること。

類 **贋作《がんさく》**…にせの作品。

確認問題 **空欄に「創造」「模倣」のいずれかを入れよ。**

詩人が日常化した言語を解体して特異な言語を［E］するように、写真家もその社会が産出し、流通させているイメージとの関係で、自らのイメージを生み出しているのだ。 出典 多木浩二「写真論集成」

409 前衛《ぜんえい》

芸術などのやり方が非常に新しいこと。
同アバンギャルド

410 シュールレアリスム
[仏 surréalisme]

無意識や夢や偶然を重視し思考の真の働きを表現しようとする芸術運動。

参考 「シュールレアリスム」は「超現実主義」とも。第一次世界大戦を経験したヨーロッパ、特にフランスで、新たな時代への不安や危機意識を持った芸術家が、個人の意識よりも、無意識や集団の意識、夢、偶然などを重視し、思考の解放、想像力の復権を目指した。「超現実」であるが、現実から逸脱するのではなく、より高次の現実を提唱している。多くの「**前衛**」的な文学者や芸術家が加わり、さらに政治や社会にまで影響を与えた。

411 アウラ
[ラ aura]

オリジナルの作品だけがもっている独特の雰囲気。オーラ。

参考 ドイツの文芸評論家、哲学者のヴァルター・ベンヤミンは、写真や複製技術時代の芸術作品においては「**アウラ**」が凋落《ちょうらく》する(衰える)と指摘した。

412 意匠《いしょう》

趣向。美術品や工業製品などに、形や色などで加える装飾上の工夫。

入試 (書き)「衣装(衣裳)」と誤答しやすいので注意。「美学的に見えた町の**意匠**」(萩原朔太郎「猫町」)のように、「デザイン」と置き換えて違和感がなければ「意匠」である。

413 オブジェ
[仏 objet]

事物、物体、対象。特別な意味をもたされた物体。

参考 「**オブジェ**」はフランス語だが、英語では「オブジェクト(object)」に当たる。

414 モチーフ
[仏 motif]

創作の動機となった主要な思想や題材。
類ファクター…要素。要因。

参考 「ハーモニーをつけリズムをつけ、**モティーフ**を入れ替えたり推敲したりしながらスコアとして完成させる」(青柳いづみこ「音楽と文学の対位法」)のように、音楽用語としては、「ある表現性をもつ旋律の断片」の意で用いられることもある。

解答 A コピー B オリジナル C オリジナル D コピー E 創造

415 審美《しんび》

自然や美術などの本当の美しさを的確に見極めること。

416 思潮《しちょう》

その時代の一般の思想。

入試（書き）「視聴」などとの違いに注意。

417 自然主義《しぜんしゅぎ》

人間や社会の真実を美化せず、時にはそれを露骨に描こうとする文芸上の立場。

写実《しゃじつ》

実際の状態を飾らずに表現すること。

類 **写生《しゃせい》**…生命の動きをそのまま映すこと。

注 明治期に入り最初に日本に入った文芸思潮は「写実主義（リアリズム）」（→P19）であり、その後、「自然主義」と一つの流れとなる。短歌俳句を革新した正岡子規《まさおかしき》（→P214）は、理想として「写生」を唱えた。

浪漫《ろまん》（ローマン）

叙情性や神秘性をもつ物語。厳しい現実から離れ、理想や感情の自由を求める傾向。

注「ロマン」の当て字。

418 私小説《ししょうせつ》

作者が直接に経験した事柄を素材にして書かれた小説。

注 近代日本に独特の手法だが、その世界の狭さが批判される場合も多い。

白樺派《しらかばは》

人道主義、理想主義、自我・生命の肯定などを旗印に掲げた文芸上の立場。

注 自然主義に抗し、大正期の文壇の中心的な存在となった。雑誌「白樺」に結集。

新感覚派《しんかんかくは》

現実を主観的に把握し、知的に再構成して感覚的に表現しようとする文芸上の立場。

419 レトリック

英 rhetoric

言葉を効果的に用いて、適切に美しく表現する言語技術。

同 **修辞《しゅうじ》**

420 クオリア

英 qualia

主観的体験が伴う質感。主観的に体験されるさまざまな感じ。

注 たとえば、赤い花を見たときの「赤い」という感じ。

421 形象化《けいしょうか》

感覚や観念などを形として表すこと。

類 **具象化《ぐしょうか》**…具体的な形として表すこと。

422 ラディカル

英 radical

過激なさま。極端なさま。急進的なさま。

類 **急進的《きゅうしんてき》**…理想の実現を急ぐあまり、周囲の条件などを無視して進めるさま。

423 終焉《しゅうえん》

生命（にたとえられるもの）の終わり。

424 退廃《たいはい》（頽廃）

衰えてすたれること。道徳的な気風がすたれて健全な精神を失うこと。

425 大成《たいせい》

才能を伸ばしひとかどの人物になること。時間をかけて一つの仕事を仕上げること。

類 **結実《けつじつ》**…努力の末、良い結果になること。

成し遂げる

成就《じょうじゅ》

願望が実現すること。

類 **奏功**《そうこう》…しようと思ったことを目的どおり成し遂げること。

類 **奏効**《そうこう》…ききめが現れること。

中心 426

コア

英 core

物事の中心部分。

注「度合いが最も激しく深い」の意も。

核心《かくしん》

物事の中心。

類 **中核**《ちゅうかく》…物事や組織の中心で重要な部分。

427

特権的《とっけんてき》

一般的に保障される権利以上に、特別に保障されるさま。

入試「特権化」も含めて、「絶対的に正しいと認められ、批判などがはばかられるさま（になること）」の意で用いられがち。

いつもの 428

常套《じょうとう》

同じような場合にいつも取られるやり方。

注「常套句」、「常套手段」など。

凡庸《ぼんよう》

特別な能力や魅力がないさま。

類 **陳腐**《ちんぷ》…ありふれていて面白くないさま。

確認問題

問1 傍線部の読みを答えよ。

①一つの時代の**終焉**を迎えた。
②**贋作**を見抜く鋭い鑑定眼。
③名作を**剽窃**したに過ぎない駄作。

問2 傍線部のカタカナを漢字に改めよ。

①長年の願望が**ジョウジュ**した。
②斬新な**イショウ**の服を着る。
③**シュウジ**を凝らして文章を練る。

問3 空欄にあてはまる最も適切な語を後から選べ。

①武者小路実篤《むしゃのこうじさねあつ》や志賀直哉《しがなおや》は［　］の作家だ。
②坪内逍遥《つぼうちしょうよう》は『小説神髄』で［　］を主張した。
③川端康成《かわばたやすなり》や横光利一《よこみつりいち》は［　］の作家だ。
④田山花袋《たやまかたい》の『蒲団《ふとん》』は［　］の代表作だ。

㋐ 自然主義　㋑ 白樺派　㋒ 新感覚派　㋓ 写実主義

問4 空欄にあてはまる最も適切な語を後から選べ。

①私にとって、人類学のこころざしの一つは、近代とされているものの総体を、根底から、つまり語義どおり［　］に、相対化することにある。
出典 川田順造「人類学的認識論のために」

②つまり［　］主義的芸術思潮のもとで、古典派で尊重された理性と感情のバランスは崩れ、徐々に音楽は、詩的な表現やより濃密な感情表現へと傾くことになったのである。
出典 中村孝義「室内楽の歴史」

㋐ オリジナル　㋑ コア　㋒ ロマン　㋓ ラディカル

解答 問1 ①しゅうえん ②がんさく ③ひょうせつ 問2 ①成就 ②意匠 ③修辞 問3 ①イ ②エ ③ウ ④ア

芸術

▼「芸術」と「私」という存在の共通点を文脈の中で確認しよう。

解説①

美術における**オリジナル**の価値と、人間存在における「私」の掛け替えのなさを関連づけている。両者は、複製ができない、できても意味がないという点で共通する。

解説②

複製に満ちた情報化社会においても、「私」という意識の**主体**であることは、「私」にとって特別なことであり、「私」が「私」であるという確信の中心である。

現代美術の**コア**の部分をのぞいた一般社会では、古典的な意味での「**オリジナル**な傑作」という**神話**↓P131は、一定の力を持ち続けている。さらに、複製することのできない、掛け替えのない「私」という神話は、私たちの**世界観**↓P27の中にしっかりと根付いているように思われる。インターネットを通して、自分に関する情報が様々な「サイト」に複製され、拡散していく状況の中、「私」という存在自体も複製可能であるという主張はいかにも説得力を持っている。もっとも、いくら**デジタル**↓P165情報技術が発展したとしても、私たちの肉体や、意識の成り立ち自体が複製可能になり、代替可能*になるわけではない。マインド・コピー（精神の複製）は原理的に不可能である。どれほど情報**ネットワーク**↓P165が発達しても、「私」という意識が、この世界の他のどの**主体**↓P16とも違う形で、半ば**特権的**な中心として体験されていることは否定で

評論の重要語

次の問いに答えよ。

①「**コア**」（1行目）の意味を次から選べ。
㋐ 周辺　㋑ 細部
㋒ 中心　㋓ 外部

②「**オリジナル**」（2行目）の対義語を書け。

③「**特権的**」（12行目）の意味を次の空欄に適語を入れて答えよ。
特別に□を□されるさま

④「長い間絶対に正しいとして信じられている事柄」の意の単語を本文から抜き出せ。

⑤「オリジナルの作品だけが持っている独特の雰囲気」を意味する単語を本文から抜き出せ。

⑥「**常套**」（解説③）の読みを書け。

＊**代替可能**…「交換可能」（↓P44）と同じ。

きない。（中略）「私」の脳の中の情報を全てコンピュータに置き換えれば、「私」という体験が複製されるという技術者の冒険主義は、**クオリア**（質感）の私秘性という意識の**現象学**的存在基盤によって否定されるしかないのである。
↓P131

ベンヤミンは、生の中で一回限り現れるものにまとわりつく何ものかを、「**アウラ**」という言葉で呼んだ。現代という複製技術の全盛時代においても、「私」が体験する世界の中には、確かに一回限りの様々なアウラが満ちている。

出典 茂木健一郎「脳のなかの文学」

解説③

「**クオリア**」を感じることは、「私」は「私」にとって、いかなるものにもとらわれず特別な存在であるという確信の源である。なお、「クオリア」は筆者の主張の核心をなす語であり、**常套**的に用いられる。

解説④

「クオリア」を伴う「私」の体験は、複製技術の発展にもかかわらず、「私」が一回限りの特別な存在であるという「**アウラ**」に満ちている。

論理の展開

芸術において

オリジナルな傑作という神話

＝

「私」について

掛け替えのない「私」という神話

⇐ デジタル複製技術が発達

「私」も複製可能と言われるが

「私」という意識は特権的な中心

「私」が体験する世界には、

一回限りの**アウラ**が満ちる

例文のポイント

「アウラ」こそが、「私」や「私」の体験に特権性を感じる由来である。

確認問題

問 芸術と「私」という存在の共通点として、最も適切なものを選べ。

㋐ コピーが氾濫したことで、その存在の神話性がすでに否定されてしまった点。
㋑ デジタル複製技術が発達しても、一つだけの掛け替えのなさにアウラを感じさせる点。
㋒ オリジナルとしての価値が希薄になって、それらの代替物が求められている点。
㋓ 物としてよりも精神性が重視されることで、具体的な存在でなくなりつつある点。

解答 評論の重要語 ①ウ ②コピー ③権利・保障 ④神話 ⑤アウラ ⑥じょうとう 確認問題 イ

評論の論点 20

情報
―現代を象徴するもの

序 情報化社会の中で

高等学校の教科としての「情報」ができたのは二〇〇三年のことだ。口頭の会話も情報のやりとりだが、大量の情報が行き交うようになり、その活用能力が必須になったからである。そもそも「情報」とは何か、また高度情報化社会と言われる現在、情報化にはどんな功罪があるのか。

1 ソシュールの記号学

スイスの言語学者ソシュールは、言語を、語彙や文法などの社会的側面である「**ラング**」↓P166と、個人的な言語の運用である「**パロール**」↓P166に分け、さらに、記号の本質を、言語そのもの（音の連鎖）である「**シニフィアン**」↓P166と、その意味「**シニフィエ**」↓P166という二つの要素の**恣意的**《偶然的》↓P74な結びつきに求めた。「情報」も、**メディア**↓P164を通して文字や数字などの「シニフィアン」が伝達され、受信者がそれに「シニフィエ」（意味）を認めることで意義をもつ。

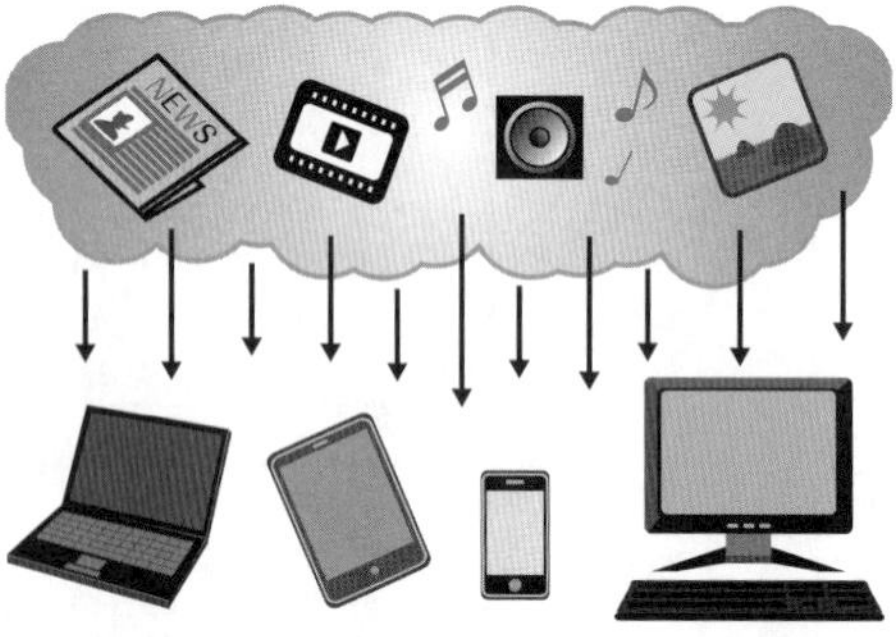

2 情報化の功罪

デジタル↓P165化した情報が**ネットワーク**↓P165上に**遍在**↓P164するこ

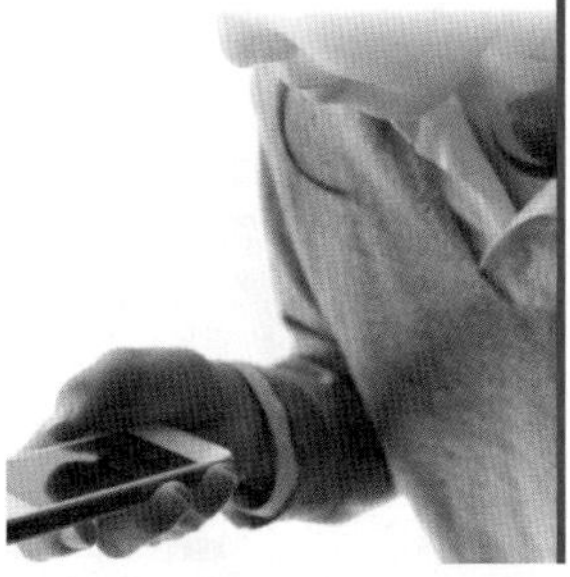

Q&A

「**シニフィアン**」と「**シニフィエ**」の恣意的な結びつきとはどういうことですか？

たとえば、同じ動物を意味する「**シニフィエ**」が、日本語では「イヌ」、英語では「Dog」、フランス語では「Chien」など、さまざまな「**シニフィアン**」に結びついてしまい、どれでも構わないということだよ。

とで情報化社会↓P165となった。マスコミュニケーションの発達は社会の平等化や民主化↓P34に寄与するとして、つとに↓P167早くから評価され、さらに現在のコンピュータ上の情報には双方向性↓P165という特性もある。しかし、全てが断片化した情報に変換されてしまう趨勢《すうせい》↓P166に対する危惧↓P60も、巷間《こうかん》↓P166世間いわれるところである。また、社会学者の若林幹夫《わかばやしみきお》は、不特定多数の人々をとらえるマスメディア↓P164の力を、次のように危険視する。「マスメディアによるこのようなコミュニケーションは、市民的↓P82公共性↓P100が広範に普及し、人々を公衆↓P108化してゆくための前提条件ではあるが、同時にそのことによって人々を大衆↓P108へとネガティブ↓P166に転態させてしまう構造をも孕《はら》んでいる」。メディアは人々を公衆から大衆にスポイル↓P166だめにすることするという考えである。さらに、バーチャルリアリティ↓P164仮想現実によって情報から身体性が剝奪↓P124されて生の実感を失うこと、速成的な情報が重視される一方、時間をかけて得られた知恵やその集大成としての書籍が滅びること、雑多な情報があふれることなども懸念↓P60される。また、フランスの哲学者M・フーコー↓P213は、人々を監視する近代の社会システムを「パノプティコン」（一望監視装置）と表現したが、電子化された個人の情報が集積して、文字どおりの「パノプティコン」＝監視社会↓P165が訪れるという不安も、杞憂《きゆう》↓P166ではなく現実化していよう。

3　生命と情報

私たちの生命こそが情報の伝達によって成り立つという見方もされる。神経系やホルモンの分泌《ぶんぴつ》は生体内の情報伝達とも言えるし、DNA↓P189には生きるための「情報」が保存されている。また、生命は、光や音など外界からさまざまな情報を得たうえで、環境に適応している。

ここがポイント！

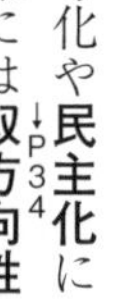

○情報化の功
- マスコミの発達により社会の平等化・民主化に寄与
- コンピュータ情報の双方向性

⇔

○情報化の罪
- メディアによる公衆の大衆化
- バーチャルリアリティによる身体性の剝奪
- 速成的な情報の重視
- 知恵や書籍の滅亡・雑多な情報の横溢
- 監視社会に対する不安

429 遍在《へんざい》

その事物がどこにでも存在すること。

注「遍」はあまねく、「偏」は「かたよる」の意。

430 偏在《へんざい》

その事物がある場所に多量にかたまってあること。

確認問題 **空欄に「遍在」「偏在」のいずれかを入れよ。**

いいかえると、ニュートンにとって、彼の理論の正しさは、世界のいたるところに［A］する神によって支えられていたのである。

出典 広重徹「近代科学再考」

431 メディア

［英 media］

手段。媒体（→P 26）。情報の記録、伝達、保管などに用いる物や装置。

類 マスメディア…不特定多数の受け手へ向けての情報伝達手段となる媒体。

注 英語の「medium」（中間・間にあるもの）の複数形。

参考 たとえば、絵画では、伝達の手段として用いられるので絵の具も「**メディア**」である。「**マスメディア**」は、新聞・雑誌・書籍・ラジオ放送・テレビ放送・インターネットなどが典型例。なお、「**マスコミュニケーション**」は、「マスメディア」を用い、不特定多数の「**大衆**」（→P 108）に大量の情報を伝達すること。

432 バーチャルリアリティ

［英 virtual reality］

コンピュータを用いて、人工的に現実感を作り出す技術。仮想現実。

433 シミュレーション

［英 simulation］

実際に行うことが困難な実験の代わりに行われる仮想の実験。実行前に結果を予測、分析すること。

注「VR」と略されることが多い。

参考 実際の形とは異なるかも知れないが、機能としての本質は同じであるような環境を、使用者の感覚を刺激することにより作り出す技術である「**バーチャルリアリティ**」には、コンピュータ技術が欠かせない。二次元の空間にありながら三次元の空間性を味わわせる3D技術が典型的なもの。「**シミュレーション**」は頭の中や机上で行うことも可能だが、やはりコンピュータ技術によって精密になった。

434 情《じょう》報《ほう》化《か》社《しゃ》会《かい》

情報技術を軸とした産業・経済・文化に移行しつつある社会。

入試 狩猟採集社会、農耕社会、産業社会などと対比される。多くの情報を得て人間相互が一体化するはずが、かえって連帯感を喪失させ疎外感をもたらすという文脈で語られがち。

435 デジタル

[英 digital]

数や量を、桁数が限られた数値で表現する方式。

436 アナログ

[英 analog]

連続した数量を他の連続した数量で表示する方式。

確認問題 空欄に「デジタル」「アナログ」のいずれかを入れよ。

西洋の文化を「知の文化」、日本の文化を「型の文化」として論じた鹿毛誠一は「 B 的数式的な西洋の『知の文化』」に対し、「 C 的ソロバン的である日本の文化を『型の文化』」といった。

出典 久遠さら「なぜ今どきの男子は眉を整えるのか」

437 ネットワーク

[英 network]

複数の要素が互いに接続された網のような構造。

参考 人間や組織のつながりによる社会的「**ネットワーク**」、コンピュータなどを通した情報「**ネットワーク**」などがある。

438 双《そう》方《ほう》向《こう》性《せい》

通信や放送などで、情報伝達の方向が一方向でなく、受信側からも発信できる性質。

参考 限られた者が一方的に情報を発信していた従来のメディアに比較して言われる、インターネットなどの新しいメディアの特徴。このほかにインターネットなどの特徴として、「**同報性**」「**同期性**」（同一の内容を一度に多くの人に送れる性質）が言われる。

439 監《かん》視《し》社《しゃ》会《かい》

国家に属する警察や軍などにより過激な監視が生じた社会。

参考 街角の監視カメラがよく言われるがそれだけではない。元来、権力者は民衆を監視しようとしてきたが、情報技術の発達により、大量の情報を処理、人々を「監視」できるようになった。これを「**パノプティコン**（一望監視装置）」として危惧《きぐ》する向きもある。

解答 A 遍在 B デジタル C アナログ

440 言語

ラング
[仏 langue]

ある言語における体系。

注 文法や語彙や音声などで、言語研究の中心的な対象となる。

パロール
[仏 parole]

個別の言語行為の実体。

注 主に、人それぞれで異なる話し言葉。

441 記号

シニフィアン
[仏 signifiant]

意味に着目した言葉の姿。意味しているもの。ひとつの言葉のもつ音の側面。能記。

シニフィエ
[仏 signifié]

意味されているもの。ひとつの言葉の持つ意味の側面。所記。

442

アイコン
[英 icon]

物事を簡単な絵柄で記号化し表現したもの。

類 イコン…キリストや聖人などに関わる出来事、教会史上の出来事を描いた画像。

注 両者の語源は同じ。

443 正／負

ネガティブ
[英 negative]

消極的。否定的。事象を正負二極で見立てた際の負の側。

↔

ポジティブ
[英 positive]

積極的。肯定的。事象を正負二極で見立てた際の正の側。

444

ツール
[英 tool]

道具。

類 術《すべ》…方法、手段。

類 機軸《きじく》…方法、方式。

445

スポイル
[英 spoil]

台なしにすること。特に、甘やかして人の性質などをだめにすること。

類 烏有《うゆう》に帰《き》す…何もなくなること。

446

趨勢《すうせい》

物事がこれからどうなっていくかの様子や成り行き。

類 動静《どうせい》…物事の活動の有無。

類 機運《きうん》…時世の成り行き、傾向。

類 トレンド…時代の趨勢、潮流、流行。

447

巷間《こうかん》

世間。

注「巷」は「ちまた」。

類 江湖《こうこ》…世間の人々。

類 市井《しせい》…まちなか。庶民の社会。

448

杞憂《きゆう》

無用な心配をすること。取り越し苦労。

注 古代中国の「杞」の国で、天が落ちてくることを心配した人の故事による。

類 憂慮《ゆうりょ》…近い将来の良くない出来事を予測して心配すること。

四字 内憂外患《ないゆうがいかん》…国や組織などの内外からの心配事。

449

廉価《れんか》

商品の値段が安いこと。

四字 二束三文《にそくさんもん》…数が多くても値段が非常に安いこと。

450 **認知的《にんちてき》**

あるものの存在のしかたが、人にとって疑いないと認めやすい性質。

451 **遂行《すいこう》**

成し遂げること。

類 **励行《れいこう》**…努力して決めたとおりに実行すること。

類 **並行《へいこう》**…二つの事柄を同時に行うこと。

入試（書き）「平衡」などとの違いに注意。

類 **貫徹《かんてつ》**…目的を達成するまで、思いどおりにやり抜くこと。

類 **完遂《かんすい》**…完全にやり遂げること。

452 **感興《かんきょう》**

見たり聞いたりして面白いと思うこと。

入試（書き）「環境」との違いに注意。

類 **興趣《きょうしゅ》**…何かを見たり聞いたりしたときに感じる面白み。

453 **代替《だいたい》**

他のもので代えること。

類 **置換《ちかん》**…置き換えること。

類 **更迭《こうてつ》**…その地位や役目の人を入れ換えること。

454 **夙《つと》に**

早くから。幼いときから。

注「夙に知られている」のように用いる。

455 **剰《あまつさ》え**

ある（悪い）状況が、さらに加わること。そのうえ。おまけに。

456 **おのがじし**

各自がめいめいに。

確認問題

問1　傍線部の読みを答えよ。

①時代の趨勢を読む。

②心配事が杞憂に終わってほっとした。

問2　傍線部のカタカナを漢字に改めよ。

①シセイの人々の生活を描いた小説。

②富裕層に富がヘンザイしていることを抗議する。

③世間のドウセイを見守りながら行動する。

問3　空欄にあてはまる最も適切な語を後から選べ。

①［　　］をしっかりしてから実行に移した。

②テレビ放送は、重要な［　　］の一つだ。

③甘やかしすぎると、子どもを［　　］してしまう。

④考え方が［　　］で、決してめげない。

㋐ポジティブ　㋑メディア　㋒シミュレーション　㋓スポイル

問4　傍線部の語の意味を答えよ。

つとに指摘されてきたところではあるが、国民国家の存在理由は、その内外の双方から大きく揺さぶりをかけられていると言ってよい。

出典 鷲田清一「時代のきしみ」

解答　問1 ①すうせい ②きゆう　問2 ①市井 ②偏在 ③動静　問3 ①ウ ②イ ③エ ④ア　問4 早くから

情報

▼「電子言語」と「音声言語」の違いを文脈の中で確認しよう。

メディア状況という側面では現在、大きな転換期にさしかかろうとしている。いわゆる電子**ネットワーク**社会の到来である。電子メイルシステムは、伝達の瞬時性、時間的な非同期性、同報性、情報の加工性、コストメリット等の点から企業で急速に発展し、一般市民の間でもパソコン通信やインターネットという形で通信**ツール**の一角を占めようとしている。コミュニケーションの一部は、徐々に話し言葉中心から電子言語に移行しつつある。そして、この方向性の影響はある意味で非常に重要に思える。その理由の一つは我々のコミュニケーションの基本である「声」の音**表象**→P116的側面が価値を減じる可能性があるからである。音声言語は、明確に文字化できる**認知的**意味のほか、音の高低、強弱、長短等パラリンガル的要素*によって伝えられる情感的意味、さらには**擬音語**→P76に表されるような**アイコン**的意味を担う。ソシュ

解説❶
ネット上の**メディア**の特色は、すぐに連絡できること、情報を長く残せること、出来事と同時に何か所へも伝えられること、受信者が情報を加工できること、**廉価**であること、である。そのため広く普及した。

解説❷
「声」はコミュニケーションの基本であり、言語そのものではない高低や強弱などでも、思いを伝える。まさに身体性を伴っており、文字に直したときに取れる意味だけが声ではない（→P 72）のである。

評論の重要語

次の問いに答えよ。

①「**ツール**」（5行目）の意味を次から選べ。
㋐道具 ㋑原料 ㋒機械 ㋓言語

②「**恣意**」（13行目）の読みを書け。

③「**遂行**」（15行目）の類義語を次から選べ。
㋐置換 ㋑趨勢 ㋒貫徹 ㋓更迭

④次の傍線部を漢字に改めよ。
自然の美に**カンキョウ**を覚える。

⑤「物事のある性質を切り捨てること」の意味を持つ語を本文から抜き出せ。

⑥次の傍線部を漢字に改めよ。
豊かな感受性を**ソウシツ**してしまう。

＊**パラリンガル的要素**…非言語的要素。

ールがいうシニフィアンとシニフィエの**恣意的**↓P74結合（**シンボル**）↓P67だけが音声言語のすべてではない。（中略）音声言語は、情報を伝達し、ある種の言語行為を**遂行**するだけでなく、感情、**感興**、神秘、さらに非符号的文脈情報を伝え、儀礼性および演戯性の側面でも重要な役割を果たしている。電子言語の世界では、（絵文字などで**代替的**試みがされているとはいえ）基本的にこの部分が**捨象**↓P33されてしまう。と同時に、我々は徐々にこうした音表象性を感じとる能力を**喪失**↓P10しつつあるように思われる。

出典　橋元良明「聞くことを忘れた現代社会」

解説❸
ソシュールは記号とその意味の**恣意的**結合を重視したが、雨の降り方を「ザーザー」とするような**擬音語**は恣意的ではなく、その点でもソシュールの述べることは音声言語のすべてではない。

解説❹
ところが、電子言語は非符号的な情報を伝えない。そのためにメイルでは絵文字によって感情を伝えようとするのだが、電子言語は我々からそうした音の奥深さへの感性を失わせつつある。

確認問題

問　「声」が持つ「音表象性」の例として、適切なものには○、適切でないものには×を付けよ。

㋐ 声の発し方を変えることで、儀礼性や芝居がかった場面を作り上げられる。
㋑ シニフィアンとシニフィエの恣意的結合によって、意味を正確に伝達できる。
㋒ 音の高低や強弱、長短など、意味そのもの以外の要素によって、情感を伝える。
㋓ 擬音語のように、音そのものによって、物事の様子や状態を説明できる。

論理の展開

電子ネットワーク社会の到来
＝
コミュニケーションが**電子言語**に
←
「声」の**音表象的**側面が価値を減じる

音声言語は
情感的、アイコン的意味を担う
非符号的文脈情報も伝える

電子言語は、この部分を捨象する
我々は**音表象性**を感じとる能力を喪失

例文のポイント

身体性を伴う「声」は、その言語的な意味以外の部分でも情感を伝えるが、電子メイルは感情を伝ええない。

解答　評論の重要語　①ア　②しい　③ウ　④感興　⑤捨象　⑥喪失　確認問題　ア○　イ×　ウ○　エ○

評論の論点 21

国家

——想像の共同体

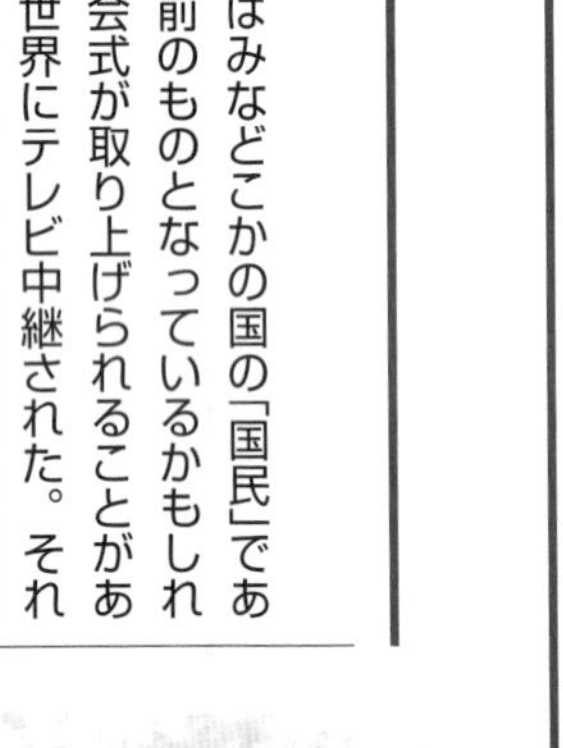

序 「国家」は実体か？

世界中の大地は必ずどこかの「国」であり、世界を生きる人はみなどこかの国の「国民」である——このような近代的世界像（ナショナリズム）は当たり前のものとなっているかもしれない。その契機として、一九六四年東京オリンピックの開会式が取り上げられることがある。各国選手団のそれぞれの国旗を先頭にした入場行進が世界にテレビ中継された。それは、たかだか半世紀前のことにすぎない。「国家」も「国民」ももともとあった実体ではない。それは近代においてはじめて自明視されるようになった制度なのである。

1 国家の二面性

今日の「国家」は領土と**国民**↓P172と主権によって成り立つ「**国民国家**」である。「国民国家」は司法と立法と行政の三権↓P172をもってその領土と国民を**統治**↓P26し、国内の**秩序**↓P18の安定を図る。ところが、その領土の境界や国民の**実体**↓P175が曖昧であったり複雑であったりするために様々な問題（領土問題・**差別**↓P122問題など）が生じることになる。もとより私たちの生活にはその「国家」に**依拠**↓P101して成り立っている面がある。つまり「国家」は必要であり、しかし同時に危険でもあるという**ジレンマ**↓P44が避けられないわけだ。

ここがポイント！

◎国民国家

・領土
・国民
・主権
→ 曖昧 複雑

⇐ 領土問題 差別問題

2 領土と国民を決めるのは？

この大地はもともと誰のものでもない。領有とはある時点で発生した歴史的*でかつ恣意的↓P74必然的でないな制度だ。また民族↓P172は「固有の言語や文化を共有する人々」として「国民」を形成しているが、言語も文化も境界の曖昧なものだし、民族というもの自体、雑種化しながら流動し続けている、その暫定的↓P174仮の措置な表れにすぎない。つまり「民族」の枠組も「国民」も確固↓P174としたものではなく、「国民国家」は「想像の共同体↓P172」にすぎないとも言えるのである。

3 ナショナリズム

「法的、遺伝的、精神的なものががっちり組み合わさって、日本人とはすなわち日本人の血が流れている者、すなわち日本と呼ばれる国民国家の市民↓P82、すなわち日本的感覚をもつ者、となる連動装置こそまさしく、この列島に住む多くの異なる種類の人びとを締めつける万力をつくりだしている」（ノーマ・フィールド「ジャパン・バッシングについて」）とは日本だけの状況ではない。そもそも世界の多くは「多民族国家↓P173」なのである。肌や瞳の色が異なる人々、言語や信仰、習慣が異なる人々、そうした人々が同じ領土に住み、同じ国民と称される。そこに様々な葛藤↓P101対立が生じる。つまりどちらが正しい国民か、どちらが正しい言語か、どちらが正しい文化か……というわけだ。この過程ではしばしば「純粋な」民族や「純粋な」言語などといった幻想↓P34が語られ、それが標準として強制され、「異端↓P116」の発見と疎外↓P10、差別と排斥↓P26が始まることになる。民族紛争↓P181を始めとする諸問題は、実は「国内」問題なのである。

＊**歴史的**　歴史上ある時点であらわれたさま。

ここがポイント！

領有 ↓歴史的かつ恣意的な制度

民族 ↓暫定的な表れ

⇐ ◎国民国家＝想像の共同体

457 国民《こくみん》

国家を構成する人民。その国家の国籍をもつ人々。

類 ナショナル…国民的。全国的。

458 国民国家《こくみんこっか》

ある民族が構成する国民というひとまとまりの人々によって成立する国家。民族国家。

同 ネイション。ネイション・ステイト。

参考 近代の国家は「**領土**」と「**国民**」と「**主権**（国家の意志やあり方を最終的に決定する権力）」によって成り立つ「**国民国家**」である。「**領土**」と「**主権**」が歴史的・人為的に作られる制度であることはわかりやすいが、それらを基礎に成り立つのが「**国民国家**」である以上、「国民」もまた「国民国家」の成立とともに見いだされる制度であることに違いはない。「**想像の共同体**」は、アメリカの政治学者、ベネディクト・アンダーソンの概念で、「国民国家」が、メディア情報から人々がイメージ（想像）する共同性の意識に依拠することを表したものである。

459 想像《そうぞう》の共同体《きょうどうたい》

実体ではなくイメージとしてのみ成り立つ国家意識や国民意識。

確認問題 **空欄にあてはまる語を答えよ。**

現代社会が直面する諸問題のなかで言語問題が大きな課題として立ち現れていることが認識され始めたのは比較的最近のことである。ヨーロッパで誕生した経済学や政治学などの社会科学が、基本的に「言語＝民族＝ A 」という近代国民 A の枠組みを前提にしていたためであろう。

出典 梶茂樹・砂野幸稔編著『アフリカのことばと社会』

460 民族《みんぞく》

言語をはじめ、宗教や習慣などの文化的伝統を共有する人々。

関 エスニシティ…ある民族や特定の文化的集団への同属意識。

注 ある地域に暮らす人々の伝統的な生活文化や習慣を意味する「**民俗**」との混同に注意（↓P142「民俗学」）。「族」は同種の人々、「俗」は世の中や習慣の意である。

参考 「**民族**」は、国家を構成する国民的一体性の基礎だが、民族相互の境界を明瞭にするだけの定義が見いだせないうえ、一つの民族が一つの地域に暮らすとは限らず、またどんな民族に属し

461 多民族国家《たみんぞくこっか》

多数の民族が集まって一つの国家とその国民を構成している、その国。

ていても、それとは無関係にその国の国籍を取得すれば「**国民**」となることから、「民族」は必ずしも「国民」と一致しない。「**多民族国家**」では、同一の「国民」でありながら「民族」が異なるという事態が、民族間の序列意識や、どちらが国民としての正統性をもつかといった主導権をめぐる闘争を招き、それがしばしば「民族紛争」や「内戦」に発展している。

462 ナショナリズム

[英 nationalism]

民族主義に基づく国民国家の統一を目的とする思想や運動。国家主義。民族主義。

関 **帝国主義《ていこくしゅぎ》**…他国や多民族を軍事的・経済的に征服して統治下におさめようとする大国主義的傾向。

参考 「**ナショナリズム**」の拡大が「**帝国主義**」的な他国への干渉となって、ある国の「ナショナリズム」に対し破壊的に作用する。すると、干渉を受けた国は自らを防衛するために、自らの内部における一体性を高めるべく、「ナショナリズム」的な傾向を強めることになる。

「**ファシズム**」とは元来、イタリアのファシスト党の政治体制のことだが、第一次世界大戦後の資本主義諸国に相次いで出現した、議会政治を超越した独裁政権による政治理念全体を意味するようになった。第二次世界大戦は「反ファシズム」を大義として行われた。

463 ファシズム

[英 fascism]

市民的自由の極度の制限と全体主義、侵略主義を特徴とする、一党独裁によるきわめて抑圧的な政治形態。

確認問題 **空欄に「全体」「個人」のいずれかを入れよ。**

エーリッヒ・フロムは、『自由からの逃走』において、一九二〇年代以降、ドイツが［ B ］主義から急速に極端なファシズム（［ C ］主義）へと移行してしまったことを、「自由」という観点から説きました。

出典 姜尚中「悩む力」

解答 A 国家 B 個人 C 全体

時間

464 暫定《ざんてい》

正式に決定されるまでのしばらくの間、臨時にとられる仮の措置。

類 **暫時**《ざんじ》…しばらくの間。

注「暫」は「しばらく」。「暫時」と「漸次《ぜんじ》（次第次第に）」との混同に注意

永劫《えいごう》

無限の時間。未来永劫。

関 **永劫回帰**《えいごうかいき》…同じことが永遠に繰り返されること。ニーチェ（→P212）の概念。

類 **悠久**《ゆうきゅう》…果てしなく長い時間。

類 **恒久**《こうきゅう》…ある状態が永く変わらないこと。

類 **恒常的**《こうじょうてき》…一定していて変わらないこと。

刹那《せつな》

極めて短い時間。一瞬間。

関 **刹那的**《せつなてき》・**刹那主義**《せつなしゅぎ》…将来を考えず、今この瞬間にのみ価値を認めるあり方。

四字 **自暴自棄**《じぼうじき》…自分の思いどおりにならず、投げやりになること。

不動

465 確固《かっこ》（確乎）

しっかりして確かなさま。考えや地位が容易に動かないさま。

類 **堅固**《けんご》…かたくてしっかりしていること。

堅忍不抜《けんにんふばつ》

がまん強く耐え忍び、自分を曲げないこと。

類 **不退転**《ふたいてん》…意志をかえず前進すること。

466 淵源《えんげん》

ここに至った物事の、そもそものみなもと。根源。起源。

類 **源泉**《げんせん》…物事が生じるみなもと。原泉。

467 自明《じめい》

言うまでもなく明らかなこと。証明を必要としないこと。絶対であること。

注「自明の前提」「自明の理」の形で用いられることも多い。

入試「自明」とされていることをあえて「相対化」（→P17）し問い直すことで、新たな知見への到達を試みる評論は多い。

468 醸成《じょうせい》

雰囲気や気配が作り出されること。気運が高められること。醸《かも》し出《だ》すこと。

入試「醸す」は読みが問われる。

ばかにする

469 嘲笑《ちょうしょう》

見下して笑うこと。あざ笑うこと。

類 **冷笑**《れいしょう》…さげすんで笑うこと。

愚弄《ぐろう》

あなどってからかうこと。

類 **嘲弄**《ちょうろう》…見下してばかにすること。

一蹴《いっしゅう》

問題にせず、相手の申し出などを簡単に断ること。

470 革命《かくめい》

被支配階級が支配階級を打ち倒し、権力を奪うこと。

類 **謀反**《むほん》…主君や支配者に背くこと。背いて反乱を起こすこと。

471 **アナーキー**

［英］anarchy

無政府状態。無秩序。

［関］**アナーキスト**…無政府主義者。

［注］「アナーキー」は政治的統一を失った混沌《こんとん》状態である。

472 **先駆《せんく》**

誰よりも早くことをなすこと。さきがけ。

［類］**草分《くさわ》け**…その世界の開拓者。はじめて起こした人。草創。

［類］**先達《せんだつ》**…その分野の先輩。指導者。（→P304）

さきがけ **先陣《せんじん》を切《き》る**

一番乗りをすること。

［対］**後塵《こうじん》を拝《はい》す**…後れをとること。

473 **実体《じったい》**

本体。実質。客体として認識できるもの。外形だけではない、正体あるもの。

［類］**実体化《じったいか》**…概念などを客体化し、実体あるものにすること。

474 **プロセス**

［英］process

何事かが進行する過程。道筋。手順。

確認問題

問1 傍線部の読みを答えよ。

①人を<u>愚弄</u>するような言動は断じて許せない。

②まことに恐縮ですが<u>暫時</u>お待ち願います。

③明智光秀は織田信長に<u>謀反</u>を起こした。

問2 傍線部のカタカナを漢字に改めよ。

①ナショナリズム研究の**センク**となった書物。

②**ジメイ**の前提を疑うところから新研究が始まる。

③財政健全化に**フタイテン**の決意で臨む。

問3 空欄にあてはまる語を後から選べ。

①［　　］的な生き方をしていては展望が開けない。

②圧政に耐えかねた民衆が［　　］を起こす。

③［　　］たる信念を持って日々の仕事に取り組む。

㋐確固　㋑刹那　㋒永劫　㋓実体　㋔革命

問4 空欄にあてはまる最も適切な語を後から選べ。

①一体感、連帯感といった意識を方言が［　　］する。このことからさらに考えてみると、方言を使う相手は、互いに仲間同士の間柄、あるいはそうなることを望んでいる関係であることに気がつく。

［出典］小林隆「現代方言の正体」

②鉄骨造はコンクリート造より繊細で透明であったかもしれないが、自由と普遍性においては、はるかにその［　　］を拝すのである。

［出典］隈研吾「負ける建築」

㋐先陣　㋑後塵　㋒冷笑　㋓実体　㋔醸成

解答　問1 ①ぐろう ②ざんじ ③むほん　問2 ①先駆 ②自明 ③不退転　問3 ①イ ②オ ③ア　問4 ①オ ②イ

国家

▼「言語」と「ナショナリズム」の関係を文脈の中で確認しよう。

解説①

「**国家**」は領土と**国民**と主権でできている。ある領土が定まれば、その領域に住む多様な人々を一つの国民に形成しなければならない。その「一つの国民」つまり皆が同じ国民だと思う「国民意識」は、同じ言語の共有を要請するだろう。日本でも諸地域の「方言」（→P 75）と呼ばれる言語の、いわゆる標準語への一元化が図られた。そのように人工的に作られた言語が「純粋」だとされ、方言は差別と**嘲笑**の対象にさえなったのである。

グリムが、ドイツ語辞書や文法書の編纂《へんさん》、そしてあの有名な童話集を通して目指したのは、来るべきドイツ統一国家のために**国民**意識を**醸成する**ことであった。そのためには、ドイツ語と他国語との境界をはっきりさせ、どこまでが「ドイツ」に属し、どこからが属さないかを明示する必要がある。結果的に彼は、多種多様な言語からみずからの言語を抜き出し、それをもって言語の世界を、自分たちのものとそれ以外のものに分割したのである。それに対し、フンボルト*は、ヨーロッパの外にある諸世界のさまざまな言語に目配りし、それぞれに異なった言語はそれぞれに異なった**民族**的**世界観**↓P27の存在を**示唆**↓P114している、と主張した。彼にとって、言語がたくさんあるということは、それだけたくさんの「世界」がある、ということを意味していた。ふたりの間に見られるこのような違いが、かれらの言語学がその後

評論の重要語

次の問いに答えよ。

①「**醸成する**」（3行目）の意味を次から選べ。
㋐ 高める　㋑ 極める
㋒ 弱める　㋓ 始める

②「**示唆**（する）」（9行目）の意味をひらがな五字で答えよ。

③「**ナショナリズム**」（14行目）の訳語を次から選べ。
㋐ 全体主義　㋑ 自由主義
㋒ 民族主義　㋓ 社会主義

④「**淵源**」（16行目）の読みを書け。

⑤「**嘲笑**」（解説①）の意味に最も近いものを次から選べ。
㋐ 失笑　㋑ 微笑
㋒ 苦笑　㋓ 冷笑

＊**フンボルト**…ドイツの政治家・言語学者（一七六七～一八三五）。

にたどった「政治的」運命を決定したと言えるかもしれない。グリムの言語学は、ドイツにおける**ナショナリズム**（一八四八年三月**革命**へと至る国民統一運動）と深く関わることになった。そもそも、ヨーロッパにおいて、言語学はナショナリズムと同じ**淵源**から流れ出したのである。それに対して、フンボルトが言語の**多様性**→P34に向けた視線は、十九世紀を通じて孤立した試みであり続けた。

出典　足立信彦「〈悪しき〉文化について」

解説②
われわれが認識しているのは、世界のありのままではなく、それぞれの言語を介して作り出される世界像である。それが「**民族**的**世界観**」であり、それぞれが諸言語に応じた**多様性**を形成している。

解説③
グリムが「統一＝一元化」の方向にあるのに対し、フンボルトはもともとの「多様性＝多元性」に立脚している。十九世紀は**ナショナリズム**の時代であったから、フンボルトは孤立した。しかし、彼は「多文化主義」（→P59）を標榜する二十世紀の文化人類学の**先駆**となった。

論理の展開

〈多種多様な言語〉

← **グリム**
「ドイツ語」とそれ以外の言語の境界を明示
← 〈言語の**統一**〉
国民**統一**運動の形成に深く関与

← **フンボルト**
異なる言語と異なる民族的世界観
← 〈言語の**多様性**〉
十九世紀を通じ**孤立**

⇠ 〈異なる「政治的」運命〉

例文のポイント

グリムの言語学は、国民意識を醸成する点で、ナショナリズムに寄与した。

確認問題

問　**本文の内容に合致するものには○、合致しないものには×を付けよ。**

㋐ グリムはドイツ語の境界を明確に規定することで、言語の多様性を示そうとした。
㋑ フンボルトは多様な言語の存在を、多様な民族的世界観の存在を示すものととらえた。
㋒ グリムには、言語学が国民意識の統一と統一国家建設につながるという前提があった。
㋓ フンボルトの言語学は、ナショナリズムと深く関わったために孤立せざるをえなかった。

解答　評論の重要語 ①ア ②ほのめかす ③ウ ④えんげん ⑤エ　確認問題 ア× イ○ ウ○ エ×

国際 ―「正義」はあるのか

序 井の中の蛙《かわず》が大海へ

はるかな星からやってきた悪い怪獣を正義の味方がやっつける。さて問題です。果たしてその怪獣は故郷の星でも「悪い怪獣」だったか。それをやっつける正義は、いったい誰の「正義」なのか。……やっつけられる「怪獣」は不本意だろう。また人間も、実はそちらの星に行けばやっつけられる運命だ。国家が国境を越えて行動する「国際社会」には、以上のような「国際問題」が遍在しているのである。

1 国際社会の二面性

産業革命↓P7以降、土地と**共同体**↓P9に結びついていた人間は、それらの束縛から解放されて、自由な**市民**↓P82としての生を**謳歌**《おうか》↓P182味わい楽しむことしてきた。その流動性はやがて国境を越え、今日の国際社会を形成しつつあるだろう。そこでは**ボーダーレス**↓P180境界がないことに活動する**多国籍企業**↓P180に**象徴**↓P67されるように、経済の**ダイナミズム**↓P182力強いことが生み出され、平和な**コスモポリタン**↓P180世界市民的社会の形成が目指されているのかもしれない。しかし人間が文化的存在である以上、それぞれの価値観や倫理観の**齟齬**《そご》↓P182と**軋轢**《あつれき》↓P60と、それに起因する対立や衝突が避けられないというのも、国際社会の深刻な一面なのだ。

2 国際機関

外交↓P180は、相**対峙**《あいたいじ》↓P182する国家の関係を改善する第一の**方途**↓P182だが、それぞれが自国の利益を追求する限り、そこには当事者間の**非対称的**釣り合わないさまな政治力や経済力が反映されてしまう。

ここがポイント！

○国際社会の形成
・**経済のダイナミズム**
・**平和なコスモポリタン的社会**
⇔一方で
・**価値観や倫理観の齟齬や軋轢**
↓対立や衝突

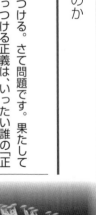

公平な解決には、個々の国家を超越↓P10するメタレベル《より上位の》↓P183の機関や理念が、国際機関↓P180や国際法↓P180として作り出されねばなるまいが、国家が統治↓P26機構の最上位に位置し、人間や土地を含めたすべてが必ずどこかの国家に帰属↓P84するナショナリズム↓P173のもとでは、その実現には限界がある。

3 グローバリゼーション

ナショナリズムが国内の**一元化**↓P32を図るように、**グローバリゼーション**↓P180が世界の価値観や倫理観、言語その他の多様な側面を一元化しようとしている。ただし国家のメタレベルに位置する統治機関が存在しない以上、世界の一元化は**相対**↓P17的に優位な国家によって牽引《けんいん》されることになる。英語が万国共通語のように言われ、ドルが国際的な商取引の**基軸通貨**《各国の通貨価値を比較する基準となる通貨》になるのはそのような状況の**必然**↓P25だ。そこでは国際**紛争**↓P181も変貌する。ナショナリズムの時代の国際紛争は、**主権国家**↓P182同士の**戦争**↓P181であったが、グローバル化しつつある今日の国際紛争は、世界の統一的な**秩序**↓P18に背く者の「犯罪行為（**テロリズム**↓P181）」と、それに対する「**正義**↓P99」の戦いである。ただし倫理は常に相対的な文化的価値観のひとつであるから、この場合の「正義」も**普遍**↓P8的なものではないという可能性を**排除**↓P26できないのである。

基軸通貨である「米ドル」は、国境を越えて流通する

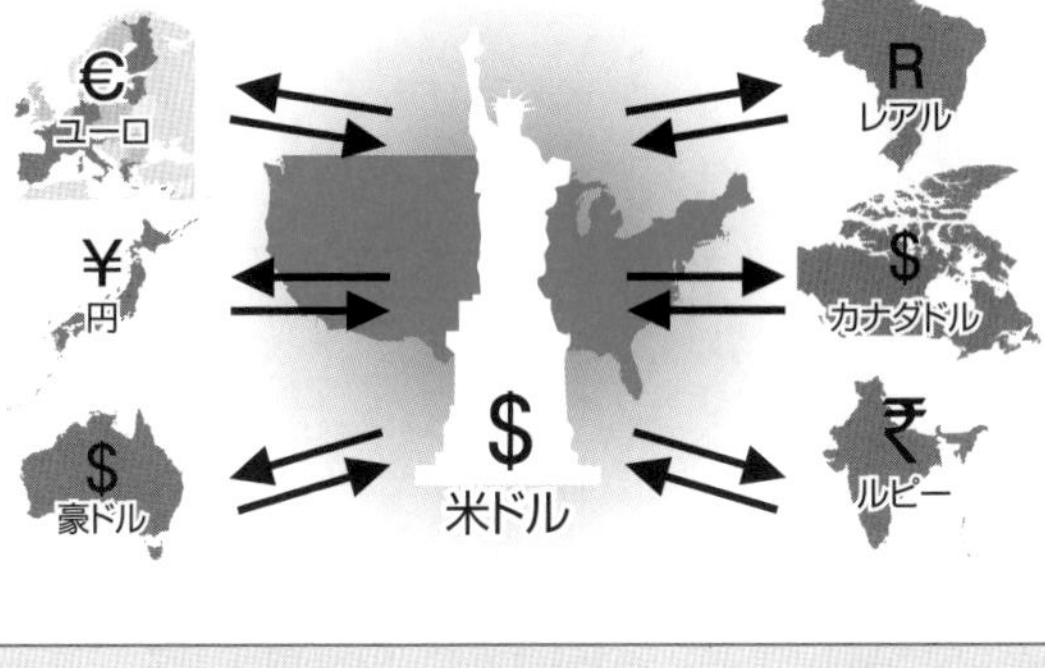

ここがポイント！

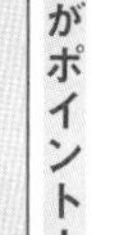

○ナショナリズム
国内一元化
⇔
○グローバリゼーション
価値観・倫理観・言語など一元化
⇐
◎**相対的に優位な国家が牽引**
・英語万国共通語
・ドル国際的商取引の基軸通貨
⇐
国際紛争
○ナショナリズム
正義
主権国家の戦争
⇔
○グローバリゼーション
正義
世界統一的な秩序に背くテロリズムとの戦い

475 グローバリゼーション

［英 globalization］

世界全体に広がること。地球規模で拡大すること。グローバル化。

関 **グローバル**…世界的な。地球規模の。（↓P59）

参考 国際金融資本の発展による資本主義市場の世界化、情報ネットワークの世界化等々によって、さまざまな問題群が国家の枠組を超えたところに出現し始めている今日、従来の世界像の基本であった「**国民国家**」（↓P172）による「**ナショナリズム**」（↓P173）が、その限界に直面していることは明らかだ。

476 ボーダーレス

［英 borderless］

境界がないこと。「ボーダー」は「境界・国境」。よって、企業による活動などが、国家の枠組にとらわれることなく展開される状況。

注「ボーダーレス」に活動する人と企業を次のように言う。

関 **コスモポリタン**…国境や国籍にとらわれずに行動する人。国際人。「コスモポリタニズム」は、国家や民族を超越して、それらに帰属しない純粋な個人としての世界市民が世界社会を構築するという理念である。世界市民主義。

関 **多国籍企業**《たこくせききぎょう》…複数の国に拠点をもって国際的な規模で事業展開する企業。

477 外交《がいこう》

国家間の問題を交渉で処理するための手続き。

対 **内政**《ないせい》…国内の政治や行政。

注「**外交**」には、「保険の外交員」のように、企業の担当者が顧客を訪問し交渉する意味もある。「**国際機関**（international organization）」は「国際組織」「国際機構」と訳される場合もある。

478 国際機関《こくさいきかん》

複数の国家が協働する組織。国際連合など。

関 **国際法**《こくさいほう》…複数の国家の合意によって作られる法。条約と国際慣習法。

確認問題 空欄にあてはまる語を後から選べ。

人権や民主主義について、地球的な価値観が育ってきている。だが、それを実現する方法については多様な考えが存在している。外交の主体は［A］であるが、いまや企業、財界、学界、地方自治体、NGO（非政府組織）などが幅広く、［B］的に交流しあう時代が到来している。

出典 明石康「地球を読む・日本人の英語力」

㋐ 水平　㋑ 論理　㋒ 均質　㋓ 政府　㋔ 国民

479 戦争《せんそう》

国家間の武力闘争。

類 **紛争《ふんそう》**…何かをめぐる対立から発展した争い。

類 **抗争《こうそう》**…たがいに抗《あらが》い争うこと。

480 テロリズム

[英 terrorism]

暴力に訴えることで政治的な目的の実現を図るあり方。

類 **テロル**…暴力による威嚇。テロ。

481 冷戦《れいせん》

実際の戦闘行為は伴わないが、それに匹敵する内実をもつ国際間の対立抗争。第二次世界大戦後からベルリンの壁崩壊（一九八九）までのアメリカ合衆国とソビエト連邦の東西冷戦構造を指す。

参考 国家間の対立は、まず「**外交**」によってその解決が図られ、それが破綻《はたん》したとき、国家間の「**紛争**」すなわち「**戦争**」という最悪の事態に陥る。「戦争」には、皮肉なことだが、「**ナショナリズム**」に立脚する世界の、最終的な問題解決策という側面もあるわけだ。国家の正規軍同士が戦う「戦争」に対して、「**テロリズム**」には非合法の暴力行為という位置しか与えられない。それは、「テロリズム」が「国家」を主体とする国際秩序への反逆だからだ。

注「冷戦」の時代、世界が「東側」と「西側」に分かれ対立した。

関 **東側《ひがしがわ》**…旧ソビエト連邦を中心とする社会主義諸国。おおむねヨーロッパの東部地域。

関 **西側《にしがわ》**…自由主義体制の諸国。おおむねヨーロッパの西部地域。

確認問題 **空欄にあてはまる語を後から選べ。**

このときに、ポスト[C]時代においても日米安保の枠組みは不変であると、多くの日本人は受け止めたはずである。二一世紀に入り[D]行為の拡大や核兵器の拡散の恐れが現実化するなかでも、日米安保の枠組みを前提に、[E]な平和の秩序の模索が図られるべきであるという国民的合意が成立していたはずだ。

出典 田中直毅「永田町も『失われた二〇年』」

（注）このときに…一九九四年、村山富市内閣発足時を指す。

ア 戦争　イ テロ　ウ 冷戦　エ ローカル　オ グローバル

解答 A エ　B ア　C ウ　D イ　E オ

482 ディアスポラ

故郷を離れ離散して暮らす人。

注 本来は、離散してパレスチナ以外に住むユダヤ人のこと。

483 主権国家《しゅけんこっか》

自らの意思決定を自らでなす主権をもつ国家。他国に従属しない独立の国家。

対 属国《ぞっこく》…他国に従属している国家。

植民地

484 植民地《しょくみんち》

ある国の属領として、本国からの移住者が経営する地域。

関 コロニアリズム…植民地主義。

ポストコロニアリズム

[英 post-colonialism]

帝国主義（→P173）の時代が終わり、植民地が独立国家へと解放された後も、旧植民地の先進国への依存などという形で植民地主義的な諸問題が残っている状況。

北と南

485 南北問題《なんぼくもんだい》

先進工業諸国と発展途上諸国の経済水準の格差。また、それに由来する諸問題。

注 北半球に先進工業国が多く、南半球に途上国が多いところからこう称された。

フェアトレード

[英 fair trade]

発展途上国の生産者に、適正な賃金と労働条件を保証するために、それらの国からの輸入品を相応の価格で取引する貿易形態。

486 対峙《たいじ》

正面から向き合って相対すること。

類 拮抗《きっこう》…双方の力が均衡し張り合う状態。

受け入れる

487 謳歌《おうか》

たたえて、味わい楽しむこと。

類 享楽《きょうらく》…快楽を受け入れ、ふけること。

類 謳《うた》う…ほめたたえて楽しむ。明確に文章で表現する。

甘受《かんじゅ》

与えられたものや条件、境遇を、しかたなくあきらめて受け入れること。

入試 「甘受」と「感受（刺激や印象を受けること）」との混同に注意。

動／静

488 ダイナミック

[英 dynamic]

動的であるさま。躍動的で力強いさま。

関 ダイナミズム…一切が動的であること。活力。力強いこと。

↔

スタティック

[英 static]

静的であるさま。安定したさま。

489 齟齬《そご》

くいちがうこと。かみ合わないさま。

入試 読みと意味が問われる語。

490 軛《くびき》

自由を束縛するもの。

注 もとは、牛馬などを車などに繋《つな》ぐ器具。

方法

491 方途《ほうと》

方法。進むべき行き方。

類 方策《ほうさく》…何かを実現するためのてだて。

策略《さくりゃく》

何かを実現するためのはかりごと。計略。

類 謀略《ぼうりゃく》…人を陥れるための策略。

判断

492 措定《そてい》

事物の存在を肯定したり、その内容を明確に記したりすること。

対 反措定《はんそてい》…ある主張に対して立てられた否定的主張。

テーゼ

[独 These]

はじめに立てられた判断の内容。命題。

対 アンチテーゼ…反対命題。反措定。

493 不可侵《ふかしん》

侵害することが許されないこと。

注「不可〜」は「〜できないこと」の意。

関 不可避《ふかひ》…避けられないこと。

関 不可逆《ふかぎゃく》…後戻りできないこと。

入試「脳死」(→P51)は死の「不可逆」的進行を示す。

494 メタ〜

[英 meta 〜]

より上位の〜。超越的な位置にある〜。

類 メタレベル…より上位の次元。超越的な次元。

関 メタフィジーク…形而上学。(→P50)

注「メタレベル」には「より包括的・抽象的な次元」という用法もある。我が家の犬猫よりも概念としての犬猫が上位にあり、さらに、哺乳類、動物、生物、物、存在……という包括的関係が作られるのである。

確認問題

問1 傍線部の読みを答えよ。

①国境地帯を挟んで両軍が対峙している。

②実家から独立して自由な生活を謳歌する。

③前回の説明と齟齬を来《きた》す内容は受け入れられない。

問2 傍線部のカタカナを漢字に改めよ。

①外交交渉を有利に運ぶためのサクリャクをめぐらす。

②厳しい労働条件だがカンジュせざるをえない。

問3 空欄にあてはまる語を答えよ。

西欧諸国の[A]地であったアフリカの多くの地域が、一九六〇年代以降独立国家となった。しかし、今日でも先進国との経済的格差はあり、[B]問題は解決していない。このような現状への対処として[C]トレードという公正な貿易の方策を実践する動きもある。

問4 傍線部の外来語を指定の字数で日本語に言い換えよ。

①進歩をつづける世界というイデオロギーのなかで、「ネイティヴ」な社会のスタティック(2字)な様態こそが、文明化のアイデンティティを規定するための参照点となった。

出典 今福龍太「クレオール主義」

②オリエンタリズムの一般的イメージというのは、たしかに東洋の神秘へのあこがれ、あるいはおそれなんですね。それはある意味では、西欧近代へのアンチテーゼ(3字)です。

出典 岩井克人「資本主義を語る」

解答 問1 ①たいじ ②おうか ③そご 問2 ①策略 ②甘受 問3 A 植民 B 南北 C フェア

国際

▼「国際機構」が必要とされる背景を文脈の中で確認しよう。

ウェストファリアこのかた、国家間の**紛争**は増えこそすれ減ってはいない。むしろ、国内的に至高の**統治**↓P26権として**措定**された主権が、その後、対外的な非従属性（自己以外の**主体**↓P16の意思に従わないこと）へと拡張されるに及んで、民族国家システムの**抗争**誘発性はさらに高まったと言うべきだろう。そればかりか、このシステムにおいて国家間の抗争は法的な正当性すら与えられていた。少なくとも一九二八年まで、**国際法**上の「**戦争**」はただの「争い」ではなく、紛争解決のための最後の法的な手段だったのである。交流**阻害**↓P150と抗争助長と、いずれの面を見てもこのシステムが克服すべき課題を持って生まれたものであることにほとんど疑う余地はない。

このような事態に対応して**国際機構**が出現する。（中略）民族国家は**国際機構**という制度を通じて〈再び結ばれる〉ことになる。〈再び

解説①
三十年戦争の講和条約（＝1648年ウェストファリア条約）によって、皇帝や教皇の権力による西欧世界の全体的統一という意図が後退し、ヨーロッパは相互に**不可侵**の、自立した**主権国家**の集合となった。

解説②
「主権」はもともと国家内部を統制する最高権力だったが、やがて、自国の独立を維持するための、対外的な権力となっていく。

解説③
国家間の武力衝突は、互いの対立を解消するための**外交**交渉が決裂したときに選択される、最後の手段である。

評論の重要語

次の問いに答えよ。

①「**措定された**」（2行目）の意味を次から選べ。
㋐例示された　㋑明示された
㋒暗示された　㋓表示された

②「**主体**」（3行目）の対義語を書け。

③「**阻害**」（8行目）の意味を次から選べ。
㋐物事の進行を邪魔する
㋑物事の変化を否定する
㋒物事の退化を促進する
㋓物事の意味を無化する

④「**国際機構**」（11行目）の例を一つ挙げよ。

⑤「**不可侵**」（解説①）の意味を六字で答えよ。

⑥次の傍線部を漢字に改めよ。
国民の意思を実現する**ホウト**を考える。

一つの政体へと融合し始めた〉のではない。すでに述べたように主権的な民族国家という新しい制度はもはや覆しようがなかったから、それを否定して世界連邦や世界国家（といってもヨーロッパに限られてはいたが）をつくるのではなく、あくまでそれらの断片を〈つなぐ〉にとどめるのである。その意味において国際機構という存在は、主権的民族国家システムの機能的な不都合に対処すべく生み出された、いわばすぐれて工学的な解だった。

出典　最上敏樹「国連システムを超えて」

解説④
民族国家がそれぞれ主権を主張するかぎり、両者の交流が**阻害**されるのは必然だ。また両者の対立は、互いの譲歩がなければ、紛争から武力**抗争**へと発展する。

解説⑤
国家間の対立を公平に解決しうるのは、国家という次元を超越した何か（**国際機構**と**国際法**）でしかありえない。

解説⑥
主権国家間に**不可避**の問題に対処しようとするとき、国家を超越する国際機構の設立は、ただただ必然的かつ機械的に導かれる問題解決のための**方途**である。

確認問題

問　本文中の「国際機構」についての説明として適切なものには○、適切でないものには×を付けよ。

㋐ 民族国家のシステムに伴う紛争や戦争の危機に対処すべく出現した。
㋑ 民族国家に分断された世界を統一国家に編成する役割を担っている。
㋒ 国家間の紛争解決の最終的な手段である「戦争」を正当化している。
㋓ 主権的民族国家の存在が前提にある以上、有効な制度であるといえる。

論理の展開

ウェストファリア条約後の世界

国家主権の拡張 ｛ 国内的統治権 ＋ 対外的非従属性

民族国家システム ← 国家間紛争の正当化　交流阻害と抗争助長

← 断片化した世界を〈つなぐ〉「**国際機構**」という工学的解

例文のポイント

「国際機構」は、主権的民族国家を単位とする世界に生じる不都合に対処するための制度である。

解答　評論の重要語　①イ ②客体 ③ア ④国際連合 ⑤侵害できない ⑥方途　確認問題 ア○ イ× ウ× エ○

科学 ―その効用と限界

序 確率では語れない

「八〇%合格だ！」なんて言われる。なんだか嬉《うれ》しい。嬉しいが、しかし「八〇%の合格」とは何だろう? 一〇〇回受ければ八〇回合格する? だが、私たちが受けるのはたった一回だ。八〇%を語るのは統計学であり「科学」だが、その「科学」は現実のたった一回については語れない。にもかかわらず、というよりむしろそれだからこそ、それが大いに役に立つということにもなるのである。

1 役に立つ科学

科学は、**主体**↓P16＝人間によって**対象化**↓P16された世界を記述する一つの形式だ。主体が関わらないために、その知には**客観**↓P17性があり**普遍**↓P8性がある。普遍性があるとは、いつでもどこでも成り立つということであり、それはすなわち同じことが何度も起こりうるということだ（それを**再現可能性**↓P188、反復可能性という）。それを定式化したのが「**法則**↓P25」というものである。科学は法則の***定立**を目指す。その法則が「次」や「他」の機会の役に立つ。このように**公共**↓P100性を持った知としての科学は、十九世紀以降、哲学の傘下を離れ、独立の学問として制度化された（**科学の制度化**↓P188）。

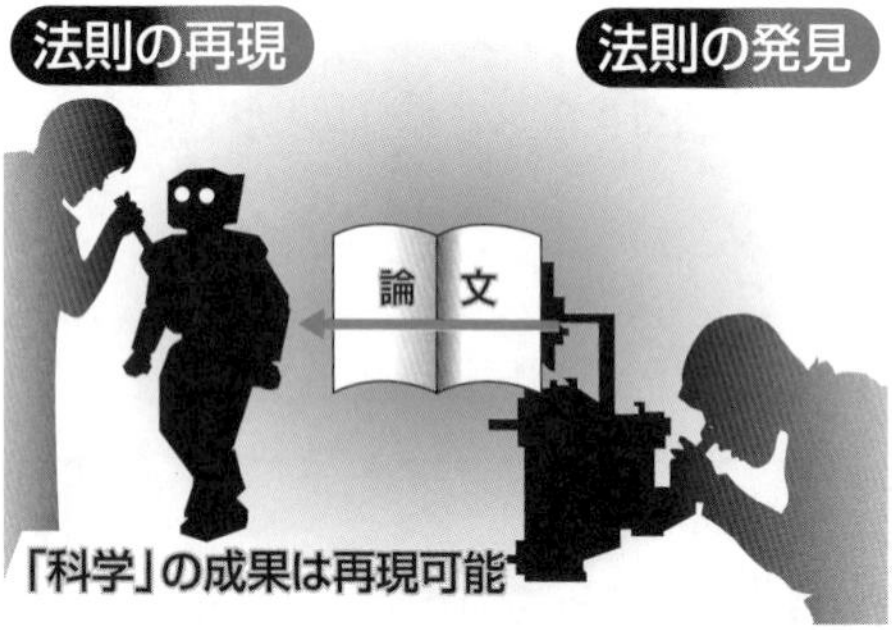

＊**定立**　ある考えや法則などを定めること。

2　役に立たない科学

しかし私たちの「運命への関心」は、科学が発達したからといって消えさりはしない。この関心に対しては確率論も無力である。確率的な予測は、無限回の観測（したがって無限回の**トライアル**《試行》）を仮定してはじめて成り立つ。サイコロを無限回ふるとすれば、望む目が出る確率はたしかに六回に一回の割合になるだろう。しかし人生において私たちは決して無限回のトライアルを許されてはいない。むしろ特定のただ一回のトライアルが問題なのだ。

出典　井上俊「遊びの社会学」

どんなちっぽけな河原の石ころも全宇宙にたった一つのものだし、どんな**些細**《ささい》↓P190な出来事も全宇宙史を通じてたった一度のことだ。科学はその個別性＝差異を無視し、繰り返し可能な事象として扱う。たとえば、現代医学は「死」を**第三者**↓P191《当事者ではない者》的論理で、つまり一般的な問題として処理してきた。**再生医療**↓P189など先端医療の**進歩**↓P10は目覚ましいが、「科学」である限り、〝わたし〟という**一人称**↓P191の「死」に向き合うことは苦手なのだ。

3　価値中立？

科学的知性は専ら人間の**理性**↓P24によって探究されてきた、ゆえに科学の示す知は純粋であり、それ自体に善悪もなければ優劣もない（**価値中立**↓P191）。このような科学観によれば、科学的に**実証**↓P190《事実とその積み重ねによって証明すること》できるもののみが真理であり、信頼に値するということになるだろう。しかしながら、人間のあらゆる営みと同じく、科学もまたその時代や地域における**世界観**↓P27や価値観との関わりの中で変動する知の**体系**↓P68なのである。

ここがポイント！

○科学の効用
客観性・普遍性
↓**再現可能性**
↓**法則の定立**
⇐次や他の機会に役立つ
科学の制度化
⇔
○科学の限界
個別性・差異を無視
例 **「死」の問題**
現代医学↓一般的な問題として処理
⇔
一人称の「死」に向き合うのは苦手

495 近代科学《きんだいかがく》

西欧近代において確立された、実証主義に基づく知の体系。論理的・合理的な手続きによって構成された知の体系。

注「近代科学」は「自然科学」を典型とし、広義には、経済学などの「社会科学」、歴史学などの「人文科学」を含む。「実証主義」とは、事実のみを根拠とし、厳密な論理的整合性によって考察する立場である。

関 自然科学《しぜんかがく》…自然現象を対象化し、その法則性を探究する学問。

参考 中世ヨーロッパにおいて「科学」は、哲学に包摂された学問の一領域として、神学の下にあった。つまり神学や哲学の主目標であるところの人間の問題や倫理の問題に奉仕するものだったのである。その時代の科学者に科学者としての自覚はなく、むしろ彼らは神学者であり哲学者であったということになる（科学者という概念は十九世紀前半にはじめて成立する）。ニュートン（↓P211）やガリレイもそうである。

496 現代科学《げんだいかがく》

技術と一体化することでその有効性が意識され、資金的にも人員的にも肥大化しつつある今日の巨大科学。

関 テクノロジー…工学。科学技術。

関 科学《かがく》の制度化《せいどか》…科学を独立の学問体系とみなし、科学者という職業集団が生まれ、科学的研究と科学知識の獲得・集積が持続的に行われるようになること。

497 再現可能性《さいげんかのうせい》

繰り返し起こりうること。反復可能性。

498 反証可能性《はんしょうかのうせい》

科学理論は、常に反証（それを偽とする証明）に対して開かれており、反論を封じないということ。

確認問題 空欄にあてはまる語を後から選べ。

「明日は雨が降るか降らないかのどちらかである」といった命題や「世界は神が創《つく》った」といった命題は反証 A であり、科学的命題ではない。そうポパーは主張した。前者は B 事実とは無関係に常に正しく、後者はどんな B 事実によっても反証されないからである。

出典 池田清彦「やぶにらみ科学論」

（注）ポパー…オーストリア出身の哲学者（一九〇二〜一九九四）。

㋐ 可能　㋑ 不能　㋒ 観察　㋓ 再現

499 **還元《かんげん》**

根源的な性質や位置に戻すこと。

500 **還元主義《かんげんしゅぎ》**

複雑で多様な事象を、それを構成している基本的な要素に還元して解釈する態度。要素還元主義。

参考 要素に「**還元**」する従来の科学は、工業化された社会の要請に応じて発展し、個別的な問題には有効に機能してきたが、人間や世界の全体性には無力であるということも明らかになっている。なお、「**(要素)還元主義**」とは対照的に、「知覚された現象のみを実在としてとらえる態度」を「**現象主義**」という。

入試 「還元」は書き取りの最頻出語。「甘言(相手の気に入るような言葉)」「換言(言い換える)」といった同音異義語に注意。

501 **バイオテクノロジー**

[英 biotechnology]

生物学の知見を実用性へと応用する技術。生命工学。

関 **分子生物学《ぶんしせいぶつがく》**…生命現象を分子のレベルで解明する、今日の生物学。

502 **再生医療《さいせいいりょう》**

失われた細胞や組織、器官を再生し、機能の回復を図る医療。

関 **iPS細胞《アイピーエスさいぼう》**…増殖して各種細胞へと分化し、臓器の再生を可能にする万能細胞。

入試 現代科学の中心にあるのは、「**(分子)生物学**」だ。その成果が応用され、「**バイオテクノロジー**」となり、医療、農業などに影響を及ぼす。「**DNA**」に言及する科学論も多い。

類 **遺伝子工学《いでんしこうがく》**…遺伝子の操作・改変による技術開発のための学問。

関 **DNA《ディーエヌエー》**…生物の遺伝情報が書き込まれた細胞核内の成分。デオキシリボ核酸。

確認問題 **空欄にあてはまる語を後から選べ。**

分子生物学的な生命観に立つと、生命とは［C］なパーツからなる精巧なプラモデル、すなわち分子［D］に過ぎないといえる。デカルトが考えた［D］的生命観の究極的な姿である。生命体が分子［D］であるならば、それを巧みに操作することによって生命体を作り変え、「改良」することも可能だろう。

出典 福岡伸一「生物と無生物のあいだ」

㋐ マクロ　㋑ ミクロ　㋒ 機械　㋓ 身体　㋔ 精神

解答 Aイ　Bウ　Cイ　Dウ

503 **複雑系《ふくざつけい》**

単純だがおびただしい数の要素が、複雑に絡み合って相互に作用し合いながら、全体として形成されているシステム。

注「複雑系」に立脚した新しい科学は、単純な比例関係（線形）による対象理解を否定する点で、従来の「近代科学」を相対化する位置にあるともいえる。

科学の枠組

504 **パラダイム** ［英 paradigm］

ある時代ある地域において支配的なものの見方。科学において、観察や研究の前提となっている枠組。

科学革命《かがくかくめい》

科学のある分野で「パラダイム」が変わること。パラダイム・シフト。

注元来は、コペルニクス、ケプラー、ガリレイ、ニュートン（→P211）による十七世紀科学革命（天動説から地動説へ／実験と観察による論理的な世界認識）を指す。

コペルニクス的転回《てきてんかい》

ものの見方や考え方が、正反対に変わること。

505 **セレンディピティ** ［英 serendipity］

偶然に出会ったり、予想外のものを発見すること。それを活用すること。

506 **ブラックボックス** ［英 black box］

内部の構造を見ることはできないが、利用はできる装置。

入試 科学の営みそのものが、庶民にはブラックボックス化している、などといわれる。

507 **学際的《がくさいてき》**

多くの学問分野が総合的に協力すること。

存在

508 **内在《ないざい》**

事物や性質があるものの内部にあること。

対 **外在《がいざい》**…事物や性質があるものの外部にあること。

実在《じつざい》

意識とは独立して、客観的に存在するもの。

つまらない

509 **些細《ささい》**

取るに足りないさま。わずかであるさま。

同 **些末《さまつ》**（瑣末）

類 **些事《さじ》**（瑣事）…問題にするに値しない、つまらないこと。

取《と》るに足《た》りない

問題として取り上げる価値がない。つまらない。

枝葉末節《しようまっせつ》

物事の本質ではない、重要でない事柄。

注「枝葉」は枝と葉で、木の「幹」に対して、主要でない部分をたとえていう。

510 **実証《じっしょう》**

事実とその積み重ねによって証明すること。

511 立場のちがい

一《いち》人《にん》称《しょう》

自分および自分たち。「私」や「われわれ」。

入試 「私」とか「ぼく」が語る小説は、「一人称」の視点で書かれている。

三《さん》人《にん》称《しょう》

話し手と聞き手以外の人物。「彼」や「彼女」、「それ」の類。

類 **第三者《だいさんしゃ》**…当事者ではない者。直接には関わらない立場。

512

価《か》値《ち》中《ちゅう》立《りつ》

優劣や善悪といった、他と比較可能な価値を含まないこと。

類 **ニュートラル**…中立。どちらにも帰属しないこと。

513 近代科学

機《き》械《かい》論《ろん》

あらゆる現象を、無機的な物体の運動と因果関係によって説明しようとする立場。

決《けっ》定《てい》論《ろん》

人間の意識や行動も含め、全ては法則による必然性のもとに生起するとする立場。

514 おごそか

威《い》厳《げん》

おごそかで近寄りがたいさま。

類 **森厳《しんげん》**…整然としておごそかなさま。

尊《そん》厳《げん》

どこまでも尊ばねばならないこと。

関 **尊厳死《そんげんし》**…一人の人間としての尊厳を重んじ保ったままで死を迎えること。

確認問題

問1 傍線部の読みを答えよ。

①些細なことが原因で仲違いするのはばからしい。

②枝葉末節の議論はやめてそろそろ本題に移りたい。

問2 傍線部のカタカナを漢字に改めよ。

①憲法には個人のソンゲンを守るという側面がある。

②特売で消費者に利益をカンゲンする。

問3 空欄にあてはまる最も適切な語を後から選べ。

①本来、死というのは、［A］の世界の出来事なのである。［B］の世界での他人事の死ならば、幼児の段階から知っている。しかし、自分だけは別だという思いが、［A］の死を考えることを押えている。

出典 中川米造「サービスとしての医療」

②例外に属する現象が無視しえなくなれば、それを取り込むことのできない理論そのものを変える必要がでてくるわけで、こうして理論の転換がおこなわれるようになる。これが、〝科学［　］〟あるいは〝パラダイム・シフト〟と呼ばれる現象のひとつである。

出典 山本雅男「ヨーロッパ『近代』の終焉」

㋐主義　㋑革命　㋒技術　㋓一人称　㋔三人称

解答 問1 ①ささい ②しようまっせつ 問2 ①尊厳 ②還元 問3 ①Aエ Bオ ②イ

科学

▼「近代科学」の自然観の特徴を文脈の中で確認しよう。

近代科学の自然観には、中世までの自然観と比較して、いくつかの重要な特徴がある。

第一の特徴は、**機械論**的自然観である。中世までは自然の中には、ある種の目的や意志が宿っていると考えられていたが、近代科学は、自然からそれら精神性を**剝奪**（→P124）し、定められた**法則**（→P25）どおりに動くだけの死せる機械とみなすようになった。

第二に、原子論的な**還元主義**である。自然はすべて微小な粒子とそれに外から課される自然法則からできており、それら原子と法則だけが自然の真の姿であると考えられるようになった。

ここから第三の特徴として、**物心二元論**（→P51）が生じてくる。二元論によれば、身体器官によって捉えられる**知覚**（→P18）の世界は、**主観**（→P16）の世界である。自然に本来、**実在**しているのは、色も味も臭いもない原子以下の微粒

解説①

天上の神が怒りによって嵐を引き起こすというような自然観は想像に基づくものであるから、説明できないということがない。人間の知の有限性の自覚には至らないわけだ。中世までの人々にある種の**威厳**がうかがわれるのはそのためかもしれない。

解説②

自然そのものには意思も価値もない。それは単なる物質であり、**無機的**（→P11）な物理法則によって成り立っている。

評論の重要語

次の問いに答えよ。

① 「**機械論**」（3行目）と似た立場を次から選べ。
㋐ 存在論　㋑ 経験論　㋒ 決定論　㋓ 観念論

② 「**剝奪**」（5行目）の読みを書け。

③ ここでの「**還元主義**」（7行目）の説明となるように空欄に本文中から適語を入れよ。
複雑で多様な［A］現象を、［B］とそれに課される［A］法則だけに注目して解釈する態度。

④ 「**主観的**」（14行目）の対義語を書け。

⑤ 「**無機的**」（解説②）の対義語を書け。

⑥ 次の傍線部を漢字に改めよ。
彼の外見からはどことなくイゲンが感じられる。

子だけである。知覚において光が瞬間に到達するように見えたり、地球が不動に思えたりするのは、**主観的**↓P16に見られているからである。自然の**感性**↓P25的な性格は、自然本来の**内在**的な性質ではなく、自然をそのように感受し**認識**↓P18する**主体**↓P16の側にある。つまり、心あるいは脳が生み出した性質なのだ。

出典 河野哲也「意識は実在しない」

解説③

還元主義によれば、自然現象の根源にある物質とそれを支配する物理**法則**がわかれば、宇宙の一切がわかるということになる。人間の精神も感情も、その例外ではない。

解説④

たとえば、「音」は**実在**しない。実在するのは空気中の振動である。その振動が鼓膜をふるわせ聴覚神経を介して、人間の脳が「音」に変換しているのである。だとすればそれは「**主観**」であり、皆が共有できるものではない。**物心二元論**は、ただ「理性」によって捉えられた物理的な世界像だけが「客観」的な真実たりうると結論するのである。

論理の展開

近代科学の自然観 ↔ 中世の自然観

(特徴一) **機械論**的自然観 ↔ 自然の中に目的・意志が宿る

← (特徴二) 原子論的な**還元主義**
原子と法則が全て

← (特徴三) **物心二元論**
主観的な人間の知覚↔客観的実在

例文のポイント

「機械論」「還元主義」「物心二元論」に立脚する近代科学の自然観は、人間の「主観」を排除する。

確認問題

問 「近代科学」についての説明として適切なものには○、適切でないものには×を付けよ。

㋐ 自然には、あらかじめ定められた法則にしたがって動く意志があるとする。
㋑ 客観的な世界を構成しているのは、原子以下の微粒子とその運動であるとする。
㋒ 人間の身体器官によって捉えられる知覚の世界は、真の実在ではないとする。
㋓ 中世までの自然観は、自然を死せる機械とみなしている点で誤りであるとする。

解答 評論の重要語 ①ウ ②はくだつ ③A自然 B原子(粒子) ④客観的 ⑤有機的 ⑥威厳　確認問題 ア× イ○ ウ○ エ×

評論の論点24

環境
―地球を救えるか

序 「文明」という環境

環境破壊はやめましょう！　これにはちょっと反論しにくい。誰がどう考えても正しいことに思えるからだ。しかし、そもそも人間は環境に手を加えることで「人間」となり、自然に従属しない「文明」を築いたのだった。なるほど「文明」は自然という環境を破壊したかもしれないが、それにかわる新たな環境を作り出したともいえるのである。

Q&A

1を読んで**環境保護**についての見方が変わりました。

環境保護と言っても人類の生存が前提となっている点は押さえておきたいね。

1 自然・生態系・環境保護

人間も自然現象の一部である以上、「人間による自然破壊」は「ある種の自然現象による自然破壊」という「自然現象」だ。にもかかわらず「人間による自然破壊」という言い方が**常態**↓P45化しているのは、「自然」の中で「人間」だけを区別し**特権化**↓P159しているからである。また「**生態系**↓P196」は生物の生存の基盤だが、それが変化し流動しつつ持続する過程で、人間の生存に不都合な状態で安定することは望まれていまい。

「地球を救え」とか「自然にやさしく」といった環境保護運動の**スローガン**↓P197主張を表す言葉は不適切であることになる。このような表現は、人類が自らのためではなく地球や自然のために**利他的**↓P198に努力する、という**ニュアンス**↓P198を含むからである。人類が滅びても、地球や自然はなんらかの形で存続しうるであろう。われわれが守らなければならないのは、人類の生存を可能にしている地球環境条件である。

出典　加茂直樹・谷本光男編「環境思想を学ぶ人のために」

2　言葉と情報

朝起きて、まず天気予報を確認する。なぜ窓を開けて空を見上げないのだろう。現代社会を生きる者にとって、環境は自然そのものであるよりも、自然についての情報になっているのではないか。そこではしばしば自分が**体験**（↓P52）した現実よりも、それについて語られた情報の方に権威が与えられ、両者に**齟齬**《そご》（↓P182）が生じたときには、むしろ現実の体験の方が疑われるという**倒錯**（↓P198 逆さになっていること）さえ起こりかねないのである。そもそも、世界の**実存**（↓P122 現実に存在すること）を言葉という記号に置換して、言葉による**二次的な**（主となる物事に対し従う関係にあるさま）環境が作り上げられている。今やわれわれは言葉や情報に**媒介**（↓P26）されて世界に関わる。その関わりは、二次的で間接的な性質を帯び、人と現実の**乖離**《かいり》（↓P150）を促しつつあるのではないか。

Q&A

天気予報で夕方から雨になると言われると、今、晴天でも傘を持っていきますね。**2**はこういうことを述べているのでしょうか？

2では「**情報の方に権威が与えられている**」ことが述べられている。天気予報に従うのは典型的な例だね。情報なしに私たちの生活は成り立たない。根本に「**われわれは言葉や情報に媒介されて世界に関わる**」ことがあることを押さえておこう！

3　都市

自然から乖離した二次的な環境は、都市という形態で**実体化**（↓P175）している。巨大ショッピングモールは、そのような都市の**凝縮**（↓P148）された空間だともいえよう。適当な温度に調整された「大気」が漂う中を、決してぬかるむことのない「大地」を踏んで、人々は快適に消費を楽しんでいる。人間にとって不快な要素が見いだされると、ただちに除去されていくこの空間は、環境破壊とはまた別の問題を**内包**（↓P116）しているのかもしれない。

515 生態系《せいたいけい》

ある地域における、生物と無機物も含めた環境との、相互的で機能的な関係性の総体。エコシステム。

516 エコロジー

[英 ecology]

生物の生活を対象とする科学。生態学。環境保護やその思想。

517 生物多様性《せいぶつたようせい》

生物が分化して多様な様相を示していること。生態系の多様性、種の多様性、遺伝子の多様性など。

518 サステイナビリティ

[英 sustainability]

持続可能性。人間の文明的な生活と社会が、将来にわたって持続するために、自然環境との良好な関係を保ちつつ共生すること。

参考 「生態系」は安定性を志向するが固定的ではなく、変化し流動する系である。したがって、たとえばある生物種の絶滅が、ただちにその「生態系」の破壊だということにはならない。また、地球総体を一つの「生態系」ととらえる見方もある。

確認問題 **空欄にあてはまる語を後から選べ。**

［A］を「なぜ」守らなくてはいけないのか、といったときに、このような、いろいろな生物がいる、ということの楽しみや喜びが言及されることはあまりない。［A］がなくなれば、水や空気をきれいにする［B］の機能が下がったり、病気や害虫の大発生がおこりやすくなる、とか、［C］を使って役に立つ薬や作物の開発ができなくなる、とか、人間の生存の危険やわかりやすい経済的利益によって説明される。

出典 酒井章子「『科学』からこぼれ落ちる『生物多様性』」

㋐ 生態系　㋑ 遺伝子　㋒ 生物多様性　㋓ エコロジー

参考 近代文明は人間自らの豊かさの実現のために、周囲の自然から搾取《さくしゅ》してきたが、その搾取が臨界点をこえて、自然による浄化機能では保障しきれなくなった現在、われわれは、その活動を改変・抑制する必要に迫られてきた。自然と文明の共生は、「**持続可能な発展**」によってのみ可能なのだ。そこで環境倫理学では「**世代間倫理**」が強調されることになる。

519 世《せ》代《だい》間《かん》倫《りん》理《り》

現在生きつつある世代は、未来を生きる後進の世代の生存可能性に対して責任を負うという考え方。

参考 産業革命（↓P6）以降の人口の急激な増加と工業化の進行、「**化石燃料**」の大量の使用、森林の伐採等々によって、二酸化炭素をはじめとする温室効果ガスの排出量が大幅に増えた。

関 **化石燃料**《かせきねんりょう》…化石化した生物を起源とする、石炭、石油、天然ガスなどの、地中に埋蔵されている燃料。

520 温《おん》暖《だん》化《か》

文明の規模や産業活動の拡大で、二酸化炭素などが過剰に排出され続けた結果、地球表面の温度が上昇傾向にあること。

確認問題 **空欄にあてはまる漢字二字の語を答えよ。**

地球温暖化が深刻であるのは、各国間の利害が対立しているからではありません。未来と現在の二つの D の間の利害が対立しているからなのです。未来 D を取り巻く自然環境が現在 D によって一方的に破壊されてしまうからなのです。

出典 岩井克人「未来世代への責任」

521 公《こう》害《がい》

企業活動等による環境災害。大気汚染、水質汚濁、騒音等がある。

参考 「**公害**」は多くの場合、地域住民の健康被害や生活環境の悪化などが問題とされ、訴訟に至ることも稀《まれ》ではない。高度成長期の後半に相次いで争われることになった、熊本水俣《みなまた》病訴訟、新潟水俣病訴訟、富山イタイイタイ病訴訟、四日市喘息《ぜんそく》訴訟を「四大公害裁判」という。

522 市《し》民《みん》運《うん》動《どう》

市民（↓P82）による自立的自発的な政治的運動。

関 **スローガン**…団体としての運動方針や主張を、簡潔に表明した言葉。

参考 政治的な課題とその解決は政治家に委ねられてきたが、政治家の活動指針が大企業大資本と結びついた「**反市民**」的なものとみなされると、「**市民**」の有志が、政治家や政党から離れて独自に政治的な主張を述べつつ政治家や大企業に圧力をかけるようになった。「草の根運動」などという。

解答 A ウ　B ア　C イ　D 世代

523

里山《さとやま》
人々の生活と深く結びついている山麓や森林。人間の生活空間に隣接し人の手が入り続けてきた山や森。
入試 人間と自然の共生の場として、言及されることが多い。

524 自／他

利他的《りたてき》 ↔ **利己的《りこてき》**

利他的
自分の損失や犠牲を顧みず、他人のために考え行うさま。

利己的
自分ひとりの利益や成功を考え行うさま。

エゴイズム [英 egoism]
利己主義。自己中心主義。自分本位に考え行動しようとする姿勢。

525 意味合い

ニュアンス [仏 nuance]
表現の微妙な違いや陰影。はっきりと表現されずにほのめかされている意味合い。

含意《がんい》
直接には言われていないが、読み取ることを期待されている意味。また、そのような意味を含ませること。

526 逆さま

倒錯《とうさく》
逆さまになっていること。あべこべ。社会規範に反する性向。
入試 ジャンルを問わず評論に頻出する語。

裏腹《うらはら》
逆さまであること。あべこべ。本当の思いを隠してそれとは逆のことを言うさま。

常軌《じょうき》を逸《いっ》する
普通のあり方や方法から大きくはずれていること。世間一般には理解されない異常な行動をすること。

527 特徴

典型的《てんけいてき》
あるグループの特徴や傾向をきわめてよく表し、それらの代表とみなせるさま。

類型的《るいけいてき》
あるグループに共通する特徴を備えるさま。型にはまって独自性のないさま。

528

ヴィジョン [英 vision]
展望や見通し。未来に向けて描く具体的なイメージ。

529 導く

主導《しゅどう》
先頭に立って運動を引っ張ること。中心になって全体を導くこと。
関 主導権《しゅどうけん》…主導する立場としての力。

イニシアチブ [英 initiative]
先頭に立って全体を導く立場にあること。主導権。

ヘゲモニー [独 Hegemonie]
全体を主導する地位にある者として認められること。主導権。

530 人を集める

動員《どういん》
ある目的のために物資や人員を組織的に集めること。

招集《しょうしゅう》
メンバーを集めること。
類 召集《しょうしゅう》…国会に国会議員を集めること。上位者が下位者を呼び集めること。

保証する

531 裏《うら》打《う》ち

ある事柄を別の面から補強し、確実にすること。

入試 もとは裏面に紙などを張って補強する意だが、評論では右の意で用いられる。

類 **裏付《うらづ》け**…証拠となるもの。

お墨《すみ》付《つ》き

保証があること。権威づけられていること。

類 **折《お》り紙《がみ》付《つ》き**…保証付きであること。確かだということ。

532 保《ほ》守《しゅ》

現在の正常な状態が保たれるようにすること。伝統的なスタイルを重んじ守ること。旧来の政治体制を維持する立場。

類 **反動《はんどう》**…歴史の流れに逆行すること。進歩的な傾向を阻止する態度。

政治姿勢

革《かく》新《しん》

従来のあり方を改め、新しくすること。それまでの組織や制度を改革すること。

入試 （書き）「確信」「核心」などとの違いに注意。

類 **刷新《さっしん》**…まったく新しく変えること。一新。

533 昇《しょう》華《か》

混沌から純粋な状態に高められること。

注「消化」との違いに注意。

534 豊《ほう》饒《じょう》

土地が豊かで作物がよく実ること。

入試 読みが問われる語。

確認問題

問1 傍線部の読みを答えよ。

小説の読解では表現の含意を読み取る必要がある。

問2 傍線部のカタカナを漢字に改めよ。

①肺炎のテンケイ的な症状が現れる。

②教育制度のサッシンを公約にする。

③人はときにトウサクした欲望を抱くこともある。

問3 空欄に適切な漢字1字を入れよ。

①権威のある批評家のお□付きをもらう。

②常軌を□した振る舞いを糾弾される。

問4 傍線部の外来語を日本語に言い換えよ。

①こうした市場経済のグローバリゼーションは、覇権国アメリカのイニシアティブのもとに推進されていることは間違いない。

出典 神野直彦「地域再生の経済学」

②西洋近代型個人主義の骨子は「自分の利益を最大限に求めよ、しかしルールに違反したら責任をとれ」というかたちにまとめられる。だが、わが国では、個人主義は崇高なもの、エゴイズムと反対のものという教えられ方をする。

出典 中島義道「〈対話〉のない社会」

解答 問1 がんい 問2 ①典型 ②刷新 ③倒錯 問3 ①墨 ②逸 問4 ①主導権 ②利己主義

環境

▼「環境保護運動」と「政治」の関係を文脈の中で確認しよう。

現在の**エコロジー・ムーヴメント**が社会に投影される場は、おおまかにいって二つあると考えることができる。そのひとつは、いうまでもなく「政治」の領域だ。フランスやドイツにおける「緑の党」の運動が**典型的**に示しているように、近年のエコロジストたちは環境保護の思想を社会改革の**ヴィジョン**の基本に据えることによって、人々の政治意識を新しいかたちで**動員**することを思いたった。そこでは、環境開発に対する抵抗とともに、反核、反**公害**、反消費主義といった**スローガン**がエコロジー推進のための政治的態度として選びとられ、中央政府の強固な行政的**主導**性を転倒し**無化**↓P122することを目的とした**市民運動**的戦略のかなめにエコロジーは位置づけられることになったのである。

エコロジーの発想が、反戦や平和主義のような（一時代前に興隆をみた）思想よりも現代において**市民**↓P82の政治的動員の原理として優れて

解説①

この「**エコロジー**」は「生態学」ではなく「環境保護」のこと。「ムーヴメント」は、政治的・社会的な運動。

解説②

ひとつは「政治」だが、もう一つは何か。ここでは触れられていないが、それは「経済」である。「地球にやさしい」とされた商品は、環境破壊を支えてきた消費活動を消費者に許すのみならず、むしろそれを消費することが、環境保護への貢献であるかのごとく錯覚させる。

評論の重要語

次の問いに答えよ。

① 「**エコロジスト**」（4行目）のここでの意味を漢字七字で答えよ。

② 「**ヴィジョン**」（5行目）のここでの意味に最も近いものを次から選べ。
㋐ 幻想　㋑ 全体像
㋒ 実践　㋓ 未来像

③ 「**スローガン**」（7行目）の意味となるように空欄に適語を入れよ。
団体としての［A］方針や［B］を、簡潔に表明した言葉。

④ 「**裏打ち**」（17行目）を漢字二字で言い換えよ。

⑤ 「**保守**」（解説③）の対義語を書け。

⑥ 「**ヘゲモニー**」（解説③）の意味を漢字三字で答えよ。

論理の展開

いるのは、それが「科学的真理」という**絶対**↓P17的な論理的基礎を持っているようにみえる点にある。「反戦」や「平和」というような考え方があくまで利害関係のなかでの**相対**↓P17性の問題でしかないことがわかりはじめたいま、「地球の生態学的維持」という科学的なテーマの万人にたいする正当性に**裏打ち**されたエコロジーは、まさに**特権的**↓P159な立場にあるといえる。

出典 今福龍太「ここではない場所　イマージュの回廊へ」

解説③

「環境保護」自体を目的とするだけでなく、それを主張する過程で、環境開発に前向きな勢力すなわち資本主義の基幹をなしてきた企業や政治勢力および**保守**的な中央政府の**ヘゲモニー**の相対化を図るのである。

解説④

「反戦・平和」という原理はあからさまに政治的であり、素直に従い難いものがある。それに対して「エコロジー」は「科学」に立脚している点で、公平かつ客観的に思われ、正当化されやすいのだ。

一時代前 → 現在		
反戦・平和主義	市民の政治的動員 →	社会改革へ…利害関係のなかでの**相対性**の問題
エコロジー・ムーヴメント	人々の政治意識の新しいかたちでの動員 →（投影）	社会改革へ…「**科学的**真理」に基づく**絶対的**なものという見かけ《**特権的な立場**》

例文のポイント

環境保護運動は、その科学的な見かけのために、政治の現状に批判的な市民の思想的基盤として機能しつつある。

確認問題

問 本文の内容に合致するものには○、合致しないものには×を付けよ。

㋐ 環境保護運動は、しばしば中央政府の行政的主導性に加担する役割を果たしてきた。

㋑ 環境保護運動がその対象を社会改革に拡大したとき、利害関係にとらわれはじめた。

㋒ 科学の基礎をもつとみえるエコロジーは、市民を政治運動に動員する優れた原理となった。

㋓ 万人に対する正当性を語るエコロジーは、誰の反対も許さぬ特権的な立場にある。

解答 評論の重要語 ①環境保護運動家 ②エ ③A運動 B主張 ④補強 ⑤革新 ⑥主導権　確認問題 ア× イ× ウ○ エ○

＊ロビンソン・クルーソーは孤独か

無人島に暮らす人は孤独だろうか。彼は生きるために、果実を採集し、魚を釣り、ひょっとしたら家畜を飼ったり畑を拓《ひら》いたりするかもしれない。そしてその知恵や技術は、かつて社会にあったとき、言葉で、あるいは模倣によるなどして身につけたものだろう。たしかに彼はひとりぼっちだが、やはり他者との関係性によって、つまりコミュニケーションを通して生きているのだ。

「言葉によって考えを伝えたり思いを通わせたりすること」——それが「コミュニケーション」だ。しかしときには、言葉によらずたんに何かを「交換」したり「共有」したりすることも「**コミュニケーション**」の範疇《はんちゅう》に入れられる。同じ言葉を共有してやりとりする言語共同体、同じ神を共有して信仰する宗教共同体、同じ貨幣を共有して交換し合う貨幣共同体……人間は、さまざまな制度を共有し交換する。そして人間が人間として成り立つ、その根本に、広い意味での「**コミュニケーション**」があるということにもなるだろう。ここでは三つの観点から、多様な相貌をみせる「**コミュニケーション**」の変容をみていくことにする。

まず「コミュニケーションのありかた」自体が変容しているということがある。場を共有する人たちが対面しつつ言葉を交わした時代から遠く離れて、**現代**という時代を象徴する**コミュニケーション**とは、誰とも知れぬ個と個がインターネット上で交錯する、現実感覚の希薄な関係だろう。

次に「コミュニケーションの拡大」ということがある。小さな共同体の内側で、倫理観や価値観を共有する人々とのかかわりを生きたかつての人々に対して、**現代**に生きる我々は、一元化しようとする世界とのかかわりにおいて翻弄されつつ生きるという意味で、「グローバリゼーション」の渦中にある。

前近代	近代	現代
あなたとわたし	大衆のなかのわたし	顔のみえないだれか
ムラのなかで	都市へ	国境を越えて
「しかたがない」時代	「ねばならない」時代	「かかわらない」時代

そして「疎外と分断」。関係を築く手段であるはずの**コミュニケーション**が、その反面、互いの関係を破壊したり、だれかを排除したりもし始めている。人間をその根本において成り立たせてきた**コミュニケーション**が、いわば諸刃《もろは》の剣となっているのである。

＊ロビンソン・クルーソー…デフォーの小説『ロビンソン・クルーソー』の主人公。漂着した無人島で、独力で二十八年間に及ぶ自給自足の生活を築く。

顔のみえないだれか

人間は、与えられた環境を共有しつつともに生きる具体的な「あなた」や「わたし」として、互いの直接的な「**コミュニケーション**」を通して共同体を形成し、やがてそれを市民社会や国家へと展開させた。そこに出現した「大衆のなか」の「市民」は、今や共同体や国家のしがらみを離れ、「**インターネット**」を介して「顔のみえない」まま「だれか」とつながる「ネットワーク社会」を構築しているのである。

コミュニケーション
[英] communication
社会生活においてなされる、知覚、感情、思考の伝達。互いの了解や共有を目的とする。
[関] **ノンバーバルコミュニケーション**→p 67

インターネット
[英] internet
コンピュータ・ネットワークが相互に接続され、世界規模に広がった情報通信網。

⇩

ネットワーク社会《しゃかい》
情報通信システムを共有する個々が、社会的・物理的な隔たりを超えて直接繋《つな》がる社会。情報の共有や発信、種々のサービスや商取引が共時的（→p 11）に行われる。

ソーシャルメディア
[英] Social media
個人間の双方向的なコミュニケーションを促進する、インターネット上のメディア。誰もが参加でき、また公開されることで社会的に広がる可能性を含んでいる。
[対] **マスメディア**→p 164

大衆化《たいしゅうか》
一般の人々に広く普及すること。従来の階層や職業、年齢、地域による差異が消失して、全体が均質化する傾向。

匿名《とくめい》（性《せい》）
名をかくし、正体をさらさないこと。
[対] **記名《きめい》（性《せい》）・署名《しょめい》（性《せい》）・顕名《けんめい》（性《せい》）**…名前を現し、主体を明らかにすること。
[注] 匿名化した「大衆」は社会的責任に無自覚となる傾向があるとされ、顕名性において行動する「市民」と対比される。

プライバシー
[英] privacy
公開されたり干渉されたりすることを拒む、個人の私生活上の自由や権利。
[参考] 私たちの私生活の行動パターンだけではなく、趣味や好み、適性までもが情報化され、分析されていく。（中略）個人の身体の周りや皮膚の内側とその私生活のなかにあったプライバシーは、いまでは個人情報へと変換され、個人を分析するデータとなり、情報システムのなかで用いられる。（阪本俊生「ポスト・プライバシー」）

国境を越えて

今日のネットワーク社会を構成しているのは、高度な情報システムである。我々は「**村社会**」における地縁や血縁（→Ｐ７）といった具体的な紐帯《ちゅうたい》から切り離されて、近代的な都市の市民となり、さらには、国民国家という、人々の近代的な基盤であったはずのものからも半ば自由になって、おびただしい情報が交錯する、地球規模の活動に開かれた場所に立たされているわけだ。そのダイナミズムが、経済や文化の活性化と「**国際化**」を促しているのだが、その反面、それに伴う諸問題・諸矛盾もまた国境を越えるものであるために、どこでおきたどんな事件も自分に無縁ではありえない世界、人々が膨大な情報に翻弄されて生きる世界を作りだしてもいるのである。

村《むら》（ムラ）社会《しゃかい》

村落共同体。また、同じ世界観や価値観が共有され強要される、閉鎖的な集団の比喩的表現。

注「ムラ」は異質な存在（他者→ｐ42）に対して不寛容、排他的である点で、自立した人々がその多様性を認め、相互の合意を探りつつ生きる「市民社会（→ｐ82）」と対照的である。

国際化《こくさいか》

国家という枠を越えて世界的規模に拡大すること。また、国際的な視野に立つこと。

注**グローバリゼーション**→ｐ180

関**内《うち》なる国際化《こくさいか》**…文化の多様性と共生を求める傾向。国境を越えた多様な人びととの連携が必然化する過程で課題となっている。

自由貿易《じゆうぼうえき》

国家が関税を課すなどの貿易障壁を設けず、干渉しないこと。

関**環太平洋《かんたいへいよう》パートナーシップ協定《きょうてい》（ＴＰＰ）**…環太平洋諸国による、経済の自由化を目的とした経済連携協定。

対**保護貿易《ほごぼうえき》**…自国の商業や産業を保護すべく、関税や輸入制限などを課して行われる貿易。

貿易摩擦《ぼうえきまさつ》

国家間の貿易収支の不均衡によって政治的経済的な利害の対立が生じること。

安全保障《あんぜんほしょう》

外部からの侵略や攻撃に対して、自国および自国民の安全を保つこと。

感染症《かんせんしょう》

細菌やウィルスなどの病原体による病気。

注熱帯雨林の開発による未知の病原体との接触や世界経済の一体化に伴う人やモノの活発な移動を背景に、あらためて問題化した。

関**パンデミック**…感染症の世界規模での流行。

「かかわらない」時代

人々が宿命に服従して生きたかつての共同体社会（「しかたがない」時代）と異なり、自立した人々が自由意思に基づき他者との関係を構築しつつ生きなければならないのが現代だ。そこではそのためのコミュニケーション能力が不断に試され、自分が相手や社会にとって有意味であるという、自己の「**功利性**」の証明が常に求められる。またそうしてつくられる共同性は、必然的にそこから除外される部分をもつくりだし、コミュニケーションが断絶する「**ディスコミュニケーション**」を進行させることにもなる（「かかわらない」時代）。つながるがゆえに分断を恐れねばならないのが現代なのである。

功利性《こうりせい》	**当面の目的に役立つか、自分の利益になるか、その効用を第一に考える性質。** 関 **功利主義《こうりしゅぎ》**→p27 関 **年功序列《ねんこうじょれつ》**…年齢や勤続年数を基準に地位や報酬を定めること。
ディスコミュニケーション	**相互の断絶。意思伝達ができない関係。** 注 コミュニケーション・ツールの進化に伴い、親密なコミュニケーション圏が形成され、その外部とは断絶する傾向が出現した。

ゼロサム社会《しゃかい》	**富の総量が固定するなかで、誰かが多く取れば、必ず誰かの取り分が小さくなる社会。**
飢餓《きが》	**食糧不足で持続的な栄養失調状態にあること。** 注 生産・加工・流通・消費過程での廃棄や損失、豊かな国による必要以上の輸入が背景にある。
相対的貧困《そうたいてきひんこん》	**人間として最低限の生活が困難な「絶対的貧困」に対し、その社会で「あたりまえ」の生活をするだけの所得が得られない状態。** 注 人びとの格差が顕在化し、内部の分断が進行する「格差社会」を背景とする。 注 人間関係の断絶、社会からの疎外、将来への悲観といった問題に連なる。
ネグレクト [英 neglect]	**子供の食事や着衣の世話をせず放置するなど、育児を放棄する児童虐待のひとつのかたち。** 注 孤立や貧困が背景にあるとされる。
コンプライアンス [英 compliance]	**法令や社会的規範などを遵守すること。** 注 事前の信頼関係や認識の共有といった共同性の解体が背景にあるとされる。

時事用語 テクノロジー編

「テクノロジー」と現代人

メガネやコンタクトレンズが欠かせない人も多いだろうが、これらも「テクノロジー」の産物だ。それはスマホを手放せないことと似ているし、身体に装着するコンピュータも現れた。私たちとともにある「テクノロジー」は、人間の生活や考え方、社会をどう変えるのだろう。

「テクノロジー」とは「知識を応用してモノを作る技術」を指す。その意味では、**近代以前**から人間は「**テクノロジー**」を用いてきた。火の利用や石器作りなどから始まり、衣服や住居で命や暮らしを守り、車輪・歯車・時計も発明して生活に利用した。これが、科学的知識の進展と相まって、大きく発展したのが**近代**で、今や私たちは「**テクノロジー**」の恩恵なしでは生きていけず、「**テクノロジー**」が私たちの生活や社会のあり方を規定している。精神分析学者の岸田秀《きしだしゅう》が「人類は本能の壊れた生き物である」と述べたように、本能のままに生きていた太古から、農業革命を起こし、産業革命後の**近代**に至り、情報革命も経た今、人間のあり方は大きく変化した。それは望ましい変化だろうか。**近代後半**からは、「**テクノロジー**」が生み出した弊害や危険性がクローズアップされ、対策を模索しているのが**現代**の姿でもある。ここでは、三つの観点から**現代**の「**テクノロジー**」と人間を見直そう。

一つ目は自然環境との関係だ。自然の中の一部として暮らしていた「ヒト」は、**近代**の「**テクノロジー**」によって自然を支配し存分に利用した。しかし環境問題などが生まれ、環境の中での自身のあり方を改めて考える必要が生じている。

二つ目は私たち自身の生命観だ。安全と長命を祈るだけであった**近代以前**に比べ、食糧事情の改善や医療技術の進歩で、総じて健康を長く保てるようになった。ただし、**近代**は同時に大量破壊兵器など、いのちを脅かす存在も生んだ。そして今、「**テクノロジー**」はいのちそのものに関与し、新しいいのちさえ生み出そうとしている。禁断の分野に足を踏み入れようとしているのかもしれない。

前近代	近代	現代
自然の中のヒト	自然を支配する人間	環境の中で
祈るいのち	伸びるいのち	作られるいのち
からだを生きる	心から脳へ	脳の増強・代替

三つ目は私たち自身の存在についての見方である。元来ヒトは身体的な存在として生きていたが、精神や心を重視して、その豊かさを問いながら、脳の重視にシフトしたのが**近代**といえる。そして**現代**、コンピュータの「**テクノロジー**」は、私たちの脳を増強するばかりか、それを凌《りょう》駕《が》しつつあるといわれ、一方、インターネットは、脳に由来する理性よりも感情のみを伝え、世界は感情や情緒によって動かされているともいえる。

環境の中で

環境についての今日的な問題を考えるにおいて、近代後期が私たちに与えた課題として、資源の「**枯渇**」と「**異常気象**」があげられる。そもそも、地下資源に依拠する近代文明は「速く大量に」を価値とし、大量生産と大量廃棄を前提とした以上、環境破壊は必然であったのだろう。そのうえ化石燃料は早晩「**枯渇**」を迎え、すでに環境破壊の結果としての「**異常気象**」が懸念される。また、エネルギー問題解決の一策とされた原発も、東日本大震災で破局的な被害をもたらし、その廃炉問題も含めて大きな課題になっている。こうして考えると、「速く大量に」に代わる新しい価値基準が現代文明に求められている。

枯渇《こかつ》（涸渇）
物資や資源などが補充できず欠乏すること。
類 **逼迫《ひっぱく》**…行き詰まりゆとりがなくなること。

異常気象《いじょうきしょう》
気温・降水・日照などにおいて過去の経験から大きく外れた現象。
注 地球温暖化や自然破壊の影響とされる。

再生可能《さいせいかのう》エネルギー
石油や石炭のように形成に長期間を要せず、人間が利用する以上の速度で補充されるエネルギー。太陽光、風力、波力・潮力など。
類 **代替《だいたい》エネルギー**…現代の主要なエネルギー源である石油に代わるエネルギー。

バイオマス 〔英 biomass〕
生物、特に植物に由来する資源。
注 もとの意は、特定地域に生息する生物量。

循環型《じゅんかんがた》社会《しゃかい》
有限の資源を効率的に利用しつつ再生産し、持続可能な形で循環させ利用する社会。
類 **リサイクル**…廃棄物等を再資源化し、新たな製品の原料として利用すること。

もったいない
有意義な使途があるのに粗末に扱うことを惜しむ、日本人独特とされる気持ち。
注 ケニア出身の環境保護活動家ワンガリ・マータイが日本語で用いて話題になった。

スロー 〔英 slow〕
「速く大量に」の生活ではなく、地産地消や歩行型などゆっくりした暮らしをすること。「スローフード」や「スローライフ」など。

パリ協定《きょうてい》
二〇一五年に採択された、気候変動抑制に関する多国間の国際的な協定。
注 それ以前の国際的協定は、一九九七年の京都議定書であった。

作られるいのち

いのちに人間が関与する是非を考えるにあたり、ここでは、その起点となる近代の考えとして「**遺伝**」と「**優生学**」を取りあげる。人間を含めた生物の形質が親から子へ「**遺伝**」することの発見は科学の大きな進歩だが、それに基づき、生殖の管理により人間を改良する「**優生学**」が生まれたことは、いのちに人間が関与することの端緒であった。現在では否定される優生学だが、遺伝子を操作するなど、いのちそのものを扱う「テクノロジー」もその流れの中にあると思われ、一定の倫理観のもとに行うべきだという「生命倫理」（↓P51）が問われている。それは、そもそも科学がどこまで人間そのものや自然に関与してよいかという根本的な問題とも関わるだろう。

遺伝《いでん》
親の形質が子孫に一定の様相を取って伝わる現象。染色体上の遺伝子の働きによる。

優生学《ゆうせいがく》
生殖に関与するなどし、遺伝的によりよい素質を持つ人間に変えようとする運動。
注 産児制限・断種・隔離などを行ったナチスによる人種政策が著名。

⇦

ヒトゲノム
ヒトの遺伝情報。
注 その解読がなされたが、下等と考えられる生物との共通点が多く、人間が遺伝子上で他の生物より優位にあるという予想は、間違いであることが確定的となった。
[英 human genome]

遺伝子組《いでんしく》み換《か》え
特定の性質を持った遺伝子を別の生物のDNAの中に組み込む技術。
注 害虫に強く収穫量が多くなるよう改良された穀物などが既に実用化されている。

遺伝子治療《いでんしちりょう》
特定の遺伝子を組み込んだウィルスや細菌を体内に導入し、病気に関わる遺伝子の働きを抑えたり補ったりして病気を治す方法。

QOL《キューオーエル》
[英 quality of life]
どれだけ人間らしく自分らしい生活を送り、人生に幸福を見出《みいだ》しているかという尺度。
注 特に医療分野では、いたずらな延命治療などより、患者の人間らしい生き方を重視することを指す。

脳の増強・代替

人間の脳と「テクノロジー」の関係を考えるにあたり、その起点となる近代の象徴的な発想は、「**省力化**」と「**ロボット**」であろう。人力では不可能な作業を道具や機械で行うのが「テクノロジー」の基本的な考えであり、それらの助けを借りた

「**省力化**」が、近代において多方面でなされた。その中で「**ロボット**」も生まれ、産業用ロボットはもはや珍しいものではない。また、「**ロボット**」を人間に似せる努力から、逆に人間の活動の奥深さが明らかになってもいる。そして、脳の力を代替する「テクノロジー」がコンピュータであり、人間の知的能力をある面で超えるＡＩが話題になっている。「力を省く」ことの「力」は体力とせいぜい五感の能力であり、そもそも人間はそれらに優れているわけではない。しかし、ＡＩは人間が自らのアイデンティティと考える「知力」において人間を超える存在とされる。この「頭がいい」ＡＩにより、人間のアイデンティティが揺らぎ、知性とは何か、そして人間の本質とは何かが改めて問われている。

省力化《しょうりょくか》	生産過程において機械などを採用することで、労働を節約あるいは省略すること。
ロボット [英 robot]	人に代わり作業を自律的に行う装置や機械。 注語源はチェコ語やスロバキア語の「労働者」や「強制労働」であり、労働する人間の体力の代わりをなすと想定された。

AI《エーアイ》 [英 artificial intelligence]	人工知能。人間の知能と同等に働く機械。 類**ディープラーニング**…コンピュータ自らにデータの潜在的な特徴をとらえさせ、正確で効率的な判断を実現させる技術。
シンギュラリティ [英 Singularity]	技術的特異点。AIが人類の知能を超える転換点。21世紀中盤に起こるとされる。
アンドロイド [英 android]	人造人間。人型ロボットなど人間を模した機械や人工生命体。 類**ポストヒューマン**…ＡＩやロボットとの共生や遺伝子の改変などにより生まれる新しい人間像。
ユビキタス [英 ubiquitous]	あらゆるものに内蔵されたコンピュータの支援が、いつでもどこでも得られる世界。
IoT《アイオーティー》 [英 Internet of Things]	モノのインターネット。今までインターネットにつながっていなかったモノに通信機能を持たせて、それぞれをつなぐこと。
ビッグデータ [英 big data]	一般的には扱うことが困難なほど巨大で複雑なデータの集合。 注コンピュータによる分析で新しい可能性が生まれるが、その情報は私たちの行動であり、生活が監視されているとも言える。

プラトン

前四二七頃〜前三四七年
古代ギリシャの哲学者

世界の真実としての「イデア」の重要さを説いた。「イデア」は、目に見える現実の世界の元になるものであり、特に「善のイデア」は永遠不変で、理性（→P24）によって観られるとした。著作の大半は、師であるソクラテスを語り手とする対話の形式をとる。

例文 理想的なものとは現実を超えたもののことだ。現実にはない、現実とはどこかちがうところにある、それが理想的なもののありようだ、古代ギリシャの哲学者**プラトン**は、そんなありかたをする理想的なものを「イデア」と名づけた。

出典 長谷川宏「高校生のための哲学入門」

アリストテレス

前三八四〜前三二二年
古代ギリシャの哲学者

多岐にわたる自然研究を行い「万学の祖」とも呼ばれた。師のプラトンが、対話による弁証法（→P92）を用いたのに対し、演繹（→P130）的に真実を導く分析論を用いて論理学、形而上学（→P50）の基礎を築き、中庸の大切さを説きながら、物理学、天文学、動物学、植物学など自然学についても論述した。

注 火・空気・水・土を四大元素としたこと、学問を「自然学」、「形而上学」、「政治学」、「倫理学」、「詩学」に分類したことでも引用される。

デカルト

一五九六〜一六五〇年
フランスの哲学者、数学者

思想や科学の分野で、近代の基礎となる理論や方法を提唱した。公平に分配されている良識や理性（→P24）をもとに、人間の平等と人権を説いた。また、存在への懐疑から、「我思う故に我在り」という自己存在の確信にたどり着き、それをもとに、物心二元論（→P51）による機械論（→P191）的世界観、さらに還元主義（→P189）という方法論を示した。

例文 近代的物心二元論の鼻祖**デカルト**によれば、他の動物と同じように人間の身体もまた、心臓を一種の熱機関とする精巧な自動「機械」にしかすぎない。しかしながら人間は動物と異なって精神をもっている、それが人間の人間たるゆえんだ。

出典 野内良三「レトリックと認識」

ニュートン

一六四二～一七二七年
イギリスの物理学者、数学者、天文学者

「近代科学」（↓P188）の先駆を成す研究・発見をした。仮説を立てることなく、観測できる物事の因果関係（↓P130）を示すという後の近代科学に連なる方法で、万有引力の発見や、太陽系や光の構造について考察した。

注 科学者という地位がまだ存在しなかった時代の自然研究者として言及されることが多い。また、近代科学者の先駆とされながらも、一方では錬金術に手を染めるなど、片足は中世におき、片足では近代科学への道を歩んだ人物でもある。

カント

一七二四～一八〇四年
ドイツの哲学者

あらゆる権威を徹底的に批判し、近代哲学の祖と呼ばれる。従来、人間外部の事象、物体について分析を加えていた哲学を、人間自身の探求のために再定義した。人間の純粋理性により認識（↓P18）される自然や物自体の因果性に従うべきことを、道徳（↓P88）法則として提出した。この法則に自ら従うことから、自由の理念も実在性をもちうると論じた。

例文 カントによれば、道徳的に善い行為は外形的に善い行為（適法的行為）である以上に、その動機が道徳法則への尊敬以外の何ものにも基づいていてはならない。だから、例えば「自分の評判を落としたくないために」約束を守ったとしても、それは自己愛という動機に基づくものだから、善い行為とはみなされないのです。

出典 中島義道「後悔と自責の哲学」

ヘーゲル

一七七〇～一八三一年
ドイツの哲学者

優れた論理性から、近代哲学と現代哲学の橋渡しの役割をしたとされる。自然や歴史を、矛盾（↓P33）を含みながら常に変化する過程として捉え、人間も同様で、異質な他者（↓P42）の中でいったん自己を見失うが、その他者と和解することにより、より大きな自己へと生成して、究極的な絶対知へ至るという論理を示した。

注 右のように、矛盾や自己喪失を経てより良き姿に変化する過程を弁証法（↓P92）として提唱し、また欲望（↓P106）の体系としての市民社会（↓P82）概念を明らかにした点で、引用されることも多い。

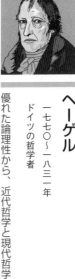

ダーウィン

一八〇九～一八八二年
イギリスの自然科学者

自然選択による淘汰を経て、生物が現在の形に進化したとする「進化論」（↓P34）を提唱した。それは、現在の生物多様性（↓P196）に理論的説明を与える。また、社会は原始から未開状態を経て進化するという考えや、自由市場での適者生存の概念など、社会的な理論にも影響を与えた。

注 進化論はヒトが他の動物と起源を同じくすることを指摘した点で、人間中心の従来の考えに衝撃を与えた。また、進化論は実験により実証できず反証可能性（↓P188）も閉ざされているため、あくまで「論」にとどまること、キリスト教（↓P98）に反するため、未だに受け入れない立場があることなど、科学のあり方と関わって引用されることが多い。

マルクス

一八一八～一八八三年
ドイツ出身の哲学者、思想家、経済学者

科学的「社会主義」（↓P83）を打ちたて、「資本主義」（↓P82）の発展により共産主義社会が到来する必然性を説いた。思想や宗教といった精神的な部分より、経済や社会の側面を重視する唯物史観（↓P131）の立場から、資本家による労働者＝プロレタリアート（↓P83）への搾取を批判しつつ、貨幣や労働（↓P124）の意味を探究し、主著の『資本論』などにより独自の経済学を築いた。

例文 市場メカニズムの最大の泣きどころは、キャッチフレーズでいうと、それが、「弱肉強食」のシステムだということだろう。女性や子供の酷使がその犠牲者の一例だが、**マルクス**の認識では、労働者（プロレタリアート）一般が「弱者」「敗者」である。

出典 飯田経夫「経済学の終わり」

ニーチェ

一八四四～一九〇〇年
ドイツの詩人、哲学者

従来の常識を強固な論理で捉え直し、特にキリスト教に基づく西欧の伝統的な人間観を否定した。神、真理、理性、権力（↓P116）、自我（↓P42）などの既存の概念を、逆説（↓P33）とも思える論理で解釈し直し、デカダンス、ニヒリズム、ルサンチマン（嫉妬）、超人、永劫回帰（↓P174）、力への意志などの独自の概念によって新たな思想を生みだした。

注 「神は死んだ」という発言が特に引用される。また、実存主義（↓P122）の先駆者ともされる。その著作は、随所にアフォリズム（↓P85）を用いた、巧みな散文的表現としても評価される。

フロイト

一八五六〜一九三九年
オーストリアの精神科医、精神分析学者

「無意識」(↓P43)の発見により、精神分析、深層心理学の礎を築いた。正常、異常を問わず人間の心理は共通の原理で動いており、人間は無意識に支配されているということを証明した。これは、近代哲学の主体的(↓P16)な自己という前提を大きく揺るがせた。また、トラウマ(心的外傷)やナルシシズム(↓P44)も指摘した。

例文 **フロイト**が発見したのは、第一に、私たちは自分の心の中にあることはすべて意識化できるわけではなく、それを意識化することが苦痛であるような心的活動は、無意識に押し戻されるという事実です。私たちの「意識の部屋」には番人が許可したものしか入れないのです。

出典 内田樹「寝ながら学べる構造主義」

ハイデガー

一八八九〜一九七六年
ドイツの哲学者

「現象学」(↓P131)の手法を用い、伝統的な「形而上学」(↓P50)を批判し、新しい存在論を打ち立てた。どのような存在になるかを自分で選択することの大切さを説き、特に、死を自覚することで自己を取り戻すことを主張した。また、デカルトを批判して、「我思う」だけでは「我」の存在様式は放置されていると述べ、西洋近代を批判した。

注 第二次世界大戦中、ナチスと積極的な関わりをもっており、その点で批判される場合がある。

フーコー

一九二六〜一九八四年
フランスの哲学者

知に内在する「権力」(↓P116)の働きを指摘し、近代社会の諸「制度」(↓P88)を批判した。近代において絶対的な真理とされるものは、社会の権力構造の中で形成されたと見なした。中でも、軍隊、監獄、学校、工場、病院は、規則を内面化した従順な身体を再生産(↓P109)する装置であることを指摘した。

例文 今やセラピー文化は、代替的な宗教性を示すことからも判《わか》るように、現代人の行動を方向付ける倫理的な枠組みとして機能しており、ソフトな「人間管理」のツールであるという意地悪な言い方すらできるかも知れない。**フーコー**がかつて述べた「規律＝訓練」型の権力を、カウンセリングなどセラピー文化の現場に見ることは、さほど不当ではないであろう。

出典 川瀬貴也「『まつろわぬもの』としての宗教」

人名辞典 日本編

松尾芭蕉《まつおばしょう》

一六四四～一六九四年　江戸時代の俳諧師

「蕉風」を確立し、芸術として俳諧を大成した。滑稽を重視していた従来の俳諧の束縛を離れ、「わび」「さび」（↓P142）、さらに、不変の本質をおさえながら新しみを求めて変化を重ねる「不易流行《ふえきりゅうこう》」などの詩境を提唱した。旅に生き、各地の門人たちと共作をする「座の文学」としての俳諧を重視した。

本居宣長《もとおりのりなが》

一七三〇～一八〇一年　江戸時代の国学者

『古事記』を中心に古典を独自に研究し、「国学」（↓P142）を大成した。日本の古道を明らかにすることを目指しつつ、古語を実証的に研究し、風雅を重視する中から『源氏物語』について、もののあはれ（↓P142）を主唱した。語学研究として、係り結びや仮名づかいについて論じた。

正岡子規《まさおかしき》

一八六七～一九〇二年　俳人、歌人

短歌・俳句を革新し、近代文学として確立した。脊椎《せきつい》カリエスを患いながらも、まず俳句の革新にたずさわり、発句の独立と写生（↓P158）の重視を説いた。さらに、短歌の革新にも取り組み、それぞれ「ホトトギス」、「根岸短歌会」で実践、指導に当たった。

夏目漱石《なつめそうせき》

一八六七～一九一六年　小説家、英文学者

人間の「エゴイズム」（↓P198）を追究するとともに、日本の近代化に伴う問題を指摘した。「文豪」と称される小説家としての活動の一方、評論・講演活動でも大きな功績を残した。イギリス留学の体験から、外発的（↓P140）な日本の開化の虚《うつ》ろさを説いた。また、西洋的な個人主義（↓P10）に触れて「自己本位」の立場をとったが、「修善寺《しゅぜんじ》の大患」で生死の境をさまよったことで、晩年は、「私」を超克する「則天去私《そくてんきょし》」を提唱した。

柳田国男《やなぎたくにお》

一八七五～一九六二年　民俗学者、国語学者

折口信夫《おりくちしのぶ》

一八八七～一九五三年　民俗学者、国文学者、詩人、歌人

自ら歩いて庶民の生活文化を調査し、「民俗学」（↓P142）を確立した。柳田国男は、各地の伝承などの口承（↓P75）文芸を発掘し、「常民」（庶民）の間に残る日本文化の深層や日本人のルーツについて考察した。また方言（↓P75）研究でも業績を残した。折口信夫は、柳田国男の高弟として、特に神道や芸能に関わる研究をして民俗学の基礎を築くとともに、釈迢《しゃくちょう》空《くう》の名で詩人、歌人としても活躍した。

小説編

1 時代
2 舞台
3 人間
4 他者
5 文体
6 表現
7 身体
8 言動

▶大学入試で出題される小説の主題をとらえ、細部を正確に読み解くための手がかりとなる、8つの「着眼点」を学習します。

▶「着眼点」の例文中の表現との関連、「状況」「内面」「態度」などのテーマの2つの角度から、小説を読解するための重要語を学習します。

▶大学入試では、語句の意味を問う出題があります。「確認問題」では、実際の入試問題にも取り組むことができます。

小説の着眼点 1

時代

▼本文中の語句・表現から作品の時代背景を読み取ろう。
▼心情・動作を表す語句の意味を押さえよう。

（次の文章は、三浦哲郎《みうらてつお》の小説「鳥寄せ」の一節である。東北の寒村から東京に出稼ぎにいった者たちも、年末には帰省し家族と共に年を越す。「おら」は帰ってくるはずの「父っちゃ」を迎えにバスの終点まで行った。）

1 一緒に**東京へ雇われていった**村の仲間の人たちは、暮の三十日に正月休みを貰《もら》って帰ってきました。おらは、**あいにく腹が大きくなっていて山越え**のできない母っちゃの代わりに、出迎えの人たちに混じって**バスの終点**まで父っちゃを迎えにいきました。ところが、**両手に荷物を提げて**バスから降りてくる人たちのなかに、父っちゃの顔が見当たりません。

2 おらは、**おろおろして**、仲間の一人に父っちゃのことを尋ねてみました。すると、その人は**怪訝そうな**顔をして、お前《め》の父っちゃなら先に帰ったはずだというのです。そんなことはありゃんせん。まだ帰らないから、**こうして**迎えにきているのです。いや、確かに帰ったはずだ、秋口には帰ったはずだ。仲間の人たちは口々にそういって、互いに顔を見合わせて**首をひねる**と、それきり**口を噤《つぐ》んで**しまいました。

3 おらは、**狐《きつね》につままれたような**気持で帰ってきましたが、その晩、仲間の人が何人か事情を話しにきてくれて、父っちゃは確かに秋口に、村へ帰るといって荷物を纏《まと》めて東京の飯場《はんば》を出たことがわかりました。その人たちの話によると、父っちゃは馴《な》れない仕事にへまばかりしていて、俺はやっぱり百姓だ、野良《のら》仕事が一番性に合っている、村へ帰る、と仲

語彙と表現

状況を読む

1からは、この作品の基本設定となる事柄が読み取れる。

＊久しぶりに帰郷する「父っちゃ」を出迎えるのは、本来なら妻である「母っちゃ」の役目であろうが、「**あいにく**」（→P218）「**腹が大きくなっていて**（妊娠していて）」、代わりに娘である「おら」が迎えに来ている。

＊「おら」の家族が住む集落は、「**山越え**」しなければ「**バスの終点**」に出られない山深いところにある。

人物を読む

2以降では、「父っちゃ」の行方がわからず不安になる「おら」とそれに対応する（父っちゃの）「仲間」の心情・動作を丁寧に読み取る必要がある。

＊「おら」については、「**おろおろして**」（→P218）「**狐につままれたような**」（→P226）等を押さえる。

＊「仲間」については、「**怪訝そうな**」（→P222）「**首をひねる**」（→P222）「**口を噤**

間に洩《も》らして、夜逃げをするように飯場を脱け出ていったということです。

4 けれども、父っちゃは村には帰っていません。一体どこへ消えてしまったのでしょう。

（注）飯場…土木工事や建築の現場近くに仮設された簡易な宿泊所。

着眼点の理解

問 **次の文章は、本文中の表現を手がかりにして作品の時代背景を説明したものである。空欄 A ～ D にあてはまる語句を後から選べ。**

①「**東京へ雇われていった**」（1行目）は「東京に出稼ぎにいった」ことだ。「出稼ぎ」とは、ある期間故郷をはなれて他の土地で仕事をすることで、高度経済成長期（一九五四～一九七三年頃）に、 A 部の建設現場の肉体労働を担った多くは、東北・北陸地方などの B の人々であり、その「稼ぎ」は彼らの重要な所得となっていた。

②「**両手に荷物を提げて**」（4行目）は「多くの手荷物を持って」いたこと。帰ってきた男たちの荷物の C は「出稼ぎ」の期間の D を思わせる。この大荷物の中には、久しぶりに会う家族、なかでも子供たちへの、都会の土産などが含まれているのだろう。それは家族が期待している「出稼ぎ」の成果の象徴だ。

㋐ 長さ　㋑ 多さ　㋒ 都市　㋓ 農村

んで」（→P222）等を押さえる。

注意すべき表現

＊「こうして」（9行目）は指示語だが、ここでは、文脈上に指示する内容はなく、今の自分のありようを指している。

着眼点のまとめ　時代

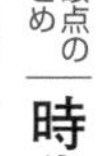

時代背景は多くの小説で重要な意味をもっている。時代状況がそこに生きる人々の生活に大きく影響しているのは当然だが、さらにはその**人々の人生観や世界観、価値観を方向づけてもいるからだ。**ことに現代とは異なる時代の小説における人々の思考や行動は、あくまで**その時代の文脈に即して読み取るという努力なしには理解できない。**そして、そのような「他者」の理解にこそ、小説において問われる主題があるともいえよう。本文の独特の時代背景は、文中のさまざまな描写とともに、**リード文でも語られていることに注意したい。**

解答　A㋒　B㋓　C㋑　D㋐

三浦哲郎「鳥寄せ」（→P216）から

> おらは、あいにく腹が大きくなっていて山越えのできない母っちゃの代わりに、…（2行目）

↓副詞「あいにく」とその関連語を押さえる。

535 あいにく

都合が悪いことに。期待にはずれて。

注「あいにくな空模様」のように形容動詞としても用いられる。

536 折悪《おりあ》しく

時期が悪いことに。都合が悪いことに。

注「折」は「機会・その時」の意。

対 **折《おり》よく**…ちょうどよい時機に。

関 **ゆくりなく**…思いがけず。

537 具合《ぐあい》が悪《わる》い

状態が悪い。都合が悪い。体面が悪い。

注「具合」には、体裁・体面の意がある点に注意。

> 両手に荷物を提げてバスから降りてくる人たちのなかに、父っちゃの顔が見当たりません。（4行目）

↓「顔」には、信用・名誉・体面などの意味もあり、以下のような表現が入試で問われている。

538 顔《かお》が利《き》く

信用・権勢などがあるために、相手から優遇されて無理が通る。

類 **顔《かお》を利《き》かす**…権力や縁故などを利用して、自分の思いどおりにしようとする。

539 顔《かお》がつぶれる

体面・名誉が損なわれる。

対 **顔《かお》が立《た》つ**…体面が保たれ、恥をかかずに済む。

関 **面目《めんぼく》**…世間に対する体面や名誉。

注「面目が立つ」「面目を失う」のように用いる。

> おらは、おろおろして、仲間の一人に父っちゃのことを尋ねてみました。（6行目）

↓「おろおろ」は、驚きや悲しみなどの衝撃でうろたえるさまを表す副詞。以下の類義語を押さえる。

540 うろたえる

予想外の事態にどうしてよいかわからず、まごまごする。慌てふためく。

541 狼狽《ろうばい》

うろたえること。慌てふためくこと。

入試 意味だけでなく、読みも問われる。

四字 **周章狼狽《しゅうしょうろうばい》**…ひどく慌てふためくこと。

確認問題

問1 傍線部の意味として最も適切なものを選べ。

①私は大声で母を呼び、ついで河畔を見やった。あいにくポンポン船は通っていなかったが、赤フンドシひとつで小舟をあやつっている見知らぬ男の姿があった。

出典 宮本輝「寝台車」／センター試験

（注）ポンポン船…貨物などを運ぶ小型船。ポンポンというエンジン音からこう呼ばれた。

㋐奇妙なことに　㋑間が悪いことに
㋒もどかしいことに　㋓うまい具合に
㋔いつものように

②このところの急な衰えようは我ながらうろたえるほどで、難儀な里帰りなどそろそろ御免蒙《ごめんこうむ》りたかった。

出典 三浦哲郎「みちづれ」／桜美林大

㋐あわて惑う　㋑予想もつかない
㋒どきどきする　㋓後ろ向きになる
㋔急いで走る

③信雄の声は、子供たちの喚声や祭り囃子《ばやし》に消されてしまった。喜一は小走りで先へ先へと進んでいく。相当狼狽して信雄を捜しているふうであった。

出典 宮本輝「泥の河」／四天王寺国際仏教大

㋐あわてふためいて　㋑心細そうに
㋒周囲に注視して　㋓疲れ果てて
㋔大声で泣いて

④こんな暗いところに二人いるのを、ひとに見られたら、はなはだ具合がわるいと思ったので私はソファから身を起こして、廊下へ出た。

出典 太宰治「故郷」／センター試験

㋐不都合だ　㋑不自然だ　㋒不出来だ
㋓不適切だ　㋔不本意だ

⑤考えたもんでさ。やつは新前《しんまえ》で顔がきかないもんだから、花火で人気者になろうってんですね。

出典 川端康成「浅草紅団」

㋐資金がない　㋑自信がない
㋒経験がない　㋓信用がない
㋔知恵がない

問2 傍線部の意味を答えよ。

①〈顔が潰《つぶ》された〉とか、あるいは〈顔に泥をぬられた〉とかいう言い方が示すように、顔は、その人そのものを表わすとともに、無防備なものであり、傷つきやすい（ヴァルネラブル）なものである。

出典 中村雄二郎「術語集Ⅱ」／岩手大

②私はいつになく喜んで昼飯をたべてたのに折あしくむこうから人がきたものですぐさま箸をほうりだしてもう帰る　といいだした。

出典 中勘助「銀の匙」

解答 問1 ①イ ②ア ③ア ④ア ⑤エ 問2 ①名誉が損なわれた ②都合が悪いことに

状況を表す語彙①

● 危険・災難

542 剣呑《けんのん》

危険なさま。ぶっそうなさま。

注 夏目漱石の小説などで見かける古風な表現。「吾輩は猫である」には五か所に登場する。

543 後難《こうなん》

のちにふりかかる災い・災難。

注「後難を恐れる」の形で用いられることが多い。

関 **疎開《そかい》**…空襲や災害に備えて、都市に密集している住民や工場などを地方に分散すること。

● どうにもならない

544 進退窮《しんたいきわ》まる

進むことも退くこともできず、窮地に陥る。

注「出処《しゅっしょ》進退」などと言うように、「進退」には、身の処し方（自分の態度や立場のとり方）という意味もある。

類 **逼塞《ひっそく》**…①経済的にゆきづまること。②落ちぶれて世間から身を隠すこと。

545 抜《ぬ》き差《さ》しならない

身動きがとれない。どうにもならない。

注「抜き差し」は〈抜くことと差すこと〉が原義で、「処置」や「身動き」を指すようになった。

類 **のっぴきならない**…動きがとれない。どうにもならない。

注「退《の》っ引《ぴ》き」は、避け退くことを意味する。「のっぴきならない用事があって欠席する」のように用いる。

● 経済的な苦境

546 不如意《ふにょい》

思いどおりにならないこと。特に、経済的に苦しいこと。

注 後者の場合、「手元不如意」ともいう。

547 なけなし

ほとんどないこと。無一文に近いこと。

注「なけなしの貯金をはたいて買う」のように用いる。

関 **無心《むしん》する**…金品をねだる。

548 放蕩《ほうとう》

思うままに振る舞うこと。

注 酒や女などの遊びに金をつぎこむ男性の形容として用いられる。

関 **蕩尽《とうじん》**…財産などを使い尽くすこと。

確認問題

問1 傍線部の意味として最も適切なものを選べ。

①自分がこの半年ばかりどんなに**剣呑**な生き方をしていたか、つくづく見えはじめ、いつのまにか頭を垂れていた。

出典 古井由吉「辻占」／明治大

㋐心の狭い　㋑危なっかしい　㋒呑気な
㋓怠惰な　㋔気の張る

②婆さんは、**進退きわまって**外を振り返ってみたが、もう孫の車はどこにも見えなかった。

出典 三浦哲郎「みちづれ」／桜美林大

㋐窮地に追い込まれて
㋑三歩進んで二歩退いて
㋒進むか退くかを自分で決めて
㋓真っ先に立って勢いよく進んで
㋔困難や危険から脱出して

③私たちの性は汚れや屈辱でなく、異性に働きかける恋愛であってもいいし、**放蕩**の形をとってもいいのであった。

出典 伊藤整「若い詩人の肖像」／青山学院大

㋐酒色にふけって品行が乱れていること
㋑お見合い結婚をして身を固めること
㋒財産を湯水のように投資すること
㋓熱い湯の中に自分を解き放つこと
㋔異性と湯やお茶などを飲みほすこと

④ちょっと見るだけ、と思っていても、ものを見てしまうことは、欲しくなるということであり、ここから**抜き差しならない**多くの苦しみが発生するのであることは、のちに思い知らされた。

出典 車谷長吉「業柱抱き」／桜美林大

㋐どうしようもない　㋑あまり望まない
㋒忍び足もできない　㋓きづまりな
㋔出し入れできない

⑤母は医者を呼ぶために、**なけなしの**衣料を何点か売り払った。

出典 安岡章太郎「海辺の光景」

㋐たいして価値のない　㋑着古してくたびれた
㋒苦労して手に入れた　㋓長年愛用してきた
㋔僅《わず》かばかりしかない

問2 傍線部の意味を答えよ。

①すると果して吉助は、朝夕《あさゆう》一度ずつ、額に十字を画して、祈禱《きとう》を捧げる事を発見した。彼等はすぐにその旨を三郎治に訴えた。三郎治も**後難**を恐れたと見えて、即座に彼を浦上村の代官所へ引渡した。

出典 芥川龍之介「じゅりあの・吉助」

②公卿《くぎょう》が、大方は京都で極めて困窮して暮している。格式ばかり高いが、豆屋、米屋、豆腐屋、炭屋に借銭が山積して、手許《てもと》の甚だしく**不如意な**者が多かった。

出典 阿川弘之「煙管」

解答　問1 ①イ　②ア　③ア　④ア　⑤オ　問2 ①のちにふりかかる災難　②経済的に苦しい

三浦哲郎「鳥寄せ」（↓P216）から

すると、その人は**怪訝**そうな顔をして、お前《め》の父っちゃなら先に帰ったはずだというのです。（7行目）

↓「怪訝」は不思議に思う様子を表す重要語。

549 怪訝《けげん》

不思議で、納得がいかない様子。

入試 センター試験（小説）で何度も問われている語。

550 いぶかしい

変なところがあって納得がいかない。疑わしい。不審だ。

注 漢字を当てれば「訝しい」。

四字 **疑心暗鬼《ぎしんあんき》**…（ひとたび疑いの心をもつと、実在しない鬼の姿が見えてくるように）何でもないことにまで不安や恐れを抱くこと。

551 腑《ふ》に落《お》ちない

納得がいかない。合点がいかない。

対 **腑《ふ》に落《お》ちる**…納得がいく。合点がいく。

仲間の人たちは口々にそういって、互いに顔を見合わせて**首をひねる**と、それきり**口を噤ん**でしまいました。（10行目）

↓「首」は「頸」を含む頭部全体を指すこともあり、その動作が頭で考えていること（意志）の表明になる。

552 首《くび》を傾《かし》げる

疑問や不満があって納得できない気持ちである。

類 **首《くび》をひねる**…考え込む。疑問に思う。

553 首《くび》を突《つ》っこむ

あることに興味をもち、深く関係する。

↓「噤む」は、口を閉じる＝黙ること。「口」を含む慣用表現には、次のようなものがある。

554 口《くち》を噤《つぐ》む

口を閉じてものを言わない。

類 **口《くち》が重《おも》い**…あまりしゃべらない様子。

注「流暢《りゅうちょう》」「饒舌《じょうぜつ》」「寡黙《かもく》」とその関連語についても押さえておくこと。↓P84

555 口《くち》を挟《はさ》む

人が話している途中に、割り込んで何か言う。

556 口《くち》を尖《とが》らせる

（口をすぼめて前に突き出し）不平・不満を態度に表す。

確認問題

問1 傍線部の意味として最も適切なものを選べ。

①二十一にもなった女が、びょおびょお泣きながら歩いているのだから、他《ほか》の人たちが**いぶかしげに**私を見たのも、無理のないことだった。 出典 江國香織「デューク」／センター試験

㋐不審そうに　㋑気の毒そうに
㋒迷惑そうに　㋓気味悪そうに
㋔珍しそうに

②「だって、餅を買うっていってるんだぜ」少年は**口をとがらせた**。 出典 三木卓「鶸」／センター試験追試

㋐怒りで厳しい口調になった
㋑まったく分からないという顔付きをした
㋒弱気になりながらも虚勢を張った
㋓不満に思い抗議するような表情をした
㋔激しい口調で相手をののしった

③千田さんは？　と穏香《しずか》は尋ねる。裕生《ひろみ》は**小首を傾げて**笑った。 出典 松村栄子「僕はかぐや姫」／佛教大

㋐恥ずかしく感じて　㋑少し考え込んで
㋒気を取り直して　㋓深く納得して
㋔突然で驚いて

④男と女が勝手にくっつく、その最後の形式的な段階しか戸籍係にはわからないんだ。途中で**口をはさんで**、誰かと誰かを結ぶなんてことはできない。 出典 池澤夏樹「スティル・ライフ」／センター試験追試

㋐命令をして　㋑邪魔をして
㋒世話をやいて　㋓文句を言って
㋔意見を述べて

⑤どうしてはは の方がさきへ死んだんだろう、なぜ私があとへのこったんだろう。…なんとなく信じがたく**腑に落ちかねた**。 出典 幸田文「髪」／早稲田大

㋐目星がつかない　㋑腹立たしい
㋒気持ちが悪い　㋓鵜《う》呑《の》みにできない
㋔得心がいかない

⑥達ちゃん、とぼくは子どもの頃のように呼んでみた。そして、おう、と返す兄に引きちぎったカレンダーの白紙の面を差し出した。彼は、**怪訝な**表情を浮かべる。 出典 山田詠美「微分積分」／愛知大

㋐不安な　㋑不思議に思う　㋒嬉しい
㋓いらいらする　㋔悲しい

問2 傍線部の意味を答えよ。

①客はちょいと**口を噤む**と、考え深そうな眼をしながら、思い出したように茶を啜《すす》った。 出典 芥川龍之介「捨児」

②「そうさ。子供がむやみに大人の話に**首をつっこむ**んじゃ無いよ」 出典 石坂洋次郎「若い人」

解答　問1 ①ア　②エ　③イ　④ウ　⑤オ　⑥イ　問2 ①口を閉じる　②興味をもつ（参加する）

◉ウソ・偽り

557 絵空事《えそらごと》

ありえないこと。全くの架空、虚構であること。

注 絵に描かれたことは事実と非常に異なる場合が多いことから。

入試 評論でも「虚構」「フィクション」（→P18）の意味合いで用いられる。

類 絵に描《か》いた餅《もち》…実際に何の役にも立たないもの。画餅《がべい》。

558 荒唐無稽《こうとうむけい》

言動に根拠がなく、現実味のないこと。でたらめ。

入試 入試でよく問われる四字熟語の一つ。意味のほか、空所補充でも問われる。

類 与太話《よたばなし》…口から出まかせのくだらない話。

559 馬脚《ばきゃく》を露《あらわ》す

偽り隠していたものが現れる。

注 芝居で馬の脚を演じる役者が馬から姿を見せてしまう意から。

類 露見《ろけん》…隠していた悪事や秘密が明るみに出てしまうこと。

◉最も優れた

560 圧巻《あっかん》

書物・催し物などの中で最も優れた部分。

注 昔、中国の官吏登用試験で、最優秀の巻（答案）を一番上に載せた故事から。

類 さわり…話や楽曲の中心で、最も感動的な部分。

561 白眉《はくび》

同類の中で最も優れた人や物。

注 蜀《しょく》の馬氏の五人兄弟はみな秀才であったが、まゆに白毛のある長兄の馬良が最も優れていたという故事から。

◉他との比較

562 異数《いすう》

（良い意味で）他に類例がないこと。

同 異例《いれい》

注「特別な待遇」の意もある。

類 破格《はかく》…先例や基準に外れていること。

563 同日《どうじつ》の談《だん》ではない

差が大きくて比較にならない。

注「同日の論ではない」とも。類似の表現に「同列には論じられない」がある。

四字 千差万別《せんさばんべつ》…種々様々の差異・種別があること。→P34

確認問題

問1　傍線部の意味として最も適切なものを選べ。

①それをうまく応用して発展させられればいいのだけど、その応用のところでだいたい失敗して**馬脚をあらわす**。　出典 赤瀬川原平「色はいつどうやって生れてくるのか」／白百合女子大

㋐思いがけない大けがをする
㋑無気力な精神状態になる
㋒みじめな姿を公衆にさらす
㋓痛烈な批判を甘受する
㋔隠していたことが露見する

②神話が夢と同じように表面的には**荒唐無稽**で、しかしその意味する内実を夢と同じように分析することが可能である理由は、神話が夢に起源を持つからなのだが、……　出典 保坂和志「世界を肯定する哲学」／白百合女子大

㋐でたらめで根拠がないこと
㋑荒々しくて笑うようなこと
㋒練習しないと分からないこと
㋓残酷で面白さが感じられないこと
㋔難しくて正確に表現できないこと

③要するに彼はこの吝嗇《りんしょく》な島田夫婦に、よそからもらい受けた一人っ子として、**異数の取り扱い**を受けていたのである。　出典 夏目漱石「道草」／センター試験

(注) 吝嗇な…けちな。↓P320

㋐一人っ子の扱いとしては異常なまでの冷遇
㋑神経質な養子に対する養父母の格別な配慮
㋒日ごろけちな養父母としては例を見ない厚遇
㋓小心な養子を傷つけまいとする細心の注意
㋔厳格な養父母にしては例外的な甘やかし

問2　傍線部の意味を答えよ。

①西洋の数学者が多くは哲学に通じ、哲学大家で兼ねて数学の大家であった人の多いのとは**同日の談ではない**。　出典 三上義夫「文化史上より見たる日本の数学」／防衛医科大

②この理性主義的交通論は、本質的なものを欠如している。少なくともその考え方は、実現不可能な**絵空事**を語っている。　出典 今村仁司「精神の政治学」／首都大学東京

③或《あ》る文学者のいる席でハリソンの歴史小説セオファーノの話が出たから僕はあれは歴史小説の中《うち》で**白眉**である。ことに女主人公が死ぬところは鬼気人を襲うようだと評したら、……　出典 夏目漱石「吾輩は猫である」

④セミの次に少女が持ってきたのは、ヤゴの抜け殻だった。次がカタツムリの殻、ミノムシの蓑《みの》、蟹《かに》の甲羅、と続いていった。**圧巻**はシマヘビの抜け殻で、直径二センチ、全長は五十センチもあり、それ一つで窓辺のスペースの半分近くを独占した。　出典 小川洋子「ひよこトラック」

解答　問1 ①オ　②ア　③ウ　問2 ①比較にならない　②ありえないこと　③最も優れたもの

三浦哲郎「鳥寄せ」(→P216)から

おらは、狐《きつね》につままれたような気持で帰ってきましたが、…（12行目）

→「狐」は古来人をだます（化《ば》かす）動物とされてきたことから、「狐につままれる」という表現が生じた。

564 **狐《きつね》につままれる**

（狐に化かされたときのように）わけがわからなくなり、ぼんやりする。

関 **狐憑《きつねつ》き**…狐の霊に取り憑《つ》かれて錯乱状態になること。

565 **呆気《あっけ》にとられる**

意外なことに出会って驚きあきれる。

注「呆気」は、驚きあきれてぼんやりした状態のこと。

類 **茫然《ぼうぜん》・呆然**…①気が抜けてぼんやりしているさま。②あっけにとられるさま。

→P125

関 **呆気《あっけ》ない**…意外に簡単で物足りない。

566 **放心《ほうしん》**

（突然の出来事のため）心を奪われてぼんやりすること。

注「心配や心遣いをやめること」の意でも用いる。

俺はやっぱり百姓だ、野良《のら》仕事が一番性に合っている、村へ帰る、と仲間に洩《も》らして、…（16行目）

→「洩らす」には、思っていること（内心）をそっと人に言うという意味がある。

567 **声《こえ》を洩《も》らす**

ひそかに口に出して言う。

注この意味合いの「もらす」は、「不満をもらす」のように用いる。

568 **吐露《とろ》**

心の中を隠さずに述べること。

同 **披瀝《ひれき》**

入試「吐露」も「披瀝」も読みが問われる。

夜逃げをするように飯場を脱け出ていったということです。（17行目）

→「夜逃げ」は、不都合な事情があって、夜こっそり行方をくらますこと。

569 **這《ほ》う這《ほ》うの体《てい》**

さんざんな目に遭い、やっとのことで逃げ出すさま。

類 **出奔《しゅっぽん》**…逃げ出して行方がわからないこと。

確認問題

問1 傍線部の意味として最も適切なものを選べ。

①上の妹が、泣きじゃくりながらいった。やはり涙をぽろぽろとこぼしながら下の妹は**放心したように**口を明けて、ただ、片手でしっかりと上の妹の手を握っていた。

出典 山川方夫「最初の秋」／琉球大

㋐虚空をながめて　㋑泣き疲れて
㋒心の赴くままに　㋓ぼんやりとして
㋔理解に苦しむように

②さすがにこの日、先生は機嫌が悪く、結局「顔を洗って出直してこい！」と言われて、**ほうほうの体**で退散しました。

出典 大野晋「日本語練習帳」／関東学院大

㋐さんざんな目にあって、かろうじて逃げる様子
㋑疲れ切って、体を引きずるような様子
㋒体が緊張して、冷や汗をかいている様子
㋓作法通りの挨拶をする様子
㋔挨拶もそこそこに、放心した様子

③風呂場は異常なかった。屋上に出るドアを開け、私が真先《まっさき》に外に出た。眼《め》に異様なものが映った。私は、思わず、**声を洩らした**。

出典 津島佑子「水辺」／センター試験

㋐ひとりごとを言った　㋑こっそりとつぶやいた
㋒悲鳴を上げた　㋓感情的に言った
㋔小さく叫んだ

④「すごいですねえ」
はじめのうちはただ**あっけにとられて**いた。

出典 南木佳士「冬物語」／センター試験

㋐相手に気を遣って　㋑熱意に押されて
㋒尊敬の念にとらわれて　㋓驚き心を奪われて
㋔大きな感動におそわれて

⑤一緒に俥《くるま》で来たと思ったお玉も何処《どこ》へか消えた。「何だか**狐にでもつままれたような**気がする」とおげんは歩きながら独りでそう言って見た。

出典 島崎藤村「ある女の生涯」

㋐すぐに縁起でもないことが起きそうな
㋑自分独りになって気持ちが楽になった
㋒意外なことでわけがわからなくなった
㋓自分も誰かに命を狙われているような
㋔無駄なことを考えすぎて不安になった

問2 傍線部の読みと意味を答えよ。

女房なんて、謂《い》わば、家の道具だと信じていた。いちいち真実を**吐露**し合っていたんじゃ、やり切れない。私は、いつもだましていた。それだから女房は、いつも私を好いてくれた。真実は、家庭の敵。嘘《うそ》こそ家庭の幸福の花だ、と私は信じていた。

出典 太宰治「女の決闘」

解答　問1 ①エ　②ア　③オ　④エ　⑤ウ　問2 とろ・隠さず述べること

状況を表す語彙③

◉調和・不調和

570 誂《あつら》え向《む》き

注文どおりであること。望みどおりであること。

注「お誂え向き」ともいう。「開会式にお誂え向きな上天気」のように用いる。

571 木《き》に竹《たけ》を接《つ》ぐ

物事のつながり方が不自然で調和がとれないことのたとえ。

注熟語で言えば、何らかの「齟齬《そご》」（→P182）がある状態を表す。「次《つ》ぐ」ではないことに注意。

類**不協和音《ふきょうわおん》**…（比喩的に）二者の関係が不調和なこと。

注本来は音楽用語で、同時に鳴らしたときに調和せずに不快感を与える音をいう。

◉進行／停滞

572 はかがいく

仕事が具合よく進む。

注「はか（計・果・捗・量）」は、仕事の進み具合のこと。

対**埒《らち》が明《あ》かない**…決まりがつかない。はかどらない。

573 なしくずし

物事を少しずつ片付けていくこと。

注「借金を少しずつ返していくこと」の意で用いられることもある。

574 うごめく

絶えずもぞもぞと細かな動きを続ける。

同**蠢動《しゅんどう》**

注小さな虫が小刻みな動きをするさまを表すが、「暗黒街にうごめく者たち」のように、人間にも用いられる。

◉世間との関係

575 人口《じんこう》に膾炙《かいしゃ》する

広く世間に知れわたり、もてはやされる。

注「膾（なます）」と「炙（あぶりにく）」とが、誰の口にもうまく感じられるところから。「人工」ではないことに注意。

入試意味がよく問われるので注意。

関**羹《あつもの》に懲《こ》りて膾《なます》を吹《ふ》く**…一度の失敗に懲りて用心しすぎること。

576 棹《さお》さす

（比喩的に）**時流に乗る**。**機に乗じる**。

注本来は、棹で水底を突き、船を進めること。「流れに棹さす」（時流・傾向に乗る）を「時流・傾向に逆らう」の意で用いるのは、近年よく見られる誤用。

確認問題

問1 傍線部の意味として最も適切なものを選べ。

①智に働けば角が立つ。**情に棹させば**流される。意地を通せば窮屈だ。とかくに人の世は住みにくい。
出典 夏目漱石「草枕」／早稲田大

㋐世情に気を奪われれば
㋑感情を刺激しすぎれば
㋒人情にむりやり逆らえば
㋓心情のおもむくに任せれば
㋔愛情の深さを測ろうとすれば

②雨は燃えさしの墨を流していた。あの夜、暗いままに**後片付けのはかは行かず**、焚火《たきび》に水をかけると帰ってきた、そのままの姿が雨にたたかれている。
出典 加賀乙彦「雨の庭」／センター試験

㋐後片付けを途中でやめて
㋑後片付けをあきらめて
㋒後片付けが手につかず
㋓後片付けに満足できず
㋔後片付けが順調に進まず

③そのころ大きい建物は、ビルというカタカナ語の成立が端的に示すように、もう一〇〇パーセント洋風になっていた。独立住宅はまだ和風だったが、そこに一部屋だけの洋室が**木に竹をついだ**ようにつけられた。
出典 乾正雄「夜は暗くてはいけないか」／釧路公立大

㋐不利益　㋑不満足　㋒不如意
㋓不安定　㋔不調和

④私は物憂い気分に浸りながら、季節の移り変わりを感じていた。死を意識してから、私のまわりに**うごめく**はっきりと形をもたないもの、たとえば、季節、たとえば時間、そういったものが急速に姿を現しはじめていた。
出典 山田詠美「晩年の子供」

㋐姿を現している　㋑存在感を増している
㋒始終動いている　㋓見えなくなっている
㋔時々やって来る

問2 傍線部の意味を答えよ。

①間もなく**誂え向きの**強い風が吹いて来て、ケヤキの枝が靡《なび》ける限り靡いて揺れはじめ、梢《こずえ》の先が蛇の体に覆いかぶさって行った。
出典 井伏鱒二「コタツ花」／滋賀大

②今さら引用するのも気が引けるほど**人口に膾炙した**文章だが、ここはやはり『無常といふ事』の一節に登場してもらわねばならない。
出典 野家啓一「物語の哲学」／大阪市立大

③数十万の人間が、怨《うら》みも、咎《とが》もないのに、戦場で殺し合っていたように、――眼に立たないように、工場や、農村や、船や、等々で、**なし崩しに**消されて行く、一つの生贄《いけにえ》で、彼もあった。
出典 葉山嘉樹「労働者のいない船」

解答　問1 ①エ　②オ　③オ　④ウ　問2 ①望みどおりの　②広く世間に知れわたっている　③少しずつ

小説の着眼点 2

舞台

▼小説の背景となる舞台とその意味を本文から読み取ろう。
▼都市の雰囲気を表す語句の意味を押さえよう。

（次の文章は、木内昇《きうちのぼり》の小説「てのひら」の一節である。時代は高度成長期の昭和三十年代、佳代子《かよこ》は東京で勤労者として生活している。その佳代子に会うために郷里から上京した母親を、佳代子は東京見物に連れ出した。）

1 母は、**人混《ひとご》み**というものに至って**無頓着《むとんじゃく》**だった。そんなものがこの世にあるということなど、まるで知らないようだった。

2 翌日行った浅草でも、ふたりはうまく**人の流れに乗ることができず**、仲《なか》見世《みせ》や浅草寺《せんそうじ》の人混みに、波間に浮かぶ木の葉のようにもてあそばれた。母は気になるものがあると周りも見ずに立ち止まり「あれ、ごらん」と幼げな声で佳代子に話しかける。そのたびに人波が遮断され、過ぎゆく人々が迷惑顔を容赦なくこちらに向けた。佳代子が母を守るように手を添えても、みな平気でぶつかっていった。腹の中に**言いしれぬ怒り**が湧《わ》いて治まらなかった。東京という街の**雑な味気なさ**を憎らしく思った。きっとこの街はあっけらかんとすべてを暴いてしまうのだ。

3 慣れないことで佳代子もすっかり人酔いし、足も疲れたから甘味処《かんみどころ》に寄りましょうと誘ってみると、母はやはり「六十円もするもの」と首を振った。佳代子は、自分の**厚意**がいちいち**値踏み**されるようで虚《むな》しかった。母はそんな佳代子に構わず、楽しげに昔話をした。幼い頃の佳代子の話を。ちびた下駄の音がからからと**空疎**だった。

（注）仲見世や浅草寺…浅草寺は浅草にある寺の名。仲見世は浅草寺の参道にある商店街。

語彙と表現

状況を読む

1・2からは、この作品の舞台である都市（東京）の雰囲気と登場人物のありようが読み取れる。

＊作品の舞台は都市＝東京の「人混み」である。その雰囲気は「**雑な味気なさ**」という表現に集約されている。

＊「母」と「佳代子」は東京の「**人の流れに乗ることができず**」にいる。

人物を読む

1〜3を通して読み取れるのは、「母」と「佳代子」の意識のズレである。

＊「母」が都市の人混みに「**無頓着**」(→P232)であるのに対し、「佳代子」は街を過ぎゆく人々に対し、「**言いしれぬ怒り**」を抱いたりする。

＊末尾の「**空疎**」な思いも、「佳代子」の「**厚意**」(→P240)が「母」に通じないところから生じている。

注意すべき表現

＊「**値踏み**」とは値段を予想すること。こ

いずれも観光名所。

着眼点の理解

問　次の文章は、この小説の舞台である都市について、本文中の表現を手がかりに考察したものである。空欄[A]～[D]にあてはまる言葉を指定の字数で本文中から抜き出せ。

①[A]（3字）こそは都市の典型的な光景である。出身地の異なる無数の人間たちが、それぞれ未知の他人として押し合いへし合いしながらすれ違っていく街。だから、農村から東京に出て来た者たちは、その群集に適応できずに[B]（13字）もてあそばれ、あるいはそのリズムを遮断する鈍感な「田舎者」として、あっけらかんとその本性を暴かれ、「容赦なく」蔑《さげす》まれることになるのである（しかし「田舎者」を蔑む「都会人」も、実は一足早く都会に出ただけの、もとは同じ「田舎者」なのだ）。

②散歩の途中の一休みも、都会ではたとえば「六十円」ほどの「消費」活動になる。それに抵抗を感じて「首を振」るのは「倹約」を徳とする伝統的な価値観だ。その徳は[C]（5字）にも表れているが、その同じ[C]が都市ではけちくさいものになってしまうのかも知れない。都市の最中で暮らし、そこに同化していると気づかない都会の本質が、郷里から出てきた田舎者の母をめぐって生じる温度差によって表面化し、世代の隔たりにも気づかせる。虚しい思いをかみしめている娘と楽しそうに昔話をする母と、心の通い合わない[D]（2字）さが、ちびた下駄の乾いた音となって響いている。

こでは、自分の「厚意」が金額に換算してはかられることを表現している。

着眼点のまとめ　舞台

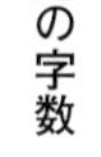

さまざまな生活習慣や価値観をもつ人々がたえず交錯する**都市の流動的なありよう**は、みなが同じような価値観を共有している**農村の安定的・定住者的な生活**とはおよそ異なるものだ。よってそれぞれを舞台としてくりひろげられる人間の劇も、それぞれに異なる様相を呈するであろう。たとえば、**都市の目まぐるしく急激な変化はそこに生きる人間のあり方を翻弄し、地方の人々との断絶を知らず知らず作り出していく**のである。これは「評論の論点1」（→P7）でも述べたことだが、「小説」はしばしばそのような内容の具体化としてあり、**「評論」にあった問題意識を生々しく突きつけてくるもの**なのだ。そのように「小説」が読めるとき、われわれの読解は一挙にその深さを獲得するのである。

解答　A人混み　B波間に浮かぶ木の葉のように　Cちびた下駄　D空疎

木内昇「てのひら」（→P230）から

母は、人混《ひとご》みというものに至って無頓着《むとんじゃく》だった。（1行目）

↓都市の「人混み（雑踏）」に、大勢の人々が集まる・騒ぐことを表す語には次のようなものがある。

577 ひしめく

大勢の人が押し合いへし合いする。

注「町工場がひしめく」のように人以外にも用いることがある。

578 たむろする

人が群れ集まる。

注「自衛隊の駐屯地」などと言うように、「屯《たむろ》」は、人が群れ集まる所の意。

579 喧《けん》噪《そう》

物音や人の声のやかましいこと。

対 静謐《せいひつ》…静かで落ち着いていること。

対 森閑《しんかん》…静まりかえって、周囲に音のしないさま。

↓「無頓着」と「あっけらかんと」（10行目）には、似た意味合いがある。あわせて押さえておく。

580 無《む》頓《とん》着《じゃく》

細かいことを気にせず、平気でいること。

注「むとんちゃく」ともいう。

対 頓着《とんじゃく》…気にすること。

581 屈《くっ》託《たく》がない

（厳しい状況にあっても）悩みなどがなく、特に気にするところがない。

注「屈託」は、あることを気にして、くよくよすることの意。

類 意《い》に介《かい》さない…まったく気にしない。

582 あっけらかんと

何もなかったように平然としているさま。

注「あまりの意外さにあきれて、ぽかんとしているさま」の意もある。

そんなものがこの世にあるということなど、まるで知らないようだった。（1行目）

↓「この世」を「此岸」、「あの世」を「彼岸」という。

583 此《し》岸《がん》

迷いのある、この世。現世。

注 三途《さんず》の川を挟んだ「こちら側の岸」をいう。

584 彼《ひ》岸《がん》

悟りを開いた世界。あの世。

注「善悪の彼岸」のように、何事かを超越した理想の境地という意味合いで用いられることもある。

確認問題

問1　傍線部の意味として最も適切なものを選べ。

①家の周りに**たむろして**いたからすたちが神経質な呼び声で迎える。　出典 蜂飼耳「崖のにおい」／畿央大

㋐寄り集まって　㋑うろうろして　㋒荒らし回って　㋓大声で騒いで　㋔ねじろにして

②だから、ときに碧郎《へきろう》が**屈託なく**はしゃいで大笑いしたりすると、げんは母をはばかってびっくりとする。　出典 幸田文「おとうと」／センター試験

㋐きわめて不作法に　㋑まったく疲れを知らず　㋒何のこだわりもなく　㋓ひどく無遠慮に　㋔少しの思慮もなく

③東京という街の雑な味気なさを憎らしく思った。きっとこの街は、**あっけらかんと**すべてを暴いてしまうのだ。　出典 木内昇「てのひら」／センター試験追試

㋐人々が気のつかないうちにやすやすと
㋑人々の感情を逆なでするように意地悪く
㋒人々への思いやりを持たず冷酷に
㋓人々の運命を飲み込んで黙々と
㋔人々の事情にかまうことなく平然と

④このようなことをするのが必要だとしても、その前になんらかの儀式かせめて挨拶の仕草でもあるべきではないか。しかし、そうしたことには**無頓着で**、先輩たちは後輩に範を示すことに必死であるように見えた。　出典 梅原賢一郎「カミの現象学」／関西学院大

㋐反感を持っていて
㋑気配りが欠けていて
㋒十分な知識を持っていなくて
㋓消極的な対応しかできなくて
㋔馴《な》れっこになっていて

問2　傍線部の意味を答えよ。

つまり、全海洋のわずか八パーセントの浅い海に圧倒的多数の魚たちが**ひしめいている**のである。　出典 松浦啓一「魚は陸から離れられない」／富山大

問3　空欄にあてはまる語を後から選べ。

①浅間山は穏やかな秋の陽《ひ》に包まれ、□そのものの火口のあたりから、純白の煙を濃く青い空に昇らせていた。　出典 南木佳士「天地有情」

②芭蕉にせよ、誰にせよ、ひとしく□に往生するのなら、ひとしく又、弥陀《みだ》の慈悲にすがるべき筈《はず》だと云《い》う、堅い信念が根を張っていたからであろう。　出典 芥川龍之介「枯野抄」

㋐喧噪　㋑静謐　㋒此岸　㋓彼岸

解答　問1 ①ア　②ウ　③オ　④イ　問2 押し合うようにしている　問3 ①イ　②エ

● 事の成り行き

585 風《かぜ》の吹《ふ》き回《まわ》し

事の成り行き・展開。周囲の状況の変化の具合。

注 物のはずみで普段あまり起きないことが起きた意味合いで用いられる。

586 消息《しょうそく》

人や物事の、その時々のありさま。

同 **動静《どうせい》**

注「状況を知らせる手紙・言葉」の意味でも用いられる。

587 勿怪《もっけ》の幸《さいわ》い

思いがけず手に入れた幸運。

注「勿怪」は、思いがけないこと。「物怪」とも書く。

類 **棚《たな》から牡丹餅《ぼたもち》**…思いがけず幸運が舞い込むことのたとえ。棚ぼた。

類 **僥倖《ぎょうこう》**…予想もしなかったような幸運。

● はっきり／ぼんやり

588 髣髴《ほうふつ》

眼前にありありと思い浮かぶさま。

注「髣髴とする」「髣髴として」の形でよく用いられる。「彷彿」とも書く。「よく似ているさま」の意もある。

類 **躍如《やくじょ》**…目の前に見るように、生き生きとしているさま。

589 判然《はんぜん》としない

はっきりとはわからない。

注「判然」は、はっきりしているさま。

対 **截然《せつぜん》**…区別がはっきりしているさま。

類 **隠微《いんび》**…表面にはっきり現れず、かすかであること。

● 有用／無用

590 自家薬籠《じかやくろう》中《ちゅう》の物《もの》

いつでも自分の役にたてられる技術や知識。また、人。

注 薬籠（薬箱）の中にある薬はいつでも使えることから。

関 **資《し》する**…助けとする。役立てる。

591 あらずもがな

ないほうがいい。

同 **なくもがな**

注「もがな」は、存在・状態に対する願望を表す終助詞。「もがな」を用いた表現としては、他に「言わずもがな」（↓P288）「やらずもがな（やらなくてよい）」などがある。

確認問題

問1 **傍線部の意味として最も適切なものを選べ。**

①かつての氷上清掃班員の**消息**などを聞いたあとで、赤帯は手を伸ばして、私の肩や腕をつついた。

出典 梅崎春生「赤帯の話」／センター試験

㋐勢いのあるなし　㋑健康状態
㋒手紙やはがき　㋓仕事ぶり
㋔その後の動静

②一切の女性は本来彼に好意をもち、また彼の**薬籠中のもの**と考えていたので、……

出典 中勘助「提婆達多」／四天王寺国際仏教大

㋐思いどおりになるもの
㋑ありふれた特徴のないもの
㋒愛情をかけるべきもの
㋓慎重に扱うべきもの
㋔気にかける値うちの無いもの

③もともと郷士の末裔《まつえい》で、生来《せいらい》無口で不器用で商人にはまるで不向きだと思われる父が、どういう**風の吹きまわし**で畑違いの市《まち》の商家へ婿入りなどすることになったのかは、父を迎えた当の母自身にもよくわからなかった。

出典 三浦哲郎「わくらば」／九州産業大

㋐周囲の説得　㋑世間の評判
㋒時代の雰囲気　㋓家のしきたり
㋔周りからの影響　㋕もののはずみ

④欲しいと思わなくなったから、うらめしい気持ちが母に悪いことをしたという気持ちに変わって来たのか、あるいはそのような変化が心の中に起こったから、欲しいと思わなくなったのか、そのあたりは**判然としない**。

出典 車谷長吉「業柱抱き」／桜美林大

㋐気持ちが起こらない　㋑悪いこととは思わない
㋒場所が分からない　㋓変化がみられない
㋔はっきりとしない

問2 **傍線部の意味を答えよ。**

①各種の運動が一時のお祭騒ぎでなく、如何《いか》に真面目に熱心に起されても、文化主義の理想と一致する所がなければ、……私たちにはそれが**あらずもがなの**行為に見えます。

出典 与謝野晶子「婦人指導者への抗議」

②それは昔、自弁でベルリン・オリンピックを見に行った時の若い父の顔を**髣髴とさせた**。

出典 加賀乙彦「雨の庭」

問3 **傍線部と同じ意味のことわざを選べ。**

不潔な水でなかったのは、閭《りょ》がためには**勿怪の幸**であった。

出典 森鷗外「寒山拾得」／防衛医科大

㋐二階から目薬　㋑煎豆《いりまめ》に花　㋒棚から牡丹餅《ぼたもち》
㋓地獄で仏　㋔魚心あれば水心

小説編

解答 問1 ①オ　②ア　③カ　④オ　問2 ①ないほうがいい　②思い浮かばせた　問3 ウ

木内昇「てのひら」（→P230）から

母は気になるものがあると周りも見ずに立ち止まり「あれ、ごらん」と幼げな声で佳代子に話しかける。（5行目）

→「幼げな（幼い）」様子を表す和語・慣用句は多い。入試で意味が問われているものをあげておく。

592 いたいけ

幼くてかわいらしいさま。小さくて愛すべきさま。
類 **いじらしい**…幼い者や弱者が頑張っているのが痛々しく、心を打たれるさま。
類 **年端《としは》もいかない**…年若い。幼い。

593 健《けな》気《げ》

幼い者や弱者が困難な状況で立派に振舞うさま。
同 **殊勝《しゅしょう》**

594 頑《がん》是《ぜ》無《な》い

幼くて物事の善悪・是非がわからない。あどけなく無邪気だ。
注「頑是」は、分別《ふんべつ》・わきまえの意。

そのたびに人波が遮断され、過ぎゆく人々が**迷惑顔**を容赦なくこちらに向けた。（6行目）

→「迷惑顔」は、他人のせいでやっかいな思いをしているときの表情。他にも「〇〇顔」という表現には以下のようなものがある。

595 心《こころ》得《え》顔《がお》

よく事情がわかっているから任せてくれといった顔つき。
注「心得」は、あることを行うのにあらかじめ知っておくべき事柄の意。

596 したり顔《がお》

うまくやったと言わんばかりの得意そうな顔つき。
関 **有頂天《うちょうてん》**…喜びや得意の絶頂。

→「容赦」は、許すこと。「容赦なく」「容赦しない」等、否定形で用いられることが多い。

597 仮《か》借《しゃく》ない

許さないこと。見逃さないこと。
同 **容赦《ようしゃ》ない**
類 **完膚《かんぷ》なきまで**…無傷の箇所がないほどにひどく。徹底的に。

598 大《おお》目《め》に見《み》る

細かい点をとがめないで寛大に扱う。
類 **手心《てごころ》を加《くわ》える**…手加減をする。寛大に扱う。

④事情がわかっているという顔つき

確認問題

問1 傍線部の意味として最も適切なものを選べ。

①お前たちの**頑是ない**驚きの眼は、大きな自動車にばかり向けられていた。お前たちの母上は淋《さび》しくそれを見やっていた。　出典 有島武郎「小さき者へ」／神戸女子大

㋐我がままで手がかかること
㋑いつまで経《た》っても聞き分けがないこと
㋒まだ幼くてものごとが分かっていないこと
㋓幾つになっても可愛《かわい》らしいこと
㋔腕白で親を困らせること

②足を使っていた少年の彼を師匠は**仮借するところなく叱責した**。　出典 和辻哲郎「文楽座の人形芝居」／四天王寺国際仏教大

㋐暴力をふるって責めさいなんだ
㋑知らないふりをしてそれとなく叱った
㋒よく見もしないで叱りとがめた
㋓みのがすことなく叱りとがめた
㋔慈愛をこめて叱りとがめた

③この十八歳の娘さんの**いじらしいばかりに健気な**気持については、註釈《ちゅうしゃく》めいたものは要らぬだろう。ひとはしばらく眼をつぶって、この娘さんの可憐《かれん》な顔を想像してくれるがよい。　出典 織田作之助「十八歳の花嫁」

㋐幼い者のように素直な
㋑痛々しいほどに一生懸命な
㋒滑稽なほどに大真面目な
㋓心を打たれるほどに謙虚な
㋔被害者のように惨めな

問2 傍線部の意味を答えよ。

①欠陥があるのを承知で商品を売りつけてしまう。駅の柱に伝言を書くというような、厳密に言えば犯罪になるが、たいていは**大目に見られている**軽犯罪もある。　出典 加藤尚武「現代倫理学入門」／岐阜大

②この疑問は結局懐疑という名の優柔不断に転化するしかない。そこで一体正義とは何か、何をもって正邪を判別するのか、と近代人は**したり顔**で言うのである。

③踏切りの柵《さく》の向うに、私は頬の赤い三人の男の子が、目白押しに並んで立っているのを見た。……それが汽車の通るのを仰ぎ見ながら、一斉に手を挙げるが早いか、**いたいけな**喉《のど》を高く反《そ》らせて、何とも意味の分らない喊声《かんせい》を一生懸命に迸《ほとばし》らせた。　出典 芥川龍之介「蜜柑」

④「君、失敬じゃないか。草履くらいは、脱ぎたまえ。」どろぼうは素直に草履を脱ぎ、雨戸の外にぽんと放擲《ほうてき》した。私は、そのすきに**心得顔**して、ぱちんと電燈消してしまった。　出典 太宰治「春の盗賊」

解答　問1 ①ウ　②エ　③イ　問2 ①寛大に扱われている　②得意そうな顔つき　③小さくてかわいらしい

情景を表す語彙

◉ もの寂しい

599 **蕭条《しょうじょう》**

ひっそりともの寂しいさま。

注 古い小説などで見られる古風な表現で、本来は、吹く風や降る雨の、もの寂しげなさまをいう。以下の類義語も重要。

類 **寂寥《せきりょう》**…もの寂しいこと。

類 **寂寞《せきばく》**…ひっそりともの寂しいさま。

類 **索莫《さくばく》**…もの寂しいさま。

類 **荒涼《こうりょう》**…荒れ果ててもの寂しいさま。

600 **うそ寒《さむ》い**

なんとなく寒々とした感じである。

同 **うすら寒《さむ》い**

注 「うそ」は「うす（薄）」の変化したもので、なんとなく・ほんの少しの意を添える接頭語。

◉ 暗い雰囲気

601 **陰陰《いんいん》**

（空が曇ったり、木が茂ったりして）薄暗いさま。もの寂しく陰気なさま。

注 「陰々たる冬景色」のように用いる。

四字 **陰々滅々《いんいんめつめつ》**…ひどく陰気で気が滅入るさま。

602 **どんよりと**

空が曇って、重く薄暗いさま。

注 「どんよりとした目つき」のように色合い・目が濁っているさまにも用いる。

603 **ほの暗《ぐら》い**

光が弱くて、ぼんやりと暗い。薄暗い。

注 視界がぼんやりするような暗さを表す。「ほの（仄）」は、ぼんやりと。かすかにの意。

関 **ほのか**…光・色・香りなどが、かすかに感じられるさま。

◉ 洗練／素朴

604 **瀟洒《しょうしゃ》**

さっぱりしていて、洗練されているさま。

注 「瀟洒」は建築の形容に、「洒脱」は人物の形容に用いられることが多い。

関 **洒脱《しゃだつ》**…俗気がなくてさっぱりしていること。

605 **牧歌的《ぼっかてき》**

牧歌のように素朴で叙情的なさま。

注 「牧歌」は、牧人が家畜の番をしながら歌う歌。のどかな風景の形容に用いられることが多い。

四字 **春風駘蕩《しゅんぷうたいとう》**…春の風がのんびりと吹くさま。人の態度や生活が温和でのんびりしているさま。

確認問題

問1 傍線部の意味として最も適切なものを選べ。

①豆炭《まめたん》工場の煙突から出る煙が空を**どんよりと**曇らせている。

出典 井上靖「姨捨」／センター試験

(注) 豆炭…石炭、木炭などの粉末を合わせて作った燃料。

㋐暗くかすむように　㋑くすんで貧弱に
㋒濁って重苦しく　㋓けだるく眠そうに
㋔黒々と分厚く

②見捨てられた広大な石切場は、灰色の空の下で**陰々と**静まり返っている。

出典 日野啓三「風を讃えよ」／センター試験追試

㋐ぼんやりとしてうっとうしく
㋑憂いをたたえてはかなげに
㋒かげりを帯びてさむざむと
㋓しみじみとさびしく
㋔悲しげにひっそりと

③われわれはまだ寒いさかりに、春の到来を祝い、まだ冬枯れの**蕭条たる**中に早くも春をかぎわけていた。

出典 山本健吉「春」／成蹊大

㋐荒々しい土地がひろがった
㋑とりすましてつめたい
㋒ひっそりとものさびしい
㋓雪や氷にとざされた
㋔きびしくものものしい

④北山年夫は堀川倉子が顔を上げて彼の方に眼を向けるのを見た。**ほの暗い空間**をすかせて白い彼女の顔が彼の前に浮いている。

出典 野間宏「顔の中の赤い月」／センター試験追試

㋐部分的に暗い電車の中
㋑ぼんやりと暗い電車の中
㋒まっ暗な電車の中
㋓ときどき暗くなる電車の中
㋔うす汚れた電車の中

問2 傍線部の意味を答えよ。

①林間に散っている黄葉《こうよう》と、林梢《りんしょう》に群がっている乱鴉《らんあ》と、——画面のどこを眺めても、**うそ寒い**秋の気が動いていないところはない。

出典 芥川龍之介「戯作三昧」

(注) 乱鴉…みだれ飛ぶカラス。

②建て増したせいで、敷地いっぱいを厚ぼったく占めた二階家の私たちの家にくらべて、隣家は、東南にむかってカギ型にひらいた**瀟洒な**平屋だった。

出典 須賀敦子「遠い朝の本たち」

③汽車の窓から見たり、色々な小説を読んだりして、何か**牧歌的な**、うっとりするような甘い、美しさで想像していたチョコレート色の藁屋根の百姓家！

出典 小林多喜二「不在地主」

解答　問1 ①ウ　②ウ　③ウ　④イ　問2 ①なんとなく寒々とした　②洗練された　③素朴で叙情的な

木内昇「てのひら」（→P230）から

腹の中に言いしれぬ怒りが湧《わ》いて治まらなかった。（8行目）

↓「言いしれぬ」は、言いようのない（言葉にならない）ことをいう。同様の表現では以下のものが重要。

606 名状《めいじょう》し難《がた》い

言葉では表現しにくい。

注「名状」は、状態を言葉で言い表すこと。

入試 意味が問われることが多い。

類 **筆舌《ひつぜつ》に尽《つ》くし難《がた》い**…文章や言葉ではとても表現できない。

607 曰《いわ》く言《い》い難《がた》い

複雑な事情があって、言葉では説明しにくい。

注「曰く」は、事情・訳、の意。

東京という街の雑な**味気なさ**を憎らしく思った。（9行目）

↓「味気なさ（味気ない）」は、人や物事に面白みがなくつまらないさまを表す。ここでの「味気なさ」の背景には、都会人の他者への無関心・冷淡さがある。

608 素《そ》っ気《け》ない

相手に対して冷淡で、思いやりがない。

類 **味《あじ》も素《そ》っ気《け》も無《な》い**…少しも面白みがない。つまらない。

609 取《と》り付《つ》く島《しま》もない

相手がひどく冷淡で、頼ろうとしてもきっかけがない。

佳代子は、自分の**厚意**がいちいち値踏みされるようで虚《むな》しかった。（13行目）

↓「厚意」は、相手にいいように努めようとする心、つまり親切心のこと。

610 厚意《こうい》

人を思いやる気持ち。親切心。

注「厚意」は、「好意」よりもさらに思いやりの深い心をいう場合が多い。

611 親切《しんせつ》ごかし

（自分の利益のために）いかにも親切らしくすること。

類 **おためごかし**…相手のためにするように見せかけて、自分の利益をはかること。

612 情《なさ》けは人《ひと》のためならず

人に親切にしておけば、それが巡り巡って必ず自分によい報いがある。

注 近年、親切にするとその人のためにならないという意味での誤用が目立つ。

③いかにも親切らしく

確認問題

問1　傍線部の意味として最も適切なものを選べ。

①こういってしまうと**味もそっけもない**が、もともとカタとは、味もそっけもないものなのである。

出典　川添登「生きているカタチ」／昭和女子大

㋐俗っぽい　㋑何の趣もない
㋒手際がわるい　㋓気にいらない
㋔気がきかない

②目がさめている時は、これがために**名状しがたい**一種の圧迫を受けつづけに受けた。

出典　夏目漱石「門」／京都産業大

㋐気持ちの悪い　㋑言葉で表しにくい
㋒鈍い感じのする　㋓名前をつけにくい

③日本の社会生活全般を規定し、個人の精神生活をも浸しているような、**いわく言い難い**日本に特殊でマイナスの意味をおびた支配体制の総体とでもいったものを思い浮かべるようになっている。

出典　坂本多加雄「『天皇制』という言葉」／日本大

㋐簡単には説明しにくいとしか言いようがない
㋑いわく因縁の理由は説明しがたい
㋒いわくありげに解釈するより説明のしようがない
㋓複雑すぎて説明しようとしてもきわめて分かりにくい

④道理が通っているかどうかではなく、「生理的な嫌悪感」だということであれば、**取りつくしまもない**。

出典　齋藤孝「子どもたちはなぜキレるのか」／獨協大

㋐頼りにならない
㋑古くさいと拒絶される
㋒何もかもなくなってしまう
㋓いささか疑問に思われる
㋔関わろうとする手がかりもない

問2　傍線部の意味を答えよ。

①「正直の頭《こうべ》に神宿る（正直者に幸福が舞い込む）」とか、「**情けはひとの為ならず**」、「正直は最善の策」とかいうのは道徳性ではない。

出典　加藤尚武「現代倫理学入門」／岐阜大

②「晏子《あんし》どの。道は同じだ。急がれよ」とだけいい、再度御者をうながした。
——催子にしては、最大の**厚意**であろう。

出典　宮城谷昌光「晏子」

③母の死んだ夜、日ごろは見向きもしなかった親類たちが寄り集まって来て、……さも重大らしく勝手気ままな事を**親切ごかしに**しゃべり散らすのを聞かされた時、どうにでもなれという気になって、……

出典　有島武郎「或る女」

解答　問1 ①イ　②イ　③ア　④オ　問2 ①人への親切は自分のためになる　②思いやり

◉ 安心／不安

613 安堵《あんど》

ほっと安心すること。落ち着くこと。

注 心配事が無事に済んだという意味合いを表す。「堵（垣根）」の中では安らかに過ごすことができることから。

類 **人心地《ひとごこち》**…緊張が解けてほっとした気持ち。

614 戦《おのの》く

恐怖・不安・寒さなどで体が震える。

同 **わななく**

注「戦慄く」とも書く。

類 **戦慄《せんりつ》**…恐怖に体が震えること。

類 **慄然《りつぜん》**…恐ろしさに震えおののくさま。

615 心許《こころもと》ない

頼りなくて不安だ。

注 どうなるか心配で心が落ち着かないさまを表す。

◉ 弱気

616 辟易《へきえき》

相手の勢いに押されて引き下がること。

注「困ること・閉口（→P248）すること」の意で用いられることも多い。

類 **気後《きおく》れ**…相手の勢いやその場の雰囲気などに押されて、心がひるむこと。

617 浮《う》き足立《あしだ》つ

落ち着きを失う。逃げ腰になる。

注「浮き足」は、今にも逃げ出しそうな落ち着かない状態をいう。

類 **足《あし》が地《ち》に付《つ》かない**…そわそわして、落ち着かない。言動が浮ついていて、一定しない。

◉ 心を引かれる

618 恍惚《こうこつ》

心を奪われてうっとりするさま。意識がはっきりしないさま。

注 有吉佐和子の小説「恍惚の人」（一九七二年）で知られるように、「老年になって病的に意識がぼんやりしている」の意もある。

類 **陶然《とうぜん》**…芸術などに心を引かれ、うっとりするさま。

619 憧憬《しょうけい》

あこがれること。あこがれの気持ち。

注「どうけい」は慣用読み。「あこがれ」とは、理想とする物事や人物に心を強く引かれること。

類 **心酔《しんすい》**…人物や物事に心を奪われ、夢中になること。

類 **耽溺《たんでき》**…不健全なことに心を奪われること。

確認問題

問1　傍線部の意味として最も適切なものを選べ。

①余談ながらこの西行の陸奥《みちのく》への**憧憬**は、はるか後世、芭蕉にひきつがれる。

出典 司馬遼太郎「街道をゆく」／関東学院大

㋐訪ねる　㋑礼式　㋒あこがれ　㋓あきらめ　㋔想い

②彼女の言葉は嗚咽《おえつ》のために消えた。牛尾大六は**辟易し**、ぐあい悪そうに後退し、そこでなんとなくおじぎをして、ひらりと外へ去っていった。

出典 山本周五郎「雨あがる」／センター試験

㋐勢いにおされ　㋑気分を害し　㋒恥じ入り　㋓ふるえあがり　㋔責任を感じ

③狭く暗く寒い奥の部屋は、長わずらいの病人を家で看《み》取《と》った者の満足感と、死亡の責任を問われない医師の**安堵感**が混じり合ってできたおだやかな空気に満ちていた。

出典 南木佳士「冬物語」／センター試験

㋐かかわる必要がなくてほっとする気持ち
㋑責任を回避することができて喜ぶ気持ち
㋒困難を乗り越えて誇りに思う気持ち
㋓簡単に済んで馬鹿にする気持ち
㋔予期しない事態にとまどう気持ち

④葉子が「一二三」と相図をすると、二人は両手を腰骨の所に置き添えて静かに回旋しながら舞い始めた。兵営の中ばかりにいて美しいものを全く見なかったらしい古藤は、しばらくは何事も忘れたように**恍惚として**二人の描く曲線のさまざまに見とれていた。

出典 有島武郎「或る女」

㋐うきうきして　㋑うんざりして　㋒うっとりして　㋓ほっとして　㋔おどおどして

問2　傍線部の意味を答えよ。

①昨日の夕方雹《ひょう》の降った時の寒さに引きかえて、その日は朝から汗ばむほど暖かかった。昨日は降雹に**恐れおののいた**私も、今日はうららかな収穫の秋日和に、有頂天に嬉《うれ》しくなった。

出典 葉山嘉樹「雹害」

②攻撃が、中小都市に向けられ、甲府も、もうすぐ焼き払われる事にきまった、という噂《うわさ》が全市に満ちた。市民はすべて**浮足立ち**、家財道具を車に積んで家族を引き連れ山の奥へ逃げて行き、その足音やら車の音が深夜でも絶える事なく耳についた。

出典 太宰治「薄明」

③それにしても、本場の土俵に登るにはいささか**心もとない**体軀《たいく》だが、本物の力士になることは年来のひそかな念願だったとみえて、それからしばらくすると、父は忽然《こつぜん》と出奔《しゅっぽん》した。

出典 三浦哲郎「わくらば」

解答　問1 ①ウ　②ア　③ア　④ウ　問2 ①恐怖で震えた　②落ち着きを失い　③頼りなくて不安な

小説の着眼点 3

人間

▼登場人物の人間像を本文中の表現から読み取ろう。
▼「おもねる」など人間像に関わる語の意味を押さえよう。

（次の文章は椎名麟三《しいなりんぞう》の小説「神の道化師」の一節である（中略あり）。準次は病身の母と二人暮らしで生活は苦しく、都会で他の女と暮らす父親の仕送りに頼らねばならなかった。が、その仕送りも滞ったために、母の「全権大使」として父を訪ねたのであった。）

1 そのとき父に引き取られている今年六つになる準次の妹のかね子が、外から帰って来た。遊びに行っていたのらしかった。彼女は、準次の家にいるときよりちゃんとした身なりをしていて、準次と別れてまだ半年もたたないのに、準次を**うろんげ**に避けながら、女のもとへかけよると、**甘えた声**でいったのである。

「おかあちゃん！」

2 準次は**ひどいショックを受け**た。張りつめた何かが崩れ落ちた感じがした。かね子は、女の膝へ腰を下して、**内密な笑い**をうかべながら、女へ何か囁《ささや》いていた。父は、女へ**おもねる**ような声でいった。

「準次！　見てみ、かね子はえらい子や。お前とちがうわ」

3 準次は、滑稽にも涙をこぼした。

「なあ、さき子、十円出してやってくれ」と父は準次へおっかぶせるようにいった。「こいつ、**いによるさかいに**」

4 女は立上って箪笥《たんす》のひき出しをあけた。父は、女から十円受取ると、準次の膝へおきながら嬉しそうにいった。

語彙と表現

状況を読む

1～5を通して、「女」と暮らす「父」を訪ねた準次が、「妹」の意外な言動に「**ひどいショックを受け**」、当初の目的を達せられないまま「**ぼんやり表へ出**」るまでが描かれている。

＊最後の「父」の言葉からわかるように、小説の舞台は大阪であり、「**いによるさかいに**」（もう帰ってしまうから）といった関西方言も用いられている。

人物を読む

1・2は「妹」の言動が、3～5では「父」の言動がポイントとなる。

＊幼い「妹」は新しい環境にすっかり馴染《なじ》んでいるようだ。それは、「**甘えた声**」「**うろんげ**」（→P246）「**内密な笑い**」といった表現から読み取れる。

＊一方「父」は表向きには「女」に「**おもねる**」（→P250）ような態度を見せつつも、最後は準次に「**やさしく**」話しかける。「女」と暮らしつつも、息子への愛情はなくなってはいないようだ。

「ほら、十円だぞ。汽車賃はろうて弁当食ってもあまりかえるやないか」
5 **全権大使**は、もう完全な敗北をとげていた。彼は仕方なさそうに破れ靴をはき、**ぼんやり表へ出た**。父は、入口まで**送って出ながら、やさしく**いった。
「道、わかってるやろな。この向うから市電に乗って梅田で降りるんやぞ」

（注）梅田…大阪市北区の繁華街。

着眼点の理解

問 次の文章は、本文から読み取れる、ある種の人間像を説明したものである。空欄 A ～ D にあてはまる語句を後から選べ。

① 病気の母を捨て、都会で他の女と生活する父に、生活費を乞《こ》わねばならない切羽詰まった母の全権大使たる自分に、自尊心とか誇りとか、そんなものを考える暇はない。背に腹はかえられぬ。経済は、人間の A など、踏みにじって顧みないもののようだ。

② 父は十円ばかりの金で準次を追い返す。しかし実は、この十円は、女に頼って生きる父の精一杯の援助なのである。「送って出ながら、やさしく」（18行目）声をかけた父には、女の前で見せたのとは違う、息子への B と、 C の力に屈する者の、 D にならざるをえない現実のむごさが表れている。すなわち、強いものに屈服して生きねばならぬみじめな境遇という点で、準次とその父親との間には少しも違いがないのである。

㋐ 金銭　㋑ 尊厳　㋒ 卑屈　㋓ 憐憫《れんびん》

注意すべき表現

＊「**全権大使**」とは、外国との交渉に当たって一切の権限を委任された官吏《かんり》のことで、本文では、準次に課せられた責任の重さを印象づける巧みな「メタファー」（→P84）として機能している。

着眼点のまとめ　人間

さまざまな時代にさまざまな人間がさまざまな事情を抱えて生きている、ということに気づかせてくれるのが小説だ。しかしまた、そのさまざまな**人間が、それを読んでいる時代も場所も事情も異なる自分と、本質的に変わらない**、と感じさせるのも小説である。つまり、**個別の人生を手がかりにある種の普遍性にたどり着くという予感**があればこそ、われわれは小説を読むのだ。そういう予感が持てないと、結局はすべて他人事、他者のこととして自分から切り離し、自分に生かしもしないという狭い人生観に陥ってしまう。結局、小説を読む力とは、自分を知るために、**登場人物という他者を理解し、他者に共感する力**なのである。

解答　A㋑　B㋓　C㋐　D㋒

椎名麟三「神の道化師」（→P244）から

彼女は、準次の家にいるときよりちゃんとした**身なり**をしていて、（2行目）

→「身なり」は「服装」のやや古風な言い方。関連して次の語を押さえておきたい。

620 風采《ふうさい》

容姿。身なり。

類 **風体《ふうてい》**…身なり。外見。

類 **風貌《ふうぼう》**…風采と容貌。

注 見た目や服装がぱっとしないことを「風采が上がらない」という。

621 装《よそお》い

身なりを飾り整えること。その身支度。

注 特に力を入れて飾り整えることを「装いを凝《こ》らす」という。動詞「装《よそお》う」には、ふりをするの意がある点にも注意。

準次を**うろんげ**に避けながら、女のもとへかけよると、甘えた声でいったのである。（4行目）

→「うろんげ（胡乱げ）」は、どことなく怪しく疑わしい様子を表す。

622 胡乱《うろん》

不確かなこと。あいまいで疑わしいこと。

注「胡《えびす》」が中国を「乱」したときに、住民が慌てて逃げたことによる。

類 **胡散臭《うさんくさ》い**…どことなく疑わしく、怪しい。→P11

623 覚束《おぼつか》ない

物事がうまくいくかどうか疑わしい。しっかりしていない。

「おかあちゃん！」

準次はひどいショックを受けた。（6行目）

→妹の意外な言葉を耳にして、準次は「愕然」としたのである。

624 愕然《がくぜん》

ひどく驚くさま。

類 **仰天《ぎょうてん》**…ひどく驚くこと。

類 **驚愕《きょうがく》**…非常に驚くこと。

関 **うちひしがれる**…ひどい衝撃を受けて、気力や意欲がなくなる。

625 不意《ふ い》を衝《つ》く

相手の予期していないことを行う。

同 **不意《ふい》を打つ**

注「不意」は、思いがけないこと。

確認問題

問1　傍線部の意味として最も適切なものを選べ。

①締め切りの前一週間ぐらいは、ほとんど一歩も外に出ないなどということもあり、脱稿して外出すると、病み上がりのように足腰がふらついて**愕然とする**こともしばしばである。

出典 星野智幸「ファンタジーの街」／学習院大

㋐ひどく驚く　㋑情けなくなる
㋒膝が痛くなる　㋓あわててしまう
㋔自己嫌悪になる

②五十歳近いであろうか、小柄で脆弱《ぜいじゃく》な体がそのまま老い込んでいたので、年齢のほどは確《しか》とは判《わか》らなかった。**風采はひどく上がらなかった**。

出典 井上靖「天平の甍」／和洋女子大

㋐大変貧弱な容貌だった
㋑全く不健康そうだった
㋒たいそう謙虚な印象だった
㋓ひどく卑屈な態度だった
㋔とても質素な身なりだった

③母と娘は、正直、**不意をつかれて**顔を見合わせた。男性に、しかも書道教室として貸すなんて考えもしなかったからだ。

出典 堀江敏幸「送り火」／センター試験

㋐突然の事態に困り果てて
㋑見込み違いで不快になって
㋒予想していないことに感心して
㋓初めてのことであわてて
㋔思いがけないことにびっくりして

④おとなは解釈した意味をつけて理解しようとはするのだが、彼らの世界がはたしてその解釈された意味で理解できるものかどうか、はなはだ**覚束ない**。

出典 森毅「おかあさんの部屋1」／京都産業大

㋐おぼえられない　㋑よりどころがない
㋒うたがわしい　㋓むずかしい

⑤それは何も秋山図《しゅうざん》に、見惚《みと》れていたばかりではありません。翁には主人が徹頭徹尾、鑑識《かんしき》に疎いのを隠したさに、**胡乱の言**を並べるとしか、受け取れなかったからなのです。

出典 芥川龍之介「秋山図」

㋐意外な言葉　㋑曖昧な言葉
㋒皮肉な言葉　㋓凡庸な言葉
㋔軽率な言葉

問2　傍線部の意味を答えよ。

ナポリ、一九九〇年。改装が成ったばかりのメルカダンテ劇場の贅沢《ぜいたく》な一階席で、**よそおいをこらした**観客にまじって、私は、なんと、底なしの睡魔とたたかっていた。

出典 須賀敦子「時のかけらたち」／山形大

小説編

解答　問1 ①ア　②オ　③オ　④ウ　⑤イ　問2 身なりを飾り整えた

◉ 残念

626 遺憾《いかん》

思いどおりにいかなくて、心が残ること。うまくいかなくて残念なこと。

関 **遺憾《いかん》なく**…心残りなく十分に。

関 **遺憾《いかん》の意《い》を表《ひょう》する**…残念であるという気持ちを表す。

注「遺憾の意を表する」は、政治家等が、自分の非を認めたり、誰かを非難したりする公的発言の中で用いられる。

627 憾《うら》み

残念に思うこと。不満な点。

注 他と比べて不満に思うという意味合いがある。

◉ 戸惑い

628 当惑《とうわく》

どうしてよいかわからず迷い戸惑うこと。

同 **困惑《こんわく》**

注「惑」は、正常な判断ができず迷うこと。「困惑」は、やっかいなことや嫌なことをもち込まれて困り戸惑うという場合に用いられる。

類 **途方《とほう》に暮《く》れる**…どうしたらよいか手段が思いつかず迷う。

629 どぎまぎ

平静さを失って慌て、うろたえるさま。

注「周章狼狽《しゅうしょうろうばい》」（↓P218）している心理状態を表す。

類 **おたおた**…驚き慌てて何もできないさま。

◉ 苦悩

630 蹉跌《さてつ》

失敗し、思い悩むこと。行き詰まること。

注「蹉」も「跌」もつまずくの意。

類 **挫折《ざせつ》**…途中でだめになること。くじけること。↓P27

類 **頓挫《とんざ》**…急にくじけること。急に行き詰まること。↓P60

631 呻吟《しんぎん》

苦しくてうめくこと。悩み苦しむこと。

注 詩歌や文章の作成に苦しむことにもいう。「呻」は、うめくの意。

類 **煩悶《はんもん》**…心の中でもだえ苦しむこと。

類 **辛酸《しんさん》を嘗《な》める**…つらい目に遭う。苦しい経験をする。

632 閉口《へいこう》

困り果てること。参ってしまうこと。

注 言葉に詰まって口を閉じる意から。

同 **辟易《へきえき》** ↓P242

③どうしてよいかわからない

確認問題

問1 傍線部の意味として最も適切なものを選べ。

①それがすぐれた訳詩であることは認めながら、「其所《そこ》には原詩の色も香も、すっかり日本化せられて残った**憾みが深い**」と彼はいっている。

出典 川村二郎「翻訳の日本語」／法政大

㋐特別な趣があること　㋑残念に思うこと
㋒疑わしく思うこと　㋓強い印象を持つこと
㋔切なく思うこと

②絶望の重さ暗さの中で**呻吟**した人が、一条の光に希望と光明を見いだすことができると思うのです。

出典 五木寛之「いまを生きるちから」／桜美林大

㋐思いっきり声をだすこと　㋑大きな咳《せき》をすること
㋒うめき苦しむこと　㋓猿の鳴き声
㋔くしゃみをすること

③細君が我にかえって、摑《つか》んでいた彼の寝衣《ねまき》の袖口を**どぎまぎと**放したのをしおに、お大事に、と彼は頭を下げて旧友の病室を出た。

出典 三浦哲郎「まばたき」／センター試験追試

㋐恥ずかしさのあまり、思わずとりみだして
㋑とっさに弁解できず、しどろもどろで
㋒相手に理解してもらえず、困惑して
㋓不意をつかれて、たじろいで
㋔思いがけない行動をしていたことに、うろたえて

④過日は、遊びに来た友達が、応接間にたまたま投げ出してあった色紙を手にとって、**遺憾の作**を眺め、君の字は最近奔放になったね、と言ってくれましたから、そう信じようと努めました。

出典 小川国夫「震える人間」／松山大

㋐筆者が若い頃に書いた作品
㋑良く出来て心に残る作品
㋒うまくいかなかったと悔やまれる作品
㋓友達が残してくれた作品
㋔自由奔放に書いた作品
㋕思うところがあって残しておいた作品

問2 傍線部の意味を答えよ。

①多くの人々が、会話にははなはだ巧みであり、現実的な諸行為において必ずしも**蹉跌をおそれない**にもかかわらず、……

出典 高橋和巳「私の文章修業」／津田塾大

②折々おれが小さい時寝小便をした事まで持ち出すには**閉口した**。甥《おい》は何と思って清《きよ》の自慢を聞いていたか分らぬ。

出典 夏目漱石「坊っちゃん」

③お仙も嬉《うれ》しそうに笑って、やがて夕顔を適当の厚さに切ろうと試みた。幾度か庖丁《ほうちょう》を宛行《あてが》って、**当惑した**という顔付で、終《しまい》には口を「ホウ、ホウ」言わせた。

出典 島崎藤村「家」

解答　問1 ①イ　②ウ　③オ　④ウ　問2 ①失敗し行き詰まるのを気にしない　②困り果てた

椎名麟三「神の道化師」（→P244）から

張りつめた何かが崩れ落ちた感じがした。（7行目）

↓妹の衝撃的な言葉によって、準次の「張りつめた（＝緊張した）」内面が崩壊してしまったのである。

633 固唾《かたず》を呑《の》む

事の成り行きを見守ってひどく緊張する。

注「固唾」は緊張したときに口中にたまるつばのこと。

類 **手《て》に汗《あせ》を握《にぎ》る**…危険な場面や緊迫した場面を見て、緊張する。

634 息《いき》をつく

緊張した状態から解放される。ほっとする。

対 **息《いき》が詰《つ》まる**…非常に緊張して、息ができないような感じになる。

対 **息《いき》を凝《こ》らす**…（緊張のため）呼吸を抑えてじっとしている。

父は、女へおもねるような声でいった。（9行目）

↓「女」に頼って生活している「父」は、「女」の気に入るような発言をせざるをえないのである。

635 阿《おもね》る

相手の機嫌をとって気に入られようとする。

同 **阿諛《あゆ》・へつらう・媚《こ》びる**

注 似た意味の「迎合」（→P35）も重要。

636 歓心《かんしん》を買《か》う

人の機嫌をとり、気に入られようとする。

注「歓心」は、喜んでうれしいと思う心。

入試（書き）「関心」「感心」「寒心（恐ろしさにぞっとすること）」などとの混同に注意。

準次は、滑稽にも涙をこぼした。（11行目）

↓この「滑稽」は、面白おかしいではなく、（涙をこぼすことが）無意味でばかばかしいという意味合いである。

637 滑稽《こっけい》

面白おかしいこと。ばかばかしいこと。

類 **諧謔《かいぎゃく》**…面白おかしい言葉や行為。ユーモア。

638 笑止《しょうし》

ばかばかしくて笑ってしまうさま。

四字 **笑止千万《しょうしせんばん》**…非常におかしいさま。

類 **噴飯《ふんぱん》**…おかしくて思わず笑いだすこと。

確認問題

問1 傍線部の意味として最も適切なものを選べ。

①（むかでの）無数の足は踏み場なく、ただ空しく忙しげに動いているばかりである。足が多いだけに却《かえ》ってそれは徒労の感を深めて**笑止だった**。

出典 島木健作「むかで」／成蹊大

㋐ 笑うに価しなかった　㋑ 笑ってすませた
㋒ まじめになった　㋓ もう笑えなかった
㋔ おかしかった

②さらに構文となれば、二字と二字の組み合わせとなって文章が成立する。「いい加減な学問でもって世に**阿《あ》る**」（曲学阿世）、…などがそうである。

出典 冨谷至「四字熟語の中国史」／学習院大

㋐ 出る　㋑ はびこる　㋒ 追随する
㋓ 迎合する　㋔ アピールする
㋕ 悪影響を及ぼす　㋖ 受け入れられる

③他の子供たちは、強烈な事件の成り行きを**固唾を呑んで**見守っていた。子供が教師に逆らうというのを彼らは、初めて、目撃したのだった。

出典 山田詠美「眠れる分度器」／センター試験

㋐ 声も出ないほど恐怖に怯《おび》えながら
㋑ 何もできない無力さを感じながら
㋒ 張りつめた様子で心配しながら
㋓ 驚きと期待を同時に抱きながら
㋔ 緊張した面持ちで不快に思いながら

④下の句に至って、一転して嫋々《じょうじょう》たる調べが衆人を切なる郷愁へ誘い込む。ここにも**諧謔**と旅愁の微妙な複合がある。

出典 目崎徳衛「業平と小町」／福岡大

（注）嫋々…音声が細く長く、尾を引くように響くさま。

㋐ ふざけた言動　㋑ 常軌を逸していること
㋒ おどけた滑稽さ　㋓ 技巧的な言葉づかい
㋔ 品格のある作品

⑤私は、やくざな口調になって、母の悪口を言った。娘の**歓心をかわん**がためである。女は、いや、人間は、親子でも互いに張り合っているものだ。

出典 太宰治「メリイクリスマス」

㋐ 気に入られようと思う　㋑ ごまかそうと思う
㋒ 助けてもらおうと思う　㋓ 喜ばせようと思う
㋔ 攻勢に転じようと思う

問2 傍線部の意味を五字以内で答えよ。

そして仲間の誰かが自分の性を笑い話にするようなことがあると初めて**息をつく**という、あの少年期から青年期に移る男性に特有な、汚れと自棄の混った救いのない気持を日常抱いていた。

出典 伊藤整「若い詩人の肖像」／福岡大

解答 問1 ①オ ②エ ③ウ ④ウ ⑤ア 問2 ほっとする（安心する）

内面を表す語彙 ③

● プライド

639 **矜持《きょうじ》**

自分の力を信じて誇る気持ち。プライド。

注「矜」は、誇りに思うの意。

類 **自尊心《じそんしん》**…自分の名誉・品格を高く保とうという気持ち。プライド。

640 **自負《じふ》**

自分の能力や仕事に自信を持ち、誇りに思うこと。

注「自負心」の形でよく用いられる。「負」は、恃む・頼るの意。

類 **恃《たの》む**…頼りになるものとして、当てにする。

641 **沽券《こけん》に関《かか》わる**

品位や体面に傷がつけられる。

注「沽券」は、土地・家屋などを売買する際の証文のことで、転じて、品位・体面の意となる。

● 罪悪感

642 **忸怩《じくじ》**

反省して恥ずかしく思うさま。

注「忸怩たる～」の形でよく用いられる。

類 **慚愧《ざんき》**…自らを省みて深く恥ずかしく思うこと。

643 **うしろめたい**

自分に悪い点があって、気がとがめる。

注 自分の行為に罪悪感があって、気になる状態を表す。

類 **うしろぐらい**…人に知られては困るようなことがあって、気にかかる。

類 **やましい**…良心がとがめる。

類 **負《お》い目《め》**…助けてもらったり、つらい目に遭わせたことを負担に思う気持ち。

● 欲望

644 **貪婪《どんらん》**

非常に欲が深いこと。

注「貪」も「婪」も、むさぼること。古い小説では「たんらん」と読まれることもある。

類 **垂涎《すいぜん》**…たいそう欲しがること。

645 **克己《こっき》**

自らの欲望に意志の力でうち勝つこと。

注「論語」(顔淵)の「子曰《しいは》く、己《おのれ》に克《か》ちて礼《れい》に復《かへ》るを仁《じん》と為《な》す」から出た語。

四字 **克己復礼《こっきふくれい》**…自制して礼儀を守るようにすること。

類 **自粛《じしゅく》**…自分から進んで自分の言動を慎むこと。

④恥ずかしい

確認問題

問1 傍線部の意味として最も適切なものを選べ。

①商人は決して武士を尊敬などはしていない。世界を動かしているのは自分たちだという**自負心**があった。

出典 神原正明「デザインの思想」／関西学院大

㋐自分のなかの弱さに負けないで頑張る気持ち
㋑自分は才能や業績で劣っているという気持ち
㋒自分の才能以上に大きな責任をになう気持ち
㋓自分は仕事で人に負けたくないという気持ち
㋔自分の才能や業績に自信や誇りをもつ気持ち

②自分の目算《もくさん》通《どお》りに、信州追分《おいわけ》の今井小藤太の家に、ころがり込むにしたところが、国定《くにさだ》村の忠次とも云《い》われた貸元が、乾児《こぶん》の一人も連れずに、顔を出すことは、**沽券にかかわる**ことだった。

出典 菊池寛「入れ札」

㋐自分の信念に反する　㋑今後の立場が悪くなる
㋒長年の信用に関係する　㋓自分の体面に傷がつく
㋔自分の影響力が弱くなる

③しかし私は、あの嫁に対してだけは、ちっとも**うしろめたい**ものを感ぜず、そうしてそれは、その女の人格が高潔なせいであるとばかり解していたのですから、なに、一向に平気で、悠々と話込みました。

出典 太宰治「嘘」

㋐腹立たしい　㋑やましい　㋒わびしい
㋓切ない　㋔忍びない

問2 傍線部の意味を答えよ。

①彼が、どんなに儒教的な**克己**に反発したかは、先に引用した『あめりか物語』中の小品「岡の上」にほとんど幼稚というほかないくらいのむきだしの感情でもって描かれている。

出典 吉田秀和「荷風を読んで」／東京学芸大

(注) 彼…永井荷風（一八七九〜一九五九）。小説家。／儒教 →P142

②結局ぼくに弁当を分けることを止《よ》させたのは、神経質で孤高でプライドの強い山口が、ぼくの押売りじみた親切に、そのまま虚心に応《こた》えっこないという惧《おそ》れだった。——ぼくは思った。ぼくは一人で朗らかに弁当を食おう。それはぼくの権利のフランクな主張であり、彼の**矜持**のフランクな尊敬である。

出典 山川方夫「煙突」／東北大

③まことに芸術家の、表現に対する**貪婪**、虚栄、喝采《かっさい》への渇望は、始末に困って、あわれなものであります。

出典 太宰治「女の決闘」

④これまでのかれの治療が、家族のほかのメムバーの苦しみをひきおこすことも覚悟で押し進められたかと、もし問われるなら、僕は内心**忸怩たる**思いを抱くだろう。

出典 大江健三郎「星座をつくる」

解答　問1 ①オ　②エ　③イ　問2 ①自分の欲望にうち勝つこと　②自分を誇る気持ち　③非常に欲が深いこと

椎名麟三「神の道化師」（→P244）から

準次は、滑稽にも涙をこぼした。（11行目）

→「涙をこぼす（＝泣く）」ことに関わる表現は多い。入試では次のような表現の意味が問われている。

646 号泣《ごうきゅう》

大声をあげて泣くこと。

入試 簡単な字だが書き取りでも問われる。

類 慟哭《どうこく》…悲しみのために大声をあげて泣くこと。

647 目頭《めがしら》が熱《あつ》くなる

物事に感動して涙が出そうになる。

注「目頭」は、目の鼻に近い方の端。耳に近い方の端は「目尻《めじり》」。

648 さめざめと

涙を流し、声をしのばせて泣くさま。

類 嗚咽《おえつ》…声を詰まらせて泣くこと。むせび泣き。

彼は仕方なさそうに破れ靴をはき、ぼんやり表へ出た。（17行目）

→「仕方なさそうに」から読み取れるのは、今日は「十円」で諦《あきら》めるしかないという準次の気持ちである。

649 諦念《ていねん》

道理をわきまえる心。あきらめの気持ち。

同 諦観《ていかん》

注 文脈により意味合いが異なるので注意。前者の意味は、悟りの境地のこと。

650 是非《ぜひ》もない

仕方がない。やむを得ない。

同 是非《ぜひ》に及《およ》ばない。

注「是」（正しい）か「非」（正しくない）か論じても仕方がない段階だということ。

父は、入口まで送って出ながら、やさしくいった。（18行目）

→父が「やさしくいった」のは、目的を達成できずに帰途につく息子への「憐憫」の情の表れだろう。

651 憐憫《れんびん》

あわれむこと。気の毒に思うこと。

入試 読みが問われるので注意。

類 哀憐《あいれん》…悲しみあわれむこと。

類 不憫《ふびん》…あわれむべきこと。

652 慰藉《いしゃ》

悩み・苦しみなどを慰めいたわること。

類 慰安《いあん》…日頃の苦労を慰めて楽しませること。

③慰めやいたわりを与えるもの

確認問題

問1　傍線部の意味として最も適切なものを選べ。

①壁に消えるまで、石嶺は二度と徳正《とくしょう》を見ようとはしなかった。薄汚れた壁にヤモリが這《は》ってきて虫を捕らえた。明け方の村に、徳正の**号泣**が響いた。

出典 目取真俊「水滴」／関西学院大

㋐感激のあまり泣くこと　㋑大声で泣くこと
㋒しゃくり上げて泣くこと　㋓さめざめと泣くこと
㋔他人に同情して泣くこと

②琴をもってピアノの音を擬せんとする宮城道雄氏の新曲の計の如《ごと》きは、むしろ、識者に、**憐憫の情をもよおさしむる**事を知っている。

出典 森敦「朝鮮人参奇譚」／成蹊大

㋐共感を覚えさせる　㋑軽蔑の感情をいだかせる
㋒哀れみの感情をもたせる
㋓悲しみをいだかせる
㋔喜びの感情を覚えさせる

③作品は作者の手をはなれると、独立した生命をもつ。作者の想像もしなかった、さらには好まないような生き方をするものがあるのは**是非もない**。

出典 外山滋比古「古典論」／日本女子大

㋐当然である　㋑良くも悪くもない
㋒道理がない　㋓むちゃくちゃである
㋔仕方がない

④ある日のことだった。彼は、その彼だけのものになった隠れ場で**さめざめと**泣きあかした後、どうしても自分の家に帰る気がしなかったので、そのままそこに横になっていた。

出典 堀辰雄「鼠」／センター試験

㋐われを忘れるほどとり乱して
㋑涙をこらえてひっそりと
㋒気のすむまで涙を流して
㋓いつまでもぐずぐずと
㋔他人を気にせず大きな声で

問2　傍線部の意味を答えよ。

①美智子と孝夫はおうめ婆さんの手放しで喜ぶ様子を目の当たりにして、あらためて小百合ちゃんの生還した意義を教えられ、**目頭を熱くした**。

出典 南木佳士「阿弥陀堂だより」／聖心女子大

②兼好は人性の賢愚をまず醒《さ》めた眼で見つめはしたが、同時に人性は所詮《しょせん》宿命であり、いかにしてもそれを動かすことはできないとすでに了解してしまった後のように見える。こうして兼好は凝視と判断、分析と**諦念**のあいだを絶えず行き戻りしている。

出典 高橋英夫「徒然草について」

③甘いものと、音楽と、絵の写生とこの三つが僕のさびしい生活の**慰藉**だ。

出典 田山花袋「田舎教師」

解答　問1 ①イ　②ウ　③オ　④ウ　問2 ①感動して涙が出そうになった　②悟りの境地

動く・動かす

653 挙《きょ》措《そ》

普段の動作や態度。立ち居振る舞い。

注「挙動」のやや古風な言い方。

類 **一挙手一投足**《いっきょしゅいっとうそく》…細かい一つ一つの動作や行動。

類 **所作**《しょさ》…その場に応じた立ち居振る舞い。→P101

関 **挙動不審**《きょどうふしん》…行動が疑わしいこと。

654 駆《か》る

速く走らせる。追い立てる。ある方向に進むように強いる。

注「〜に駆られる」の形で、「強い感情に動かされる」の意でも用いられる。

歩く

655 彷《ほう》徨《こう》

当てもなく歩き回ること。さまようこと。

類 **徘徊**《はいかい》…当てもなく歩き回ること。うろつくこと。

類 **漂泊**《ひょうはく》…さまよい歩くこと。

入試「漂泊」は書き取りで問われる語。「表白（自分の考えを言い表すこと）」「漂白」との違いに注意。

656 闊《かっ》歩《ぽ》

堂々と歩くこと。威張って思うままに行動すること。

注「闊」は、広くゆとりがある意。大またに歩く動作の尊大な印象から、後者の意味でも用いられる。

関 **闊達**《かったつ》…心が広く物事にこだわらないさま。

お金と物

657 購《あがな》う・贖《あがな》う

①買い求める。②罪や失敗の償《つぐな》いをする。

注 ①の場合は「購う」、②の場合は「贖う」と表記される。②を熟語で言えば、「贖罪《しょくざい》」。

658 贖《しょく》罪《ざい》

お金や品物を出したり、善行を積んだりして、罪を償うこと。

注 キリスト教では、イエス-キリストが人類に代わって十字架にかかり、人類の罪を償ったことを「贖罪」という。

659 投《とう》機《き》

不確実だが、当たれば大きな利益が得られることをねらってする行為。

注 日常語で言えば、「やまをはる」こと。経済学の文脈では、将来の価格変動を予測して、利益を得ようとする行為をいう。

確認問題

問1　傍線部の類似表現として最も適切なものを選べ。

先生は、意外な事実に気がついた。それは、この女性の態度なり、**挙措**なりが、少しも自分の息子の死を、語っているらしくないということである。

出典 芥川龍之介「手巾」／四天王寺国際仏教大

㋐推挙　㋑壮挙　㋒挙動　㋓措置　㋔反応

問2　傍線部の意味として最も適切なものを選べ。

①私はだんだん大仕掛けに建てて行った。一つのものがふえれば、もっと別な神聖なものが欲しくなって来た。私は町へ出て三宝《さんぼう》や器物や花筒や燭台《しょくだい》を**あがなって**来た。

出典 室生犀星「幼年時代」／センター試験追試

㋐借用して　㋑もらい受けて　㋒選んで　㋓買い求めて　㋔注文して

②かれらは小さな魚体を**駆って**、未来になんの疑いも恐れもなく、ただこの駘蕩《たいとう》とした春昼を喜びながら遡《さかのぼ》って行くのだ。

出典 伊藤桂一「遡り鮒」／センター試験追試

（注）かれら…産卵のため上流へ遡る真鮒。

㋐はげしく傷つけて　㋑華やかにきらめかせて　㋒せいいっぱい動かして　㋓ときおり休ませて　㋔むりやり追い込んで

③それは子どもから遊びの場をつぎつぎに奪いとり、その生命力を萎縮させてしまった大人の**贖罪**とも受け取れる。

出典 前田愛「都市空間のなかの文学」／東京家政大

㋐罪をおかすこと　㋑罪をゆるすこと　㋒罪をあがなうこと　㋓罪を否定すること　㋔罪をつぐなうこと

④科学者の中にはただ忠実な箇々《ここ》のスケッチを作るのみをもって科学者本来の務めと考え、すべての総合的思索を一概に**投機的**として排斥する人もあるかもしれない。

出典 寺田寅彦「科学者と芸術家」／立教大

㋐関心がなく投げやりなこと　㋑事実を細かく分析しないこと　㋒筋道をたてて考えないこと　㋓機会をとらえられないこと　㋔不確実なものに頼ること

問3　傍線部の意味を答えよ。

①地球上どこの国へ出かけていっても、コカ・コーラやハンバーガーがあり、同じようなTシャツとジーンズをはいた風体の若者がケータイを手に街を**闊歩する**様は、もう現実のものとなっている。

出典 三井秀樹「メディアと芸術」

②何時《なんどき》にても直様《すぐさま》出発し得られるような境遇に身を置きながら、一向に巴里《パリー》を離れず、かえって旅人のような心持で巴里の町々を**彷徨している**男の話が書いてある。

出典 永井荷風「銀座」

解答　問1 ウ　問2 ①エ　②ウ　③ウ　④オ　問3 ①堂々と歩く　②当てもなく歩き回っている

小説の着眼点 4

他者

▼「他者」に直面した人物の心情を本文から読み取ろう。
▼人物の性格や状態を形容する語の意味を押さえよう。

（次の文章は、梅崎春生《うめざきはるお》の小説「麵麭《ぱん》の話」の一節である。「彼」は役所に勤務しているが、終戦直後の物資不足のなかで妻子は飢え、子のかわいがる飼い犬も痩せ細っていた。ある日、中学時代の同級生で今は建設会社を経営する多田が家を訪れ、入札の便宜《べんぎ》を図れないかという。「彼」はそれを断り、多田は帰るが、その帰りしなに、玄関にいた犬を見て「ぼくにこいつをゆずらないかね」と言った。）

1 口に含んだ**茶をぐっと飲みくだす**と、彼は卓に片手をかけて、しばらく青い顔をしてだまっていた。多田は**煙をうまそうにはき出**しながら、**うながすような眼付**でちらと彼をみた。**老獪**《ろうかい》な微笑が多田の片頬にふと浮んで消えたのを彼は見た。彼は膝に力を入れながら視線をおとし、しゃがれた低い声になって、何かを**断ち切るようなつもり**で言った。

「実は今日**お伺いし**たのは、**犬のこと**なんだがね」

「**犬？**」多田の不審気な視線にすこしたじろぎながら、乗り越えるように彼は言葉をついだ。

「犬が、いただろう。うちの玄関にさ。君が帰るときに見て、売って呉《く》れと言ったじゃないか」

2 だんだん気持が**惨め**に折れ曲って来るのを感じながら、彼はそれを胡麻《ごま》化《か》すように早口になった。

「あの犬さ。あの犬は、もとは良い犬なんだ。素性《すじょう》も正しいんだ。貰《もら》っ

語彙と表現

状況を読む

1～3を通して、「彼」が「多田」のもとを「**お伺いし**」、「**犬のこと**」を話す場面である。

＊リード文に示されているように、「彼」は、建設会社を経営する「多田」に対し、弱い立場にある。「彼」は「多田」に飼い犬を（おそらくわずかな金で）買ってもらうことを「**期待**」せざるえないほど困窮しているのであろう。

人物を読む

1～3を通して、印象的なのは、「彼」と「多田」の意識の落差である。

＊何とか生活費を工面しようと必死な「彼」に対し、「多田」の態度は素っ気ない。それは「**犬？**」「**やっと思い出したように**」といった表現からうかがうことができる。

＊会社経営者の「多田」は「**老獪**」（→P260）なところのある人物であり、交渉相手として手強い存在なのだ。

＊一方、「彼」は「**断ち切るようなつもり**

たやつなんだけれどね。芸当も出来るし、猟にも使えるんだよ。使ったことはないけれど——」

「ああ。あの痩せた犬か」

3 暫《しばら》くして多田は**やっと思い出したように**そう答えた。そして、それきり黙って火箸《ひばし》でしきりに灰をかきならした。ある**屈辱**とひとつの**期待**で、彼は全身が熱くなってくるのを感じながら、多田のもつ火箸の動きをじっと追っていた。

着眼点の理解

問 次の文章は、本文中の「多田」と「彼」との関係を考察したものである。空欄 A ～ D にあてはまる言葉を本文中から抜き出せ。

① 「茶をぐっと飲みくだす」「彼」と「（煙草の）煙をうまそうにはき出」す「多田」。 A （10字）いる「彼」と「うながすような眼付」で B （5字）を浮かべる「多田」。二人の間の乗り越えがたい断絶がうかがわれる。

② 「彼」は生活の困窮をわずかにしのぐため、息子のかわいがっている痩せた犬を「多田」に買ってもらわねばならない。自らのうちにあふれる屈辱感を断ち切るように話を切り出す。「彼」にとっては切実な意味をもつ「犬」だが、豊かに暮らす多田にとっては、忘れてしまう程度のことだったのだろう。多田は「ああ。あの痩せた犬か」と言ったきり黙る。「彼」に C （2字）を乗り越えさせたかすかな D （2字）は、このいかにも興味のなさそうな「多田」の一言でついえてしまった。

で」（→P264）話しだすものの、「多田」の反応を見て、「**惨め**」な気持ちになり、最後は「**屈辱**」を感じることになる。

着眼点のまとめ 他者

経済的な背景が、人と人との関わりに大きな影を落とす。現代社会がすべてを経済的な価値基準で計ろうとし、すべてを経済的な合理性に向けて組織しようとするなら、人々はかつての親和的な関係を失って、優劣を比較される競合的な他者同士の関係へと「疎外」（→P10）されるほかはない。**「他者」とは、自分にとって理解しがたい何かをもつ人**だろうが、そのような「他者」に囲まれて生きるのが「都市」であり、「他者」を作り出すのが「近代」という時代なのである（本文における「彼」が相対しているのも、「多田」という「他者」だ）。**「都会の孤独」とは、誰も例外にはしてくれない今日の「孤独」であり、さまざまな人間関係の破綻の起源**として、小説の重要なテーマを形成しているといえよう。

解答 A青い顔をしてだまって　B老獪な微笑　C屈辱　D期待

梅崎春生「麺麭の話」（→P258）から

口に含んだ茶をぐっと飲みくだすと、彼は卓に片手をかけて、しばらく**青い顔**をしてだまっていた。（1行目）

↓**「青い顔」は、不安や緊張、あるいは体調不良により顔に血の気がないさまをいう。**

660 蒼白《そうはく》

青白いさま。

注「顔面蒼白」の形で用いられることが多い。

類 **青《あお》ざめる**…（体の不調や恐れなどで）血の気が引き、顔色が悪くなる。

661 色《いろ》を失《うしな》う

驚いたり衝撃を受けたりして顔が青ざめる。

注「色」には、顔色・表情の意味がある。

関 **色《いろ》をなす**…怒りで顔色を変える。

関 **気色《けしき》ばむ**…怒りが表情にあらわれる。

多田は煙をうまそうにはき出しながら、うながすような眼付で**ちらと**彼をみた。（2行目）

↓**「ちらと（＝一瞬）…見る」ことを表す語として、次のものを押さえておきたい。**

662 垣間見《かいまみ》る

物のすき間からのぞいて見る。ちらりと見る。

注「戦後史の裏面を垣間見た」のように、「物事の一端を知る」の意味もある。

類 **一瞥《いちべつ》**…ちょっと見ること。→P109

663 一顧《いっこ》

ちょっと振り返って見ること。ちょっと考えてみること。

注「一顧だにしない」（少しも考えない）の形で用いられることが多い。

老獪《ろうかい》な微笑が多田の片頬にふと浮んで消えたのを彼は見た。（3行目）

↓**「老獪」は、多田が「彼」の交渉相手として手強い存在であることを示している。**

664 狡猾《こうかつ》

悪賢くてずるいさま。

類 **老獪《ろうかい》**…長年の経験を悪い方に利用して、ずる賢いこと。

類 **こざかしい**…ずる賢い。利口ぶって生意気である。

665 手練手管《てれんてくだ》

人をだましたり操ったりする腕前。

注「手練」と「手管」は同義の語。

確認問題

問1　傍線部の意味として最も適切なものを選べ。

①しかも〈観客参加〉などという建築家の思考を全く超えてしまう一つの可能性を**垣間み**せてくれたのである。　出典 布野修司「実験劇場と観客への回路」／同志社女子大

㋐振り返ってみる　㋑じっと見る
㋒ちらりと見る　㋓仰ぎ見る　㋔盗み見る

②すると寅次郎はきっと、「そうか、おいちゃん、そういうことを言うのかい、それを言ったらおしまいよ」というふうに、**色をなして**受けるのである。　出典 佐藤忠男「みんなの寅さん」／武庫川女子大

㋐愛情たっぷりな様子のこと
㋑ストレートに表現すること
㋒怒って感情的になること
㋓調子のよい口調で言うこと
㋔顔面蒼白《そうはく》になること

③黒人《くろうと》の特色を羨《うらや》むのは、君子の品性を与えられているくせに、**手練手管**の修業をしなければ一人前でないと悲観するようなものである。　出典 夏目漱石「素人と黒人」／成蹊大

㋐何度も挑戦する必要のある試練や困難
㋑自分自身で直に習得する技術や資格
㋒人をだまして操るための手段や方法
㋓一時的に身につけた知識や教養
㋔人に悟られないための努力や修行

問2　傍線部の意味を答えよ。

①自分とは何の関係もない場所で、時間は猛烈な勢いで流れている。そして自分は、ついにその時間からは**一顧だに与えられることなく**、あったような、なかったような一生を終えるのかもしれない。　出典 平野啓一郎「作者として、読者として」／愛媛大

②「色を正す」「色をなす」「**色を失う**」などのことばは、人間の情緒が現実に顔の表情を変えることと関係があるが、…　出典 岩井寛「色と形の深層心理」

問3　空欄にあてはまる語を後から選べ。

①彼は慌てて舟の向きを変え、巧みに櫓《ろ》を漕《こ》ぎながら、カツノリくんに近づいて行った。走り込んで来た母は、窓から顔を突き出し、［　　］になってカツノリくんを見ていた。　出典 宮本輝「寝台車」

②人間は、他のなにものにも益《ま》して、すこやかないきものである。それは、自然に飼いならされることに甘んぜず、神をつくって、逆に、自然を屈服させ、そのあいだで利潤をとり、［　　］ではあっても、たいへんなしたたかものである。　出典 金子光晴「ねむれ巴里」

㋐蒼白　㋑一瞥　㋒狡猾　㋓一顧

解答　問1 ①ウ　②ウ　③ウ　問2 ①少しも考えられることなく　②衝撃で顔が青ざめる　問3 ①ア　②ウ

◉悪いことをする

666 捏《ねつ》造《ぞう》

事実であるかのように偽《いつわ》って作り上げること。

注 口語的表現の「でっちあげ」にあたる語。「捏」は、こねて作り上げる意。

類 **偽造《ぎぞう》**…にせ物を作ること。

類 **贋作《がんさく》**…にせの作品。↓P156

類 **贋造《がんぞう》**…本物に似せて作ること。

667 画《かく》策《さく》

はかりごとを立てて、あれこれ行動すること。

注 好ましくない計画を立てるという意味合いで用いられることが多い。

類 **目論《もくろ》む**…将来についてあれこれと考えをめぐらす。

668 魔《ま》が差《さ》す

ふとしたはずみで悪い心を起こす。

注 悪魔が心に入り込んだように、普段ならしないような判断ミスや悪事をしてしまうことをいう。

類 **邪念《じゃねん》**…人としての道にはずれた考え。本来の目的にはずれた考え。

類 **出来心《できごころ》**…ふと起こした悪い考え。

◉努力する

669 腐《ふ》心《しん》

あることを成し遂げようとして心を痛め悩ますこと。

注 「腐」は、心を痛める意。

入試 書き取りで「不信」との混同に注意。

670 勤《いそ》しむ

物事に懸命に励む。

注 「勉学にいそしむ」など、学業と結びつけられることが多い。

類 **精《せい》を出《だ》す**…一所懸命に働く。

関 **汲汲《きゅうきゅう》とする**…余裕なく一心に努める。

◉真相に迫る

671 喝《かっ》破《ぱ》

物事の本質を鋭く指摘すること。

注 「大声で他の説をしりぞけること」の意でも用いられる。

類 **看破《かんぱ》**…真相を見抜くこと。

672 穿《うが》つ

物事の隠れた真相を巧みにとらえる。

注 本来は、穴を開けることをいう。「うがった見方をする」を「疑って掛かるような見方をする」の意で用いるのは、近年よく見られる誤用。

類 **詮索《せんさく》**…細かい点まで調べ求めること。

確認問題

問1 傍線部の意味として最も適切なものを選べ。

① **うがったことをいう**なら、ここにはあの敗戦のトラウマが影を落としている。

出典 加藤典洋「『日本人』の成立」／神戸学院大

㋐ 一見無関係に見えることをいうこと
㋑ 裏の事情を詮索していうこと
㋒ 人が興味を持ちそうなことをいうこと
㋓ 直《じか》に感じたことをいうこと
㋔ 発想を転換して捉えたことをいうこと

② 伝説は救いを得ようとして**捏造**する人間らしいフィクションである。それゆえに伝説の秘儀性を問い正すことは非凡な快感を伴うものである。

出典 松永伍一「蛍は夜半に舞う」／神戸学院大

㋐ 事実でないことを事実であるかのようにこしらえあげること
㋑ 誰にも知られず秘密のうちに作ること
㋒ 次々と意味もなく作り出していくこと
㋓ 本物そっくりに作りあげていくこと
㋔ まったく新しい意味を付け加えた話を作りあげていくこと

③ 身上《しんしょう》の事ばかり考えて、少しでもよけいに仕事をみんなにさせようとばかり**腐心している**兄夫婦は全く感情が別だ。みんながおもしろく仕事をしたかどうかなど考えはしない。

出典 伊藤左千夫「隣の嫁」

(注) 身上…生活するための経済状態。暮らし向き。

㋐ 叱咤《しった》激励している　㋑ 関心をもっている
㋒ 苦言を呈している　㋓ 心を悩ましている
㋔ 希望を抱いている

問2 傍線部の意味を答えよ。

① 主人公のフランキー堺演じるシンバル奏者が、……たった一カ所、第四楽章にたたくべきシンバルをたたき損ねるのだ。ドラマを見た母親は、「お前もフランキー堺と同じだよ。**魔がさした**んだよ」と言った。

出典 原武史「滝山コミューン一九七四」／札幌学院大

② フランスの哲学者デリダは皇居を首都の中心に位置する「無の空間」と**喝破**したが、最高の権威が要求する完全な対称性とは何もないことに通じる、と言いたかったのではないだろうか。出典 池内了「物理学と神」／新潟大

③ すべての**画策**は水泡に帰した、と正太は歎息《たんそく》した。彼は仲買人として、別に立つ方法を講じなければ成らない、とも言った。

出典 島崎藤村「家」

④ 国民としての青年の道は、それぞれ職あるものは職に励み、学窓にあるものは学業に**いそしむ**ことにありとはいえ、ただそれだけのことなら、今更《あらた》めて云《い》う必要はないのである。

出典 岸田國士「青年へ」

解答　問1 ①イ　②ア　③エ　問2 ①ふと邪念を起こした　②本質を指摘すること　③はかりごと

梅崎春生「麺麭の話」（↓P258）から

彼は膝に力を入れながら視線をおとし、…何かを断ち切るようなつもりで言った。（4行目）

↓「何かを断ち切るようなつもりで」から読み取れるのは、言いにくいことを思い切って言おうという意志である。

673 敢然《かんぜん》

思い切って行動するさま。
類 果敢《かかん》…決断力が強く、大胆なさま。

674 気概《きがい》

困難にもくじけずやり遂げようとする強い意志。
対 怯懦《きょうだ》…気が小さく、意志が弱いこと。
類 気骨《きこつ》…信念を最後まで貫こうとする強い心。

多田の不審気な視線にすこしたじろぎながら、乗り越えるように彼は言葉をついだ。（7行目）

↓副詞「すこし」と関連した古風な表現として「聊か」「毫も」を押さえておきたい。

675 聊か《いささか》

ほんの少し。わずかばかり。
注「いささかの悪意もない」のように、連体修飾の形でも用いられる。

676 毫も《ごう》

少しも。いささかも。
注 下に打消の表現を伴って用いられる。
類 微塵《みじん》もない…少しもない。
注「微塵」は細かいほこりのこと。

↓「たじろぎ」は、多田の視線がプレッシャーとなり、「彼」は本題に入るのを一瞬ためらったということ。

677 たじろぐ

相手に圧倒されて、しり込みする。
類 怯《ひる》む…恐れて気力が弱まる。気後れする。
類 気後《きおく》れ…心がひるむこと。↓P242

678 躊躇《ちゅうちょ》

決心できず、迷うこと。ためらい。
類 逡巡《しゅんじゅん》…決断がつかないでぐずぐずためらうこと。
入試「逡巡」は読みが問われる。

679 臆面《おくめん》もない

気後れした様子もなく、ずうずうしい。厚かましい。
注「臆面」は「臆する」（気後れする）顔色・様子のこと。

確認問題

問1　傍線部の意味として最も適切なものを選べ。

①広島を「数において」告発する人びとが、広島に原爆を投下した人とまさに同罪であると断定することに、私はなんの**躊躇**もない。

出典　石原吉郎「三つの集約」／日本大

㋐あれこれ考えて不安に陥ること
㋑決心がつかず、ぐずぐずすること
㋒こうだと思い決めて確信すること
㋓事前に特定の先入観をいだくこと

②「そういう事なら親父《おやじ》でも何でも遣《や》り込めるぐらいな**気概**がなければ……」

出典　牧野信一「地球儀」／センター試験

㋐大局的にものを見る精神
㋑相手を上回る周到さ　㋒物事への思慮深さ
㋓くじけない強い意志　㋔揺るぎない確かな知性

③子供や生徒が嫌ったり拒んだりするからというより、教える側の大人が**怯む**のではないか。苦しみを教える苦しみからの逃避の姿勢がそこに見られる、……

出典　黒井千次「老いの時間の密度」／拓殖大

㋐遠慮する　㋑悩む　㋒気後れする
㋓挑む　㋔熟考する

④同じ気質からこの国は、女性と弱者の社会的優遇をめざし、「逆差別」の声を排して、アファーマティブ・アクションを**敢然**と進めた。

（注）アファーマティブ・アクション…積極的差別是正措置。

出典　山崎正和「アメリカを問い直す」／姫路獨協大

㋐余裕のあるゆったりとしたさま
㋑よいことをなす自信のあるさま
㋒あることを思い切ってするさま
㋓時間がないので急いで仕上げるさま

⑤この安井というのは国は越前《えちぜん》だが、長く横浜にいたので、言葉や様子は**毫も**東京ものと異なる点がなかった。

出典　夏目漱石「門」

㋐何といっても　㋑少しも　㋒おそらく
㋓あたかも　㋔当然にも

問2　傍線部の意味を答えよ。

①ぼやけた古画と暗い床の間との取り合わせがいかにもしっくりしていて、図柄の不鮮明などは**聊かも**問題でないばかりか、かえってこのくらいな不鮮明さが、ちょうど適しているようにさえ感じる。

出典　谷崎潤一郎「陰翳礼讃」／一橋大

②私が始終その店の前に立つので、傍目《はため》にも心外なことと思ったらしい。あの学生は**臆面もなく**今日もまた例の女生徒を待っていると、うんざりしていたに違いない。

出典　井伏鱒二「無心状」／福岡教育大

解答　問1　①イ　②エ　③ウ　④ウ　⑤イ　問2　①ほんの少しも　②気後れした様子もなく

◉整える

680 設《しつら》える

設ける。整える。飾りつける。

注「設置」に相当する和語。古語の下二段動詞「しつらふ」から。

関しつらい…店内・会場などを、整えたり飾りつけたりすること。

681 とりなす

事態が好転するようにその場の雰囲気をうまくまとめる。仲直りさせる。

注本質的な解決ではなく。表面上うまくおさめるという意味合いがある。

類とりもつ…二者の関係がうまくいくように世話をする。

◉むやみに

682 顰《ひそ》みに倣《なら》う

考えもなしにむやみに人のまねをする。

注「先人の顰みに倣う」のように、他人のやり方に従う意の謙遜した言い方としても用いられる。この場合、悪い意味合いはない。

類亜流《ありゅう》…一流の人のまねをするだけで独創性がないこと。

683 やみくも

見通しもなくむやみに事をするさま。

注闇の中で雲をつかむという意から。

類無鉄砲《むてっぽう》…結果を考えずに、物事を一気にすること。

◉反撃する

684 一矢《いっし》を報《むく》いる

相手の攻撃や議論にわずかでも反撃、反論する。

注敵の攻撃に対して矢を射返し、反撃することから。

類一泡吹《ひとあわふ》かせる…不意をついて驚き慌てさせる。

685 意趣返《いしゅがえ》し

仕返しをして恨みを晴らすこと。

注「意趣」は、「心に思うこと・考え」の意だが、この場合は恨みを持つこと。

同意趣晴《いしゅば》らし

類報復《ほうふく》…仕返しをすること。

686 しっぺ返《がえ》し

すぐに仕返しをすること。

注「しっぺい返し」ともいう。「竹篦《しっぺい》」とは、禅宗で、師が参禅者を戒めて打つのに使う棒のこと。

確認問題

問1 **傍線部の意味として最も適切なものを選べ。**

①危険な目に遭ったのではないとわかった途端、**意趣返し**をしたような気がして、少し愉快になった。

出典 吉目木晴彦「古屋にて」／センター試験追試

㋐挑発　㋑配慮　㋒説教　㋓報復　㋔予言

②運転手は女の児《こ》が車のすぐ前に飛び込んで来たので、電気ブレーキでも間に合わなかった、と申し立てた。工夫らはそれを否定した。……監督はその間で色々**とりなそう**としたが、三人はそれには一切耳を貸さなかった。

出典 志賀直哉「正義派」／神戸親和女子大

㋐うまく口うらを合わさせよう
㋑事態をいい方向へもっていこう
㋒双方の間でうまく立ちまわろう
㋓三人の仲を上手にとりむすぼう

③さいころを振れば簡単に偶然が手に入るなんて考えていると、とんでもない**しっぺ返しに遭う**ことになる。

出典 植島啓司「賭ける魂」／学習院大

㋐敗北を喫する　㋑逆転される
㋒攻めに転じる　㋓作戦をたてる
㋔仕返しを受ける

④時計台のちょうど下にあたる処《ところ》に**しつらえられた**玄関を出た。そこの石畳は一つ一つが踏みへらされて古い砥石《といし》のように彎曲《わんきょく》していた。

出典 有島武郎「星座」

㋐移された　㋑隠された
㋒設けられた　㋓見せられた
㋔壊された

⑤最後の妻の台詞は詩人気取りの夫に強烈な**一矢をむくい**、同時にそれをしっかりと生活のいま・ここへと引き留めようとしている、と見えます。

出典 細谷博「太宰治」

㋐賞賛となり　㋑愛情となり
㋒皮肉となり　㋓嫉妬となり
㋔反撃となり

問2 **傍線部の意味を答えよ。**

①ただ**やみくもに**抗議しているだけではないか、と言うのならば、その通りと答えなければならぬかもしれない。

出典 陣野俊史「機械に憑かれ、そして抗する」／岩手大

②パリに住んでいると、ノートル＝ダム寺院を見ないことはあっても、エッフェル塔を見ずにすませることはほとんど不可能である。……どうしても見たくなければ、それこそモーパッサンの**ひそみにならって**、エッフェル塔を見なくてすむ唯一の場所である塔の中のレストランで食事するしかあるまい。

出典 石井洋二郎「パリ」／東北大

解答　問1 ①エ　②イ　③オ　④ウ　⑤オ　問2 ①見通しもなくむやみに　②むやみにまねをして

梅崎春生「麺麭の話」(→P258)から

だんだん気持が惨めに折れ曲って来るのを感じながら、彼はそれを胡麻化《ごまか》すように早口になった。(11行目)

→この「胡麻化す」には、自分の本心を多田に気づかれないように取り繕うという意味合いがある。

687 **韜晦《とうかい》**

自分の才能・本心・身分などを隠すこと。姿・行方をくらますこと。

注「韜」はつつむ、「晦」はくらます意。

688 **歯《は》に衣着《きぬき》せぬ**

相手に遠慮せずに、自分の本心をそのまま言う。

類 **腹《はら》を割《わ》る**…自分の本心・考えを、隠さずありのままに言う。

類 **赤裸々《せきらら》**…包み隠すことのないさま。

あの犬さ。あの犬は、もとは良い犬なんだ。**素性《すじょう》**も正しいんだ。(13行目)

→「素性」はここでは犬の血筋・血統のこと。関連する語に次のようなものがある。

689 **素性《すじょう》**

家柄。血筋。生まれ。由来。由緒。

注「素姓」とも書く。「出自」と違い、人にも物にも用いる。

類 **出自《しゅつじ》**…生まれ。どんな家に生まれたかということ。→P45

690 **生来《せいらい》**

生まれつき。生まれて以来。

注 副詞だが、「生来の楽天家」のように連体修飾でも用いる。

類 **先天的《せんてんてき》**…生まれつきであるさま。→P60

そして、それきり黙って火箸《ひばし》で**しきりに灰をかきならし**た。(17行目)

→「しきりに灰をかきならす」という多田の行為からは、「彼」の話に興味がなく、退屈な様子がうかがえる。

691 **無聊《ぶりょう》**

ひまで退屈なこと。

注「無聊をかこつ」の形でよく用いられる。「かこつ」(→P270)は、不平を言うこと。

692 **所在《しょざい》ない**

何もすることがなく退屈である。

類 **手持《ても》ち無沙汰《ぶさた》**…何もすることがなくてひまを持てあますさま。

確認問題

問1 傍線部の意味として最も適切なものを選べ。

①エゴが削り取られ、余分な修飾が振い落とされ、見え透いた論理が奥の部屋に引き下がる。天吾はそういう作業が**生来**得意だった。出典 村上春樹「1Q84」／東海大

㋐先天的　㋑経験的　㋒偶発的
㋓後天的　㋔演繹的

②暇はないより有った方がよい。あり過ぎて**無聊**に困り何かしでかしたとしても、それだけの気力と体力があるのだから結構だ。出典 重信常喜「閑暇礼讃」／近畿大

㋐退屈　㋑無駄　㋒多忙　㋓有用

③自然の樹の姿をねじまげるのは心ない仕業だ、のびのびと枝葉を繁らせよ、という自然主義によって盆栽のサロン芸的矮小《わいしょう》性を批判し、その前近代性をあばく前に、ともかくこの高度の園芸術の**素姓**を見定めねばならない。出典 中村良夫「風景学・実践篇」／青山学院大

㋐素封　㋑名称　㋒本性
㋓由緒　㋔素人芸

④危機のときは、純粋性が叫ばれるが、そのときに純粋性のまやかしも**赤裸々に**露呈する。出典 今村仁司「近代の思想構造」／成城大

㋐ゆるやかにそっと　㋑すこしずつ段々に
㋒包み隠すことなく　㋓必要以上に激しく

⑤数年前、岩蔵と再会したときは、雪のない暖かな正月で、元日の午後、おむら婆さんは**所在ない**ままに実家の背戸から外へ出て、穏やかな陽《ひ》を浴びている村道をすこし歩いてみた。出典 三浦哲郎「みちづれ」

㋐だれも訪ねてくれる人がなく孤独な
㋑暇な時間をうめる手段がなく不満な
㋒不在にしている間どうなるか心配な
㋓これといってすることもなく退屈な

問2 傍線部の意味を答えよ。

議論をはじめると、**歯に衣を着せない**ところがシモーヌにはあって、それをいやがる学生もいたけれど、…
出典 須賀敦子「ユルスナールの靴」／明治学院大

問3 傍線部の語の使い方として最も適切なものを選べ。

戦時下の石川淳氏が蜀山人《しょくさんじん》のうちに見出《みいだ》したものは、ひとくちにいえば、地上の現実から姿を消して虚構の生活に身を置くという生き方であった。…すなわち、**韜晦**の技術である。出典 野口武彦「石川淳論」／西南学院大

(注) 蜀山人…大田南畝《おおたなんぽ》。江戸時代後期の狂歌師・戯作者。

㋐彼には自分を韜晦する癖がある。
㋑韜晦よく花をテーブルに配置してください。
㋒この文章の解釈は極めて韜晦である。
㋓どうか、韜晦の心でもってお許しください。

解答 問1 ①ア ②ア ③エ ④ウ ⑤エ 問2 遠慮なく本心を言う 問3 ア

発言を表す語彙

◉ 議論する

693 論《あげつら》う

①物事の可否や善悪を論じる。②相手の欠点や短所を大げさに言い立てる。

注 ②は、小さなことにこだわり非難するという意味合い。

四字 針小棒大《しんしょうぼうだい》…針ほどに小さなことを棒ほどに大きく言うこと。

694 詭弁《きべん》

一見もっともらしく見えて道理に合わない議論。こじつけの議論。

注 「詭」は、悪巧みでだます意。

四字 牽強付会《けんきょうふかい》…自分に都合のいいように強引に理屈をこじつけること。

695 水掛《みずか》け論《ろん》

両方ともに自分の考えを曲げず、解決の決め手を欠く議論。

注 互いに自分の田に水を引こうと争うことから。

類 いたちごっこ…両者が同じように無益なことを繰り返して、発展性がないこと。

類 泥仕合《どろじあい》…互いに相手の欠点を言い立てて非難し合う醜い争い。

注 「泥試合」ではないことに注意。

◉ うるさく言う

696 嘯《うそぶ》く

①とぼけて知らないふりをする。②偉そうに大きなことを言う。③詩歌を口ずさむ。④ほえる。

類 大言壮語《たいげんそうご》…実現できそうもないことを、できるかのように威張って言うこと。

697 吹聴《ふいちょう》

多くの人に言いふらすこと。

注 「すいちょう」と読まないように注意。

類 喧伝《けんでん》…しきりに言いふらすこと。

類 口《くち》さがない…うるさく言いふらす傾向。

◉ 不平を言う

698 託《かこ》つ

嘆く。不平を言う。愚痴を言う。

注 古語「かこつ」と同様に、「他のせいにする」の意味で用いられることもある。

関 託《かこつ》ける…原因・理由などを他のせいにする。口実にする。

699 こぼす

不平を言う。ぼやく。

注 「思わず笑みをこぼす」のように、「表情に表す」意もある。

類 繰《く》り言《ごと》…愚痴《ぐち》等をくどくど言うこと。

確認問題

問1 傍線部の意味として最も適切なものを選べ。

①無言の時の選別を経たものなら、大体、普遍的な価値をもつと判断して大きな見当違いはない。そうなれば、文学史も安心して**あげつらう**ことができる。
出典 外山滋比古「異本論」／札幌大

㋐選別する　㋑認める　㋒論ずる
㋓否定する

②この人が生きているうちは自分には一日として安寧がなかった、という意味のことを、弔問にくる人ごとに、**吹聴する**ので、いくらなんでもいいすぎじゃないか、と思ったくらいだ。
出典 阿部昭「あの夏」／センター試験追試

㋐じっくりと言い聞かせる
㋑だれかれとなく言いふらす
㋒むやみやたらと言い張る
㋓あらためて言い直す
㋔ゆがめて言い伝える

③「どうもこの頃は兵隊が臆病になっていけねえ。雲が動くんで、星があがったりさがったりするように見えるんだ」と下士官が**こぼした**。
出典 大岡昇平「歩哨の眼について」／白百合女子大

㋐悲しげにつぶやいた　㋑不平をもらした
㋒あきれて叱った　㋓笑みを浮かべた
㋔強く主張した

④いまなら右のように**うそぶいて**も平然としていられただろうが、当時はそうはゆかぬ。なんとかしてフランス語をおぼえたいと思いつめた。
出典 井上ひさし「私のことば史抄」／弘前大

㋐平気な顔で言う　㋑大きな声で言う
㋒嘘を言う　㋓こっそり言う
㋔ふざけて言う

問2 傍線部の意味を答えよ。

①もともと私は読んだことを忘れるほうなのだ。熟読したものほど綺麗《きれい》に忘れる、と言えば**詭弁**に聞こえるが、実際にそうなのだから仕方がない。
出典 古井由吉「本棚と老年と」

②その晩、ほんとに何もない私たちは菜の花を煮て、新しい食味で胃袋を充《み》たしたのである。乏《とぼ》しさを**かこつ**だけの大人の常識に堕したよどみを、その時このばかな母親は、どんなに侘《わび》しく、あえなく恥じたか知れない。
出典 吉野せい「洟をたらした神」

③そういう新型式を俳句とか短歌とかいう名前で呼んでよいか悪いかというような問題もあるが、それは元来議論にならない問題であって、議論をしても切りのない**水掛け論**に終わるほかはない。
出典 寺田寅彦「俳句の形式とその変化」

解答　問1 ①ウ　②イ　③イ　④ア　問2 ①道理に合わない議論　②嘆く　③解決の決め手を欠く議論

小説の着眼点 5

文体

▼文末表現の工夫がもたらす効果を本文から読み取ろう。
▼病状や死に関わる語の意味を押さえよう。

（次の文章は、阿部《あべ》昭《あきら》の小説「司令の休暇」の一節である。戦時中、「おやじ」は海軍司令官として艦長を務めるエリートであったが、戦後は不遇であり、その中で人生を終えようとしていた。かかりつけの医師である木田は、「おやじ」を、自宅で看取《みと》らず、「大船《おおふな》」（神奈川県鎌倉市の地名）にある病院に入院させることにした。）

1 朝八時半頃、木田元軍医官がカンフルを打ちに来た。その車が家の前に停《とま》り、医者と看護婦の足音がして、また**あわただしく**出て行くのを僕は寝床の中で聞いた。もうこれが限界だ、これ以上置いておくと大船までも持って行けなくなる、と彼は四、五日前から強引に言っていた。とにかく彼が厄介払いをしたような気分で引き揚げて行ったのは間違いないと僕は思った。そのあとで僕は**ゆっくり起き出して**いた。

2 この時間でも、もう日射《ひざ》しがきつかった。通りに出て見ると、門の前はおふくろと妻が早起きをして掃いたらしく、すっかりきれいになって水も打ってあった。**寝台自動車がやって来るのが**九時の約束で、それまでにまだ少々間《ま》があった。**そいつがここへ来て停る**、**そしておやじを運び出す**、……その瞬間が**おやじと僕の三十何年間の家庭生活の終わり**になる**のだ**。人気のない路上に立って**海のほうから吹いてくる風**にあたりながら、しきりにそのことを思った。すると僕は心のどこかで、とりかえしのつかぬ事態にうかうかと手を貸してしまったような、**狼狽《ろうばい》じみた気**

語彙と表現

状況を読む

1・2を通して、死期の迫った「おやじ」が病院へ運ばれようとする、ある朝の様子が描かれている。

＊1で、医師と看護婦が「**あわただしく**」帰っていく様子を寝床の中で聞いた「僕」は「**ゆっくり起き出し**」た。

＊2では、「僕」の内面描写が中心となる。

人物を読む

2では、「僕」の内面の変化を丁寧に読み取る必要がある。11行目の「……」がその分岐点となるだろう。

＊「**寝台自動車がやって来るのが……おやじを運び出す**」からは、「おやじ」が人生の最後を病院で迎えるために自宅を出る、その決定的な瞬間がまもなく来ることを、繰り返しかみしめるように確認していることがわかる。

＊すると「僕」は、ふと「**狼狽**（→P218）**じみた気持ちに襲われた**」。この気持ちを誘発したのは「**海のほうから吹いてくる風**」のようだ。「おやじ」が「**この海**

持ちに襲われた。おやじが病院へ行くことをあんなに拒んだのも、おふくろが畳の上で死なせてやりたいと言いつづけたのも、つまりは永年見慣れた**この海辺の景色とおさらばする**ことを言ったのだ。こんな簡単なことだったのだ。それならばなぜ家に置いといてやれなかったのだろう。

着眼点の理解

問　次の文章は、本文の文体について考察したものである。空欄 A ～ D にあてはまる言葉を本文中から抜き出せ。

①文末に過去・完了の助動詞「 A 」（1字）を並べて話を進める淡々とした流れの中に、不意に「**そいつがここへ来て停る**」「**そしておやじを運び出す**」と現在形になる。それにより、まもなく起こる事態を明確に思い描こうとしている「 B 」（1字）の内面を生き生きと浮かび上がらせている。

②「……」は、やがて展開される光景の持つ意味を、「僕」が認識するに至る「間」を表現している。わずかの時間だが、その意味はきわめて重く、その重さを自分に言い聞かせるかのように、文末は一転、「**のだ**」という、確認しつつ断定するかたちになっている。その一文には、「**おやじと僕の三十何年間の家庭生活の終わり**」という決定的な事実が C （4字）に生じるという、いわば不釣り合いな事態に対する違和感も含まれている。

③「**この海辺の景色とおさらばする**」とは「おやじ」が「海辺の景色」の中で死ぬことだ。「おやじ」をそのように死なせてやるべきだと「僕」は悟るが、もはや入院の段取りは進行しつつある。そうした自分の迂闊《うかつ》さを確かめるように、ここでも文末に「 D 」（2字）が繰り返される。

辺の景色とおさらばする」ことの意味を、「僕」ははじめて実感できたのである。

着眼点のまとめ　文体

小説では、**文体そのものに重要なメッセージが含まれている。なかでも見落とされやすいのが文末表現だ。**たとえば文末が「～のだ」となっていれば、その直前の部分の（理由）説明になっていることはよくある。「彼は学校を休んだ。風邪をひいたのだ。」という例でよくわかるだろう。「のだ」を文末とすることで、前文を補足的に説明しているのである（←この「のである」も、前文の「わかるだろう」の具体的な中身を述べて補足説明したというメッセージを含んでいる）。このようなメッセージは大雑把な黙読では見落とされてしまう。**小説読解の基本は、全体の大まかな理解ではなく、文脈の正確な追跡にある。**一字一字丹念にたどるように読むことが必要なのである。

解答　Aた　B僕　Cその瞬間　Dのだ

阿部昭「司令の休暇」（→P272）から

朝八時半頃、木田元軍医官がカンフルを打ちに来た。（1行目）

↓「軍医官」とは、軍隊で診察・治療・衛生をつかさどる武官のこと。なお、「カンフル（注射）」は、比喩的に次のような意味で用いられることがある。

700 カンフル注射《ちゅうしゃ》

（比喩的に）だめになりかけた物事を回復させる非常手段。

類 処方箋《しょほうせん》…（比喩的に）物事の処理法・解決法。

注「カンフル注射」は強心剤の注射、「処方箋」は医師が薬の処方を指示した文書。

701 起死回生《きしかいせい》

今にもだめになりそうな物事を立て直すこと。

医者と看護婦の足音がして、またあわただしく出て行くのを僕は寝床の中で聞いた。（2行目）

↓「あわただし」いさまを表す副詞・慣用句として次のようなものがある。

702 そそくさ

落ち着かないさま。あわただしいさま。

類 あたふた…慌てふためくさま。慌てて騒ぐさま。

703 東奔西走《とうほんせいそう》

ある仕事・目的のために、あちこち忙しく動き回ること。

類 奔走《ほんそう》…忙しく走り回ること。

四字 南船北馬《なんせんほくば》…あちらこちらと旅して回ること。

もうこれが限界だ、これ以上置いておくと大船までも持って行けなくなる、（3行目）

↓「もうこれが限界だ」から、「おやじ」の病状が深刻な状態（＝予後不良）であることがわかる。

704 予後《よご》

病気の経過についての医学的な見通し。病気が治った後の経過。

注 二つの意味があるので注意。前者はいわゆる「余命」のこと。

705 小康《しょうこう》

病気が危険な状態にならないまま落ち着いていること。

注「世の中が平穏に治まっている」意でも用いられる。

確認問題

問1　傍線部の意味として最も適切なものを選べ。

① 検査の技術が進歩して、癌患者の**予後**が正確に分かるのに、治療が追いついていない。

出典 南木佳士「ダイヤモンドダスト」／大阪大

㋐ 最終局面　㋑ 行動パターン
㋒ 病気の発生原因　㋓ 病気のたどる経過
㋔ 予期される行為

② どういう積もりで運命がそんな**小康**を私たちに与えたのかそれは分からない。然《しか》し彼はどんな事があっても仕遂《しと》ぐべき事を仕遂げずにはおかなかった。

出典 有島武郎「小さき者へ」／神戸女子大

㋐ 病人の容体がしばらく安定していること
㋑ 健康状態が次第に良くなること
㋒ 当分のんびりした気分でいられること
㋓ 病状がその時以上に悪くはならないこと
㋔ 精神面での安定がしばらく得られること

③ ひとつの場所に腰を落ち着けるということを知らず、大富豪になってから大型ヨットに乗って**東奔西走**を続けてあきることがなかった——

出典 木原武一「孤独の研究」／神戸学院大

㋐ あちこち忙しくかけまわること
㋑ あちこち遊び回ること
㋒ 東や西に遊び回ること
㋓ 東から西に向かって航海すること
㋔ 東や西に放浪すること

④ 終戦後、「九州文学」の一党と始めた出版業、「九州書房」はたちまちのうちに行きづまって、**カンフル注射**を必要とした。

出典 火野葦平「島原半島」

㋐ 一度消滅したものを復元する手段
㋑ 厳しい状態を脱するための非常手段
㋒ 苦しいときに激励してくれる仲間
㋓ しばらく身を隠すための秘密の場所
㋔ 新しく会社を立ち上げるための資金

問2　傍線部の意味を答えよ。

① 「優秀な人材が集まりますよう、お祈りしています」ニッコリ笑って、**そそくさ**と退散した。

出典 阿川佐和子「質問一つ」／北海道大

② ギリギリに追い詰められた人達を**起死回生**せしむる力もない癖に、そういう人達に頼られ、そのために苦しまされるのが私の現在である。

出典 上林暁「零落者の群」

③ 現代日本は、社会とビジネスとの対立という根本的問題を突きつけられている。この対立は、日本にとって死に至る病である。日本社会の中にも、日本人の精神性の内にも、この問題に対する**処方箋**はないからだ。

出典 坂東眞砂子「『楽園』の失業」

解答　問1 ①エ　②ア　③ア　④イ　問2 ①あわただしいさま　②だめになりそうなのを立て直すこと　③解決法

態度を表す語彙①

◉ 冷たい

706 酷薄《こくはく》（刻薄）

思いやりがなく、むごいこと。

注 残酷で薄情なことをいう。

類 冷酷《れいこく》…思いやりがなく、心の冷たいさま。

類 邪険《じゃけん》…無慈悲に、むごく扱うさま。

707 素気《すげ》ない

冷淡で思いやりがない。

注「すげない返事」（気持ちのこもっていない冷たい返事）のように用いられる。

類 素《そ》っ気《け》ない ↓P240

◉ 相手にしない

708 愛想《あいそ》を尽《つ》かす

あきれはて、いやになってとりあわない。

注「愛想」には多くの意味があるが、この場合は「人に対する親しみの気持ち」。

関 愛想笑《あいそわら》い…人の機嫌をとるための笑い。

709 歯牙《しが》にも掛《か》けない

取り立てて、問題にもしない。無視する。

注「歯牙」は、「歯」と「きば」だが、転じて「言葉・口先」の意。

類 度外視《どがいし》…問題にしないこと。構わず無視すること。

◉ 大切にする

710 かしずく

大切に仕えて、世話をする。

注 古語の「かしづく」とほぼ同じ意味で、古い小説・随筆に登場することがある。

類 敬虔《けいけん》…神仏を深く敬《うやま》い仕えるさま。

711 慈《いつく》しむ

かわいがる。大切にする。

注「親が子を慈しむ」のように、目下の者や弱者に対して愛情を注ぐという意味合いがある。

関 後生大事《ごしょうだいじ》…物事を大切にすること。

注 元来は仏教用語で、「来世（＝後生）の安楽を願い信心に努めること」の意。

712 一視同仁《いっしどうじん》

すべての者を平等なものとして差別無く愛すること。

注「えこひいき」せず、「分け隔てなく」人に接することをいう。

対 肩《かた》を持《も》つ…対立している者の一方の味方をして、応援する。ひいきする。

確認問題

問1 傍線部の意味として最も適切なものを選べ。

①私は何の意味もなく、ただ自分を慰めるように易々《やすやす》と見せかけた、こんな私の楽天的な態度にもすっかり母は**愛想を尽かしていた**。

出典 牧野信一「地球儀」／センター試験

㋐嫌になってとりあわないでいた
㋑すみずみまで十分に理解していた
㋒体裁を取り繕うことができないでいた
㋓いらだちを抑えられないでいた
㋔意味をはかりかねて戸惑っていた

②茶坊主が何か言いおった――そういった**歯牙にもかけない**無心なほど冷たい眼であった。そして利休から視線を外した後の秀吉の態度は頗《すこぶ》る慇懃《いんぎん》であった。

出典 井上靖「利休の死」／和洋女子大

(注) 慇懃…丁寧で礼儀正しいこと。→P306

㋐大ざっぱで細かなことにはこだわらない
㋑突き放して顧みようともしない
㋒感情をあらわに示すことのない
㋓無視して全く問題にもしない
㋔高慢で反省することのない

③明治期の日本は天皇という**一視同仁**の頂点を仮設することで、促成的に擬似的な均質社会を作った。

出典 加藤典洋「政治と〈公共性〉」／専修大

㋐親疎の差別なく、一様に愛をほどこすこと
㋑絶対者として疑問を持たずに、信じること
㋒唯一の神として忠孝をもって、生きること
㋓政治の中心として、命令に従順になること
㋔個人の共通の意思として、崇《あが》め恐れること

問2 傍線部の意味を答えよ。

①希望を持てないものが、どうして追憶を**慈しむ**ことができよう。未来に今朝のような明るさを覚えたことが近頃の自分にあるだろうか。 出典 梶井基次郎「冬の日」

②なまじ可愛《かわい》がって育てた為《ため》に、ポチは此様《こんな》に無邪気な犬になり、無邪気な犬であった為に、遂《つい》に残忍な**刻薄な**人間の手に掛って、彼様《あんな》な非業の死を遂げたのだ。 出典 二葉亭四迷「平凡」

③「そんな事どうでもよござんすわ。あなたお丈夫でしたの」といってみると「ええ」とだけ**すげない**返事が、機械を通してであるだけにことさらすげなく響いて来た。 出典 有島武郎「或る女」

④細君は珍しいおとなしい女で、口喧《くちやか》ましい夫に**かしずく**様はむしろ人の同情をひくくらいで、ついぞ近所なぞで愚痴をこぼした事もない。 出典 寺田寅彦「イタリア人」

解答 問1 ①ア ②エ ③ア 問2 ①大切にする ②思いやりがない ③冷淡で思いやりがない

阿部昭「司令の休暇」（↓P272）から

とにかく彼が**厄介払い**をしたような気分で引き揚げて行ったのは間違いないと僕は思った。（4行目）

↓**「厄介払い」とは、面倒な物事や邪魔者を追い払うこと。木田は無駄な往診はもうやめたいと考えているのだ。**

713 厄介《やっかい》

面倒で手間がかかること。世話。

注「厄」は、わざわいの意。

関 **厄介《やっかい》になる**…人の世話になる。

関 **お荷物《にもつ》**…（比喩的に）負担になる、厄介な物や事。

714 億劫《おっくう》

何をするにも面倒で気が進まないさま。

注 非常に長い時間を表す仏教用語「億《おっ》劫《こう》」から。

類 **大儀《たいぎ》**…面倒でおっくうなさま。

そのあとで僕は**ゆっくり**起き出していた。（6行目）

↓**「ゆっくり」したさまを表す副詞として「おもむろに」はぜひとも押さえておきたい。**

715 徐《おもむろ》に

落ち着いてゆっくりと。静かに。

同 **やおら**

注「やおら」の方が古風な表現。近年、「徐に」「やおら」を、本来の意味とは逆の「急に」の意で用いる例が見られる。

716 鷹揚《おうよう》

小さなことにあくせくせず、ゆったりと構えているさま。

同 **大様《おおよう》**

注「鷹揚」「大様」は元来は別語。

すると僕は心のどこかで、とりかえしのつかぬ事態にうかうかと**手を貸して**しまったような、…（13行目）

↓**「手を貸す」は、手助け（援助）をすること。他にも「手」を含む慣用句にはさまざまなものがある。**

717 手《て》を染《そ》める

あることをやり始める。

同 **手《て》を付《つ》ける**

対 **手《て》を引《ひ》く**…してきたことをやめる。

718 手《て》を掛《か》ける

時間や労力をかける。

注「盗みなどの悪事を働く」の意もある。

注 **手《て》に掛《か》ける**…自分で面倒を見る。自分の手で殺す。

確認問題

問1 傍線部の意味として最も適切なものを選べ。

①二枚の鏡を使って少し斜めに向いた顔を見る事は出来るだろうがそれを実行するのはおっくうであったし、また自分の技量で左右の相違を描き分ける事も出来そうになかった。

出典 寺田寅彦「自画像」／早稲田大

㋐至難　㋑退屈　㋒面倒

㋓不愉快　㋔不利益

②ゆきついた視線を左右に転ずると、長年手をかけられた色とりどりの樹葉の間に、点々と、寺院の瓦《かわら》屋根が美しく光っている。

出典 栗田勇「飛鳥 大和 美の巡礼」／國學院大

㋐長く保管された　㋑よく手入れされた

㋒工夫をこらされた　㋓風雨から守られた

㋔信仰の対象とされた

③そのときはっきりと謙太郎にはわかった。片足をなくした清人は、自分にとってはお荷物などではなかった。

出典 石田衣良「青いエグジット」／佛教大

㋐義務とすべきこと　㋑おのれの持ち分

㋒責任のあること　㋓重要なこと

㋔厄介者

④人が眠りに入るときの感覚は、非常に不思議である。意識がやおら薄らいでいって、ことりと途絶えてしまう。それは死ぬときとどのようにちがうのであろうか。

出典 柳澤桂子「生と死が創るもの」／立命館大

㋐矢継ぎ早に　㋑ひたむきに　㋒まっすぐに

㋓おもむろに　㋔ゆくりなく

⑤「そうさ」と猿沢は、初めて蟹江《かにえ》の存在に気付いたような顔をよそおって、しごく鷹揚にうなづきました。

出典 梅崎春生「Sの背中」／愛知大

㋐偉そうに威張っている様子

㋑ゆっくりとしていて慌てていない様子

㋒何も考えていない、ぼんやりしている様子

㋓面倒くさく、うっとうしいと思っている様子

㋔別段興味が無く、どうでもよいと思っている様子

問2 傍線部の意味を答えよ。

①安普請《やすぶしん》らしい二階家である、が、こうした往来に立っていると、その小ぢんまりした二階家の影が、妙にだんだん薄くなってしまう。そうしてその後には徐に一東四銭の札を打った葱《ねぎ》の山が浮んで来る。

出典 芥川龍之介「葱」／福岡教育大

②ぼくはあるワープロメーカーのCMに出ていたのだ。その縁でその会社のワープロ第一号機を貰《もら》ったりしていたのだが、……従来通り手書きで原稿を書くことに忙しく、結局手を染めずにいた。

出典 椎名誠「活字博物誌」／宮崎大

解答 問1 ①ウ ②イ ③オ ④エ ⑤イ 問2 ①ゆっくりと静かに ②使い始めずにいた

態度を表す語彙②

◉ずうずうしい

719 口幅《くちはば》ったい

身分・立場をわきまえず、大きなことや生意気なことを言うさま。

注「おこがましい」と同様、でしゃばる・生意気な態度を表す。

類 **烏滸《おこ》がましい**…思い上がっていて、生意気である。

720 笠《かさ》に着《き》る

権勢や地位のある者を頼んで大きな態度をとる。

注「虎《とら》の威《い》を借《か》る狐《きつね》」と似た意味合いの表現。「嵩《かさ》に懸《か》かる」との混同で「嵩に着る」とするのは誤り。

関 **嵩《かさ》に懸《か》かる**…①勢いに乗って攻撃に出る。②相手に威圧的な態度をとる。

721 野《の》放《ほう》図《ず》

①人を人とも思わないずうずうしい態度。②際限がないさま。とめどないさま。

注①は、慣習やルールに縛られず、自由気ままな態度を表す。

四字 **傍若無人《ぼうじゃくぶじん》**…周囲の人の思惑を無視して勝手気ままに振る舞うさま。

◉いいかげん

722 等閑《とうかん》

物事をいい加減に扱うこと。

注古語の「等閑《なおざり》なり」と同じ意味合いを表す。「等閑視する」（いい加減に扱う・軽視する）の形でもよく用いられる。

関 **等閑《とうかん》に付《ふ》す**…物事をいい加減にほうっておく。

類 **御座《おざ》なり**…いい加減。一時しのぎ。

723 ぞんざい

乱暴でいい加減なさま。

注物事の扱いが「杜撰《ずさん》」（→P151）なこと。「ぞんざいなしゃべり方」のように、口の利き方についていう場合も多い。

◉うんざり

724 倦《う》む

物事に飽きる。嫌になる。

類 **倦怠《けんたい》**…飽きて嫌になること。

関 **倦《う》まず撓《たゆ》まず**…飽きたり怠けたりしないで。

725 待《ま》ち倦《あぐ》む

長い間待ってうんざりする。

注「倦《あぐ》む（倦《あぐ》ねる）」は、「攻めあぐむ」のように、動詞の連用形に付いて、目的を達成できず困ることを表す。

確認問題

問1 傍線部の意味として最も適切なものを選べ。

①日本人とは、日本人とは何かという問を、頻《しき》りに発して**倦む**ことのない国民である。

出典 加藤周一「日本人とは何か」／東北学院大

㋐心が休まる　㋑飽きる　㋒のんびりする
㋓疲れる　㋔落ち込む

②「長く待たせて」独逸語《ドイツ》である。**ぞんざいな**詞《ことば》と不吊合《ふつりあい》に、傘を左の手に持ち替えて、おおように手袋に包んだ右の手の指《ゆび》尖《さき》を差し伸べた。

出典 森鷗外「普請中」／広島修道大

㋐うち沈んだ　㋑明るい　㋒やさしい
㋓丁寧な　㋔なげやりな

③読書が儀式となれば、当然形骸化が進みます。書物が本来もっている、本質的な興奮や喜び、激しさは**等閑視**され、枯れすぼれてしまい、枝葉末節の語義講釈のみが重要視されるようになります。

出典 福田和也「贅沢な読書」／東京経済大

㋐平等に視ること　㋑冷やかに視ること
㋒嫌悪感をもつこと　㋓ゆったりと接すること
㋔なおざりにすること

④大通りを曲がり、仕舞屋《しもたや》が軒を連ねる筋に入ると、陽の沈むのを**待ちあぐねた**子供たちが、道にうずくまってもう花火に火をつけている。

出典 宮本輝「泥の河」／四天王寺国際仏教大

(注) 仕舞屋…商店ではない普通の家。

㋐楽しそうに待った　㋑退屈しながら待った
㋒気長に待ち続けた　㋓いやになるほど待った
㋔待つとはなしに待った

問2 傍線部の意味を答えよ。

①到頭何一つお父様のお気に召すことは出来ず仕舞いに日本を離れてしまう自分の腑甲斐《ふがい》なさが、悲しゅうございます。……子としてお尽くしすることもなく**口幅ったい**と思《おぼ》し召しましょうが、御健康を心からお祈り申し上げております。

出典 有吉佐和子「地唄」／福岡教育大

②国内政治でいえば、重臣が伝統的な権威を**かさに着て**、しかも相互に暗闘をつづけている「状況」とか、あるいは知識人が時代に愛想をつかして社会的政治的関心を失い隠遁《いんとん》している「状況」とか、その他いろいろな「型」が抽出されるでしょう。

出典 丸山真男「忠誠と反逆」／一橋大

③私もゲラゲラと笑ったが、笑いながら武田さんの眼を見て、これは容易ならん眼だと思った。……ちょっと受ける感じは、**野放図で**、ぐうたらみたいだが、繊細な神経が隅々まで行きわたっている。

出典 織田作之助「四月馬鹿」

解答　問1 ①イ　②オ　③オ　④エ　問2 ①生意気なことを言う　②頼んで大きな態度をとり　③ずうずうしくて

阿部昭「司令の休暇」（→P272）から

おやじが病院へ行くことをあんなに拒んだのも、…（15行目）

↓「あんなに拒んだ」は頑《かたく》なな拒否の姿勢だが、そこには自宅で最期《さいご》を迎えたいという「おやじ」の意志がある。

726 辞《じ》する

断る。挨拶して帰る。辞職する。

注「死も辞さない覚悟」のように、「辞さない（辞せず）」の形で、「恐れない」の意でも用いられる。

類 **峻拒《しゅんきょ》**…（申し入れなどを）きっぱりと拒絶すること。

727 頑迷《がんめい》

頑固でものの道理がわからないさま。

四字 **頑迷固陋《がんめいころう》**…思考に柔軟性がなく、的確な判断ができないさま。

類 **狷介《けんかい》**…自分の考えを頑固に守って、簡単に妥協しないさま。

おふくろが畳の上で死なせてやりたいと言いつづけたのも、…（15行目）

↓「畳の上で死ぬ」は、家で穏やかに最期を迎えることを表す慣用句。

728 畳《たたみ》の上《うえ》で死《し》ぬ

事故死などではなく、家の畳の上で穏やかに死ぬ。

類 **往生《おうじょう》**…死ぬこと。すっかりあきらめること。困り果てること。

入試「往生」は、「死ぬこと」以外の意味が問われることがあるので注意。

つまりは永年見慣れたこの海辺の景色とおさらばすることを言ったのだ。（16行目）

↓「おさらば」とあるように、「おやじ」は今まさに人生を終えようとしているのだ。

729 末期《まつご》

死に際。臨終のとき。

注 読みに注意。「まっき」は別語。

類 **今生《こんじょう》の別《わか》れ**…この世に別れを告げること。

関 **絶筆《ぜっぴつ》**…生前に最後に書いた作品。

730 看取《みと》る

病人の世話をする。看病する。

注「最期を看取る」のように、病人をその死期まで見守る意味合いで用いられることが多い。

確認問題

問1 傍線部の意味として最も適切なものを選べ。

①ほとんどのひとは病院のベッドで死ぬ。「**畳の上で死ぬ**」ということばはもう、死語のようになっている。

出典 鷲田清一「だれのための仕事」／桃山学院大

㋐親族一同に見守られながら死ぬ
㋑医師の治療を受けずに自宅で死ぬ
㋒不慮の死でなく穏やかに死ぬ
㋓誰にも知られず孤独に死ぬ
㋔悟りの境地に達した後で死ぬ

②その短所は、われわれの限界を狭い経験の局所に限定し、そこにわれわれの生活を停滞させることにある。**頑迷**固陋《ころう》の悪しき意味での保守主義となる。

出典 田中美知太郎「哲学談義とその逸脱」／成蹊大

㋐がんこではた迷惑である
㋑がんこで道理がわからない
㋒がんこで押しつけがましい
㋓がんこで定見なしに主張する
㋔がんこで自縄《じょう》自縛となっている

③君は自然の美しいのを愛し、しかも自殺しようとする僕の矛盾を笑うであろう。けれども自然の美しいのは、僕の**末期**の眼に映るからである。

出典 芥川龍之介「或旧友へ送る手記」／青山学院大

㋐人の死にぎわ　㋑物事の終わり
㋒わずかに残された未来
㋓治癒不能なまで病が進行した状態
㋔仏の教えのすたれる時期

④家へ帰って枕についても眠られないことを知っているので十二時を過ぎてもなお往《ゆ》くべきところがあれば誘われるままに往くことを**辞さなかった**。

出典 永井荷風「濹東綺譚」／青山学院大

㋐決めなかった　㋑断らなかった
㋒信じなかった　㋓話さなかった
㋔欲しなかった

⑤田島は敵の意外の鋭鋒《えいほう》にたじろぎながらも、「そうさ、全くなってやしないから、君にこうして頼むんだ。**往生している**んだよ。」

出典 太宰治「グッド・バイ」

㋐警告している　㋑頼りにしている
㋒悲観している　㋓困り果てている
㋔憤慨している

問2 傍線部の意味を答えよ。

父親は血管性の認知症、母親はアルツハイマーによる認知症になっていて、とてもふつうの暮らしができる状態ではなくなっていた。一カ月後に父親を**看取り**、母親を施設に入居させた。

出典 増田みず子「親からの頼まれごと」／聖心女子大

解答　問1 ①ウ　②イ　③ア　④イ　⑤エ　問2 死期まで見守り

◉ 控えめ

731 憚《はばか》る

①遠慮する。ためらう。②いばる。幅をきかせる。

注 ①は、他者の目を恐れて自己の行動を抑制すること。②は、「憎まれっ子世にはばかる」のように用いる。

732 しおらしい

慎み深く従順である。控えめで大人しい。

注 よく似た意味合いの語に、「いじらしい」（→P236）がある。

類 あえか…美しくか弱げなさま。

◉ 集中

733 かまける

一つのことだけに気をとられて、他のことがいい加減になる。

注 否定的な意味合いの語。何かに集中しすぎて、他のことをいい加減に扱う＝「等閑」（→P280）してしまうこと。

類 ためつすがめつ…いろいろな角度からよく見て吟味（→P326）する。

四字 一心不乱《いっしんふらん》…一つのことに集中して、他のことに心を乱さないこと。

734 憂《う》き身《み》をやつす

身がやせ細るほど、一つのことに熱中する。

注 もとは、「悩みや心配事のためにやつれる」の意。

類 (身《み》を)やつす…①みすぼらしく姿をかえる。②熱中しやせ細るほどになる。

735 背《せ》に腹《はら》はかえられぬ

さし迫った大事なことのためには、ほかのことなど構っていられない。

注 五臓六腑《ごぞうろっぷ》の詰まった腹は背と交換できないことから。

類 必要悪《ひつようあく》…よくないことは明白だが、ある状況においては、やむをえず必要とされること。

◉ 安定／不安定

736 従容《しょうよう》

ゆったりと落ち着いているさま。

注 「従容として死に就《つ》く」のように、危機に直面しながらも、冷静さを失わないという意味合いがある。

737 おずおず

恐れてためらいながら行動するさま。

注 「こわごわ」「びくびく」に似た意味合い。動詞「怖《お》ず」を二つ重ねたもの。

確認問題

問1 傍線部の意味として最も適切なものを選べ。

①彼らの素人に対する軽蔑の念もまたそこから湧いて出るらしい。けれどもそれは彼らが彼らの径路を誤解して評価づけた結果に過ぎないと、自分は**断言して憚らない**。

出典 夏目漱石「素人と黒人」／早稲田大

㋐断言せざるをえない　㋑断言して後悔しない
㋒思い切って断言する　㋓遠慮なしに断言する
㋔決して断言できない

②われわれは、顔を洗ったり、ひげをそったり、あるいは化粧をしたりするために、一日何度か、鏡のなかの自分自身に向かいあう。まずたいていは、さし当たっての仕事に**かまけて**、それ以上注意を払うことなく終わってしまうだろうが、……

出典 粟津則雄「沈黙に向き合う」／桃山学院大

㋐心をとられて　㋑負けて　㋒魅せられて
㋓縛られて　㋔しくじって

③今度は私が質問する番だった。私はさっきからのぞき込んでいた魚籠を指さしながら、**おずおずと**、その小さな魚はなんという魚かと尋ねた。

出典 堀辰雄「燃ゆる頬」

㋐ぶっきらぼうに　㋑つまらなさそうに
㋒ためらいがちに　㋓意地悪そうに
㋔そっと、静かに

④その藁《わら》屋根の古い寺の、木ぶかい墓地へゆく小径《こみち》のかたわらに、一体の小さな苔蒸《こけむ》した石仏が、笹《ささ》むらのなかに何か**しおらしい**姿で、ちらちらと木洩《こも》れ日に光って見えている。

出典 堀辰雄「樹下」

㋐粗末で古めかしい　㋑控えめで大人しい
㋒穏やかで懐かしい　㋓裸体で恥ずかしい
㋔不吉でおぞましい

問2 傍線部の意味を答えよ。

①私は四十一歳である。文学に**憂身をやつして**、半生を過してきた男である。その間に、私はこの人生からどれだけの智慧《ちえ》を身につけたであろうか。

出典 上林暁「不思議の国」／聖心女子大

②「このまま餓死すると思えば、ダバオも極楽だぞ」言われてみると、なるほど**背に腹はかえられず**、やがてマニラからぼろ汽船で二十日近く掛ってダバオにつき、……

出典 織田作之助「わが町」

③己のいのちがつきる過程と、最後に残る白い灰のことまで見通していた。それほど、いのちの火が淡く視《み》えていた。しかし、彫刻のように硬くこわばった死を、**従容として**受け入れるほど、枯れてはいなかった。

出典 中尾實信「花紬」

解答　問1 ①エ　②ア　③ウ　④イ　問2 ①身がやせ細るほど熱中して　②ほかのことに構っていられず

小説の着眼点 6

表現

▼本文中にある小説らしい独特な表現を読み取ろう。
▼登場人物の内面を描写する語の意味を押さえよう。

（次の文章は、横光利一《よこみつりいち》の小説「夜の靴」の一節である。戦時中、「私」の一家は東北の山中の農家「参右衛門《さんえもん》」宅に間借りしていた。終戦となり、「私」の十九歳の長男は隣村で代用教員となるが、正教員の復員のためひと月ほどで解雇された。が、「私」は、そのただ一回の月給袋に喜びを隠せない。）

1 私は**嬉《うれ》しく**なったので妻に参右衛門の**仏壇へ状袋を上げて**くれと頼んだ。

「あたしもそう思っていたんですのよ。でも、ここのは他家のお仏壇でしょう。かまわないかしら。」

「どこでも同じさ。」

2 私はやはり**死んだ父**に最初の子供の月給は見せたくて、こんなときは**誰でもするようなこと**を、争われず自分もするものだなと思った。そのくせ自分が最初に貰《もら》ったときは、家に仏壇もあるのに帰途忽《たちま》ち使ってしまったが、子供の月給となると、そうも簡単になりかねて、眼の向くところ**ほくほく**して来るのは、**何とも知れぬ動物くさい喜び**で**気羞《きはずか》しい**のは、これはまたどうしたことだろうか。

「お前は夜おそく毎日帰って来たからな。あの長い真暗な泥路《どろみち》よく帰れたもんだ。」

3 私はそんなことは云《い》わないが、どうも内心絶えずそう云っているようで、ふとまた**自分の父のこと**も思い出したりした。私の父も表面さも冷淡くさく何事も色に出したことはなかったが、私の二十五歳のとき、「南北」

語彙と表現

状況を読む

1は、長男の「**状袋**」の扱いをめぐる、「私」と「妻」のやりとりである。

＊リード文にあるように、「ただ一回」のものとはいえ、二人は息子が初月給を貰ったことが「**嬉しく**」てしかたがないようだ。

＊これは二人にとって大きな出来事であるので、「**仏壇へ状袋を上げて**」「**死んだ父に**」も報告するのである。

人物を読む

2・3では、「私」の内面が描写される。

＊「私」は、自分が「**誰でもするようなこと**」をする、世間並みの親ばかであることを自覚している。

＊「私」の心情は、「**ほくほく**」「**気羞しい**」（→P292）といった表現に表れている。

＊「私」は「**自分の父のこと**」を思い出す。今の自分の姿が、生前の「父」の姿と重なり、それをきっかけに新人作家時代からの「**二十年**」を振り返るのである。

という作品を私が初めて『人間』へ出してもらって父に送ってみると、京城《けいじょう》でそれを読んだ父は、嬉しさのあまりその晩脳溢血《のういっけつ》でころりと死んだ。私の「南北」は発表後さんざんな悪評で、一度でぺちゃんと私は叩《たた》き落された。以来私にとって『人間』は**人生喜劇**の道場となり、いまだにここは鬼門だが、鬼こそ仏と思うようになったのは、それから二十年も後のことである。**歳月のままの表情というものは涙でもなければ笑いでもない**。

(注)『人間』…文芸雑誌。／京城…現代の大韓民国の首都ソウル。

着眼点の理解

問 次の文章は、本文中のある表現について考察したものである。空欄 A ～ E にあてはまる言葉を本文中から抜き出せ。

①「何とも知れぬ動物くさい喜び」とは、自分の意志などとは無関係に、ただ「親」というだけで、子供に起こったささいなことを喜び、つい亡父に報告してしまうような、素直で自然な感情であろう。また、「私」は今、自分が A (1字) になり、B (2字) であった時にはわからなかった生前の C (1字) の内面に実感をもって迫りつつあるのだろう。

②「歳月のままの表情というものは涙でもなければ笑いでもない」とは、人生上の経験それ自体を、悲喜のどちらにも決めつけられないということだろう。「私」のデヴュー作は「さんざんな悪評」だったが、むしろそれだからこそ精進し、小説家として一人前になれた。かつて D (1字) と思えたことが、実は E (1字) として「私」の人生を支えている。

注意すべき表現

＊「**人生喜劇**」は、人生という、喜劇のような人の生きよう。苦悩や悲しみも振り返ってみれば、一瞬のたいしたこともない出来事にすぎないという意味合いが込められている。

着眼点のまとめ 表現

小説には独特の表現というものがある。それはときに比喩であったり暗示であったりするだろうが、それが理解できるということが、その作品世界を共有する教養をもっているということだ。歌舞伎や文楽のような古典芸能に触れて驚くことの一つは、それが大衆芸能としてあったということ、**その内容を共有するだけの教養が大衆の中にあった**ということである。古典落語などにもそういう性格が濃厚だ。古典落語にせよ近代小説にせよ、今日のわれわれにはわからぬことが多い。が、それで理解を放棄するのではなく、あえてそれらに多く接する中で、**未知の世界に対する想像力を鍛えることが肝要だ**。やってみると、意外に早くその能力は身についてくるものである。

解答 A父 B子供 C父 D鬼 E仏

横光利一「夜の靴」（→P286）から

私は嬉《うれ》しくなったので妻に参右衛門の**仏壇**へ状袋を上げてくれと頼んだ。（1行目）

↓「仏壇」は、故人の位牌を安置し拝むための祭壇。家の大事な出来事を先祖に報告する場でもある。

738 合掌《がっしょう》

手のひらを合わせて仏を拝むこと。

注 故人に向けての哀悼の意を示す言葉として、追悼文などの文末に添えられることもある。

739 故人《こじん》

亡くなった人。

注 漢文では「旧友」の意になるので注意。

同 物故者《ぶっこしゃ》

あたしもそう思っていたんですのよ。（2行目）

↓「妻」は「状袋（月給袋）」の扱いについて、「私」の考えに同意・賛成したのである。

740 相槌《あいづち》を打《う》つ

相手の話に調子を合わせてうなずいたり、受け答えしたりすること。

注「相槌」とは、鍛冶の師匠が打つ槌《つち》に合わせて弟子が槌を打つこと。

対 **かぶりを振《ふ》る**…否定や不承知の意志を示す。

741 与《くみ》する

同意する。仲間に加わる。

類 **肯《うべな》う**…同意する。承諾する。→P69

742 鵜呑《うの》み

（比喩的に）他人の発言や物事の意味を十分理解しないまま受け入れること。

注「鵜」が魚を丸呑みすることから。

こんなときは誰でもするようなことを、**争われず**自分もするものだなと思った。（5行目）

↓「血は争えない」などと言うように、「争われず」は、否定できない＝当たり前のようであるさまを表す。

743 言《げん》を俟《ま》たない

あらためて言うまでもない。もっともだ。

注「論を俟たない」ともいう。

744 言《い》わずもがな

言うまでもなく。もちろん。

注「言わずもがなのことを言う」のように、「かえって言わない方がいい」という意味合いでも用いられる。終助詞「もがな」を用いた表現としては、他に「あらずもがな」（→P234）などがある。

確認問題

問1 傍線部の意味として最も適切なものを選べ。

①育てることは得意でも、落命したらんちゅうを救うことなど、できるはずもない。心のなかで**合掌する**。 出典 蜂飼耳「崖のにおい」／畿央大

（注）らんちゅう…キンギョの品種。

㋐納得する　㋑混乱する
㋒気持ちを切り替える　㋓死を悼む
㋔よみがえりを祈る

②科学分野については詳しい方も、経済分野についてはおかしな理屈を**鵜呑み**にしてしまうようなことが往々にしてあります。

出典 荻上チキ「検証　東日本大震災の流言・デマ」／日本大

㋐十分に理解しないで、そのまま受け入れること
㋑だまされて、受け入れること
㋒疑いながらも、受け入れること
㋓喜んで、そのまま受け入れること

③但《ただ》し模倣をもって一生を終始するような軽躁《けいそう》婦人には**与し**難い。それらの婦人が如何《いか》に流行の衣服と化粧品とで自ら飾ろうとも、それは生命のない飾り人形に過ぎない。 出典 与謝野晶子「人及び女として」／西南学院大

（注）軽躁…思慮が浅くて軽はずみなこと。

㋐賛成する　㋑援助する
㋒参画する　㋓交流する

④曼荼羅《まんだら》が本来そこで生きているであろう場は、美術館のなかでうちたてられるであろう場とは、まったく異質といっていいものである。……仏像についても**いわずもがな**である。 出典 梅原賢一郎「カミの現象学」／関西学院大

（注）曼荼羅…密教の宇宙観を表現した図。

㋐言わない方がいい　㋑言っておいた方がいい
㋒言わなければならない　㋓言うまでもない
㋔言わずにはいられない

⑤戦争によって非業の死を遂げた若人の大部分は、子孫に祭られることのない〝無縁仏〟となってしまうだろう。護国の鬼となった彼らに対して、そうした生き残った者たちの応対が不当で不十分であることは**言うを俟たない**。 出典 川村湊「言霊と他界」／成城大

㋐言わねばならない　㋑言いたくない
㋒言うべきでない　㋓言うまでもない

問2 傍線部の意味を答えよ。

①木下繁ももはや**故人**だが、一時は研究所あたりに集まる青年美術家の憧憬の的となった画家で、みんなから早い病死を惜しまれた人だ。 出典 島崎藤村「嵐」

②露柴《ろさい》はさも邪魔そうに、時々外套《がいとう》の袖をはねながら、快活に我々と話し続けた。如丹《じょたん》は静かに笑い笑い、話の**相槌を打っていた**。 出典 芥川龍之介「魚河岸」

解答　問1 ①エ　②ア　③ア　④エ　⑤エ　問2 ①亡くなった人　②調子を合わせていた

◉ばかにする

745
揶揄《やゆ》

からかうこと。
注「揶」も「揄」も、からかう意。「嘲《ちょう》笑《しょう》」「嘲弄《ちょうろう》」「冷笑」「愚弄」（↓評論編・P174）も似た意味合いの語。
類 **一笑《いっしょう》に付《ふ》す**…笑って問題にしない。
類 **茶化《ちゃか》す**…からかう。冗談のようにしてごまかす。

746
高《たか》を括《くく》る

大したことはないと思い、甘く見る。
注「高」は、程度・値打ちの意で、「多寡」と表記されることもある。安易な予測のもとに、何かを「見縊《みくび》る」（↓P316）ことをいう。
関 **高《たか》が知《し》れる**…程度がほぼわかる。大したことはない。

◉努力する／しない

747
吝《やぶさ》かではない

努力を惜しまない。喜んでする。
注「吝か」は、ためらうさま・思いきりの悪いさま。それを否定して、「躊躇《ちゅうちょ》」（↓P264）せず、何かをするさまを表す。

748
懶惰《らんだ》

怠けおこたるさま。ものぐさなさま。
同 **怠惰《たいだ》**
注「怠惰」の古い言い方。

◉こだわり／あっさり

749
執拗《しつよう》

しつこいさま。自分の考えにこだわり続けるさま。
注「執」は、とりついて離れない意。
類 **固執《こしつ》**…自分の考えを頑固に押し通そうとすること。↓P60
類 **執着《しゅうちゃく》**…強く心がとらわれ、それから離れられないこと。

750
にべもない

愛想が全くない。思いやりがない。
注もとは、粘り気がないの意。「素《そ》っ気《け》ない」「取り付く島もない」（↓P240）と似た意味合いを表す。

751
潔《いさぎよ》しとしない

ある行為を自分の信念に反するとして許さない。
注自分の信念にとことんこだわる態度。
関 **潔《いさぎよ》い**…態度に卑怯《ひきょう》なところや未練がましいところがない。

確認問題

問1 傍線部の意味として最も適切なものを選べ。

①もし彼がほんものの「虎」なら、「サバンナで狩りをするときは、茶色の方がカモフラージュとして有効ですよ」というような訳知りの説明をされたら一時的に「茶色」になってみせるくらい**やぶさかではない**と判断するというようなこともありえます。 出典 内田樹「日本辺境論」／東海大

㋐おろかではない　㋑単純ではない
㋒する努力を惜しまない　㋓物わかりが悪くない
㋔野暮ではない

②大学の友人たちは、ぼくを屈託のない人間と言う。ぼくも、そうだと思う。育ちの良いおぼっちゃんだからと**揶揄される**こともある。 出典 山田詠美「MENU」

㋐頼られる　㋑疎んじられる　㋒批判される
㋓笑われる　㋔からかわれる

③「うん、今日の猿は、あいつ程敏捷《ほどびんしょう》でないから、大丈夫だ。」「そんなに**高を括っていると**、逃げられるぞ。」「なに、逃げたって、猿は猿だ。」 出典 芥川龍之介「猿」

㋐甘く見ていると　㋑喜んでいると
㋒遠慮していると　㋓怠けていると
㋔ふざけていると

④木村はその当時の模様をくわしく新聞紙や人のうわさで知り合わせていたので、乗り気になってその話に身を入れようとするのを、葉子は**にべもなく**さえぎって、…… 出典 有島武郎「或る女」

㋐そっけなく　㋑意味もなく　㋒しかたなく
㋓紛れもなく　㋔柄《がら》にもなく

⑤ニーチェは数を頼んで論争を挑むことを**潔しとしない**。真理だけを頼りにして孤独に闘えというのである。 出典 梅原猛「反時代的密語」

（注）ニーチェ…ドイツの詩人、哲学者。→P212

㋐他者への依存だとして許さない
㋑孤独に闘う姿勢として認めない
㋒信念に反する行為だとして許さない
㋓卑怯な批判の方法だとして認めない
㋔真理の探究が不十分だとして許さない

問2 傍線部の意味を答えよ。

①八年まえの事でありました。当時、私は極めて**懶惰な**帝国大学生でありました。 出典 太宰治「老ハイデルベルヒ」

②姉は御承知の通り極めて穏《おだ》やかな女ではあるが、いざとなると同じ意見を何度でもくり返して憚《はば》からない婦人に共通な特性を一人前以上に具《そな》えていた。僕は彼女の**執拗**を悪《にく》むよりは、その根気の好過《よす》ぎるところにかえって妙な憐《あわ》れみを催した。 出典 夏目漱石「彼岸過迄」

解答　問1 ①ウ　②オ　③ア　④ア　⑤ウ　問2 ①怠けている　②自分の考えにこだわるさま

横光利一「夜の靴」（→P286）から

> そのくせ自分が最初に貰《もら》ったときは、家に仏壇もあるのに帰途忽《たちま》ち使ってしまったが、…（6行目）

↓「忽ち」（すぐに）と関連する次の表現を押さえておきたい。

752 俄然《がぜん》

物事が急に起こるさま。すぐに。

同 **俄《にわか》に・忽然《こつぜん》**

753 矢庭《やにわ》に

すぐさま。突然に。

注 やや古風な語。矢を射ているその場所での意。

類 **出し抜《だぬ》け**…意表をついて、急に何かをするさま。

> 子供の月給となると、そうも簡単になりかねて、眼の向くところ**ほくほく**して来るのは、…（8行目）

↓「ほくほく」は、嬉しさが抑えきれず、思わず顔に出るさまをいう。

754 相好《そうごう》を崩《くず》す

喜びや笑いが表情に出る。にこやかな表情になる。

注「相好」は、顔かたち・表情の意。喜びが自然に表情にあらわれるさまをいう。

四字 **破顔一笑《はがんいっしょう》**…顔をほころばせて、にっこり笑うこと。

755 快哉《かいさい》を叫《さけ》ぶ

痛快で気持ちのよいことに接し、喜びの声を上げる。

注「快哉」は、「快《こころよ》き哉《かな》」の意。

> 何とも知れぬ動物くさい喜びで**気羞《きはずか》しい**のは、これはまたどうしたことだろうか。（9行目）

↓「気羞しい」さまを表す語として「含羞」「はにかむ」などを押さえておきたい。

756 含羞《がんしゅう》

はにかむこと。恥じらい。

入試「はにかむ」と合わせて覚えること。

類 **はにかむ**…恥ずかしがること。

757 決《き》まりが悪《わる》い

他人の目が気になって、恥ずかしい。

注 他人の目に映る自分の姿が恥ずかしいという意味合い。

同 **ばつが悪《わる》い・体裁《ていさい》が悪《わる》い**

類 **面映《おもは》ゆい**…顔を合わせることが恥ずかしい。照れくさい。

確認問題

問1 傍線部の意味として最も適切なものを選べ。

①頭のてっぺんから足の爪先《つまさき》までがことごとく公案で充実したとき、**俄然として**新天地が現前するのでございます。

出典 夏目漱石「門」／京都産業大

（注）公案…参禅者に悟りを開かせるための与える課題。

㋐知らぬ間に　㋑意外にも
㋒急に　㋓思い通りに

②案を拍《う》って**快哉を叫ぶ**というのは、まさに求めるものを、その求める瞬間に面前に拉《らっ》しきたるからこそである。

出典 寺田寅彦「科学と文学」／名古屋経済大

（注）案を拍って…机をたたいて。

㋐驚いたことを快く叫ぶ
㋑愉快で気持ちの良いことを叫ぶ
㋒軽快にあら筋を叫ぶ
㋓緊張を一気に解放するために叫ぶ
㋔緊張と注意を持続させるために叫ぶ

③努めて明るく言うと、母は**やにわに**今朝の風呂敷を佳代子の顔の前に差し出し、得意顔で包みを解いた。

出典 木内昇「てのひら」／センター試験追試

㋐そっと見つめるようにゆっくりと
㋑急に思いついたようにぶっきらぼうに
㋒大切なものを扱うように心をこめて
㋓話の流れを無視してだしぬけに
㋔はやる気持ちを隠して静かに

④こうした**含羞**を含んだ代用の父親像は、たとえば『さざなみ軍記』の平家の少年公達《きんだち》を何かとかばいつづける、僧侶出身の覚丹から、『黒い雨』の細かい心くばりをみせる叔父にいたるまで、井伏作品のうちに見え隠れしてきた。

出典 佐伯彰一「日本人の自伝」／成蹊大

㋐悲しみ　㋑いたわり　㋒はにかみ
㋓喜び　㋔苦しみ

⑤私たちがあの信号兵を、猿扱いにしていた時でも、副長だけは、同じ人間らしい同情を持っていたのです。それを、軽蔑した私たちの莫迦《ばか》さかげんは、完《まった》くお話にも何にもなりません。私は、妙に**きまりが悪くなって**、頭を下げました。

出典 芥川龍之介「猿」

㋐機嫌が悪くなって　㋑気恥ずかしくなって
㋒自信がなくなってきて　㋓馬鹿馬鹿しくなって

問2 傍線部の意味を答えよ。

眉が太く、眼が近視らしく、大まかな顔立だが、なにか巧妙な糸で操るような微妙な表情をしながらも、決して**相好を崩す**ということがない。

出典 豊島与志雄「白木蓮」

解答 問1 ①ウ　②イ　③エ　④ウ　⑤イ　問2 にこやかな表情になる

● からだ全体

758 渾《こん》身《しん》

体全体。全身。満身。

注「渾沌《こんとん》（混沌）」（↓P18）の「渾」は一つに混じり合うの意だが、「渾身」の「渾」は、すべての意。「渾身の力を振り絞って戦う」のように用いられる。

759 身《み》の丈《たけ》に合《あ》う

その人にとってふさわしい。

注「身の丈」は、背丈・身長のこと。衣服が身体にぴったり合っていることから、「分相応」に行動することをいう。

類 **分相応《ぶんそうおう》**…その人の身分や地位・能力などにふさわしいこと。

● 目

760 眼《がん》光《こう》紙《し》背《はい》に徹《てっ》す

書物を読んで、字句の解釈だけでなく、言外の意味まで理解する。

注 紙の裏まで見通す意から。

類 **慧眼《けいがん》**…物事の本質を見抜く洞察力。

類 **目《め》が利《き》く**…物のよしあしを見分ける力がある。

761 眦《まなじり》を決《けっ》する

かっと目を見開く。怒りや決意の表情。

注「眦」は、目じりのこと。

類 **怒《いか》り心頭《しんとう》に発《はつ》する**…激しく怒る。

注「怒り心頭に達する」は誤り。

762 目《め》を瞠《みは》る

怒り・驚き・感動などによって、大きく目を見開く。

注「瞠る（見張る）」は、目を大きく開いて見ること。

類 **瞠目《どうもく》**…目を見張ること。

● 表情

763 眉《まゆ》を顰《ひそ》める

心配事や他人の言動への不快感から、顔をしかめる。

同 **眉《まゆ》を寄《よ》せる**

注「顰《ひそ》める」は、不快・苦痛などで顔や額にしわを寄せること。

対 **愁眉《しゅうび》を開《ひら》く**…心配事がなくなってほっとした顔つきになる。「眉を開く」。

764 仏《ぶっ》頂《ちょう》面《づら》

無愛想な顔つき。不機嫌な顔つき。

注「仏頂尊」（密教で信仰される仏の一種）の恐ろしい形相《ぎょうそう》からと言われる。

765 莞《かん》爾《じ》

にこやかにほほえむさま。

同 **莞然《かんぜん》**

④自分にふさわしくない

確認問題

問1 傍線部の意味として最も適切なものを選べ。

① 僕のうしろのガラス張りの仕切り窓から、おやじが**渾身の力**を振りしぼるようにして首を持ち上げ、孫たちに二、三度小さく手を振っているのが見えた。

出典 阿部昭「司令の休暇」／センター試験

㋐ 最後に出る底力　㋑ 体じゅうの力
㋒ 強い忍耐の力　㋓ 残されている気力
㋔ みなぎり溢《あふ》れる力

② アトムは、ツルツルでピカピカと光るボディーをもち、**まなじりをけっしたような**凛々《りり》しい顔は、高い文明をめざさなければならないという義務と責任、そして悲壮なまでの決意を伝えていた。

出典 浜野保樹「中心のない迷宮」／亜細亜大

㋐ 寛《くつろ》いでいるさま　㋑ 余裕のあるさま
㋒ 目を見開くさま　㋓ 感傷的なさま

③ まさか、こんなところで、寝台の上に肥満した四肢を投げ出して仰臥《ぎょうが》したまま泥人形のように微動だにしない旧友と再会することになるとは思わなかったのだ。

「あんたさんも運の悪いこってしたなあ。」

細君は、**眉をひそめて**気の毒そうに彼を見た。

出典 三浦哲郎「まばたき」／センター試験追試

㋐ 不吉に思い、眉をしかめて
㋑ 心を痛め、眉間《みけん》に皺《しわ》を寄せて
㋒ 眉を下げ、冷静を装って
㋓ 眉間を緩め、理解を示して
㋔ 嘆きながら、眉をゆがめて

問2 傍線部の意味を答えよ。

① 昔から「**眼光紙背に徹する**」人々がいるようだが、まことに羨《うらや》ましい限りだと思う。僕などは、結局「眼光紙面に彷徨《ほうこう》する」族であろうと思ってつくづく悲観している。

出典 渡辺一夫「書籍について」

② 彼は此処《ここ》の様子から或《あ》る不快な疑いを父に持った。二階の様子におそらく常の父の趣味にそぐはないケバケバしい雰囲気があった。疑いの**目を見張る**と彼は、独りであかくなった。

出典 牧野信一「F村での春」

③ 今更階下へおりて、同僚の不健康な口臭や、無気力でしみったれた笑声や、「年頃」の会話を手つき巧みにコネまわしている暗い物置のような詰所で、同じようなくすんだ**仏頂面**をならべて黙りこくる気分に、到底もどりたくはなかった。

出典 山川方夫「煙突」

④ 西行にそのかされて、**身の丈に合わぬ**もの言いをしているが、現世浄土を求める地上一寸の声の真にとどいてほしいのは、「殺す彼ら」の側に立つ人達にたいしてである。

出典 上田三四二「地上一寸ということ」

解答 問1 ①イ　②ウ　③イ　問2 ①言外の意味まで理解する　②大きく目を見開く　③不機嫌な顔つき

横光利一「夜の靴」（→P286）から

私の父も表面さも冷淡くさく何事も色に出したことはなかったが、（14行目）

↓「さも」は、副詞「然（さ）」に助詞「も」が付いた語で、これを用いた慣用句も多い。

766 さも

いかにも。実に。

関 さもありなん…確かにそうであろう。

関 さもなくば…そうではないならば。

767 恰《あたか》も

よく似ているさま。まるで。ちょうど。

同 さながら

注「あたかも（さながら）」は下に「のように」「のごとく」を伴うことが多い。

京城《けいじょう》でそれを読んだ父は、嬉しさのあまりその晩脳溢《のういっ》血《けつ》でころりと死んだ。（17行目）

↓「ころりと死んだ」を熟語で言えば「急死」「頓死《とんし》」。他に「死」を表す熟語として次のものが重要。

768 夭《よう》折《せつ》

若くして死ぬこと。早死に。

同 夭逝《ようせい》・早世《そうせい》

注「夭」は、幼い・若いの意。

769 垂《すい》死《し》

死にかかっていること。

同 瀕《ひん》死

注「垂死」は、「瀕死」の古風な表現。

770 殉《じゅん》死《し》

主君の死後、臣下が後を追って自殺すること。

類 殉教《じゅんきょう》…信仰する宗教のために、自分の生命を犠牲にすること。

私の「南北」は発表後さんざんな悪評で、一度でぺちゃんと私は叩《たた》き落された。（18行目）

↓「私」の「南北」という作品は、評判が悪く、「歯に衣着せぬ」（→P268）批評の対象となった。

771 俎《そ》上《じょう》に載《の》せる

話題や批評の対象として取り上げる。

注「俎上」は、まな板の上の意。

類 俎板《まないた》の鯉《こい》…他人の思いどおりになる運命にあることのたとえ。

772 槍《やり》玉《だま》に挙《あ》げる

非難・攻撃の対象にして責める。

注「槍玉」は、槍を手玉のように自由に使いこなすこと。

類 指弾《しだん》…厳しい叱責や非難。↓P85

確認問題

問1　傍線部の意味として最も適切なものを選べ。

①兎《と》に角《かく》、**垂死**の芭蕉の顔に、云《い》いようのない不快を感じた其角《きかく》は、ほとんど何の悲しみもなく、その紫がかったうすい唇に、一刷《は》毛《け》の水を塗るや否や、顔をしかめて引き下った。　出典 芥川龍之介「枯野抄」／南山大

㋐瀕死　㋑致死　㋒仮死
㋓客死　㋔衰死

②谷は**あたかも**霧を湛《たた》えた巨大な淵で、諸君はこの淵のなかを注意深くのぞき込もうとするであろう。何となれば淵の中からは屢々《しばしば》馬の蹄《ひづめ》の音や人語の響きがきこえて来るからである。　出典 井伏鱒二「旅行案内」／札幌学院大

㋐まさしく　㋑まるで
㋒いつも　㋓いつのまにか

③蛍の寿命は短い。正確には私は知らぬ。自然界の生物のなかでも、**夭折**の宿命を担っている連中は、その限られた生存の時間を燃えつきることのみを理想とし現実としてきた。出典 松永伍一「蛍は夜半に舞う」／神戸学院大

㋐美しい人ほどはやく死ぬこと
㋑屈折した人生を生きること
㋒年が若くて死ぬこと
㋓燃え尽きるまで生きること
㋔若さの美しさを持っていること

④森鷗外の『阿部一族』を読むと、ある不可解なものが残る。この小説の主題は**殉死**であって、現代のわれわれには殉死というものを理解し難いところがあるが、それなりにまったく不可解というものではない。　出典 安岡章太郎「歴史小説について」／成蹊大

㋐主君に背いた武士が、逆賊として滅ぼされること
㋑主君の死の後を追って、臣下が自殺すること
㋒主君に嫌われた武士が、それに抗議して死ぬこと
㋓主君の死に際し、臣下が生きたまま共に埋葬されること

問2　傍線部の意味を答えよ。

①技術が生み育て、今後も形づくっていくこの世界が、調子を崩しているとするならば、技術そのものを**俎上にのせてみる**のがよかろう。　出典 E・F・シューマッハー「スモール　イズ　ビューティフル」／千葉大

②少女は**さも**可《お》笑《か》しくって溜《たま》らないように笑った。それにつれて、他の少女たちもどっと笑った。よほど私の問い方が可笑しかったものと見える。　出典 堀辰雄「燃ゆる頬」

③たとえば漱石と確執のあったとされる正宗白鳥《まさむねはくちょう》が、しばしば漱石の「通俗」を**やり玉にあげた**ことが思い出される。　出典 阿部公彦「凝視の作法」

解答　問1 ①ア　②イ　③ウ　④イ　問2 ①批評の対象としてみる　②いかにも　③非難して責めた

◉鼻

773 鼻白《はなじろ》む

予想外の事態に気後れした顔つきをする。興ざめした顔つきをする。

入試 意味が問われる場合、「興ざめ」が正解のポイントとなる。

類 **興《きょう》ざめ**…楽しい気分がある原因によって消え去ること。

774 鼻《はな》持《も》ちならない

人の態度・言動が不快で我慢ならない。

注 気取ったりいばったりする人の態度に耐えがたいことをいう。

類 **鼻《はな》につく**…飽きて、嫌になる。

◉胸・腹

775 胸《むね》がすく

心が晴れやかになる。すっとする。

注 気になっていたことが解消して、すっきりしたさまをいう。

対 **胸《むね》がつかえる**…心配事で胸が苦しくなる。

類 **溜飲《りゅういん》が下《さ》がる**…不平・不満などが消えて、すっきりした気分になる。

776 肝《きも》が据《す》わっている

落ち着いていて、めったなことでは動揺しない。度胸がある。

注 この場合の「肝」は内臓ではなく、心・精神の意。「肝が座っている」と書くのは誤り。

関 **肝《きも》に銘《めい》ずる**…心に深く刻みつける。↓P117

777 臍《ほぞ》を噬《か》む

後悔する。

注「臍」は、へそのこと。自分のへそをかもうとしても及ばないことから、どうにもならないことを悔やむことをいう。

関 **臍《ほぞ》を固《かた》める**…固く決心する。

◉足・腰

778 踵《きびす》を返《かえ》す

後戻りする。引き返す。

注「踵」は、かかと。「くびす」とも読む。

関 **踵《きびす》を接《せっ》する**…①(人々のかかとが接するくらいに)大勢の人が次々と続けて来る。②物事が引き続いて起こる。

779 腰《こし》が低《ひく》い

他人に対する態度がへりくだっている。

注 謙虚で愛想がよい態度を表す。

対 **腰《こし》が高《たか》い**…他人に対する態度が偉ぶっている。

確認問題

問1 傍線部の意味として最も適切なものを選べ。

①貧乏嫌いで、派手で、有名好きで、高慢ちきな性格は、信子から切り離して考えると**鼻持ちのならぬ**ものであったが、信子の場合は、そうしたものが彼女の特殊な美しさを形造っていた。

出典 井上靖「あすなろ物語」／高崎経済大

㋐嫌みである　㋑愛想が悪い　㋒面目ない　㋓羨ましい

②車から降りて来たのは、五十年配の眼鏡をかけた運転手と、助手らしい若い男だった。二人とも色の褪《あ》せた紺の制服みたいなもので身を固めていた。彼等《かれら》はばかに**腰が低く**、口数が少なかったが、それはしょっちゅう死人を運び慣れているからだろうという気がした。

出典 阿部昭「司令の休暇」／センター試験

㋐重々しいしぐさで　㋑動作が緩慢で　㋒振る舞いが丁寧で　㋓卑屈な態度で　㋔体つきが小さめで

③泣いたのと暴れたので幾干《いくら》か**胸がすく**と共に、次第に疲れて来たので、いつか其処《そこ》に臥《ね》てしまい、自分は蒼々《そうそう》たる大空を見上げていると、川瀬の音が淙々《そうそう》として聞える。

出典 国木田独歩「画の悲み」

(注) 淙々…水がさらさらと流れるさま。

㋐笑いがこみ上げてくる　㋑嫌気がさしてくる　㋒苦悩がやわらいでくる　㋓心が晴れやかになる　㋔気分が落ち着いてくる

問2 傍線部の意味を答えよ。

①「やっぱり寒いわね。車に入ろう」姉が身震いをしながら言った。**きびすを返しかけた**姉に、彼女は思い切って「あのね」と声をかけた。

出典 乃南アサ「姉と妹」／聖心女子大

②私の作品や言動の中に、ブッキッシュなものを認めて、**鼻白む**人がいることは知っているが、私にとって読書は常に切実な一つの体験であったし、言葉はしばしば具体的なモノ以上に現実だった。

出典 平野啓一郎「作者として、読者として」／愛媛大

(注) ブッキッシュ…学者ぶった、堅苦しい。

③私は仕事を放棄した白々しい気持ちで、縁側の椅子に腰かけて、硝子《ガラス》戸の外の雪を見ながら、仕事をしようと思ったら、決して自分で気分を壊してはならない。怒ってはならないと**臍を嚙んで**いた。

出典 上林暁「不思議の国」／聖心女子大

④「於梨緒《おりお》どんは勝ち気じゃのう。いや、あっぱれ。せめてご家老衆が於梨緒どんと同じくらい**肝がすわっていたら**、いくさの仕甲斐《しがい》があるのにな」

出典 野呂邦暢「落城記」／広島大

解答　問1 ①ア　②ウ　③エ　問2 ①引き返しかけた　②興ざめする　③後悔して　④度胸があったら

小説の着眼点 7

身体

▼「身体」的表現を手がかりに人物の内面を読み取ろう。
▼人物の言動や態度を表す語の意味を押さえよう。

（次の文章は、上林暁《かんばやしあかつき》の小説「銅鑼《どら》」の一節である（中略あり）。かつては旧制高等学校の教授として活躍していた「東先生」だが、今は引退して静かな余生を送っている。「僕」は恩師である「東先生」に、偶然訪れた劇場で出会った。）

[1] あたりには若い学生たちが思い思いの姿勢で煙草《たばこ》を吹かしながら、べちゃくちゃ喋舌《しゃべ》っている。そういう空気のなかで、その人は**遠い物音でも聞き澄ますように**、眼を落して凝《じ》っと動かない。

「東先生だ！」突嗟《とっさ》に、僕は思い出していた。

[2] 僕はそばへ寄って行って、**慇懃《いんぎん》に**尋ねた。

「失礼ですが、東先生ではありませんか？」

「そうです。」

[3] 東先生は**すっくと腰を伸ばし**て、**眼をしょぼしょぼさせながら僕の顔を見た**。

「私、第×高等学校で御厄介になりました上林ですが……」

[4] 僕が言いかけると、先生は皮膚のたるんだ**二重顎《あご》をしゃくって**、「知っとる、知っとる」と懐かしげに頷《うなず》いた。

「どちらへ**お勤めですか**。」先生は非常に**親愛な語調**であった。

「○○**新聞へ勤めて**います。」

「それはよいところへお勤めですねえ。」

語彙と表現

状況を読む

[1]は、「僕」が劇場で「東先生」を偶然発見する場面。続く[2]〜[4]では二人のやりとりが描かれ、[5]で二人の会話は一区切りとなる。

＊「**遠い物音でも聞き澄ますように**」といった冒頭の描写からは、すでに「**退職**」している「東先生」の、孤独で寂しげな様子がうかがえる。

＊一方、「僕」は「○○**新聞へ勤めて**」いる。

人物を読む

[2]〜[4]を通して読み取れるのは、師弟関係の節度を守りつつも、「**親愛**」さに満ちた二人の関係である。

＊「僕」は久しぶりに会った先生に対し、かつての師に敬意を示すかたちで、「**慇懃に**」（→P306）に話しかける。

＊「東先生」は「僕」に「**親愛な語調**」で話しかけるが、そこで「**お勤めですか**」といった敬語を用いている。今では社会人となった「僕」を一人前の大人とし

「先生は矢張りN高等学校にいらっしゃいますか?」
「いえ、この夏限り**退職**しました。……今は鵠沼《くげぬま》に住んでいます。」
「そうでしたか……」
5 そこで暫《しばら》く言葉が途切れて、僕たちは向い合ったまま立っていた。

着眼点の理解

問 次の文章は、作中人物「東先生」の内面と身体の関係を考察したものである。空欄 A ～ C にあてはまる語句を後から選べ。

「あたり」のにぎやかな「空気のなか」で「その人」は「遠い物音でも聞き澄ますように」していた。そこには孤独で寂しい感じが表現されている。さて、それが「東先生」だと気づいた「僕」が声をかけると「東先生」は「**すっくと腰を伸ばし**」「**眼をしょぼしょぼさせながら僕の顔を見た**」のだった。その【**身体**】に「東先生」の【**内面**】が表れている。そのあと「僕」が自己紹介をしかけると直ちに「**二重顎をしゃくって**」「知っとる、知っとる」と頷いたのだから、それまでは目の前の男（「僕」）が誰であるか思い出そうとしていたのだろう。それが「眼をしょぼしょぼさせながら…」に表れている。その前の「すっくと腰を伸ばして」はどうか。にぎわいの中で一人たたずんでいたところに突然声をかけられ、しかもすでに引退しているのに「先生」と呼ばれた。ちょっとした A とともに、「先生」として B を正さねばならないという C がうかがえるだろう。

㋐ 威儀　㋑ 緊張　㋒ 驚き

て扱っているのである。そこには先生の実直な人柄が表れているともいえるだろう。

着眼点のまとめ　身体

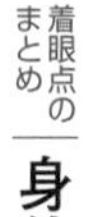

友達が教室の隅の席でうなだれている。どうしたんだろうと思う。聞くと「落ち込んじゃってね」と答える。どうして?「いや、ふられちゃったんだよ」……なるほど。ふられて、落ち込んで、うなだれていたのか、と納得することになる。このとき「ふられて」は友達のそのときの【**背景**】にある出来事、「落ち込んで」は【**内面**】、そして「うなだれていた」というのが【**身体**】だ。**われわれが誰かを「わかる」というのは、このように【背景】→【内面】→【身体】という文脈において理解することだ**といえそうだ。

「このときの気持ちを説明せよ」「どうしてそのような表情（行為・しぐさ等）をしたのか」といった設問に対しても、そのときの【**背景**】と【**身体**】を**押さえ、それらから【内面】を類推することで対処できる**ということになる。

解答　Aウ　Bア　Cイ

上林暁「銅鑼」（↓P300）から

あたりには若い学生たちが思い思いの姿勢で煙草《たばこ》を吹かしながら、べちゃくちゃ喋《しゃべ》っている。（1行目）

↓「思い思い」は、各人がそれぞれの思うとおりにということ。類義の表現に次のようなものがある。

780 **てんでに**

各自。それぞれに。めいめいに。

注「手に手に」の音変化した形。各人が自分の思いどおりにするさまを表す。

781 **三三五五**《さんさんごご》

少人数があちらこちらにいたり、歩いたりするさま。

注あちらに三人、こちらに五人というように人がばらばらに行く、またいることをいう。

↓「べちゃくちゃ」は、うるさくしゃべるさまを表すくだけた表現。うるさいさまを表す語をあげておく。

782 **喧《かまびす》しい**

やかましい。騒がしい。

類**喧噪**《けんそう》…物音や人の声のやかましいこと。↓P232

類**饒舌**《じょうぜつ》…言葉を多く用いること。おしゃべり。↓P85

783 **けたたましい**

人を驚かすような鋭く高い音が響きわたるさま。

注救急車のサイレンの音などが典型的。

類**黄色**《きいろ》**い声**《こえ》…女性や子どもの甲高い声。

四字**喧喧囂囂**《けんけんごうごう》…多くの人が口やかましく騒ぐさま。

注「侃侃諤諤《かんかんがくがく》（盛んに議論するさま）」との混同に注意。

その人は遠い物音でも聞き澄ますように、眼を落して凝《じ》っと動かない。（2行目）

↓「じっと」は、姿勢や視線が動かないさま。熟語で言えば、「凝然」「凝視」である。

784 **凝然**《ぎょうぜん》

じっと動かずにいるさま。

注「凝」は、かたまること。

関**凝視**《ぎょうし》…じっと見つめること。↓P109

785 **佇立**《ちょりつ》

しばらくの間立ち止まっていること。

類**佇**《たたず》**む**…しばらく立ち止まる。

関**佇**《たたず》**まい**…人が立っている様子。物の様子や雰囲気。

確認問題

問1 傍線部の意味として最も適切なものを選べ。

①それは、当時**かまびすしく**論じられはじめ、子どもの耳にもとどいていた、いわゆる「公害」の問題とはとりあえず関係がない。

出典 熊野純彦「レヴィナス入門」／白百合女子大

㋐大規模に　㋑さわがしく　㋒あちらこちらで
㋓早くも　㋔さまざまに

②精神科の外来では「自殺しようがしまいがそれは自由な筈《はず》。わたしの生命はわたしのものなのよ！」などと騒ぎ立てる者の相手をせざるを得ないことが珍しくない。不言実行とは無縁な彼らの**饒舌**さがうっとうしい。

出典 春日武彦「十七歳という病」／関西学院大

㋐話すのがうまいこと　㋑口先だけであること
㋒嘘つきであること　㋓軽薄であること
㋔おしゃべりであること

③気早《きばや》な連中はもう引き揚げると見える。ところへ将軍と共に汽車を下りた兵士が**三々五々**隊を組んで場内から出てくる。

出典 夏目漱石「趣味の遺伝」

㋐少人数に分かれ　㋑一つにまとまり
㋒長い時間をかけ　㋓素早く移動し

④魯《ろ》に在って遥かに衛の政変を聞いた孔子は即座に、「柴《さい》（子羔《しこう》）や、それ帰らん。由《ゆう》や死なん。」と言った。果してその言のごとくなったことを知った時、老聖人は**佇立**瞑目《めいもく》することしばし、やがて潸然《さんぜん》として涙下った。

出典 中島敦「弟子」

（注）潸然…涙を流して泣くさま。

㋐立ち上がること　㋑たたずむこと
㋒立ちはだかること　㋓一人になること

⑤かれはその打撃のために、茄子《なす》の葉に頰をうちつけてたおれた。そうして、背後でなに か**けたたましく**叫ぶ人間の声をきいて、危険を感じ、いっさんに走りだした。

出典 火野葦平「月かげ」

㋐不気味な響きで　㋑痛切な響きで
㋒鋭く高い音で　㋓重々しい音で

問2 傍線部の意味を答えよ。

自分の世界が二つに割れて、割れた世界が**てんでに**働き出すと苦しい矛盾が起る。多くの小説はこの矛盾を得意に描《えが》く。

出典 夏目漱石「虞美人草」

問3 空欄に傍線部とほぼ同じ意味の語を二字で入れよ。

一つの曲目が終わって皆が拍手をするとき私は癖で大抵の場合**じっとしている**のだったが、この夜はことに強いられたように［　　］としていた。

出典 梶井基次郎「器楽的幻想」

解答 問1 ①イ ②オ ③ア ④イ ⑤ウ 問2 それぞれに 問3 凝然

人物像を表す語彙 ①

まじめ

786 几帳面《きちょうめん》

性格や行動がまじめで、きちんとしていること。

注「几帳」は、昔、貴人の邸宅で室内の仕切りに用いた用具。

787 真摯《しんし》

まじめで熱心なさま。ひたむきに物事に取り組むさま。

注「摯」は、手厚い・まじめなの意。

類 真率《しんそつ》…まじめで飾り気がないこと。

類 清廉《せいれん》…心が清らかで私欲がないこと。

類 一途《いちず》…一つのことに打ち込むこと。

788 律儀《りちぎ》

ひどく義理堅いこと。実直なこと。

注 礼儀・約束・決まりを厳格に守る人物を形容する語。

類 篤実《とくじつ》…人情に厚く、誠実なこと。

四字 謹厳実直《きんげんじっちょく》…きわめてまじめで、浮ついたところがないこと。

789 気質《かたぎ》

職業や身分などに特有の気質。

注「昔気質」「職人気質」など。

気が利く

790 機知《きち》（機智）

時と場の必要に応じ、とっさに働く才知。

同 機転《きてん》

注 英語の「ウィット（wit）」にあたる語。「機知に富む～」の形でよく用いられる。

四字 当意即妙《とういそくみょう》…その場に即した、即座の処置・機転であるさま。

791 如才《じょさい》ない

手落ちがなく、気が利いている。愛想がいい。

注「如才」は、気を遣わずに、いい加減にすること。「如才がない」ともいう。

類 そつがない…手落ちやむだがない。

頼りになる

792 知己《ちき》

自分をよく理解してくれる人。親友。

注「己《おのれ》を知る（人物）」の意。単に、知り合い・知人の意でも用いられる。

類 知遇《ちぐう》…人格・能力などを認められて、厚く待遇されること。

793 先達《せんだつ》《せんだち》

その分野の先輩。指導者。

注 先にその道に達して後輩を導く人のことで、「先駆（→P175）者」と同じ。

確認問題

問1　傍線部の意味として最も適切なものを選べ。

①果断というか**律儀**というか、改革の迷いのなさに驚かされるが、これがこの国の気質だといえる。

出典 山崎正和「アメリカを問い直す」／姫路獨協大

㋐いったん決めたら変えないこと
㋑思い切って決断すること
㋒法律に忠実で勤勉なこと
㋓義理がたく正直であること

②**その道の先達**なら、まずかならずいるものである。傘張り日記の先達といえば兼好法師がそうかもしれない。

出典 養老孟司「まともな人」／神戸学院大

（注）傘張り日記…筆者が雑誌に連載する随筆の名称。

㋐その地域の案内人　㋑その地方の先住者
㋒その土地の探検者　㋓その分野の先駆者
㋔その領域の友人達

③この作品は、現在では保存のために別仕立てになっているが、もともとは光琳《こうりん》の〈風神雷神図屏風〉の裏に描かれたもので、……敬愛する先人光琳に対する抱一《ほういつ》の**機智に富んだ**応答であり、オマージュである。

出典 高階秀爾「記憶の遺産」／白百合女子大

（注）この作品…酒井抱一の〈夏秋草図屏風〉。

㋐繊細巧緻《こうち》な細工を十分にほどこした
㋑丁々発止の議論に卓越した
㋒深謀遠慮の計略に長《た》けた
㋓当意即妙の才気にあふれた
㋔奇想天外な発想を存分に表した

④幸いなことに、私は中国語で書く優れた作家たちの**知己**を得ました。

出典 大江健三郎「定義集」／武庫川女子大

㋐交際してためになる、尊敬に値する人
㋑自分の心をよく知ってくれている人
㋒自分のなすべきことをよくわきまえている人
㋓本心から忠告してくれる人
㋔昔から親しくしている人

問2　傍線部の意味を答えよ。

①父は身綺麗《みぎれい》で**几帳面な**人であったが、靴の脱ぎ方だけは別人のように荒っぽかった。出典 向田邦子「父の詫び状」

②父は心の底から祖父を諫《いさ》め続けた。祖父は頑《がん》として譲らなかった。**真摯な**師弟のやりとりに、僕や母の口を挟《はさ》む余地はなかった。

出典 浅田次郎「霞町物語」

③新聞記者をしている者がいちばん癪《しゃく》に触るのは、横柄な貴族です。また貴族を笠に着ている家令とか家職などという連中です。従って、M侯爵のような、気軽な**如才ない**人は新聞記者——ことに社会部記者にとっては、氏神のようにありがたいものです。

出典 菊池寛「M侯爵と写真師」

解答　問1 ①エ　②エ　③エ　④イ　問2 ①まじめな　②まじめで熱心な　③気が利いている（愛想がいい）

上林暁「銅鑼」（→P300）から

「東先生だ！」突嗟《とっさ》に、僕は思い出していた。僕はそばへ寄って行って、慇懃《いんぎん》に尋ねた。（4行目）

↓「慇懃」は、「僕」が礼儀正しく、丁寧に尋ねた様子を表している。

794 慇懃《いんぎん》

丁寧で礼儀正しいこと。

四字 **慇懃無礼《いんぎんぶれい》**…言葉や態度など表面は丁寧だが、実は尊大・無礼であること。

注「慇懃無礼」には、（意図的ではなく）丁寧すぎて改まった感じが、かえって無礼になるという意味合いもある。

795 不遜《ふそん》

思い上がっているさま。尊大なさま。

注自分より目下の者に言う場合が多い。

類 **横柄《おうへい》**…人を見下したような無礼な態度をとるさま。

「失礼ですが、東先生ではありませんか？」
「そうです。」（6行目）

↓「僕」の「慇懃」な問いかけからは、「東先生」への畏敬の念が感じられる。

796 畏敬《いけい》

偉大な人物をおそれ敬うこと。

注「畏敬の念」（おそれ敬う心）の形でよく用いられる。

関 **畏怖《いふ》**…おそれおののくこと。

797 畏友《いゆう》

尊敬している友人。

注自分の友人への敬称として用いる。

798 謦咳《けいがい》に接《せっ》する

尊敬する人の話を直接聞く。お目にかかる。

注「謦」も「咳」も、咳（せき）の意。

「私、第×高等学校で御厄介になりました上林ですが……」（10行目）

↓旧制高等学校時代の恩師に邂逅《かいこう》した「私」は、自己紹介し挨拶した。

799 邂逅《かいこう》

思いがけなく出会うこと。

類 **遭遇《そうぐう》**…偶然に出会うこと。

類 **奇遇《きぐう》**…意外な出会いやめぐり合わせ。

800 久闊《きゅうかつ》を叙《じょ》する

久しぶりに会った人に挨拶する。

注「叙する」は、述べるの意。

関 **辞《じ》する**…挨拶して帰る。→P282

確認問題

問1 傍線部の意味として最も適切なものを選べ。

①集める者は、物の中に「他の自分」を見出《みいだ》しているのである。集まる品はそれぞれに自分の兄弟なのである。血縁の者がここで**邂逅する**のである。
出典 柳宗悦「茶と美」／青山学院大

㋐絆《きずな》を強める　㋑心が通い合う
㋒喜びを分かち合う　㋓思いがけず廻《めぐ》りあう
㋔反目し合っていた人と和解する

②私は、いまこの井《い》の頭《かしら》公園の林の中で、一青年から頗《すこぶ》る**慇懃**に煙草の火を求められた。
出典 太宰治「作家の手帖」／高崎経済大

㋐礼儀正しいこと　㋑親しみを込めること
㋒不躾《ぶしつけ》であること　㋓敬意を払うこと

③その意味でご同業の**畏友**・益子義弘の次の言葉は、まさに至言である。
出典 渡辺武信「空間の着心地」／松山大

㋐今は亡き友　㋑よく叱ってくれる友
㋒重宝する友　㋓穏やかな友
㋔尊敬する友

④話を聞いた後で読む本がいっそうよくわかると思うこともあろう。その反面、**謦咳に接した**ばかりに、年来の敬愛が霧消するように感じることもまったくないとは言えまい。
出典 外山滋比古「短詩型の文学」／立命館大
（注）話…文芸講演会での著者の話。

㋐講演に参加した　㋑挨拶を交わした
㋒お目にかかった　㋓ともに肩を並べた
㋔ひどい声を聞いた

⑤「ああ、勇さんか、えらい遠々《とおど》しかったのう」
近づいてくると、鶴おじはそう**久闊を叙した**。
出典 上林暁「不思議の国」／センター試験追試

㋐久しく会わなかったことを怒った
㋑久しぶりの挨拶を交わした
㋒遠くから来たことに感謝の意を表した
㋓長く疎遠であったことを咎《とが》めた
㋔昔からの友人を懐かしんだ

問2 傍線部の意味を答えよ。

①われわれが住んでいる地球という星が、三六億年もの悠久の時間をかけて創り出したさまざまないのち、……その中に自分の存在を位置づけて考えるとき、いのちの不思議と**畏敬の念**が呼び起こされるであろう。
出典 河合雅雄「子どもと自然」／筑波大

②私は常に後悔しています。理由なき**不遜の**態度。私はいつでもこれあるが為《ため》に、第一印象が悪いのです。いけないことだ。知りつつも、ついうっかりして再び繰返します。
出典 太宰治「新郎」

解答 問1 ①エ ②ア ③オ ④ウ ⑤イ 問2 ①おそれ敬う心 ②思い上がった

◉ 純粋

801 生粋《きっすい》

混じりけが全くないこと。純粋なこと。

注「生粋の江戸っ子」（生まれながらの江戸っ子）のように、主に「出自」（↓P45）などについていう。

802 無垢《むく》

心にけがれのないこと。品物に混ざり物のないこと。

注心や物に「垢《あか》が無い」ことをいう。

類 純真《じゅんしん》…心にけがれがなく、清らかなさま。

◉ 格好いい／悪い

803 小《こ》ざっぱり

どことなくさっぱりしているさま。こぎれいなさま。

注主に、人物の「身なり」（↓P246）に清潔感があるさまをいう。「小《こ》」は、状態を表す語に付いて、ちょっと・わずかばかりの意を添える接頭語。

類 小綺麗《こぎれい》…身なりや部屋の様子などが、清潔でさっぱりしているさま。

804 野暮《やぼ》

①言動や趣味などが洗練されていないこと。②人情の機微や風流を解さないこと。

注「粋《いき》」ではないこと（＝無粋《ぶすい》）をいう。

類 無骨《ぶこつ》…洗練されていないで、風流や礼儀を解さないこと。

◉ 成熟

805 分別《ふんべつ》

物事の道理がわかること。

注物事の善悪について、筋道を立てて考え、判断できること。読みにも注意。

関 分別臭《ふんべつくさ》い…いかにも分別がありそうに見えるさま。

関 分別盛《ふんべつざか》り…経験を積んで、物事の道理がよくわかっている年ごろ。

806 物心《ものごころ》つく

幼児期を過ぎて、世の中のいろいろなことがわかり始める。

注完全ではないが、なんとなく理解しているという意味合いの表現。

807 老成《ろうせい》

①経験豊かで熟達していること。②若者が年に似合わず大人びていること。

注②は「分別臭い」に似た意味合い。

確認問題

問1 傍線部の意味として最も適切なものを選べ。

① **無垢**の象徴としての子どもは、テクノロジーの世界への反措定《はんそてい》として、さまざまな現代的意味を引きうけるようになっている。

出典 前田愛「都市空間のなかの文学」／東京家政大

(注) テクノロジー…技術学。／反措定…アンチテーゼ。→P183

㋐ 幼いこと　㋑ けがれがないこと
㋒ 人工的でないこと　㋓ やさしいこと

② その夜、講演会場から旅館へ戻ると、部屋の隅の縁《えん》近いところに、妹は予想していたよりは明るい顔で、**小ざっぱりした**身なりをして座っていた。

出典 井上靖「姨捨」／センター試験

㋐ もの静かで落ち着いた　㋑ さわやかで若々しい
㋒ 上品で洗練された　㋓ 清潔で感じがよい
㋔ 地味で飾り気のない

③ **生粋の**津軽人というものは、ふだんは、決して粗野な野蛮人ではない。なまなかの都会人よりも、はるかに優雅な、こまかい思いやりを持っている。

出典 太宰治「津軽」

㋐ 世間知らずの　㋑ 生まれながらの
㋒ かなり年配の　㋓ 都会生まれの

④ そのことは郷里でも親戚でも有名よ。私たち子供たちには言わないところは、やはり遠慮というものかしら。おばあちゃんにもまだそれだけの**分別**はあるのね。そんなことを言った。

出典 井上靖「花の下」

㋐ 物事を区別し、分類すること
㋑ 伝統的な価値観を重視すること
㋒ 相手に応じて言葉を使い分けること
㋓ 人生経験が豊かで世渡りが上手なこと
㋔ 物事の善悪を区別してわきまえること

問2 傍線部の意味を答えよ。

① 敬語コンプレックスは、今もわたしの心の片すみに巣くっている。東京育ちのヤツには敬語の使い方はかなわない、と内心でつぶやくことがしばしばある。やっぱり敬語の使い方が**やぼ**だなと反省する。

出典 大石初太郎「敬語」

② 志郎は、病気で進学が遅れていたため、同学年の学生たちに比較して**老成した**感じがした。

出典 津村節子「さい果て」

③ 父は生れ育ちの不幸な人で、父親の顔を知らず、針仕事をして細々と生計を立てる母親の手ひとつで育てられた。**物心ついた**時からいつも親戚や知人の家の間借りであった。

出典 向田邦子「父の詫び状」

解答 問1 ①イ ②エ ③イ ④オ 問2 ①洗練されていないこと ②大人びた ③世の中のことがわかり始めた

上林暁「銅鑼」（→P300）から

「私、第×高等学校で御厄介になりました上林ですが……」（10行目）

→「厄介になる」（→P278）は、人の世話になること。「私」はかつて「東先生」の教えを受けたのである。

808 薫陶《くんとう》

すぐれた人格で人を感化し、立派に育て上げること。

注 香をたいて薫《かお》りを染み込ませ、土をこねて陶器を作り上げる意から。

類 陶冶《とうや》…才能・素質などを育て上げること。

809 私淑《ししゅく》

直接には教えを受けないが、著作などを通じて学んだ人を師と仰ぐこと。

注 直接教えを受けている場合は、「師事」「親炙《しんしゃ》」（→P100）という。

関 師事《しじ》…ある人を師として、直接教えを受けること。

先生は皮膚のたるんだ二重顎《あご》をしゃくって、「知っとる、知っとる」と懐かしげに頷《うなず》いた。（11行目）

→「東先生」の頭の中に、かつての教え子である「私」についての記憶がよみがえったのである。

810 脳裏《のうり》

頭の中。心の中。

注「脳裡」とも書く。

関 脳裏《のうり》に焼《や》きつく…強い印象として記憶にとどまる。

811 うろ覚《おぼ》え

不正確で中途半端な記憶。

注「うろ（虚・空）」は、空洞の意。

「どちらへお勤めですか。」先生は非常に親愛な語調であった。（13行目）

→「親愛」は、「私」への親しみと愛情の表れである。

812 昵懇《じっこん》

間柄が非常に親しいこと。

類 懇意《こんい》…親しく仲が良いさま。

類 懇《ねんご》ろ…親密になるさま。心を込めて丁寧にするさま。

813 気《き》が（の）置《お》けない

遠慮や緊張がいらず、親しみやすい。

注「気が許せない」の意で使うのは誤用。

対 気《き》が置《お》ける…遠慮する必要がある。

確認問題

問1　傍線部の意味として最も適切なものを選べ。

①遠州《えんしゅう》は、古田織部《ふるたおりべ》から千利休によって確立された茶の湯の極意を学びながら、他方では、平安の王朝文化に深く憧《あこが》れ、藤原定家に**私淑**した。

出典 桑子敏雄「感性の哲学」／立命館大

（注）遠州…小堀《こぼり》遠州。江戸時代初期の茶人・造園家。

㋐個人的に直接師から指導を受けること
㋑心やさしく正しい思いで師に接すること
㋒ひそかに自分の思いを師を通して表すこと
㋓直接教えを受けていないが遠く師と仰ぐこと
㋔師の教えを終生守りつづけること

②私は昔ギリシャ神話を読んで、**うろ覚え**に忘却の河というものがあったのを覚えている。

出典 福永武彦「忘却の河」／センター試験追試

㋐棒暗記した記憶　㋑不確かな記憶
㋒間接的な記憶　㋓誤りの多い記憶
㋔無意識の記憶

③半蔵らの踏んで行く道はもはや幾たびか時雨《しぐれ》の通り過ぎたあとだった。**気の置けない**ものばかりの旅で、三人はときどき路傍《みちばた》の草の上に笠《かさ》を敷いた。

出典 島崎藤村「夜明け前」

㋐素性がわからず油断できない
㋑遠慮しないで気楽につきあえる
㋒お互いに何をしようと関心のない
㋓ちょっとしたことにも気を遣う

④兄はその大広間に仮の仕切として立ててあった六枚折の屏風《びょうぶ》を黙って見ていた。彼はこういうものに対して、父の**薫陶**から来た一種の鑑賞力をもっていた。

出典 夏目漱石「行人」

㋐段階的な指導　㋑継続的な影響
㋒体系的な講義　㋓人格的な教育

問2　傍線部の意味を答えよ。

①もちろん自分の隣に他国者の住むということだけは、気付かずにはいられないけれども、それが最初のほどはとほうもなく縁遠く、また何となく**気の置ける**ようにも考えられた。

出典 柳田国男「明治大正史　世相篇」／島根大

②始め長谷川君の這入《はい》って来た姿を見たときは――また長谷川君が他の**昵懇な**社友とやあという言葉を交換する調子を聞いた時は――全く長谷川君だとは気がつかなかった。

出典 夏目漱石「長谷川君と余」

③とっさに**脳裏**に浮かぶのは、親から見捨てられた、永遠の迷子としての子供のイメージである。それが自分のなかの悲しみのようなものと共鳴する。

出典 小池昌代「道について」

解答　問1 ①エ　②イ　③イ　④エ　問2 ①遠慮する必要がある　②非常に親しい　③頭の中

● 難しい人

814 難物《なんぶつ》

取り扱いにくい人や物事。

注「〜はなかなかの難物だ」（〜はかなり扱いにくい人・物事だ）の形でよく用いられる。

815 しかつめらしい

①まじめくさって堅苦しい。②もったいぶっている。

注②は、「しかつめらしい挨拶」といったように、重々しく気取った様子を表す。

類 **度《ど》し難《がた》い**…物の道理を言い聞かせても、わからず屋でどうしようもない。

816 鉄面皮《てつめんぴ》

恥知らずで厚かましいこと・人。

注 面《つら》の皮が鉄でできているかのように、ずうずうしい人物のことをいう。

類 **厚顔無恥《こうがんむち》**…恥知らずで厚かましいこと。

● 変わった人

817 酔狂《すいきょう》

物好きなこと。

注「粋狂・酔興」とも書く。「物好き」とは、好奇心から人と異なる行動をとること。

818 奇矯《ききょう》

言動が普通の人と変わっているさま。

同 **突飛《とっぴ》**

注「奇矯」の「矯」は、「矯《た》める（曲げたりのばしたりして形を整える）ではなく、「はげしい・強い」の意。

関 **矯正《きょうせい》**…欠点などを正しく直すこと。

● 特別な人

819 寵児《ちょうじ》

①特別にかわいがられる子ども。②世間からもてはやされている人。

注「寵」は、気に入ってかわいがる意。

関 **寵愛《ちょうあい》**…特別にかわいがること。

関 **恩寵《おんちょう》**…神や主君から受ける恵み。

820 権化《ごんげ》

ある抽象的な特質が、具体的な姿をとって現れたかと思えるほどの人・もの。

注「悪の権化」とは、「悪」という抽象的な特質が人の形をとって現れたかのような人＝典型的な悪人のこと。

類 **化身《けしん》**…ある抽象的な特質が、人間や動物の姿をとって現れたもの。

821 後《こう》生《せい》畏《おそ》るべし

将来どんな大物に育つかわからない様子。

③特別にかわいがられる子ども

確認問題

問1 傍線部の意味として最も適切なものを選べ。

①それもそうだ。うっかりひとの世話なんか、するもんじゃないね。僕という**難物**の存在がいけないんだ。

出典 太宰治「故郷」／センター試験

㋐ 理解しがたい人　㋑ 頭のかたい人
㋒ 心のせまい人　㋓ 扱いにくい人
㋔ 気のおけない人

②かのシェークスピアの「オセロ」の如《ごと》き、**悪の権化**ともいうべきイヤゴーが活躍して、ただ嫉妬《しっと》の深いばかりが欠点であるオセロのような善を、ほふり去るが如きは、……

出典 森敦「朝鮮人参忌譚」／成蹊大

㋐ 悪を讃美する人　㋑ 悪を見逃す人
㋒ 悪を身をもって示す人　㋓ 悪人のごとく装う人
㋔ 悪と対立する人

③うんうんと頷《うなず》きながら歩く、それだけのことで裕生《ひろみ》の**しかつめらしい顔**は嘘《うそ》のように明るく柔らかくなっていった。

出典 松村栄子「僕はかぐや姫」／佛教大

㋐ 堅苦しく真面目くさった顔
㋑ 思い詰めてこわばった顔
㋒ 明らかに不機嫌な顔
㋓ わざとらしくておかしい顔
㋔ 感情がまったく読み取れない顔

④大人たちの使う普通の物の言い方は、私には、非常に粗雑な、空っぽな、**鉄面皮**な表現法に思われた。

出典 伊藤整「若い詩人の肖像」／福岡大

㋐ 自己を押しとおす様子
㋑ 表面的で内容のないさま
㋒ 深い内容のない皮相的な様子
㋓ 柔軟さに欠けるかたくるしいさま
㋔ 恥を恥とも思わないさま

問2 傍線部の意味を答えよ。

①新感覚派の作家達がわずか数年にして、その**奇矯なる**表現法を捨てて了《しま》った（あるいは、それを使いこなす力がなくなって了った。）に対して、鏡花《きょうか》氏は実に三十年一日の如《ごと》く、その独自の表現法を固守して益々その精彩を加えてきているのである。

出典 中島敦「鏡花氏の文章」

（注）新感覚派……→P158／鏡花氏…泉鏡花（一八七三～一九三九）。

②「あんな所へ寺を建てたって、人泣かせだ、不便で仕方がありゃしない。全体昔の男は**酔興だよ**。ねえ甲野さん」

出典 夏目漱石「虞美人草」

③私は三井君を、神のよほどの**寵児**だったのではなかろうかと思った。私のような者には、とても理解できぬくらいに貴い品性を有《も》っていた人ではなかったろうかと思った。

出典 太宰治「散華」

解答　問1 ①エ　②ウ　③ア　④オ　問2 ①普通とは変わった　②物好きだよ

小説の着眼点 8

言動

▼登場人物の「言動」から、その内面を読み取ろう。
▼人物の性格や状態を形容する語の意味を押さえよう。

（次の文章は、野呂邦暢《のろくにのぶ》の小説「白桃」の一節である。終戦直後、民衆の暮らしは困窮していた。少年は弟と二人、父親の使いとしてとある酒場に米を買ってもらいに行った。それは妹の病気の治療費に充てる大事な金になるはずだった。なお本文中の「子供」が少年とその弟、「社長」がその父親である。）

①「篩《ふるい》にかけてみたら**おどろいたよ**。屑米《くずまい》と糠《ぬか》がたっぷり混ぜてあるんだ。いいかね、おやじさんに頼んだのは鮨《すし》につかう上等の米だよ。これがつかえるかい。あんまり**みくびってもらいたくない**もんだ。そうとも、昔は社長の**お世話になった**さ。だけどご恩返しはしたつもりだ。酒代だってだいぶたまっているが、一度も催促なんかしやしない。要するにわたしのいいたいことはだ、社長ともあろう方がこんな**けちなペテン**をなさるとは**残念なんだ**。こう申しあげてくれ。鮨につかえる上米ならいつでもしかるべき値段で引き取らせてもらいます、とね」

②「おっさんよう、**いい加減にしねえか**、相手は子供だろ」

客の一人がカウンターから声をかけた。

「おっさん、だれだって**今は何かしらやらないと生きてゆけない**んだよ。**ペテン**の一つがどうしたんだい、ええ、大損したわけでもないんだろ、それにあんた噂《うわさ》ではメチールでしこたま儲《もう》けたそうじゃねえか」

「うるさい、貴様にわしの気持ちがわかるもんか、うちの酒がまずかっ

語彙と表現

状況を読む

①・②を通して、営業中の店内での酒場の主人の語りが中心となっている。

＊①での語りの対象は、かつて彼が「**お世話になった**」「社長」の代わりに米を買ってもらいにやって来た「子供」である。

＊②では、見るに見かねた「客の一人」が「**いい加減にしねえか**」と口を挟み、以下、主人とこの客とのやりとりになる。

人物を読む

①・②を通して、酒場の主人の言動からその内面を推しはかることが重要である。

＊主人は、「社長」が屑米や糠を混入するという「**けちなペテン**」をしたことに対し、感情をぶちまける。それは「**おどろいたよ**」「**みくびってもらいたくない**」（→P316）「**残念なんだ**」といった言葉に表れている。

＊「**今は何かしらやらないと生きてゆけない**」のだから、大目に見てやれとい

たらさっさと出てゆけ」

（注）メチール…メチルアルコール。毒性があるが、物資が不足した終戦直後には、密造酒の製造に用いられることがあった。

うのが「客の一人」の考えだが、主人の気持ちは収まらない。最後には、客に対して「**さっさと出てゆけ**」と言ってしまう。

着眼点の理解

問　次の文章は、作中人物（酒場の主人）の内面と言動の関係を考察したものである。空欄 A ～ D にあてはまる言葉を本文中から抜き出せ。

①人間の【内面】は多くその【言動】に表れる。この場面でも酒場の主人が「 A 」（19字）と言っていることから、「社長」に対して〈怒り〉のような感情を抱いたことは明らかだ。しかし酒場の主人は「**残念なんだ**」とも言う。どうやらその【内面】は単純な〈怒り〉という感情ではない。事実、酒場の主人自ら「 B 」（13字）と吐き捨てている。他人にはわかりがたいその【内面】を【言動】（ここでは「発言」）から推しはからねばならない。

②「 C 」（23字）という言葉が、生きるためには、罪を犯すようなこともあえてしなければならないという、この物語の背景としての世情を語っている（その「罪」が本文にある「**ペテン**」だ）。そのような、いわば倫理の荒廃した時代だからこそ、せめて「社長」にだけはまっとうであって欲しいという【内面】が、酒場の主人にはある。それが「 D 」（8字）という言い回しにうかがえるだろう。その〈切実な願いが裏切られたことに対する無念さとやり場のない怒り〉、それが本文における、酒場の主人の心的過程すなわち心理だろう。

着眼点のまとめ　言動

われわれの【内面】は、その時々の出来事や状況に応じて生成し変化する。小説を読み進めるときにも、読者は、登場人物のそのような【内面】を追っているはずである。それを的確に分析することの意味は、着眼点7【身体】で見たとおりである。**【内面】は【身体】や【言動】として表れる。**そこから【内面】を類推するのは、小説を読む醍醐味の一つであろう。

さて、そのような【内面】の変化の**底で、その人物の一貫した内的世界があるということもある。**それを探り当てるとき、作中人物は、それぞれの事情や人生観を秘めた一個の人格として浮かび上がってくるのである。おそらくそこに、小説の主題が横たわっているであろう。

解答　A あんまり～もんだ　B わしの気持ちがわかるもんか　C だれだって～生きてゆけない　D 社長ともあろう方

野呂邦暢「白桃」（↓P314）から

篩《ふるい》にかけてみたらおどろいたよ。（1行目）

↓「おどろいたよ」には、意外なことに驚くとともに、期待が裏切られがっかりしたという意味合いもあろう。

822 開《あ》いた口《くち》がふさがらぬ

驚きあきれてものが言えないさま。

類 呆気《あっけ》にとられる…意外なことに出会って驚きあきれる。↓P226

823 目《め》を疑《うたが》う

実際に見たものが信じられないほど不思議で、意外に思う。

注 かなり強いニュアンスの表現。

824 憮《ぶ》然《ぜん》

がっかりしたり、驚いたりして、呆然《ぼうぜん》とするさま。

注 近年、「不機嫌そうなさま」の意で用いられることがあるが、本来は誤用。

屑米《くずまい》と糠《ぬか》がたっぷり混ぜてあるんだ。（1行目）

↓「屑米」は、精米の際に砕けてしまった米。「糠」は、精米の段階で取り除かれる、米の種皮や外胚乳などの粉。余計な物を混ぜられた主人の怒りは収まらない。

825 紛《まが》い物《もの》

本物に似せて作ったもの。にせもの。

注「詐欺紛いの手口」（詐欺同然の手口）のように、「名詞＋紛い」の形も多い。

類 いかさま…本物に見せかけて作ったにせもの。ペテン。

826 夾《きょう》雑《ざつ》物《ぶつ》

混入している余計なもの。

注「夾」は、物の間に入り混じる意。

類 不純物《ふじゅんぶつ》…ある物質の中に混じった少量の別の物質。

あんまりみくびってもらいたくないもんだ。（3行目）

↓主人は「社長」が自分を軽く見ているような気がして、我慢ならないのである。

827 見《み》縊《くび》る

他人を軽く見てばかにする。軽視する。

同 侮《あなど》る

注 人を「過小評価」することをいう。

類 侮蔑《ぶべつ》…人をあなどること。

類 軽侮《けいぶ》…人を軽んじてあなどること。

類 蔑《ないがし》ろ…軽んじてはならないものを軽んじること。↓P85

確認問題

問1 傍線部の意味として最も適切なものを選べ。

①駅の構内を通り抜ける時にふと耳にはさんだ赤の他人の言葉に、その声の或《あ》る響きに、物の感じ方を知らず識《し》らずに呪縛されていたことに気がついて、自分の精神のはかなさに**憮然**とさせられることがある。

出典 古井由吉「辻占」／明治大

㋐思い通りにならずがっかりすること
㋑あまりの悲しさから絶望すること
㋒突然のことにびっくりすること
㋓面白くない展開にむっとすること
㋔事の重大さに恐れおののくこと

②なにごとよ、と呟《つぶや》きながら、私も屋上を覗《のぞ》いた。そして、**自分の眼を疑った**。鮮やかな銀色に一面、照り輝いていた。

出典 津島佑子「水辺」／センター試験

㋐不思議に思った　㋑信じられなかった
㋒不安を感じた　㋓見とれた
㋔意外に思った

③動物にとって現実は、その精神と全面的にぴったりと対応しており、つねに生き生きとしていることであろう。動物は決して退屈しないであろう。ここに、動物が接している本物の現実と、われわれが接しているひからびた、**まがいものの現実**との大きな違いがある。

出典 岸田秀「ものぐさ精神分析」／跡見学園女子大

㋐驚くべき現実　㋑にせものの現実
㋒恐怖にみちた現実　㋓規格化された現実
㋔むなしい現実

④馬は人を見るというが、どうやらトマホークは完全に私を**見くびった**らしい。最初のうちは手綱をゆるめてやると列に戻って歩いていたが、やがて手綱を引こうが延ばそうが立ち止まったまま動かなくなった。

出典 安岡章太郎「走れトマホーク」／センター試験

㋐誤解した　㋑否定した　㋒掌握した
㋓観察した　㋔軽視した

問2 傍線部の意味を答えよ。

①声は風に千切られて飛んで行った。明るさが次第に、野に丘に海に加わって行く。何か起るに違いない。生活の残渣《ざんさ》や**夾雑物**を掃出して呉《く》れる何かが起るに違いないという欣《よろこ》ばしい予感に、私の心は膨れていた。

出典 中島敦「光と風と夢」

(注) 残渣…残りかす。

②君たちには何も解《わか》らず、それの解らぬ自分を、自慢にさえしているようだ。そんな芸術家があるだろうか。知っているものは世知だけで、思想もなにもチンプンカンプン。**開いた口がふさがらぬ**とはこのことである。

出典 太宰治「如是我聞」

解答　問1 ①ア　②イ　③イ　④オ　問2 ①余計なもの　②あきれてものも言えない

◉競争

828 鎬《しのぎ》を削《けず》る

力量が接近した者どうしが、同じ目標を目指して激しく争う。

注 刀剣で激しく切り合う意から。

類 **鍔迫《つばぜ》り合《あ》い**…力量に差がなく、緊迫した状態で争っていること。

四字 **切磋琢磨《せっさたくま》**…①学問・人格に磨きをかけること。②仲間どうしで互いに励まし合って向上すること。

829 凌《りょう》駕《が》

他の者を追い越して、その上に出ること。

注 競争相手に勝つことをいう。「凌」は、上に出る・しのぐの意。

類 **卓越《たくえつ》**…群をぬいて優れていること。

◉親疎

830 馬《うま》が合《あ》う

気が合う。しっくりする。

注 上手な乗馬では、乗り手と馬の呼吸がぴったり合っていることから。

対 **反《そ》りが合《あ》わぬ**…気が合わない。

四字 **意気投合《いきとうごう》**…互いの考えや気持ちがぴったりと合うこと。

831 肝《かん》胆《たん》相《あい》照《て》らす

互いに心の底まで打ち明けて親しく付き合う。

注「肝胆」は、肝臓《かんぞう》と胆嚢《たんのう》。転じて、心の中・心の底の意となる。

類 **胸襟《きょうきん》を開《ひら》く**…心に思っていることを包み隠さず打ち明ける。

832 水《みず》臭《くさ》い

他人行儀である。よそよそしい。

注 水分が多くて味が薄いことから、人間関係が親密さに欠けるさまを表す。

類 **他人行儀《たにんぎょうぎ》**…親しい間柄であるのに、疎遠な者どうしのように振る舞うこと。

類 **よそよそしい**…親しみを見せないさま。

◉気遣い

833 宥《なだ》め賺《すか》す

機嫌をとって、相手の気持ちを和らげる。

注「賺す」は慰めなだめること。

注 やさしい言葉をかけ、興奮している人の気持ちを静めるという意味合いがある。

類 **懐柔《かいじゅう》**…反対、反抗する人をうまくなずけて抱き込むこと。

834 老《ろう》婆《ば》心《しん》

必要以上に世話をやきたがる気持ち。

注「おせっかい」のこと。年とった女が度を越してあれこれと気を遣うことから。

確認問題

問1 傍線部の意味として最も適切なものを選べ。

①括弧の中の説明と、傍点を付したのは私の**老婆心**であるが、ここで「器物の美しさ」と「美しい器物」をさりげなく使い分けているのは注意すべきで、抽象的な観念と具体的な物との違いである。

出典 白洲正子「小林秀雄の眼」／成蹊大

㋐とくに強調したい気持ち　㋑老練で慎重な心配り
㋒よけいな親切心　㋓年寄って焦点のぼけた考え
㋔あたり構わぬ図々しさ

②お前には**水くさい**と思われたかもしれないが、私がどこの誰から生れたとしても、私の親はこの家の両親しかなかったんだよ。　出典 福永武彦「忘却の河」／聖心女子大

㋐態度がなんとなく怪しく、疑わしい感じだ
㋑どうするつもりなのかと、気がもめる感じだ
㋒関係の深い人なのに、打ち解けず親しみがない
㋓性格が淡泊で、細かいことにこだわらない様子だ
㋔信念があまりに強固で、他人に付け入る余地がない

③女はうたと云《い》う女中が一人、傍輩《ほうばい》のりつがお部屋に附《つ》いて立《た》ち退《の》いた跡で、頻《しき》りに暇《いとま》を貰《もら》いたがるのを、**宥め賺かして**引《ひ》き留《と》めてあるばかりで、格別物の用には立っていない。　出典 森鷗外「大塩平八郎」

㋐嘘《うそ》を言って考え直させ
㋑機嫌をとって気持ちを変えさせ
㋒冗談を言って気分を変えさせ
㋓事の詳細を語って納得させ
㋔弱みを握ってあきらめさせ

④「江戸趣味だか、呉服屋趣味だか知らないが、それから僕は爺《じい》さんと大《おお》に**肝胆相照らして**、二週間の間面白く逗留《とうりゅう》して帰って来たよ」　出典 夏目漱石「吾輩は猫である」

㋐冗談を言い合って　㋑警戒し合って
㋒本音で付き合って　㋓意見が合って

問2 傍線部の意味を答えよ。

①文学作品であれば日本語の文章力も要求されるはずだ。事実、英語の翻訳者たちは**しのぎを削っている**。　出典 岡真理「知の地方主義を越えて」／弘前大

②民主主義と資本主義は手を携えて登場した。そこでは、子が親の世代を**凌駕しなければ**ならないのである。親の体験に素直に耳を傾ける子が少なくなるのも当然だろう。　出典 三浦雅士「読書と年齢」

③東京日日の記者で「僕は菊池芥川直系の後輩です」と肩書のように名乗って来た男が、「貴方《あなた》と芥川さんとは**ウマが合いますまい**」と云《い》って居た事がある。　出典 志賀直哉「沓掛にて」

（注）東京日日…東京日日新聞。／菊池…菊池寛。

解答　問1 ①ウ　②ウ　③イ　④ウ　問2 ①競い合っている　②追い越さなければ　③気が合わないでしょう

野呂邦暢「白桃」（→P314）から

社長ともあろう方がこんなけちなペテンをなさるとは残念なんだ。（6行目）

↓「〜ともあろう方が」という表現には、立派な身分にふさわしくない言動を非難する意味合いがある。

835 一角《ひとかど》

特に優れていること。一人前であること。

注「ひとかどの人物」（特に優れた人物）「ひとかどの働きをする」（一人前の働きをする）のように用いられる。

836 不世出《ふせいしゅつ》

めったに世に現れないほど優れていること。

類 希代《きたい》…めったに見られないこと。

類 絶世《ぜっせい》…世の中にまたとないほど優れていること。

注「絶世」は、美人の形容として用いられることが多い。

837 錚々《そうそう》

多くのものの中で特に優れているさま。

注 本来は、金属や楽器の音がさえて響きわたるさまを表した語。

↓「けち」には、必要以上に物を惜しむ、気持ちや考えが卑しい・心が狭い、の二つの意味合いがある。

838 吝嗇《りんしょく》

必要以上に物惜しみすること。けち。

注 古い小説では「吝嗇」を「けち」と読ませる例もある。

類 爪《つめ》に火《ひ》を灯《とも》す…極度に倹約すること。

839 姑息《こそく》

根本的に解決するのではなく、その場しのぎであるさま。

四字 因循姑息《いんじゅんこそく》…旧習を改めようとせず、その場しのぎに物事をするさま。

注 近年、「姑息な手段」を、本来の意味からやや離れて、「卑怯《ひきょう》な手段」の意で用いる例が多くなっている。

鮨につかえる上米ならいつでもしかるべき値段で引き取らせてもらいます、とね（7行目）

↓「しかるべき」は文語的な表現だが、入試で意味が問われることがある。

840 しかるべき

適当な。ふさわしい。

注「一言挨拶があってしかるべきだ」のように、「〜てしかるべき」の形で、当然だの意を表す場合もある。

関 しかり…そうである。そのとおりだ。

確認問題

問1　傍線部の意味として最も適切なものを選べ。

①とにかく近衛文麿《このえふみまろ》という華族の一員が、金持ちの子であるにもかかわらず**一かどの**人物になったという記録が少年の私を励ました。

出典 阿刀田高「殺し文句の研究」／桜美林大

㋐品格のある　㋑ひときわすぐれた
㋒かどのとれた　㋓つつしみ深い
㋔おごりのない

②「その小僧の内部《なか》に**不世出の**軍才が宿ってしまった。雀《すずめ》の体に天山を征《ゆ》く鷲《わし》のつばさがついたようなものです」

出典 司馬遼太郎「項羽と劉邦」／センター試験

㋐めったに現れることのないほどの、すぐれた
㋑少しの人にしか知られていない、一風変わった
㋒めったに世の人の目に触れることのない、不思議な
㋓口にだして言うこともできないほどの、不気味な
㋔まだ世間の表面に出ていないが、将来性のある

③したがって古都保存の「国際的責任」を果たすためには、中央政府の**しかるべき**介入が必要となるだろう。

出典 加藤周一「夕陽妄語Ⅲ」／拓殖大

㋐適切な　㋑根本的な
㋒しっかりした　㋓叱らねばならない

④島田は**吝嗇な**男であった。妻《さい》のお常は島田よりもなお吝嗇であった。

「爪に火を点《とも》すってえのは、あの事だね」

彼が実家に帰ってから後、こんな評が時々彼の耳に入った。

出典 夏目漱石「道草」

㋐他人を警戒する　㋑無理して贅沢《ぜいたく》する
㋒将来を心配する　㋓むやみに倹約する

⑤僕はこれでも自分の仕事で、日本の地方という地方は残らず廻《まわ》ってみたが、お蔭《かげ》で自分の郷里というものの特質が、この年になってどうやら分って来たな。初めのうちは、いや、しかし、**姑息で因循な**あの保守主義には溜《たま》らなかったが、いや、しかし、そういうたものでもないと思うようになったよ。

出典 横光利一「旅愁」

㋐その場しのぎで旧習にこだわる
㋑意地が悪くて理屈を重んじる
㋒視野が狭くて伝統に縛られる
㋓覇気がなくて行動力に乏しい

問2　傍線部の意味を答えよ。

①どこに相手の心を認めるかといえば、その胸のうちであり、腹の中である。自分の心の在り処もまた**しかり**である。

出典 内海健「さまよえる自己」／東北学院大

②小杉君や神代君は何《いず》れも**錚々たる**狩猟家である。おまけに僕等の船の船頭の一人も矢張り猟の名人だということである。

出典 芥川龍之介「鴨猟」

解答　問1 ①イ　②ア　③ア　④エ　⑤ア　問2 ①そう（そのとおり）　②多くの人の中でも特に優れている

注意すべき副詞

◉傾向

841 押《お》し並《な》べて

①概して。総じて。②すべて。一様に。
同なべて
注①は全般の傾向として大体、②はすべて一様にという意味合い。

842 往々《おうおう》にして

①しばしば。②時々。
注「往々」で副詞だが、「往々にして」の形で用いられることが多い。
入試意味が問われた場合、文脈から①か②かを判別することが大切。

843 えてして

ややもすると。ともすると。とかく。
注物事がある状態になりがちなさまを表す。「動《やや》もすると（動《やや》もすれば）」「ともすると」「とかく」と同義。

◉結果

844 はたして

①予想どおり。②（疑問・反語の表現を伴って）言うとおり。本当に。
入試①の意味が問われた場合、正解が「案の定」となることがある。
類案《あん》の定《じょう》…思ったとおり。予想どおり。

845 さしずめ

①つまり。結局のところ。②さしあたり。とりあえず。
注①は「畢竟」（→P117）と同義。

◉打消

846 あながち

（下に打消の語を伴って）必ずしも。一概に。
注必ずしも断定しきれないという気持ちを表す。

847 およそ

①（下に打消の語を伴って）全く。全然。②だいたい。一般に。
入試意味が問われた場合、文脈から①か②かを判別することが大切。

◉評価

848 すぐれて

際だって。特別に。
注「就中《なかんずく》」（→P69）と同義。

849 いたずらに

むだに。むやみに。
注形容動詞「徒《いたず》ら」（無駄で価値のないさま）の連用形から。

確認問題

問1 傍線部の意味として最も適切なものを選べ。

①彼の故郷であるこのあたりでは、中風《ちゅうぶ》のたぐいで倒れることを**おしなべて**〈中《あた》る〉といっている。

出典 三浦哲郎「まばたき」／センター試験追試

（注）中風…脳出血などが原因で起こる手足の麻痺《まひ》などの症状。

㋐ぼかして　㋑推し量って　㋒隠して
㋓総じて　㋔ひらたく言って

②英語力の問題ではない。これは**すぐれて**文化の問題である。善し悪しの問題ではなく、言語文化の違いである。

出典 鳥飼玖美子「歴史をかえた誤訳」／和洋女子大

㋐つまるところ　㋑何にもまして
㋒うまいことに　㋓何とはなしに

③**いたずらに**物事に驚かず、よきものと悪《あ》しきものの区別を知り、あらゆるものの価値を正当に批判し、しかもなお熱情をもってよきものを喜ぶ大人の眼が、……

出典 水上滝太郎「大人の眼と子供の眼」／センター試験追試

㋐冗談で　㋑遊び心で　㋒むやみに
㋓無邪気に　㋔軽薄に

④取り戻すには、思い切って何かを変えなければならないのだろう。思ひ川の堤に立つと、**果たして**気の引きしまる気がした。

出典 乙川優三郎「冬の標」／佛教大

㋐案の定　㋑思いがけなく　㋒案外
㋓一層　㋔不意に

⑤趣味という語は、全人格の感情的傾向という意味でなければならぬのだが、**往々にして**、その判断をごまかしておく状態の事のように用いられている。

出典 石川啄木「時代閉塞の現状」／青山学院大

㋐涙をためているさまで　㋑往復ではなく片道で
㋒不平不満のあるさまで
㋓しばしばあることとして　㋔一方通行の状態で

⑥彼の断案には承知できないものがあった。としの若いやつと、あまり馴《な》れ親しむと、**えてして**こんないやな目に遭う。

出典 太宰治「花」

㋐かえって　㋑ややもすると　㋒どうしても
㋓偶然にも　㋔実質的には

問2 傍線部の意味を答えよ。

①「……君、天気のいい日なんか道を歩いていて、ああ今日は長閑《のどか》だって思った事ないか。あの感じに似ているんだがな」「知らないね、そんな気分は。**およそ**若々しくないじゃないか」

出典 高井有一「谷間の道」

②人間は経験と知識で生きている。経験が実地ならば、知識は**さしずめ**地図である。

出典 外山滋比古「あたまの目」

③主人は何に寄らずわからぬものをありがたがる癖を有している。これは**あながち**主人に限った事でもなかろう。

出典 夏目漱石「吾輩は猫である」

解答 問1 ①エ ②イ ③ウ ④ア ⑤エ ⑥イ 問2 ①全く ②つまり ③必ずしも

野呂邦暢「白桃」（→P314）から

おっさんよう、**いい加減にしねえか**、相手は子供だろ（9行目）

↓**子供相手に本気で責める主人の様子を見て、客の一人が「いい加減にしねえか」と止めに入ったのである。**

850 躍起《やっき》になる

状況を好転させようと、焦ってむきになる。必死になる。

入試 センター試験（小説）で二度、意味が問われている。

851 詰問《きつもん》

相手の非を取り上げ、厳しく問い詰めること。

類 **詰《なじ》る**…相手を問い詰めて責める。

類 **難詰《なんきつ》**…非難して責めること。

類 **指弾《しだん》**…人を非難すること。つまはじきにすること。→P85

おっさん、だれだって今は**何かしらやらないと生きてゆけないんだよ。**（11行目）

↓**生活していくための仕事のことを「生業」という。終戦直後の混乱期、人々はさまざまな「生業」に従事した。**

852 生業《なりわい》

生活をするための仕事。

注「生（なり）」は、生産の意。小規模の自営の職業についていうことが多い。

類 **身過《みす》ぎ世過《よす》ぎ**…生活。生計。

853 糊口《ここう》を凌《しの》ぐ

かろうじて生計を立てる。

同 **口《くち》を糊《のり》する**

注「糊口」は、かゆをすする意から、暮らしを立てることを表す。

それにあんた噂《うわさ》ではメチールで**しこたま**儲《もう》けたそうじゃねえか（13行目）

↓**「しこたま」は、数量が多いことを表す俗っぽい言い方。**

854 夥《おびただ》しい

数量が非常に多い。

注「～ことおびただしい」の形で、～の程度が甚だしいの意になる場合もある。

855 枚挙《まいきょ》に遑《いとま》が無《な》い

数が多すぎて、いちいち数え上げることができない。

注「枚挙」は、一つずつ数え上げること。「遑」は「暇」と表記されることもある。

関 **列挙《れっきょ》**…一つ一つ並べ上げること。

確認問題

問1　傍線部の意味として最も適切なものを選べ。

①母はぐっと詰まった。眼だけが**躍起になって**いて、口はだまって返辞をしなかった。

出典 幸田文「おとうと」／センター試験

㋐おどおどして　㋑むきになって　㋒うろたえて　㋓やけになって　㋔びっくりして

②演劇では食って行けないことを悟った作者が、**身すぎ世すぎ**のつもりで手を染めた小説がいつか本業のようなかたちになり、……

出典 阿川弘之「獅子文六」／南山大

㋐定業　㋑興業　㋒正業　㋓生業　㋔家業

③都市の喧噪《けんそう》と**夥しい**群衆、そしてユートピア的田園への誘《いざな》い。

出典 四方田犬彦「漫画原論」／関西学院大

㋐とても従順であること
㋑とても数が多いこと
㋒とても騒がしいこと
㋓とても動きが激しいこと
㋔とても愚かであること

④私のように研究を**生業**としている場合は、新しい発想が生まれるかどうか、またクリエイティブな仕事ができるかどうかが、勝負の分かれ目となる。

出典 鎌田浩毅「『知的生産』のための術語集」／愛知学院大

㋐生きがい　㋑天職　㋒人生を賭ける価値のある仕事　㋓金もうけの種　㋔生活のための職業

⑤彼が**糊口をしのぐ**ために通俗的な仕事しかできないという事態が余儀なくされているならば、確かに文化は生活の必要によって汚されているのだ、ということになりそうである。

出典 松原隆一郎「豊かさの文化経済学」／神戸学院大

㋐世間の人気を得ること
㋑なんとか生計を立てること
㋒人々の批判から免れること
㋓人々を楽しませること
㋔貧しい生活に打ち勝つこと

問2　傍線部の意味を答えよ。

①私は時々妻《さい》からなぜそんなに考えているのだとか、何か気に入らない事があるのだろうとかいう**詰問**を受けました。

出典 夏目漱石「こころ」

②読者の大多数は蓼喰《たでく》う人であって、ある鑑定人が重大な欠陥であると指摘するものが読者には魅力の根源であったりする例は**枚挙に暇がない**。

出典 倉橋由美子「あたりまえのこと」

（注）蓼喰う人…自分の好みにこだわる人。

解答　問1 ①イ　②エ　③イ　④オ　⑤イ　問2 ①厳しい質問　②たくさんありすぎて数えきれない

注意すべき表現

◉味わい

856 反芻《はんすう》

ことばや考えなどを何度も思い出しては考え味わうこと。

注もとは、牛やラクダなどが、一度胃に入れた食物を再び口に戻してかむことをいうが、右の意で用いられることも多い。

類咀嚼《そしゃく》…文章やことばの意味をよく考え、理解し、味わうこと。

類吟味《ぎんみ》…①念入りに調べること。②罪状を取り調べること。

857 醍醐味《だいごみ》

本当の面白さ。深い味わい。

注「醍醐」は、牛・羊の乳を精製した美味な液汁。そこから、何物にも代えがたい、そのものの真の味わいの意を表す。

類神髄《しんずい》・真髄《しんずい》…最も大事なところ。

◉状態

858 有《あ》り体《てい》

ありのまま。実際どおり。

注「有り体に言えば」（ありのままに言えば）の形で用いられることが多い。

類如実《にょじつ》に…ありのままに。

859 嫌《きら》い

そういう傾向。

注「〜のきらいがある」の形で、好ましくない傾向があることを表す。

類向《む》き…考え・好みなどの傾向。

注「〜するむきがある」（〜する傾向がある）の形で用いられる。

860 塩梅《あんばい》・按排《あんばい》

①物事の具合・調子。②ほどよく物事を処理すること。

注①「塩梅」（食物の調味に使う塩と梅酢＝えんばい）と②「按排」は本来別の語だが、混同されるようになった。

◉頼りになる

861 よすが

①心のよりどころ。②手がかり。

注「寄《よ》す処《か》」の意。漢字では「縁・因・便」と書く。①は「生きるよすが」、②は「昔を知るよすが」のように用いる。

862 好《よし》み（誼《よし》み）

①親しい付き合い。②何らかの縁によるつながり。縁故。

注①は「よしみを結ぶ」の形で用いられることが多い。

類交誼《こうぎ》…友人としての親しい付き合い。

確認問題

問1 傍線部の意味として最も適切なものを選べ。

①もしあなたが、「呼応の可能性など当てにできない……」という印象を**よすが**として、「他者にたいして特定の人物であることなど、自分が自分であるためには二次的・三次的なことだ……」と思いはじめているのなら、もう一度、考え直していただきたい。

出典 大庭健「私という迷宮」／早稲田大

㋐道理　㋑根本　㋒慣習
㋓分岐点　㋔手がかり

②明日《あくるひ》眼が覚めた時、代助は床《とこ》の中でまず第一番にこう考えた。
「兄を動かすのは、同じ仲間の実業家でなくっちゃ駄目だ。単に兄弟の**好《よし》み**だけではどうする事も出来ない」

出典 夏目漱石「それから」

㋐肉親を思いやる配慮　㋑表面的なつきあい
㋒血縁によるつながり　㋓人間的な好き嫌い
㋔ありきたりの好意

③この三句をしたためてから十四時間後に子規《しき》はなくなる。明治の文人らしい壮絶な最期だった。この絶筆三句も従来は悲劇的側面のみが強調されてきた**きらい**がある。

出典 長谷川櫂「俳句的生活」

㋐疑惑　㋑傾向　㋒影響　㋓効果　㋔弱点

問2 傍線部の意味を答えよ。

①くり返すが、荷風《かふう》は、ボードレールの詩句を**反芻**しながら、パリの娼婦《しょうふ》のかたわらで、「屍《しかばね》に屍のよりそふやうに」横たわっていた時、単にその詩に酔っていただけでなく、その詩を生んだヨーロッパ文明の基盤、ヨーロッパ社会の伝統を体験しつつあったというべきだ。

出典 吉田秀和「荷風を読んで」／東京学芸大

（注）荷風…永井荷風（一八七九～一九五九）。小説家。

②そのころの自分に、案内役といえる人物がいたとすれば、それは、専門学校時代から大学を通して、勉強ぎらいの私たちに手こずりながら、どうにかしてアメリカ文学の**醍醐味**をつたえようと苦心していたK先生だったろう。

出典 須賀敦子「遠い朝の本たち」

③「いや、盗みとった金を貰《もら》ったからと云《い》って、別に貰った人達は、罪にならない。**ありていに**、云ったらどうだ」越前《えちぜん》は、長吉が金をやった相手に迷惑がかかるのを怖《おそ》れてかくしているのだと思って、そう云った。

出典 菊池寛「奉行と人相学」

（注）越前…江戸町奉行の大岡越前守。

④室《へや》の位置が中庭を隔てて向うに大きな二階建の広間を控えているため、空はいつものように広くは眼界に落ちなかった。したがって雲の往来《ゆきき》や雨の降り**按排**も、一般的にはよく分らなかった。

出典 夏目漱石「行人」

解答　問1 ①オ　②ウ　③イ　問2 ①何度も味わうこと　②本当の面白さ　③ありのままに　④具合

索引

＊「評論の語彙」「時事用語」「小説の語彙」で取り上げたすべての語を掲載した。
＊**太字**は見出し語、細字は関連語であることを示す。

あ

IoT《アイオーティー》 …… 209
アイコン …… 166
愛想笑《あいそわら》い …… 276
愛想《あいそ》を尽《つ》かす …… 276
開《あ》いた口《くち》がふさがらぬ …… 316
相槌《あいづち》を打《う》つ …… 288
アイデンティティ …… 43
あいにく …… 218
iPS《アイピーエス》細胞《さいぼう》 …… 189
曖昧模糊《あいまいもこ》 …… 125
哀憐《あいれん》 …… 254
アイロニー …… 68
アウラ …… 157
あえか …… 284
青《あお》ざめる …… 260
購《あがな》う・贖《あがな》う …… 256
アクセント …… 76
悪弊《あくへい》 …… 90
論《あげつら》う …… 270
足《あし》が地《ち》に付《つ》かない …… 242
味《あじ》も素《そ》っ気《け》も無《な》い …… 240
与《あずか》る …… 130
恰《あたか》も …… 296
あたふた …… 274
圧巻《あっかん》 …… 224
呆気《あっけ》ない …… 226
呆気《あっけ》にとられる …… 226／316
あっけらかんと …… 232
羹《あつもの》に懲《こ》りて膾《なます》を吹《ふ》く …… 228
誂《あつら》え向《む》き …… 228
軋轢《あつれき》 …… 60
アナーキー …… 175
アナーキスト …… 175
あながち …… 322
アナクロニズム …… 92
侮《あなど》る …… 316
アナログ …… 165
アナロジー …… 84
アニミズム …… 98
アバンギャルド …… 157
アフォリズム …… 85
アプリオリ …… 26
アポステリオリ …… 26
アポリア …… 35
剰《あまつさ》え …… 167
阿諛《あゆ》 …… 250
あらずもがな …… 234
有《あ》り体《てい》 …… 326
亜流《ありゅう》 …… 266
アレゴリー …… 84
暗々裏《あんあんり》 …… 114
暗示《あんじ》 …… 115
安全保障《あんぜんほしょう》 …… 204
アンチテーゼ …… 183
安堵《あんど》 …… 242
アンドロイド …… 209
案《あん》の定《じょう》 …… 322
塩梅《あんばい》・按排《あんばい》 …… 326
アンビバレント …… 50
暗黙《あんもく》の了解《りょうかい》 …… 91

い

慰安《いあん》 …… 254
異化《いか》 …… 58
いかさま …… 316
怒《いか》り心頭《しんとう》に発《はっ》する …… 294
遺憾《いかん》 …… 248
遺憾《いかん》なく …… 248
遺憾《いかん》の意《い》を表《ひょう》する …… 248
遺棄《いき》 …… 10
息《いき》が詰《つ》まる …… 250
意気投合《いきとうごう》 …… 318
依拠《いきょ》 …… 101
息《いき》を凝《こ》らす …… 250
息《いき》をつく …… 250
畏敬《いけい》 …… 306
威厳《いげん》 …… 191
イコン …… 68・166
潔《いさぎよ》い …… 290
潔《いさぎよ》しとしない …… 290
聊《いささ》か …… 264
慰藉《いしゃ》 …… 254
意趣《いしゅ》返《がえ》し …… 266
意趣晴《いしゅば》らし …… 266
意匠《いしょう》 …… 157
異常気象《いじょうきしょう》 …… 207
いじらしい …… 236
異数《いすう》 …… 224
イスラム教《きょう》 …… 99
勤《いそ》しむ …… 262
いたいけ …… 236
いたずらに …… 322
いたちごっこ …… 270
異端《いたん》 …… 116
一義《いちぎ》 …… 32
一義的《いちぎてき》 …… 32
一元《いちげん》 …… 32
一元化《いちげんか》 …… 32
一元的《いちげんてき》 …… 32
一元論《いちげんろん》 …… 32
一途《いちず》 …… 304
一人称《いちにんしょう》 …… 191
一瞥《いちべつ》 …… 109／260
一目瞭然《いちもくりょうぜん》 …… 34
一家言《いっかげん》 …… 132
一挙手一投足《いっきょしゅいっとうそく》 …… 256
慈《いつく》しむ …… 276
一顧《いっこ》 …… 260
一視同仁《いっしどうじん》 …… 276
一蹴《いっしゅう》 …… 174
一笑《いっしょう》に付《ふ》す …… 290
一矢《いっし》を報《むく》いる …… 266
一神教《いっしんきょう》 …… 98
一心不乱《いっしんふらん》 …… 284
逸脱《いつだつ》 …… 132
一般《いっぱん》 …… 8
逸話《いつわ》 …… 53
イデオロギー …… 92
遺伝《いでん》 …… 208
遺伝子《いでんし》組《く》み換《か》え …… 208
遺伝子工学《いでんしこうがく》 …… 189
遺伝子治療《いでんしちりょう》 …… 208
意図的《いとてき》 …… 74

意《い》に介《かい》さない……232
イニシアチブ……198
イニシエーション……91
畏怖《いふ》……306
いぶかしい……222
異文化《いぶんか》……58
畏友《いゆう》……306
異例《いれい》……224
色《いろ》を失《うしな》う……260
色《いろ》をなす……260
曰《いわ》く言《い》い難《がた》い……240
言《い》わずもがな……288
所謂《いわゆる》……109
陰陰《いんいん》……238
陰々滅々《いんいんめつめつ》……238
因果応報《いんがおうほう》……130
因果関係《いんがかんけい》……130
慇懃《いんぎん》……306
慇懃無礼《いんぎんぶれい》……306
因襲(因習)《いんしゅう》……90
因循姑息《いんじゅんこそく》……320
インターネット……203
隠匿《いんとく》……114
イントネーション……76
隠微《いんび》……234
韻文《いんぶん》……76
隠蔽《いんぺい》……114
隠喩《いんゆ》……84

う

ヴィジョン……198
穿《うが》つ……262
浮《う》き足立《あしだ》つ……242
憂《う》き身《み》をやつす……284
浮《う》き世《よ》……84
うごめく……228
胡散臭《うさんくさ》い……11／246
うしろぐらい……252
うしろめたい……252
うすら寒《さむ》い……238
うそ寒《さむ》い……238
嘯《うそぶ》く……270
謳《うた》う……182
内《うち》なる国際化《こくさいか》……204
うちひしがれる……246
有頂天《うちょうてん》……236
鵜呑《うの》み……288
肯《うべな》う(諾《うべな》う)……69／288
馬《うま》が合《あ》う……318
倦《う》まず撓《たゆ》まず……280
倦《う》む……280
烏有《うゆう》に帰《き》す……166
裏打《うらう》ち……199
裏付《うらづ》け……199
裏腹《うらはら》……198
憾《うら》み……248
うろ覚《おぼ》え……310
うろたえる……218
胡乱《うろん》……246
雲泥《うんでい》の差《さ》……151

え

営為《えいい》……44
永劫《えいごう》……174
永劫回帰《えいごうかいき》……174
英断《えいだん》……61
英知《えいち》……132
AI《エーアイ》……209
エートス……91
エクリチュール……76
エゴ……42
エゴイズム……198
エコロジー……196
エスニシティ……172
エスノセントリズム……59
絵空事《えそらごと》……224
得体《えたい》が(の)知《し》れない……11
エッセンス……18／116
えてして……322
絵《え》に描《か》いた餅《もち》……224
エピソード……53
演繹《えんえき》……130
婉曲《えんきょく》……93
遠近法《えんきんほう》……18
淵源《えんげん》……174
怨嗟《えんさ》……53
厭世観《えんせいかん》……114
厭世主義《えんせいしゅぎ》……27
援用《えんよう》……124

お

負《お》い目《め》……252
往々《おうおう》にして……322
謳歌《おうか》……182
奥義《おうぎ》……77
横行《おうこう》……124
往生《おうじょう》……282
懊悩《おうのう》……53
横柄《おうへい》……306
鷹揚《おうよう》……278
嗚咽《おえつ》……254
大《おお》きな物語《ものがたり》……131
オーセンティック……116
オーソドックス……116
オーソリティ……116
大目《おおめ》に見《み》る……236
公《おおやけ》……84
大様《おおよう》……278
オーラリティ……75
憶測《おくそく》……69
臆面《おくめん》もない……264
烏滸《おこ》がましい……280
御座《おざ》なり……280
押《お》し並《な》べて……322
おずおず……284
お墨付《すみつ》き……199
おたおた……248
おためごかし……240
億劫《おっくう》……278
貶《おとし》める……85
お荷物《にもつ》……278
おのがじし……167
戦《おのの》く……242
オノマトペ……76
夥《おびただ》しい……324
オブジェ……157
オプティミズム……27
覚束《おぼつか》ない……246
阿《おもね》る……250
面映《おもは》ゆい……292
徐《おもむろ》に……278
慮《おもんぱか》る……69
およそ……322
折悪《おりあ》しく……218
オリエンタリズム……59

折《お》り紙《がみ》付《つ》き……199
オリジナル……156
折《お》りよく……218
温暖化《おんだんか》……197
恩寵《おんちょう》……312

か

外延《がいえん》……116
回帰《かいき》……68
諧謔《かいぎゃく》……250
回顧《かいこ》……44
介護《かいご》……52
邂逅《かいこう》……306
外交《がいこう》……180
介在《かいざい》……26
外在《がいざい》……190
快哉《かいさい》を叫《さけ》ぶ……292
懐柔《かいじゅう》……318
蓋然性《がいぜんせい》……92
階層《かいそう》……84
概念《がいねん》……26
外発的《がいはつてき》……140
垣間見《かいまみ》る……260
乖離《かいり》……150
戒律《かいりつ》……92
肯《がえ》んずる……69
顔《かお》が利《き》く……218
顔《かお》が立《た》つ……218
顔《かお》がつぶれる……218
カオス……18
顔《かお》を利《き》かす……218
瓦解《がかい》……11
科学革命《かがくかくめい》……190
科学《かがく》の制度化《せいどか》……188
果敢《かかん》……264
火急《かきゅう》……85
瑕瑾《かきん》……150
画一《かくいつ》……34
画一化《かくいつか》……34
学際的《がくさいてき》……190
画策《かくさく》……262
格差社会《かくさしゃかい》……84
確執《かくしつ》……60
核心《かくしん》……159
革新《かくしん》……199
覚醒《かくせい》……18
愕然《がくぜん》……246
革命《かくめい》……174
託《かこ》つ……270
託《かこ》つける……270
嵩《かさ》に懸《か》かる……280
笠《かさ》に着《き》る……280
瑕疵《かし》……150
かしずく……276
呵責《かしゃく》……53
仮借《かしゃく》ない……236
化石燃料《かせきねんりょう》……197
風《かぜ》の吹《ふ》き回《まわ》し……234
俄然《がぜん》……292
可塑性《かそせい》……60
気質《かたぎ》……304
固唾《かたず》を呑《の》む……250
カタルシス……44
肩《かた》を持《も》つ……276
価値中立《かちちゅうりつ》……191
花鳥風月《かちょうふうげつ》……142
確固（確乎）《かっこ》……174
合掌《がっしょう》……288
闊達《かったつ》……256
葛藤《かっとう》……101
喝破《かっぱ》……262
闊歩《かっぽ》……256
刮目《かつもく》……109
カテゴリー……66
カトリック……98
かぶりを振《ふ》る……288
かまける……284
喧《かまびす》しい……302
寡黙《かもく》……85
ガラパゴス化《か》……143
駆《か》る……256
カルチュラル スタディーズ……67
カルト……100
含意《がんい》……198
看過《かんか》……68
感化《かんか》……100
感覚《かんかく》……18
喚起《かんき》……76
感興《かんきょう》……167
甘言《かんげん》……125
還元《かんげん》……189
還元主義《かんげんしゅぎ》……189
眼光紙背《がんこうしはい》に徹《てっ》す……294
贋作《がんさく》……156／262
莞爾《かんじ》……294
監視社会《かんししゃかい》……165
甘受《かんじゅ》……182
含羞《がんしゅう》……292
間主観的《かんしゅかんてき》……16
肝心（肝腎）《かんじん》……52
歓心《かんしん》を買《か》う……250
完遂《かんすい》……167
感性《かんせい》……25
陥穽《かんせい》……124
頑是無《がんぜな》い……236
敢然《かんぜん》……264
莞然《かんぜん》……294
感染症《かんせんしょう》……204
贋造《がんぞう》……262
環太平洋《かんたいへいよう》パートナーシップ協定《きょうてい》（TPP）……204
肝胆相照《かんたんあいて》らす……318
貫徹《かんてつ》……167
艱難《かんなん》……150
艱難辛苦《かんなんしんく》……150
観念《かんねん》……26
看破《かんぱ》……262
完膚《かんぷ》なきまで……236
カンフル注射《ちゅうしゃ》……274
頑迷《がんめい》……282
頑迷固陋《がんめいころう》……282
涵養《かんよう》……45
肝要《かんよう》……52

き

奇異《きい》……60
黄色《きいろ》い声《こえ》……302
機運《きうん》……166
帰依《きえ》……84
気後《きおく》れ……242／264
擬音語《ぎおんご》・擬声語《ぎせいご》・擬態語《ぎたいご》……76
飢餓《きが》……205

気概《きがい》……264
機械論《きかいろん》……191
気《き》が(の)置《お》けない……310
気《き》が置《お》ける……310
奇矯《ききょう》……312
規矩《きく》……92
危惧《きぐ》……60
奇遇《きぐう》……306
記号《きごう》……67
気骨《きこつ》……264
起死回生《きしかいせい》……274
機軸《きじく》……166
起承転結《きしょうてんけつ》……132
疑心暗鬼《ぎしんあんき》……222
偽造《ぎぞう》……262
帰属《きぞく》……84
希代《きたい》……320
機知(機智)《きち》……304
几帳面《きちょうめん》……304
喫緊《きっきん》……85
拮抗《きっこう》……182
生粋《きっすい》……308
狐憑《きつねつ》き……226
狐《きつね》につままれる……226
詰問《きつもん》……324
機転《きてん》……304
企図《きと》……124
木《き》に竹《たけ》を接《つ》ぐ……228
帰納《きのう》……130
規範《きはん》……92
忌避《きひ》……114
踵《きびす》を返《かえ》す……298
踵《きびす》を接《せっ》する……298
詭弁《きべん》……270
決《き》まりが悪《わる》い……292
欺瞞《ぎまん》……125
記名《きめい》(性《せい》)……203
肝《きも》が据《す》わっている……298
肝《きも》に銘《めい》ずる……117／298
逆説《ぎゃくせつ》……33
客体《きゃくたい》……16
客観《きゃっかん》……17
客観的《きゃっかんてき》……16
ギャップ……151
杞憂《きゆう》……166
QOL《キューオーエル》……208
久闊《きゅうかつ》を叙《じょ》する……306
汲汲《きゅうきゅう》とする……262
急進的《きゅうしんてき》……158
糾弾《きゅうだん》……85
狭隘《きょうあい》……85
驚愕《きょうがく》……246
狭義《きょうぎ》……66
供給《きょうきゅう》……107
胸襟《きょうきん》を開《ひら》く……318
僥倖《ぎょうこう》……234
教唆《きょうさ》……108
夾雑物《きょうざつぶつ》……316
興《きょう》ざめ……298
矜持《きょうじ》……252
凝視《ぎょうし》……109／302
共時態《きょうじたい》……11
共時的《きょうじてき》……11
興趣《きょうしゅ》……167
享受《きょうじゅ》……66
郷愁《きょうしゅう》……44
凝集《ぎょうしゅう》……148
行住坐臥《ぎょうじゅうざが》……101
凝縮《ぎょうしゅく》……148
教条的《きょうじょうてき》……92
矯正《きょうせい》……312
凝然《ぎょうぜん》……302
怯懦《きょうだ》……264
共通語《きょうつうご》……74
仰天《ぎょうてん》……246
協働《きょうどう》……52
共同社会《きょうどうしゃかい》……83
共同体《きょうどうたい》……9
強迫観念《きょうはくかんねん》……43
享楽《きょうらく》……182
虚栄《きょえい》……108
虚構《きょこう》……18
巨視的《きょしてき》……108
虚飾《きょしょく》……108
虚心《きょしん》……132
虚心坦懐《きょしんたんかい》……132
挙措《きょそ》……256
挙動不審《きょどうふしん》……256
毀誉褒貶《きよほうへん》……106
嫌《きら》い……326
キリスト教《きょう》……98
軌《き》を一《いつ》にする……92
金科玉条《きんかぎょくじょう》……92
禁忌《きんき》……91
謹厳実直《きんげんじっちょく》……304
近代《きんだい》……9
近代化《きんだいか》……9
近代科学《きんだいかがく》……188
近代的《きんだいてき》……9
吟味《ぎんみ》……326

く

具合《ぐあい》が悪《わる》い……218
寓意《ぐうい》……84
偶然《ぐうぜん》……25
空前絶後《くうぜんぜつご》……52
空洞化《くうどうか》……92
クールジャパン……143
クオリア……158
草分《くさわ》け……175
具象化《ぐしょうか》……158
具体《ぐたい》……8
具体的《ぐたいてき》……8
口《くち》が重《おも》い……222
駆逐《くちく》……124
口《くち》さがない……270
口幅《くちはば》ったい……280
口《くち》を噤《つぐ》む……222
口《くち》を尖《とが》らせる……222
口《くち》を糊《のり》する……324
口《くち》を挟《はさ》む……222
屈託《くったく》がない……232
軛《くびき》……182
首《くび》を傾《かし》げる……222
首《くび》を突《つ》っこむ……222
首《くび》をひねる……222
与《くみ》する……288
繰《く》り言《ごと》……270
クレオール……59
愚弄《ぐろう》……174
グローバリゼーション……180
グローバル……59／180
薫陶《くんとう》……310
君臨《くんりん》……26

け

ケ(褻) …… 143
ケア …… 52
形骸化《けいがいか》 …… 92
謦咳《けいがい》に接《せっ》する …… 306
慧眼《けいがん》 …… 294
契機《けいき》 …… 61
継起《けいき》 …… 143
警句《けいく》 …… 85
敬虔《けいけん》 …… 276
敬語《けいご》 …… 149
迎合《げいごう》 …… 35
啓示《けいじ》 …… 77
形而下《けいじか》 …… 50
形而上《けいじじょう》 …… 50
形象化《けいしょうか》 …… 158
警鐘《けいしょう》を鳴《な》らす …… 85
傾注《けいちゅう》 …… 125
径庭《けいてい》 …… 124
傾倒《けいとう》 …… 125
啓発《けいはつ》 …… 26
系譜《けいふ》 …… 45
軽侮《けいぶ》 …… 316
啓蒙《けいもう》 …… 26
係累《けいるい》 …… 133
怪訝《けげん》 …… 222
気色《けしき》ばむ …… 260
化身《けしん》 …… 312
ゲゼルシャフト …… 83
蓋《けだ》し …… 69
けたたましい …… 302
結構《けっこう》 …… 132
決裁《けっさい》 …… 61
結実《けつじつ》 …… 158
決定論《けっていろん》 …… 191
健気《けなげ》 …… 236
懸念《けねん》 …… 60
ゲマインシャフト …… 83
嫌悪《けんお》 …… 114
狷介《けんかい》 …… 282
懸隔《けんかく》 …… 124
原義《げんぎ》 …… 66
言及《げんきゅう》 …… 124
牽強付会《けんきょうふかい》 …… 270
権限《けんげん》 …… 116
喧喧囂囂《けんけんごうごう》 …… 302
堅固《けんご》 …… 174
顕在《けんざい》 …… 42
顕示《けんじ》 …… 77
見識《けんしき》 …… 150
現象《げんしょう》 …… 18
現象学《げんしょうがく》 …… 131
言説《げんせつ》 …… 116
源泉《げんせん》 …… 174
喧噪《けんそう》 …… 232／302
幻想《げんそう》 …… 34
眷属(眷族)《けんぞく》 …… 133
倦怠《けんたい》 …… 280
現代科学《げんだいかがく》 …… 188
原体験《げんたいけん》 …… 43
喧伝《けんでん》 …… 270
堅忍不抜《けんにんふばつ》 …… 174
剣呑《けんのん》 …… 220
原風景《げんふうけい》 …… 43
言文一致《げんぶんいっち》 …… 149
権謀術数《けんぼうじゅっすう》 …… 125
顕名(性)《けんめい(せい)》 …… 203
原理主義《げんりしゅぎ》 …… 100
権力《けんりょく》 …… 116
言《げん》を俟《ま》たない …… 288

こ

コア …… 159
公《こう》 …… 84
厚意《こうい》 …… 240
交易《こうえき》 …… 124
公害《こうがい》 …… 197
狡猾《こうかつ》 …… 260
交換《こうかん》 …… 124
巷間《こうかん》 …… 166
交換可能《こうかんかのう》 …… 44
厚顔無恥《こうがんむち》 …… 312
綱紀《こうき》 …… 92
広義《こうぎ》 …… 66
交誼《こうぎ》 …… 326
綱紀粛正《こうきしゅくせい》 …… 92
恒久《こうきゅう》 …… 174
号泣《ごうきゅう》 …… 254
公共《こうきょう》 …… 100
後見《こうけん》 …… 115
江湖《こうこ》 …… 166
口語《こうご》 …… 76
恍惚《こうこつ》 …… 242
交錯《こうさく》 …… 133
嚆矢《こうし》 …… 133
公衆《こうしゅう》 …… 108
口承《こうしょう》 …… 75
恒常的《こうじょうてき》 …… 174
後塵《こうじん》を拝《はい》す …… 175
後生《こうせい》畏《おそ》るべし …… 312
抗争《こうそう》 …… 181
構造化《こうぞうか》 …… 133
構造主義《こうぞうしゅぎ》 …… 84
膠着《こうちゃく》 …… 60
膠着語《こうちゃくご》 …… 149
拘泥《こうでい》 …… 60
更迭《こうてつ》 …… 167
後天的《こうてんてき》 …… 60
高踏《こうとう》 …… 117
荒唐無稽《こうとうむけい》 …… 224
後難《こうなん》 …… 220
毫《ごう》も …… 264
公用語《こうようご》 …… 74
合理《ごうり》 …… 24
合理化《ごうりか》 …… 24
功利主義《こうりしゅぎ》 …… 27／205
合理主義《ごうりしゅぎ》 …… 24
功利性《こうりせい》 …… 205
合理的《ごうりてき》 …… 24
考慮《こうりょ》 …… 69
荒涼《こうりょう》 …… 238
声《こえ》を洩《も》らす …… 226
コード …… 90
枯渇(涸渇)《こかつ》 …… 207
互換《ごかん》 …… 124
小綺麗《こぎれい》 …… 308
国学《こくがく》 …… 142
国語《こくご》 …… 74
国際化《こくさいか》 …… 204
国際機関《こくさいきかん》 …… 180
国際法《こくさいほう》 …… 180
国字《こくじ》 …… 74
酷薄(刻薄)《こくはく》 …… 276
国民《こくみん》 …… 172

国民国家《こくみんこっか》……172
沽券《こけん》に関《かか》わる……252
糊口《ここう》を凌《しの》ぐ……324
心得顔《こころえがお》……236
心許《こころもと》ない……242
こざかしい……260
小《こ》ざっぱり……308
腰《こし》が高《たか》い……298
腰《こし》が低《ひく》い……298
固執《こしつ》・《こしゅう》……60／290
後生大事《ごしょうだいじ》……276
個人《こじん》……10
故人《こじん》……288
個人主義《こじんしゅぎ》……10
鼓吹《こすい》……68
コスモス……18
コスモポリタン……180
コスモロジー……18
悟性《ごせい》……24
姑息《こそく》……320
克己《こっき》……252
克己復礼《こっきふくれい》……252
滑稽《こっけい》……250
忽然《こつぜん》……77／292
固定観念《こていかんねん》……132
糊塗《こと》……125
こととする……125
コピー……156
誤謬《ごびゅう》……61
媚《こ》びる……250
鼓舞《こぶ》……68
語弊《ごへい》……85
コペルニクス的転回《てきてんかい》……190
こぼす……270
コミュニケーション……203
コミュニティ……9
固有名詞《こゆうめいし》……76
顧慮《こりょ》……69
コロニアリズム……182
懇意《こんい》……310
権化《ごんげ》……312
今生《こんじょう》の別《わか》れ……282
渾身《こんしん》……294
コンセプト……52
渾然一体《こんぜんいったい》（混然一体）……76
コンテクスト……52
混沌《こんとん》……18
コンプライアンス……205
コンプレックス……43
混迷《こんめい》……133
困惑《こんわく》……248

さ

災禍《さいか》……150
再帰《さいき》……61
再現可能性《さいげんかのうせい》……188
再生医療《さいせいいりょう》……189
再生可能《さいせいかのう》エネルギー……207
再生産《さいせいさん》……109
裁断《さいだん》……61
裁定《さいてい》……61
災厄《さいやく》……150
棹《さお》さす……228
作為的《さくいてき》……74
錯誤《さくご》……61
搾取《さくしゅ》……84
錯綜《さくそう》……133
索莫《さくばく》……238
策謀《さくぼう》……125
策略《さくりゃく》……182
策《さく》を講《こう》ずる……19
策《さく》を弄《ろう》する……19
蔑《さげす》む……85
些細《ささい》……190
些事《さじ》（瑣事）……151／190
さしずめ……322
サステイナビリティ……196
挫折《ざせつ》……27／248
雑種文化《ざっしゅぶんか》……140
刷新《さっしん》……199
雑駁《ざっぱく》……151
蹉跌《さてつ》……248
里山《さとやま》……198
さながら……296
さび……142
サブカルチャー……141
差別《さべつ》……122
差別化《さべつか》……122
些末《さまつ》（瑣末）……190
さめざめと……254
さも……296
さもありなん……296
さもなくば……296
さわり……224
惨禍《さんか》……150
慚愧《ざんき》……252
三三五五《さんさんごご》……302
暫時《ざんじ》……174
山川草木《さんせんそうもく》……142
暫定《ざんてい》……174
三人称《さんにんしょう》……191
賛美《さんび》（讃美）……106
散文《さんぶん》……76
参与《さんよ》……52

し

私《し》……84
思惟《しい》……101
自意識《じいしき》……42
恣意的《しいてき》……74
ジェノサイド……116
ジェラシー……108
ジェンダー……123
しおらしい……284
自我《じが》……42
しかつめらしい……312
自家撞着《じかどうちゃく》……33／44
歯牙《しが》にも掛《か》けない……276
自家薬籠中《じかやくろうちゅう》の物《もの》……234
しかり……320
しかるべき……320
史観《しかん》……131
此岸《しがん》……232
しきたり……90
忸怩《じくじ》……252
シグナル……67
自己責任《じこせきにん》……44
自己矛盾《じこむじゅん》……44
示唆《しさ》……114
子細《しさい》（仔細）……151

思索《しさく》……101
師事《しじ》……310
私淑《ししゅく》……310
自粛《じしゅく》……252
市場《しじょう》……107
市場経済《しじょうけいざい》……107
私小説《ししょうせつ》……158
私人《しじん》……10
資《し》する……234
辞《じ》する……282／306
市井《しせい》……166
自然科学《しぜんかがく》……188
自然主義《しぜんしゅぎ》……158
自然淘汰《しぜんとうた》……109
自尊心《じそんしん》……252
したり顔《がお》……236
指弾《しだん》……85／296／324
思潮《しちょう》……158
桎梏《しっこく》……76
昵懇《じっこん》……310
実在《じつざい》……190
実質《じっしつ》……18
実証《じっしょう》……190
実存《じつぞん》……122
実体《じったい》……175
実体化《じったいか》……175
嫉妬《しっと》……108

しっぺ返《がえ》し……266
執拗《しつよう》……290
しつらい……266
設《しつら》える……266
シニカル……68
シニフィアン……166
シニフィエ……166
自然《じねん》……142
鎬《しのぎ》を削《けず》る……318
磁場《じば》……150
自発的《じはつてき》……140
指標《しひょう》……35
自負《じふ》……252
自分探《じぶんさが》し……44
思弁《しべん》……101
自暴自棄《じぼうじき》……174
資本主義《しほんしゅぎ》……82
揣摩憶測《しまおくそく》……69
シミュレーション……164
市民《しみん》……82
市民運動《しみんうんどう》……197
市民社会《しみんしゃかい》……82
自明《じめい》……174
シャーマニズム……98
社会主義《しゃかいしゅぎ》……83
杓子定規《しゃくしじょうぎ》……34
酌量《しゃくりょう》……69

邪険《じゃけん》……276
写実《しゃじつ》……158
捨象《しゃしょう》……33
邪推《じゃすい》……69
写生《しゃせい》……158
洒脱《しゃだつ》……238
惹起《じゃっき》……143
邪道《じゃどう》……116
邪念《じゃねん》……262
ジャポニスム……141
周縁《しゅうえん》……60
終焉《しゅうえん》……158
宗教《しゅうきょう》……98
修辞《しゅうじ》……158
終始一貫《しゅうしいっかん》……117
自由主義《じゆうしゅぎ》……82
周章狼狽《しゅうしょうろうばい》……218
衆人環視《しゅうじんかんし》……109
収束《しゅうそく》……148
従属《じゅうぞく》……84
集団主義《しゅうだんしゅぎ》……143
衆知《しゅうち》……132
執着《しゅうちゃく》……290
愁眉《しゅうび》を開《ひら》く……294
自由貿易《じゆうぼうえき》……204
蹂躙《じゅうりん》……124
シュールレアリスム……157

収斂《しゅうれん》……148
主観《しゅかん》……16
主観的《しゅかんてき》……16
儒教《じゅきょう》……142
粛正《しゅくせい》……115
粛清《しゅくせい》……115
宿命《しゅくめい》……10
宿命的《しゅくめいてき》……10
主権国家《しゅけんこっか》……182
首肯《しゅこう》……69／150
呪術《じゅじゅつ》……98
殊勝《しゅしょう》……236
主体《しゅたい》……16
主題《しゅだい》……68
主体性《しゅたいせい》……16
主体的《しゅたいてき》……16
述懐《じゅっかい》……124
出自《しゅつじ》……45／268
出奔《しゅっぽん》……226
主導《しゅどう》……198
主導権《しゅどうけん》……198
受動的《じゅどうてき》……58
呪縛《じゅばく》……150
受容《じゅよう》……66
需要《じゅよう》……107
循環型社会《じゅんかんがたしゃかい》……207
峻拒《しゅんきょ》……282

準拠《じゅんきょ》……101
殉教《じゅんきょう》……296
殉死《じゅんし》……296
逡巡《しゅんじゅん》……264
純真《じゅんしん》……308
純真無垢《じゅんしんむく》……124
馴致《じゅんち》……45
蠢動《しゅんどう》……228
春風駘蕩《しゅんぷうたいとう》……238
峻別《しゅんべつ》……18
止揚《しよう》……92
昇華《しょうか》……199
常軌《じょうき》を逸《いっ》する……198
憧憬《しょうけい》……242
象形文字《しょうけいもじ》……148
小康《しょうこう》……274
証左《しょうさ》……117
称賛（賞讃）《しょうさん》……106
笑止《しょうし》……250
笑止千万《しょうしせんばん》……250
瀟洒《しょうしゃ》……238
成就《じょうじゅ》……159
招集《しょうしゅう》……198
召集《しょうしゅう》……198
蕭条《しょうじょう》……238
情状酌量《じょうじょうしゃくりょう》……69
少数派《しょうすうは》……122

醸成《じょうせい》……174
饒舌《じょうぜつ》……85/302
消息《しょうそく》……234
常態《じょうたい》……45
招致《しょうち》……53
象徴《しょうちょう》……67
常套《じょうとう》……159
消費社会《しょうひしゃかい》……107
焦眉《しょうび》の急《きゅう》……85
情報化社会《じょうほうかしゃかい》……165
枝葉末節《しようまっせつ》……190
賞揚(称揚)《しょうよう》……106
従容《しょうよう》……284
招来《しょうらい》……53
省力化《しょうりょくか》……209
諸行無常《しょぎょうむじょう》……142
贖罪《しょくざい》……256
食傷《しょくしょう》……93
植民地《しょくみんち》……182
所作《しょさ》……101/256
所在《しょざい》ない……268
如才《じょさい》ない……304
所産《しょさん》……52
所詮《しょせん》……117
処方箋《しょほうせん》……274
署名(性)《しょめい(せい)》……203
所与《しょよ》……45
白樺派《しらかばは》……158
支離滅裂《しりめつれつ》……76
ジレンマ……44
深奥《しんおう》……77
進化《しんか》……34
進化論《しんかろん》……34
森閑《しんかん》……232
人間《じんかん》……141
新感覚派《しんかんかくは》……158
シンギュラリティ……209
呻吟《しんぎん》……248
森厳《しんげん》……191
人口《じんこう》に膾炙《かいしゃ》する……228
辛酸《しんさん》を嘗《な》める……248
真摯《しんし》……304
親炙《しんしゃ》……100
斟酌《しんしゃく》……69
心象《しんしょう》……116
針小棒大《しんしょうぼうだい》……270
心身二元論《しんしんにげんろん》……50
心酔《しんすい》……242
神髄《しんずい》・真髄《しんずい》……326
親切《しんせつ》ごかし……240
真善美《しんぜんび》……100
真率《しんそつ》……304
進退窮《しんたいきわ》まる……220
浸透《しんとう》……93
神道《しんとう》……99
侵犯《しんぱん》……124
審美《しんび》……158
信憑性《しんぴょうせい》……92
進歩《しんぽ》……10
進歩主義《しんぽしゅぎ》……10
進歩的《しんぽてき》……10
シンボル……67
辛辣《しんらつ》……109
森羅万象《しんらばんしょう》……133
侵略《しんりゃく》……124
神話《しんわ》……131

す

酔狂《すいきょう》……312
遂行《すいこう》……167
垂死《すいし》……296
垂涎《すいぜん》……252
趨勢《すうせい》……166
宿世《すくせ》……10
すぐれて……322
素気《すげ》ない……276
杜撰《ずさん》……151
素性《すじょう》……268
図像学《ずぞうがく》……68
スタティック……182
ステレオタイプ……34
ストイック……100
術《すべ》……166
スポイル……166
スロー……207
スローガン……197

せ

正義《せいぎ》……99
精髄《せいずい》……116
生成文法《せいせいぶんぽう》……75
生態系《せいたいけい》……196
精緻《せいち》……151
聖典《せいてん》……98
正統《せいとう》……116
生得的《せいとくてき》……60
静謐《せいひつ》……232
生物多様性《せいぶつたようせい》……196
成文化《せいぶんか》……91
生命倫理《せいめいりんり》……51
生来《せいらい》……268
生理的《せいりてき》……108
清廉《せいれん》……304
精《せい》を出《だ》す……262
世界観《せかいかん》……27
碩学《せきがく》……150
寂寞《せきばく》……238
赤裸々《せきらら》……268
寂寥《せきりょう》……238
世間《せけん》……84
世俗的《せぞくてき》……100
世代間倫理《せだいかんりんり》……197
セックス……123
席巻(席捲)《せっけん》……124
切磋琢磨《せっさたくま》……318
絶世《ぜっせい》……320
截然《せつぜん》……234
絶対《ぜったい》……17
絶対化《ぜったいか》……17
刹那《せつな》……174
刹那主義《せつなしゅぎ》……174
刹那的《せつなてき》……174
絶筆《ぜっぴつ》……282
摂理《せつり》……60
背《せ》に腹《はら》はかえられぬ……284
是非《ぜひ》に及《およ》ばない……254
是非《ぜひ》もない……254
セレンディピティ……190
ゼロサム社会《しゃかい》……205
前衛《ぜんえい》……157
僭越《せんえつ》……61
専横《せんおう》……132
前近代《ぜんきんだい》……9
前近代的《ぜんきんだいてき》……9

先駆《せんく》……175
線形《せんけい》……133
善後策《ぜんごさく》……124
潜在《せんざい》……42
詮索《せんさく》……262
千差万別《せんさばんべつ》……34／224
僭称《せんしょう》……61
扇情的《せんじょうてき》……108
先陣《せんじん》を切《き》る……175
センセーショナル……108
戦争《せんそう》……181
前代未聞《ぜんだいみもん》……52
先達《せんだつ・せんだち》……175／304
先天的《せんてんてき》……60／268
扇動（煽動）《せんどう》……108
先入観《せんにゅうかん》……132
千篇一律《せんぺんいちりつ》……34
先鞭《せんべん》をつける……133
羨望《せんぼう》……108
殲滅《せんめつ》……124
戦慄《せんりつ》……242

そ

造化《ぞうか》……133
相関関係《そうかんかんけい》……130
想起《そうき》……44
臓器移植《ぞうきいしょく》……51
遭遇《そうぐう》……306
造詣《ぞうけい》……150
奏功《そうこう》……159
奏効《そうこう》……159
相好《そうごう》を崩《くず》す……292
相克（相剋）《そうこく》……150
相殺《そうさい》……130
喪失《そうしつ》……10
早世《そうせい》……296
錚々《そうそう》……320
創造《そうぞう》……156
想像《そうぞう》の共同体《きょうどうたい》……172
相対《そうたい》……17
相対化《そうたいか》……17
相対的貧困《そうたいてきひんこん》……205
蒼白《そうはく》……260
相貌《そうぼう》……45
双方向性《そうほうこうせい》……165
ソーシャルメディア……203
疎開《そかい》……220
疎外《そがい》……10
阻害《そがい》……150
属性《ぞくせい》……92
束縛《そくばく》……76
齟齬《そご》……182
組織的《そしきてき》……68
咀嚼《そしゃく》……326
俎上《そじょう》に載《の》せる……296
そそくさ……274
そつがない……304
素《そ》っ気《け》ない……240／276
属国《ぞっこく》……182
卒然（率然）《そつぜん》……77
率直《そっちょく》……93
措定《そてい》……183
反《そ》りが合《あ》わぬ……318
尊厳《そんげん》……191
尊厳死《そんげんし》……191
ぞんざい……280
遜色《そんしょく》……150
忖度《そんたく》……69

た

第一義《だいいちぎ》……66
退化《たいか》……34
体感《たいかん》……52
大儀《たいぎ》……278
待遇表現《たいぐうひょうげん》……149
体系《たいけい》……68
体系的《たいけいてき》……68
体験《たいけん》……52
大言壮語《たいげんそうご》……270
醍醐味《だいごみ》……326
第三者《だいさんしゃ》……191
対峙《たいじ》……182
大衆《たいしゅう》……108
大衆化《たいしゅうか》……203
対象化《たいしょうか》……16
大成《たいせい》……158
堆積《たいせき》……150
怠惰《たいだ》……290
代替《だいたい》……167
代替《だいたい》エネルギー……207
ダイナミズム……182
ダイナミック……182
退廃（頽廃）《たいはい》……158
ダイバーシティ……34
高《たか》が知《し》れる……290
高《たか》を括《くく》る……290
多義《たぎ》……33
唾棄《だき》……77
多義的《たぎてき》……32
卓越《たくえつ》……318
多元《たげん》……32
多元的《たげんてき》……32
多元論《たげんろん》……32
多国籍企業《たこくせききぎょう》……180
出《だ》し抜《ぬ》け……292
他者《たしゃ》……42
たじろぐ……264
多神教《たしんきょう》……99
多数派《たすうは》……123
佇《たたず》まい……302
佇《たたず》む……302
畳《たたみ》の上《うえ》で死《し》ぬ……282
脱亜入欧《だつあにゅうおう》……142
脱却《だっきゃく》……44
卓見《たっけん》……150
脱構築《だつこうちく》……84
タテ社会《しゃかい》……140
棚《たな》から牡丹餅《ぼたもち》……234
他人行儀《たにんぎょうぎ》……318
恃《たの》む……252
タブー……91
多文化主義《たぶんかしゅぎ》……59
多弁《たべん》……85
多民族国家《たみんぞくこっか》……173
たむろする……232
ためつすがめつ……284
多様化《たようか》……34
多様性《たようせい》……34
弾圧《だんあつ》……115
弾劾《だんがい》……116
端緒《たんしょ》……100
端的《たんてき》……93
耽溺《たんでき》……242
単刀直入《たんとうちょくにゅう》……93
短絡的《たんらくてき》……85

ち

知覚《ちかく》 …… **18**
置換《ちかん》 …… 167
知己《ちき》 …… **304**
知遇《ちぐう》 …… 304
知見《ちけん》 …… 150
知悉《ちしつ》 …… 150
秩序《ちつじょ》 …… **18**
茶化《ちゃか》す …… 290
着眼《ちゃくがん》 …… 68
着目《ちゃくもく》 …… **68**
中核《ちゅうかく》 …… 159
注視《ちゅうし》 …… 68
抽象《ちゅうしょう》 …… **8**
抽象的《ちゅうしょうてき》 …… 8
中心《ちゅうしん》 …… 60
紐帯《ちゅうたい》 …… **132**
躊躇《ちゅうちょ》 …… **264**
寵愛《ちょうあい》 …… 312
超越《ちょうえつ》 …… **10**
超越者《ちょうえつしゃ》 …… **99**
鳥瞰《ちょうかん》 …… 108
兆候(徴候)《ちょうこう》 …… **45**
超克《ちょうこく》 …… **101**
寵児《ちょうじ》 …… **312**
嘲笑《ちょうしょう》 …… **174**
重畳《ちょうじょう》 …… **150**
超俗的《ちょうぞくてき》 …… 10
凋落《ちょうらく》 …… **11**
跳梁跋扈《ちょうりょうばっこ》 …… 101
嘲弄《ちょうろう》 …… 174
直截《ちょくせつ》 …… **93**
直喩《ちょくゆ》 …… 84
佇立《ちょりつ》 …… **302**
沈思黙考《ちんしもっこう》 …… 100
沈潜《ちんせん》 …… **100**
陳腐《ちんぷ》 …… 159

つ

追憶《ついおく》 …… 44
追従《ついしょう》 …… 35
追想《ついそう》 …… 44
通過儀礼《つうかぎれい》 …… 91
通暁《つうぎょう》 …… 150
通時態《つうじたい》 …… 11
通時的《つうじてき》 …… **11**
通俗《つうぞく》 …… 100
痛痒《つうよう》を感《かん》じない …… **68**
ツール …… **166**
夙《つと》に …… **167**
鍔迫《つばぜ》り合《あ》い …… 318
つまびらか …… **151**
罪《つみ》の文化《ぶんか》 …… **141**
爪《つめ》に火《ひ》を灯《とも》す …… 320

て

ディアスポラ …… **182**
DNA《ディーエヌエー》 …… 189
ディープラーニング …… 209
低回(低徊)《ていかい》 …… **117**
諦観《ていかん》 …… 254
提携《ていけい》 …… 52
提言《ていげん》 …… 68
帝国主義《ていこくしゅぎ》 …… 173
体裁《ていさい》が悪《わる》い …… 292
提唱《ていしょう》 …… **68**
抵触(牴触/觝触)《ていしょく》 …… **150**
ディスクール …… 116
ディスコミュニケーション …… **205**
諦念《ていねん》 …… **254**
テーゼ …… **183**
テーマ …… **68**
出来心《できごころ》 …… 262
テキスト …… 52
テクスト …… **52**
テクノロジー …… 188
手心《てごころ》を加《くわ》える …… 236
デジタル …… **165**
徹頭徹尾《てっとうてつび》 …… **117**
鉄面皮《てつめんぴ》 …… **312**
手《て》に汗《あせ》を握《にぎ》る …… 250
手《て》に掛《か》ける …… 278
デフォルメ …… **19**
手持《ても》ち無沙汰《ぶさた》 …… 268
手練手管《てれんてくだ》 …… **260**
テロリズム …… **181**
テロル …… 181
手《て》を掛《か》ける …… **278**
手《て》を染《そ》める …… **278**
手《て》を付《つ》ける …… 278
手《て》を引《ひ》く …… 278
転義《てんぎ》 …… 66
典拠《てんきょ》 …… **52**
典型的《てんけいてき》 …… **198**
天成《てんせい》 …… 60
てんでに …… **302**
伝播《でんぱ》 …… **150**
天稟《てんぴん》 …… 60
天賦《てんぷ》 …… **60**

と

当意即妙《とういそくみょう》 …… 304
動員《どういん》 …… **198**
同化《どうか》 …… **122**
韜晦《とうかい》 …… **268**
導火線《どうかせん》 …… 61
等閑《とうかん》 …… **280**
等閑《とうかん》に付《ふ》す …… 280
投企《とうき》 …… 124
投機《とうき》 …… **256**
道義《どうぎ》 …… 99
桃源郷《とうげんきょう》 …… **53**
慟哭《どうこく》 …… 254
倒錯《とうさく》 …… **198**
洞察《どうさつ》 …… **69**
同日《どうじつ》の談《だん》ではない …… **224**
蕩尽《とうじん》 …… 220
動静《どうせい》 …… 166/234
陶然《とうぜん》 …… 242
淘汰《とうた》 …… **109**
統治《とうち》 …… **26**
唐突《とうとつ》 …… **77**
逃避《とうひ》 …… 114
東奔西走《とうほんせいそう》 …… **274**
瞠目《どうもく》 …… 294
陶冶《とうや》 …… 310
当惑《とうわく》 …… **248**
トーン …… 76
度外視《どがいし》 …… 276
どぎまぎ …… **248**
特異《とくい》 …… **60**
篤実《とくじつ》 …… 304
特殊《とくしゅ》 …… **8**

得心《とくしん》……150
独善《どくぜん》……132
独創《どくそう》……156
独断《どくだん》……61
独断専行《どくだんせんこう》……61
ドグマ……92
匿名(性)《とくめい(せい)》……203
度《ど》し難《がた》い……312
年端《としは》もいかない……236
特権階級《とっけんかいきゅう》……84
特権的《とっけんてき》……159
突飛《とっぴ》……312
訥弁《とつべん》……85
途方《とほう》に暮《く》れる……248
取《と》り付《つ》く島《しま》もない……240
とりなす……266
とりもつ……266
取《と》るに足《た》りない……190
トレードオフ……27
トレンド……166
吐露《とろ》……226
徒労《とろう》……124
泥仕合《どろじあい》……270
頓挫《とんざ》……60／248
頓着《とんじゃく》……232
どんよりと……238
貪婪《どんらん》……252

な

ナイーブ……124
内奥《ないおう》……77
蔑《ないがし》ろ……85／316
内在《ないざい》……10／190
内政《ないせい》……180
内発的《ないはつてき》……140
内包《ないほう》……116
内憂外患《ないゆうがいかん》……166
就中《なかんずく》……69
なくもがな……234
なけなし……220
情《なさ》けは人《ひと》のためならず……240
なしくずし……228
ナショナリズム……173
ナショナル……172
詰《なじ》る……324
宥《なだ》め賺《すか》す……318
なべて……322
ナラティブ……75
生業《なりわい》……324
ナルシシズム……44
難詰《なんきつ》……324
難渋《なんじゅう》……60
南船北馬《なんせんほくば》……274
難物《なんぶつ》……312
南北問題《なんぼくもんだい》……182

に

ニーズ……107
二義的《にぎてき》……32
二元論《にげんろん》……32
二項対立《にこうたいりつ》……143
西側《にしがわ》……181
二束三文《にそくさんもん》……166
にべもない……290
ニュアンス……198
ニュートラル……191
如実《にょじつ》に……326
二律背反《にりつはいはん》……50
俄《にわか》に……292
認識《にんしき》……18
認知《にんち》……18
認知的《にんちてき》……167

ぬ

抜《ぬ》き差《さ》しならない……220

ね

ネイション……172
ネイション・ステイト……172
ネガティブ……166
ネグレクト……205
捏造《ねつぞう》……262
ネットワーク……165
ネットワーク社会《しゃかい》……203
年功序列《ねんこうじょれつ》……205
懇《ねんご》ろ……310

の

脳死《のうし》……51
能動的《のうどうてき》……58
能弁《のうべん》……85
脳裏《のうり》……310
脳裏《のうり》に焼《や》きつく……310
ノーマライゼーション……123
ノスタルジー……44
のっぴきならない……220
野放図《のほうず》……280
ノンバーバルコミュニケーション……67／203
ノンフィクション……18

は

パースペクティヴ……18
バーチャルリアリティ……164
パートナーシップ……52
バイアス……132
バイオエシックス……51
バイオテクノロジー……189
バイオマス……207
徘徊《はいかい》……256
排外《はいがい》……140
拝外《はいがい》……140
媒介《ばいかい》……26
排除《はいじょ》……26
排斥《はいせき》……26
胚胎《はいたい》……45
媒体《ばいたい》……26
ハイブリッド……140
背理《はいり》……116
背離《はいり》……150
はかがいく……228
破格《はかく》……224
破顔一笑《はがんいっしょう》……292
馬脚《ばきゃく》を露《あらわ》す……224
破局《はきょく》……27
白眼視《はくがんし》……77
剝奪《はくだつ》……124
伯仲《はくちゅう》……151
白眉《はくび》……224
覇権《はけん》……116
恥《はじ》の文化《ぶんか》……141
はたして……322
破綻《はたん》……27

ばつが悪《わる》い……292
跋扈《ばっこ》……101
パトス……25
鼻白《はなじろ》む……298
鼻《はな》につく……298
鼻持《はなも》ちならない……298
はにかむ……292
歯《は》に衣着《きぬき》せぬ……109/268
憚《はばか》る……284
ハラスメント……116
パラダイム……190
パラドックス……33
腹《はら》を割《わ》る……268
バリアフリー……123
パリ協定《きょうてい》……207
ハレ(晴れ)……143
パロール……166
反証可能性《はんしょうかのうせい》……188
反芻《はんすう》……326
判然《はんぜん》としない……234
反措定《はんそてい》……183
範疇《はんちゅう》……66
パンデミック……204
反動《はんどう》……199
反駁《はんばく》……68
煩悶《はんもん》……53/248

ひ

ヒエラルキー……84
東側《ひがしがわ》……181
彼岸《ひがん》……232
卑近《ひきん》……100
比肩《ひけん》……151
庇護《ひご》……115
非合理《ひごうり》……24
微視的《びしてき》……108
ひしめく……232
ピジン……59
顰《ひそ》みに倣《なら》う……266
畢竟《ひっきょう》……117
ビッグデータ……209
筆舌《ひつぜつ》に尽《つ》くし難《がた》い……240
必然《ひつぜん》……25
逼塞《ひっそく》……220
匹敵《ひってき》……151
逼迫《ひっぱく》……207
必要悪《ひつようあく》……284
一泡吹《ひとあわふ》かせる……266
一角《ひとかど》……320
秘匿《ひとく》……114
ヒトゲノム……208
人心地《ひとごこち》……242
皮肉《ひにく》……68
ヒューマニズム……100
表意文字《ひょういもじ》……148
表音文字《ひょうおんもじ》……148
標準語《ひょうじゅんご》……74
表象《ひょうしょう》……116
剽窃《ひょうせつ》……156
漂泊《ひょうはく》……256
標榜《ひょうぼう》……77
「開《ひら》く」「閉《と》じる」……100
怯《ひる》む……264
披瀝《ひれき》……226
瀕死《ひんし》……296

ふ

ファクター……157
ファシズム……173
フィードバック……132
フィクション……18
吹聴《ふいちょう》……270
不意《ふい》を打《う》つ……246
不意《ふい》を衝《つ》く……246
風采《ふうさい》……246
風刺(諷刺)《ふうし》……68
風体《ふうてい》……246
風土《ふうど》……35
風貌《ふうぼう》……246
フェアトレード……182
フェティシズム……92
フェミニズム……123
敷衍(布衍)《ふえん》……10
不可逆《ふかぎゃく》……183
不可侵《ふかしん》……183
不可避《ふかひ》……183
俯瞰《ふかん》……108
普及《ふきゅう》……93
不協和音《ふきょうわおん》……228
複雑系《ふくざつけい》……190
輻輳《ふくそう》……133
袋小路《ふくろこうじ》……35
不合理《ふごうり》……24
無骨《ぶこつ》……308
不純物《ふじゅんぶつ》……316
不条理《ふじょうり》……116
腐心《ふしん》……262
不世出《ふせいしゅつ》……320
憮然《ぶぜん》……316
不遜《ふそん》……306
不退転《ふたいてん》……174
符丁(符牒)《ふちょう》……75
払暁《ふつぎょう》……77
物故者《ぶっこしゃ》……288
払拭《ふっしょく》……44
物心二元論《ぶっしんにげんろん》……51
仏頂面《ぶっちょうづら》……294
不得要領《ふとくようりょう》……125
腑《ふ》に落《お》ちない……222
腑《ふ》に落《お》ちる……222
不如意《ふにょい》……220
不憫《ふびん》……254
不文律《ふぶんりつ》……91
侮蔑《ぶべつ》……316
不偏《ふへん》……132
普遍《ふへん》……8
プライバシー……203
ブラックボックス……190
ブランド……108
〜フリー……100
プリミティブ……108
無聊《ぶりょう》……268
ブルジョワジー……83
プレ〜……100
プロセス……175
プロット……68
プロテスタント……98
プロレタリアート……83
付和雷同《ふわらいどう》……35
分化《ぶんか》……76
文化相対主義《ぶんかそうたいしゅぎ》……59
紛糾《ふんきゅう》……133
文語《ぶんご》……76
分子生物学《ぶんしせいぶつがく》……189

粉飾《ふんしょく》……108
分節《ぶんせつ》……76
紛争《ふんそう》……181
分相応《ぶんそうおう》……294
噴飯《ふんぱん》……250
分別《ふんべつ》……308
分別臭《ふんべつくさ》い……308
分別盛《ふんべつざか》り……308

へ

弊《へい》……150
睥睨《へいげい》……108
並行《へいこう》……167
閉口《へいこう》……248
閉塞《へいそく》……100
辟易《へきえき》……242／248
ヘゲモニー……198
ペシミズム……27
瞥見《べっけん》……109
蔑視《べっし》……77
へつらう……250
辺境《へんきょう》……60
偏狭《へんきょう》……85
偏見《へんけん》……132
偏向《へんこう》……132
遍在《へんざい》……164
偏在《へんざい》……164
弁証法《べんしょうほう》……92

ほ

法《ほう》……90
貿易摩擦《ぼうえきまさつ》……204
萌芽《ほうが》……45
傍観《ぼうかん》……68
放棄《ほうき》……10
方言《ほうげん》……75
封建的《ほうけんてき》……9
彷徨《ほうこう》……256
方策《ほうさく》……182
傍若無人《ぼうじゃくぶじん》……280
豊饒《ほうじょう》……199
傍証《ぼうしょう》……117
放心《ほうしん》……226
茫然(呆然)《ぼうぜん》……125／226
法則《ほうそく》……25
放逐《ほうちく》……124
法治主義《ほうちしゅぎ》……90
方途《ほうと》……182
放蕩《ほうとう》……220
報復《ほうふく》……266
髣髴《ほうふつ》……234
這《ほ》う這《ほ》うの体《てい》……226
謀略《ぼうりゃく》……182
ボーダーレス……180
母語《ぼご》……75
反故(反古)《ほご》にする……68
保護貿易《ほごぼうえき》……204
ポジティブ……166
保守《ほしゅ》……199
保守的《ほしゅてき》……10
ポスト〜……100
ポストコロニアリズム……182
ポストヒューマン……209
ポストモダン……100
臍《ほぞ》を固《かた》める……298
臍《ほぞ》を噬《か》む……298
牧歌的《ぼっかてき》……238
発端《ほったん》……100
ボディランゲージ……67
ほのか……238
ほの暗《ぐら》い……238
ポピュリズム……108
本義《ほんぎ》……66
本質《ほんしつ》……18
奔走《ほんそう》……274
本能《ほんのう》……60
煩悩《ぼんのう》……106
翻訳語《ほんやくご》……84
凡庸《ぼんよう》……159
翻弄《ほんろう》……19

ま

間《ま》……141
枚挙《まいきょ》に遑《いとま》が無《な》い……324
邁進《まいしん》……10
マイノリティ……122
紛《まが》い物《もの》……316
魔《ま》が差《さ》す……262
マクロ……108
マジョリティ……123
マスメディア……164／203
待《ま》ち倦《あぐ》む……280
末裔《まつえい》……133
末期《まつご》……282
俎板《まないた》の鯉《こい》……296
眦《まなじり》を決《けっ》する……294
眉《まゆ》を顰《ひそ》める……294
眉《まゆ》を寄《よ》せる……294
蔓延《まんえん》……124
万葉仮名《まんようがな》……149

み

見《み》えざる手《て》……107
見縊《みくび》る……316
ミクロ……108
微塵《みじん》もない……264
水掛《みずか》け論《ろん》……270
身過《みす》ぎ世過《よす》ぎ……324
水臭《みずくさ》い……318
未曾有《みぞう》……52
看取《みと》る……282
身《み》の丈《たけ》に合《あ》う……294
脈絡《みゃくらく》……130
民主化《みんしゅか》……34
民主主義《みんしゅしゅぎ》……34
民族《みんぞく》……172
民俗学《みんぞくがく》……142
民族学《みんぞくがく》……142

む

無意識《むいしき》……43
無化《むか》……122
向《む》き……326
無機的《むきてき》……11
無機物《むきぶつ》……11
無垢《むく》……308
矛盾《むじゅん》……33
無常《むじょう》……142
無心《むしん》する……220
無知《むち》……26
無鉄砲《むてっぽう》……266
無頓着《むとんじゃく》……232
胸《むね》がすく……298
胸《むね》がつかえる……298

謀反《むほん》……174
村(ムラ)社会《むらしゃかい》……**204**

め

銘記《めいき》……117
明示《めいじ》……115
名状《めいじょう》し難《がた》い……**240**
明晰《めいせき》……35
明断《めいだん》……61
メインカルチャー……141
目《め》が利《き》く……294
目頭《めがしら》が熱《あつ》くなる……**254**
メタ〜……**183**
メタファー……**84**
メタフィジーク……183
メタレベル……183
メディア……**164**
メディアリテラシー……**132**
目《め》を疑《うたが》う……**316**
目《め》を瞠《みは》る……**294**
面目《めんぼく》……218

も

蒙昧《もうまい》……**26**
モード……**108**
目論《もくろ》む……262
モチーフ……**157**

勿怪《もっけ》の幸《さいわ》い……**234**
もったいない……**207**
悖《もと》る……150
物心《ものごころ》つく……**308**
もののあはれ……**142**
模倣《もほう》……**156**
モラトリアム……**44**
モラルハザード……**100**
両刃(諸刃)《もろは》の剣《つるぎ》……**151**
紋切型《もんきりがた》……**34**

や

やおら……278
躍如《やくじょ》……234
厄介《やっかい》……**278**
厄介《やっかい》になる……278
躍起《やっき》になる……**324**
(身《み》を)やつす……284
矢庭《やにわ》に……**292**
吝《やぶさ》かではない……**290**
野暮《やぼ》……**308**
やましい……252
大和言葉《やまとことば》……149
やみくも……**266**
揶揄《やゆ》……**290**
槍玉《やりだま》に挙《あ》げる……**296**

ゆ

唯心論《ゆいしんろん》……51
唯物論《ゆいぶつろん》……**51**
有機的《ゆうきてき》……**11**
有機物《ゆうきぶつ》……11
悠久《ゆうきゅう》……174
幽玄《ゆうげん》……**142**
優生学《ゆうせいがく》……**208**
誘致《ゆうち》……53
ユートピア……**53**
憂慮《ゆうりょ》……166
所以《ゆえん》……**52**
由縁《ゆえん》……52
ゆくりなく……218
ユビキタス……**209**

よ

擁護《ようご》……**115**
容赦《ようしゃ》ない……236
夭逝《ようせい》……296
夭折《ようせつ》……**296**
容貌《ようぼう》……45
余儀《よぎ》ない……**60**
抑圧《よくあつ》……**115**
欲望《よくぼう》……**106**
抑揚《よくよう》……**76**

与件《よけん》……45
予後《よご》……**274**
好《よし》み(誼《よし》み)……**326**
よすが……**326**
装《よそお》い……**246**
よそよそしい……318
与太話《よたばなし》……224
欲求《よっきゅう》……**106**
呼《よ》び水《みず》……61
よんどころない……60

ら

礼讃(礼賛)《らいさん》……**106**
楽天主義《らくてんしゅぎ》……27
埒《らち》が明《あ》かない……228
ラディカル……**158**
ラング……**166**
懶惰《らんだ》……**290**
ランダム……74

り

リアリズム……**19**
リアリティ……19
利益社会《りえきしゃかい》……**83**
利己主義《りこしゅぎ》……10
利己的《りこてき》……**198**
リサイクル……207

理性《りせい》……**24**
理想郷《りそうきょう》……53
利他的《りたてき》……**198**
律儀《りちぎ》……**304**
慄然《りつぜん》……242
リテラシー……132
理念《りねん》……26
理不尽《りふじん》……**116**
リベラリズム……**82**
リベラル……82
略奪《りゃくだつ》……124
溜飲《りゅういん》が下《さ》がる……298
流暢《りゅうちょう》……**84**
凌駕《りょうが》……318
両義性《りょうぎせい》……**50**
臨床《りんしょう》……**52**
吝嗇《りんしょく》……**320**

る

類型的《るいけいてき》……**198**
類推《るいすい》……84
流布《るふ》……**93**

れ

励行《れいこう》……167
冷酷《れいこく》……276
例証《れいしょう》……117

冷笑《れいしょう》……174
冷戦《れいせん》……**181**
隷属《れいぞく》……84
黎明《れいめい》……**77**
歴然《れきぜん》……**35**
列挙《れっきょ》……324
レトリック……**158**
レプリカ……156
廉価《れんか》……**166**
連関《れんかん》……**132**
憐憫《れんびん》……**254**

ろ

老獪《ろうかい》……260
老成《ろうせい》……**308**
労働《ろうどう》……**124**
狼狽《ろうばい》……**218**
老婆心《ろうばしん》……**318**
ローカリティ……8
ローカル……8／**58**
露見《ろけん》……224
ロゴス……24
ロジカル……26
ロジック……**26**
ロボット……**209**
浪漫《ろまん》……**158**
ロマンティシズム……**19**

論拠《ろんきょ》……52
論駁《ろんばく》……68

わ

歪曲《わいきょく》……108
和漢混淆文《わかんこんこうぶん》……**149**
和語《わご》……**149**
和魂洋才《わこんようさい》……**142**
私《わたくし》……84
轍《わだち》を踏《ふ》む……92
わななく……242
わび……**142**
和洋折衷《わようせっちゅう》……142

初　版第１刷発行　2013年10月30日
初　版第10刷発行　2017年11月１日
改訂版初　版第１刷発行　2018年10月10日
初　版第６刷発行　2022年１月20日

評論・小説を読むための

新現代文単語 改訂版

著者紹介

夏苅一裕（なつかり かずひろ）

1956年神奈川県生まれ。神奈川県立高校で非常勤講師として勤務。

三浦武（みうら たけし）

1961年福島県生まれ。河合塾現代文講師。東北地区および関東地区に出講。

著　者｜夏苅 一裕　三浦 武

発行者｜前田 道彦

発行所｜株式会社 いいずな書店
〒110-0016
東京都台東区台東1-32-8　清鷹ビル4F
TEL 03-5826-4370
振替 00150-4-281286
ホームページ https://www.iizuna-shoten.com

印刷・製本｜大村印刷株式会社

◆装丁／デザイン室 TAMA to TORA
◆図版／アート工房

ISBN978-4-86460-345-4 C7081

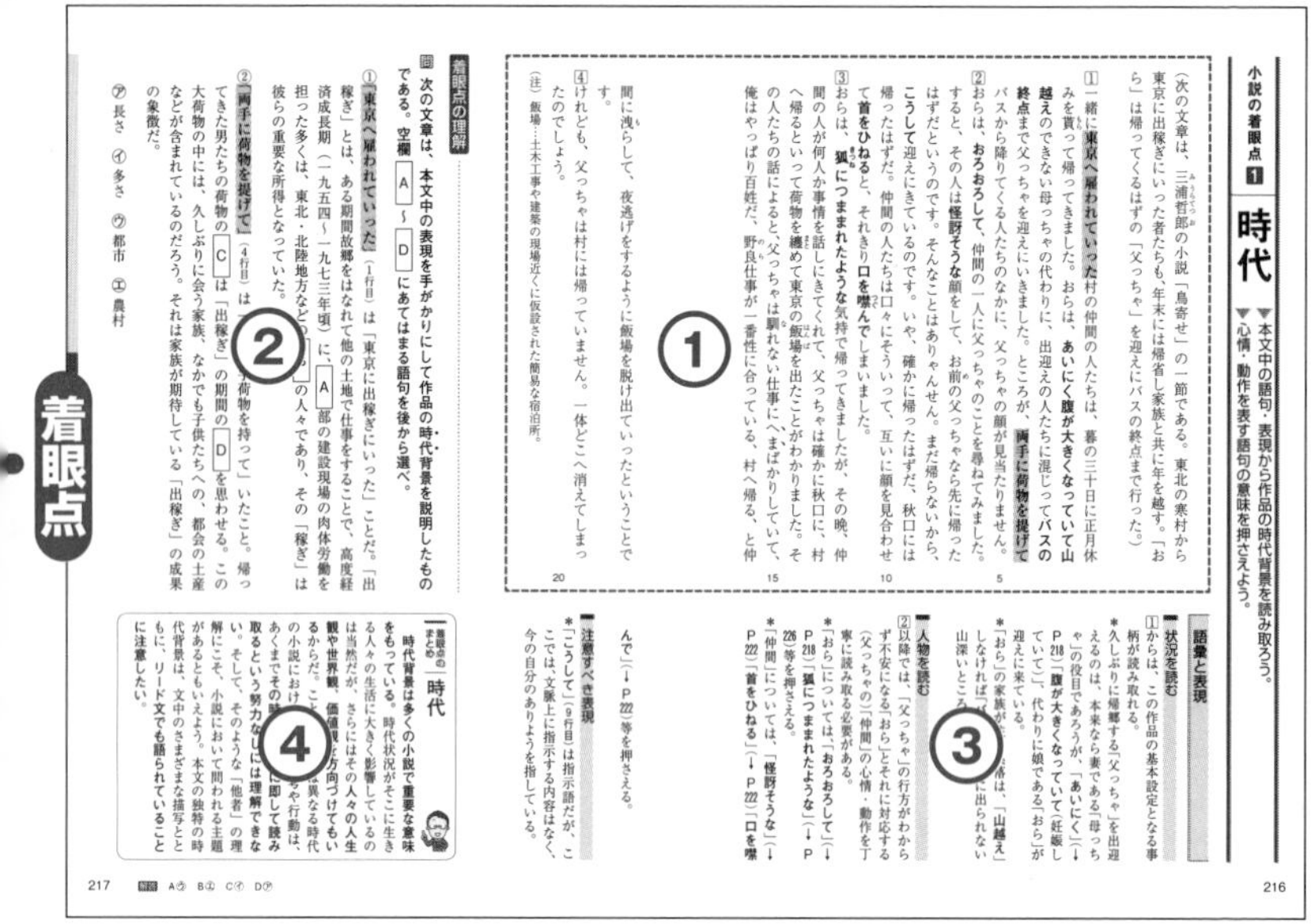

小説の着眼点 1

時代

▼本文中の語句・表現から作品の時代背景を読み取ろう。
▼心情・動作を表す語句の意味を押さえよう。

（次の文章は、三浦哲郎《みうらてつお》の小説「鳥寄せ」の一節である。東北の寒村から東京に出稼ぎにいった者たちも、年末には帰省し家族と共に年を越す。「おら」は帰ってくるはずの「父っちゃ」を迎えにバスの終点まで行った。）

1 一緒に**東京へ雇われていった**村の仲間の人たちは、暮の三十日に正月休みを貰《もら》って帰ってきました。おらは、**あいにく腹が大きくなっていて山越え**のできない母っちゃの代わりに、出迎えの人たちに混じって**バスの終点**まで父っちゃを迎えにいきました。ところが、**両手に荷物を提げて**バスから降りてくる人たちのなかに、父っちゃの顔が見当たりません。

2 おらは、**おろおろして**、仲間の一人に父っちゃのことを尋ねてみました。すると、その人は**怪訝そうな**顔をして、お前《め》の父っちゃなら先に帰ったはずだというのです。そんなことはありゃんせん。まだ帰らないから、**こうして**迎えにきているのです。いや、確かに帰ったはずだ、秋口には帰ったはずだ。仲間の人たちは口々にそういって、互いに顔を見合わせて**首をひねる**と、それきり**口を喋《つぐ》んで**しまいました。

3 おらは、**狐《きつね》につままれたような**気持で帰ってきましたが、その晩、仲間の人が何人か事情を話しにきてくれて、父っちゃは確かに秋口に、村へ帰るといって荷物を纏《まと》めて東京の飯場《はんば》を出たことがわかりました。その人たちの話によると、父っちゃは馴《な》れない仕事にへまばかりしていて、俺はやっぱり百姓だ、野良《のら》仕事が一番性に合っている、村へ帰る、と仲間に洩《も》らして、夜逃げをするように飯場を脱け出ていったということです。

4 けれども、父っちゃは村には帰っていません。一体どこへ消えてしまったのでしょう。

（注）飯場…土木工事や建築の現場近くに仮設された簡易な宿泊所。

①

語彙と表現

状況を読む

1 からは、この作品の基本設定となる事柄が読み取れる。

＊久しぶりに帰郷する「父っちゃ」を出迎えるのは、本来なら妻である「母っちゃ」の役目であろうが、「あいにく」（→P218）「腹が大きくなっていて」（妊娠していて）、代わりに娘である「おら」が迎えに来ている。

＊「おら」の家族が[illegible]落は、「山越え」しなければ[illegible]に出られない山深いところ[illegible]

③

人物を読む

2 以降では、「父っちゃ」の行方がわからず不安になる「おら」とそれに対応する（父っちゃの）「仲間」の心情・動作を丁寧に読み取る必要がある。

＊「おら」については、「おろおろして」（→P218）「狐につままれたような」（→P226）等を押さえる。

＊「仲間」については、「怪訝そうな」（→P222）「首をひねる」（→P222）「口を喋んで」（→P222）等を押さえる。

注意すべき表現

＊「こうして」（9行目）は指示語だが、ここでは、文脈上に指示する内容はなく、今の自分のありようを指している。

着眼点の理解

問 次の文章は、本文中の表現を手がかりにして作品の時代背景を説明したものである。空欄 A ～ D にあてはまる語句を後から選べ。

①「東京へ雇われていった」（1行目）は「東京に出稼ぎにいった」ことだ。「出稼ぎ」とは、ある期間故郷をはなれて他の土地で仕事をすることで、高度経済成長期（一九五四～一九七三年頃）に、 A 部の建設現場の肉体労働を担った多くは、東北・北陸地方などの[illegible]の人々であり、その「稼ぎ」は彼らの重要な所得となっていた。

②「両手に荷物を提げて」（4行目）は[illegible]荷物を持って」いたこと。帰ってきた男たちの荷物の C は「出稼ぎ」の期間の D を思わせる。この大荷物の中には、久しぶりに会う家族、なかでも子供たちへの、都会の土産などが含まれているのだろう。それは家族が期待している「出稼ぎ」の成果の象徴だ。

㋐長さ　㋑多さ　㋒都市　㋓農村

②

着眼点のまとめ 時代

時代背景は多くの小説で重要な意味をもっている。時代状況がそこに生きる人々の生活に大きく影響しているのは当然だが、さらにはその人々の人生観や世界観、価値観[illegible]を方向づけてもいるからだ。こ[illegible]の小説におけ[illegible]は異なる時代[illegible]ちや行動は、あくまでその時[illegible]に即して読み取るという努力なしには理解できない。そして、そのような「他者」の理解にこそ、小説において問われる主題があるともいえよう。本文の独特の時代背景は、文中のさまざまな描写とともに、リード文でも語られていることに注意したい。

④

着眼点

217　解答 A㋒ B㋓ C㋑ D㋐　216

本書の使い方 小説編

小説の着眼点

① 例文…（　）内のリード文を読んだうえで、［　］内の小説を読んでみましょう。

② 着眼点の理解…例文中の表現を手がかりにして、「着眼点」に即して本文を鑑賞する設問です。

③ 語彙と表現…「状況を読む」「人物を読む」「注意すべき表現」の三つの観点から、上段の本文を理解するうえでのポイントを確認することができます。

④ 着眼点のまとめ…「着眼点の理解」で学習した内容を他の小説を読む際にも活用できるように補足解説しています。

小説の語彙

⑤ 4頁構成の前半2頁は「着眼点」の例文中の表現と連動して、小説の語彙を学習していきます。

⑥ 後半2頁は「状況」「内面」などのテーマ別の学習です。

⑦ 見出し語…小説読解の基盤となる重要語を精選しています。関連する語をセットで学習できる配列になっています。

⑧ 関連語…見出し語の類義語・対義語・関連語です。

⑨ 注・入試…見出し語・関連語についての補足説明です。入試 では、知識問題の出題傾向を中心に解説しています。

⑩ 確認問題…傍線部の意味を問う設問で、学習内容をチェックできます。出典 の下に大学名がある問は、実際の入試問題から採録したものです。